# 同型鏡とワカタケル

―古墳時代国家論の再構築―

川西宏幸　著

同成社

図版 1　熊本県江田船山古墳画文帯環状乳神獣鏡 A　（縮尺不同）

図版２　熊本県迎平６号墳画文帯環状乳神獣鏡Ａ　（縮尺不同）

図版3　熊本県国越古墳画文帯環状乳神獣鏡 A　（縮尺不同）

図版 4　福岡県山ノ神古墳画文帯環状乳神獣鏡 A　　　　（縮尺不同）

図版５　宮崎県持田 20 号墳画文帯環状乳神獣鏡 A　　　　　　（縮尺不同）

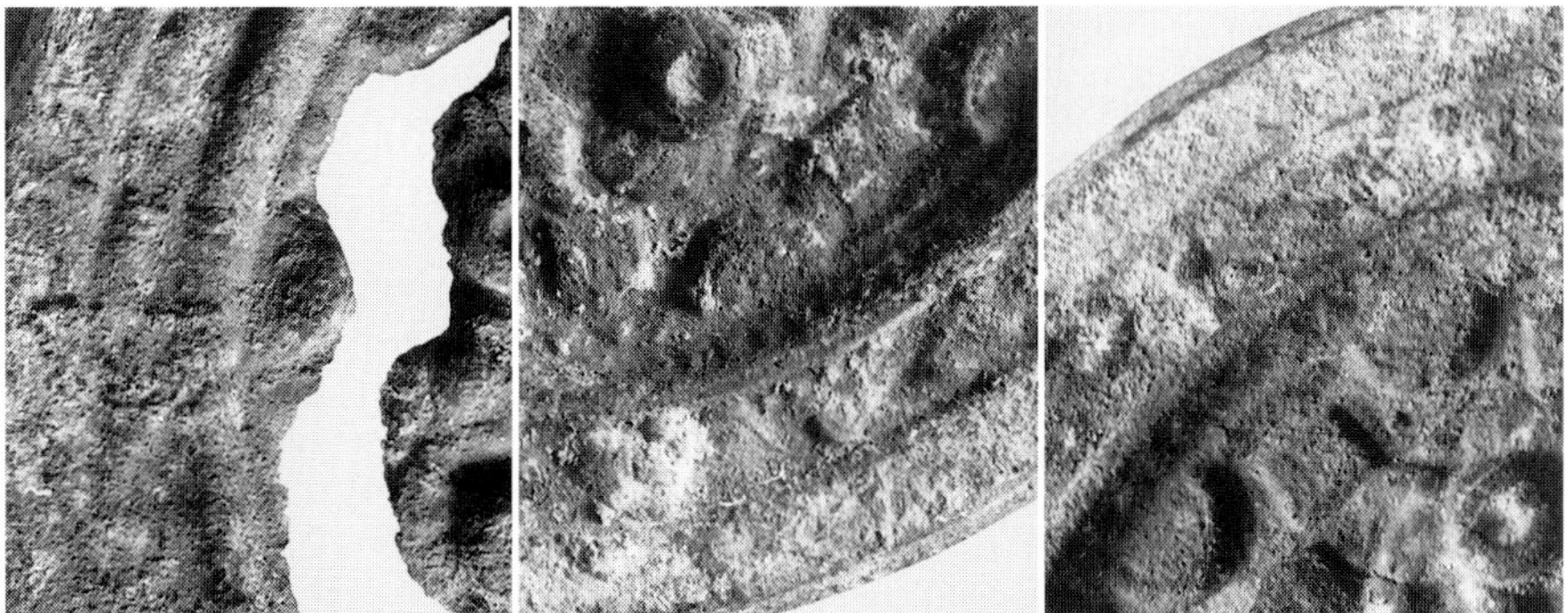

図版 6　岡山県西郷面古墳画文帯環状乳神獣鏡 A　　　　（縮尺不同）

図版７　香川県津頭西古墳画文帯環状乳神獣鏡Ａ　（縮尺不同）

図版 8　奈良県吉備塚古墳画文帯環状乳神獣鏡 A　（縮尺不同）

図版 9　栃木県野木神社周辺古墳画文帯環状鏡神獣鏡 A

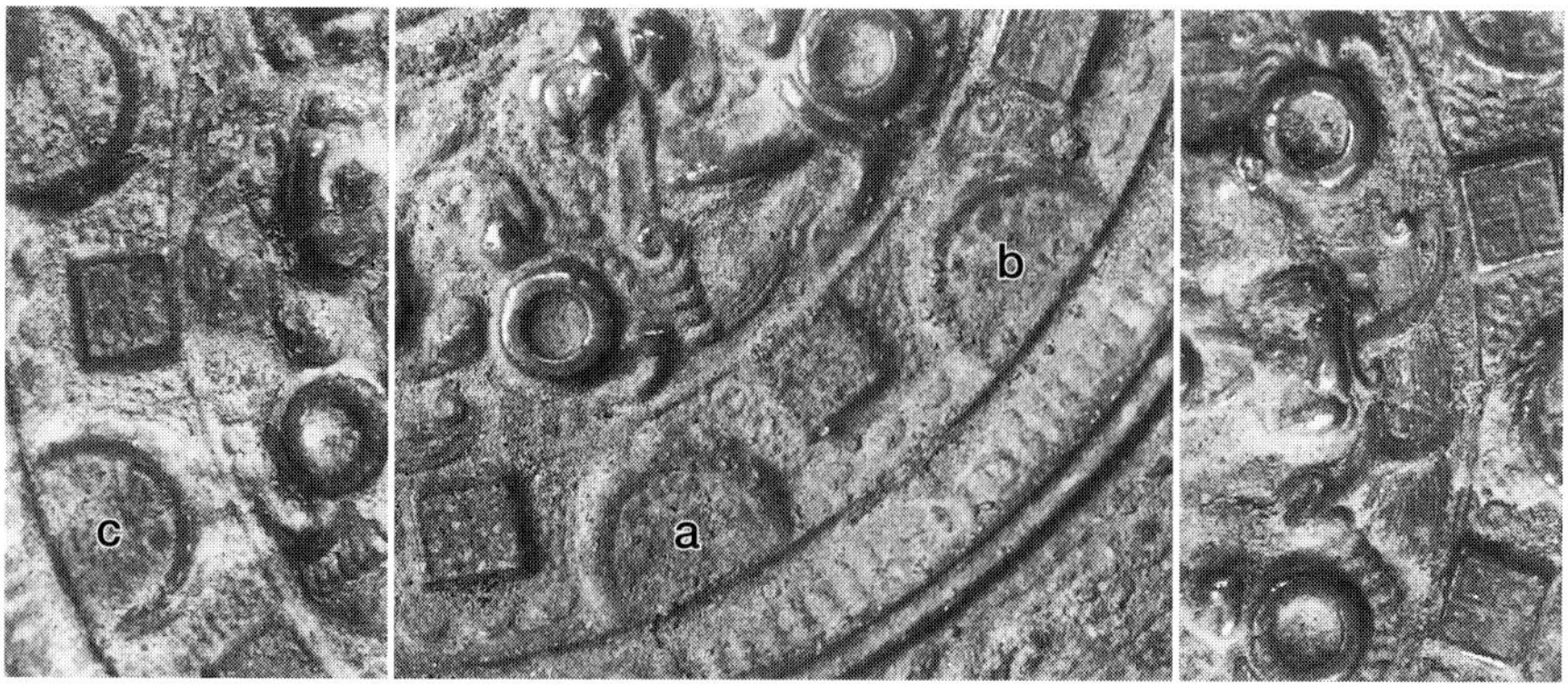


図版 10　伝豊前国京都郡画文帯環状乳神獣鏡 B　（縮尺不同）

**図版 11**　宮崎県山ノ坊古墳画文帯環状乳神獣鏡 B　　（縮尺不同）

図版 12　三重県塚原古墳画文帯環状乳神獣鏡 B　　（縮尺不同）

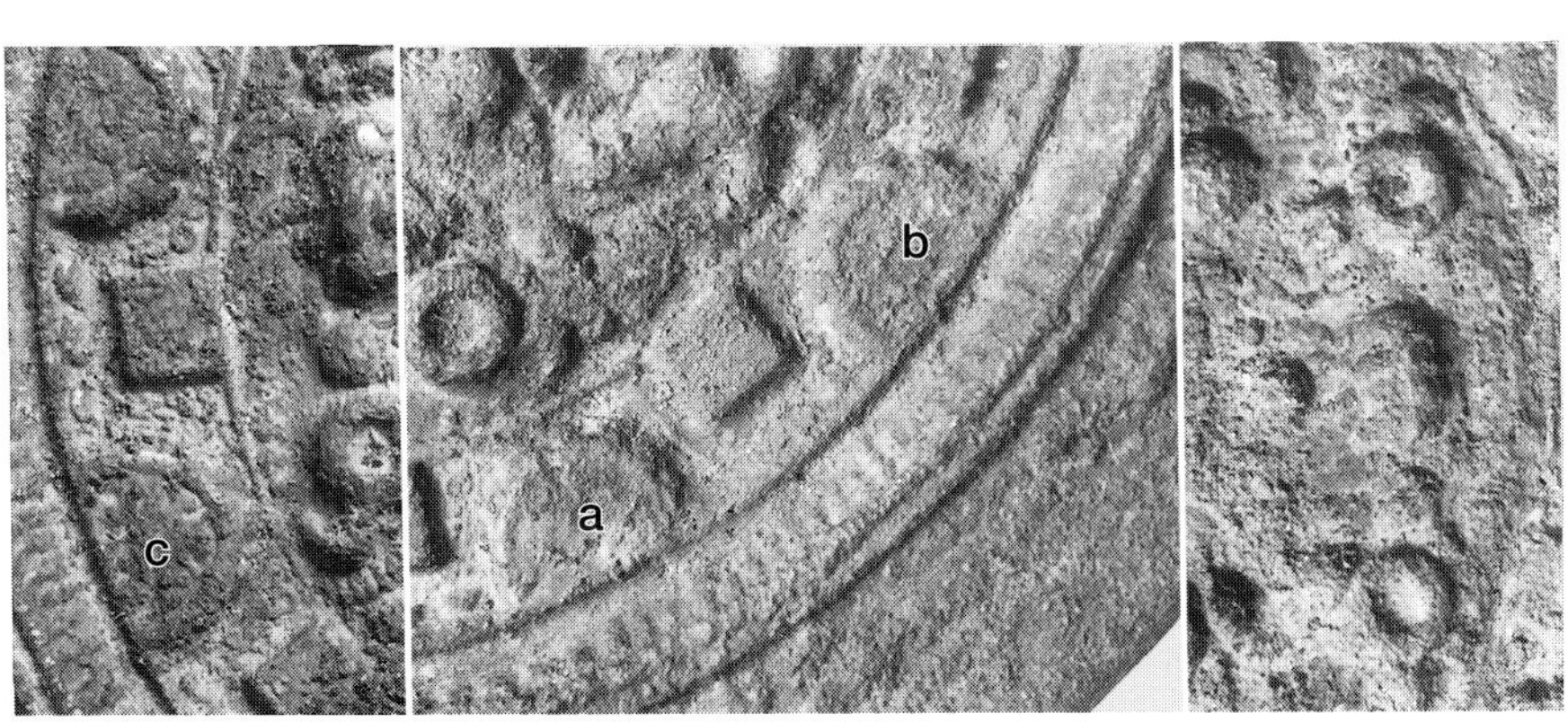


図版 13　群馬県観音塚古墳画文帯環状乳神獣鏡 B　（縮尺不同）

図版 14　埼玉県埼玉稲荷山古墳画文帯環状乳神獣鏡 B　（縮尺不同）

図版 15　千葉県大多喜古墳画文帯環状乳神獣鏡 B　（縮尺不同）

図版 16　宮崎県油津山上古墳画文帯環状乳神獣鏡 C　（縮尺不同）

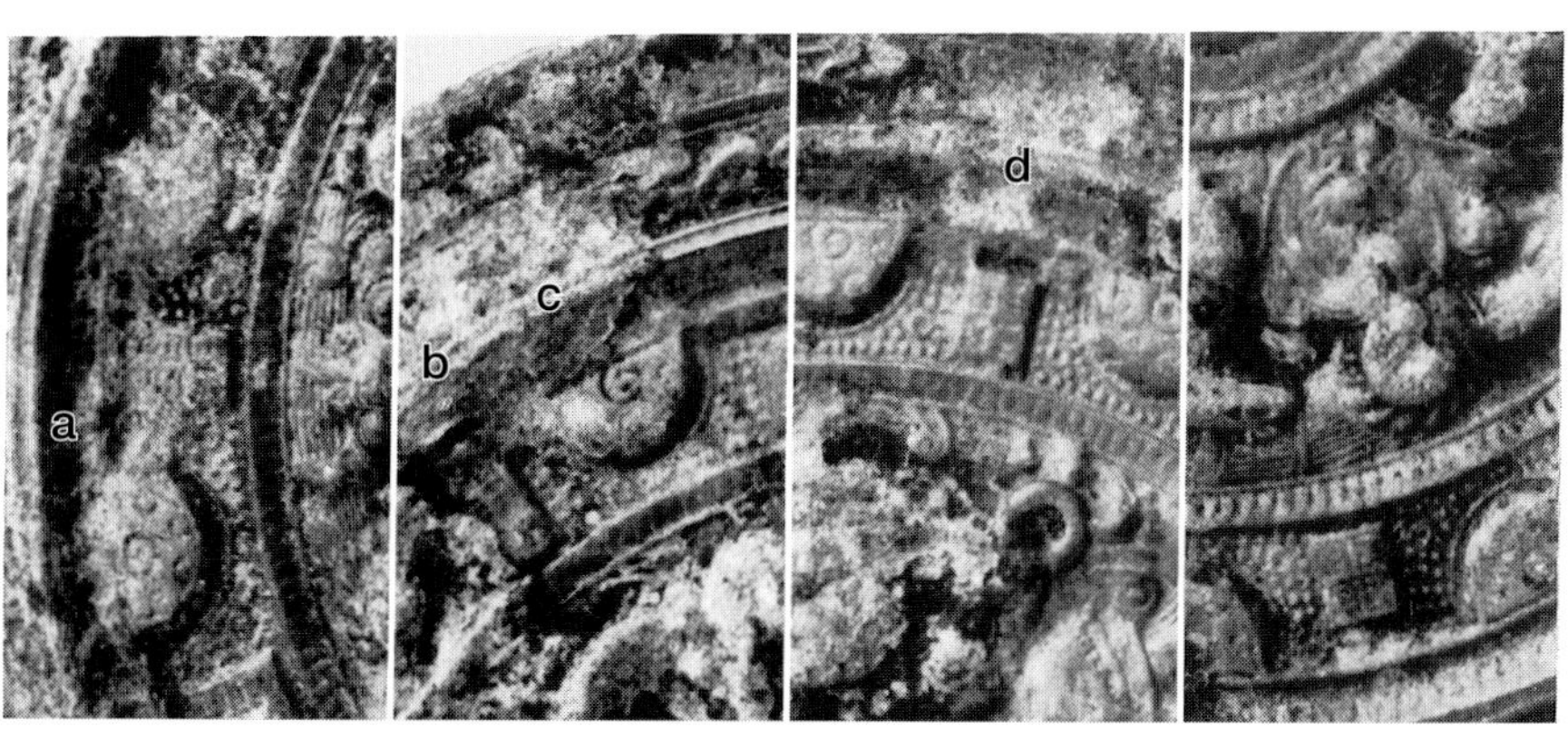


図版 17　伝京都府内里画文帯環状乳神獣鏡 C　　（縮尺不同）

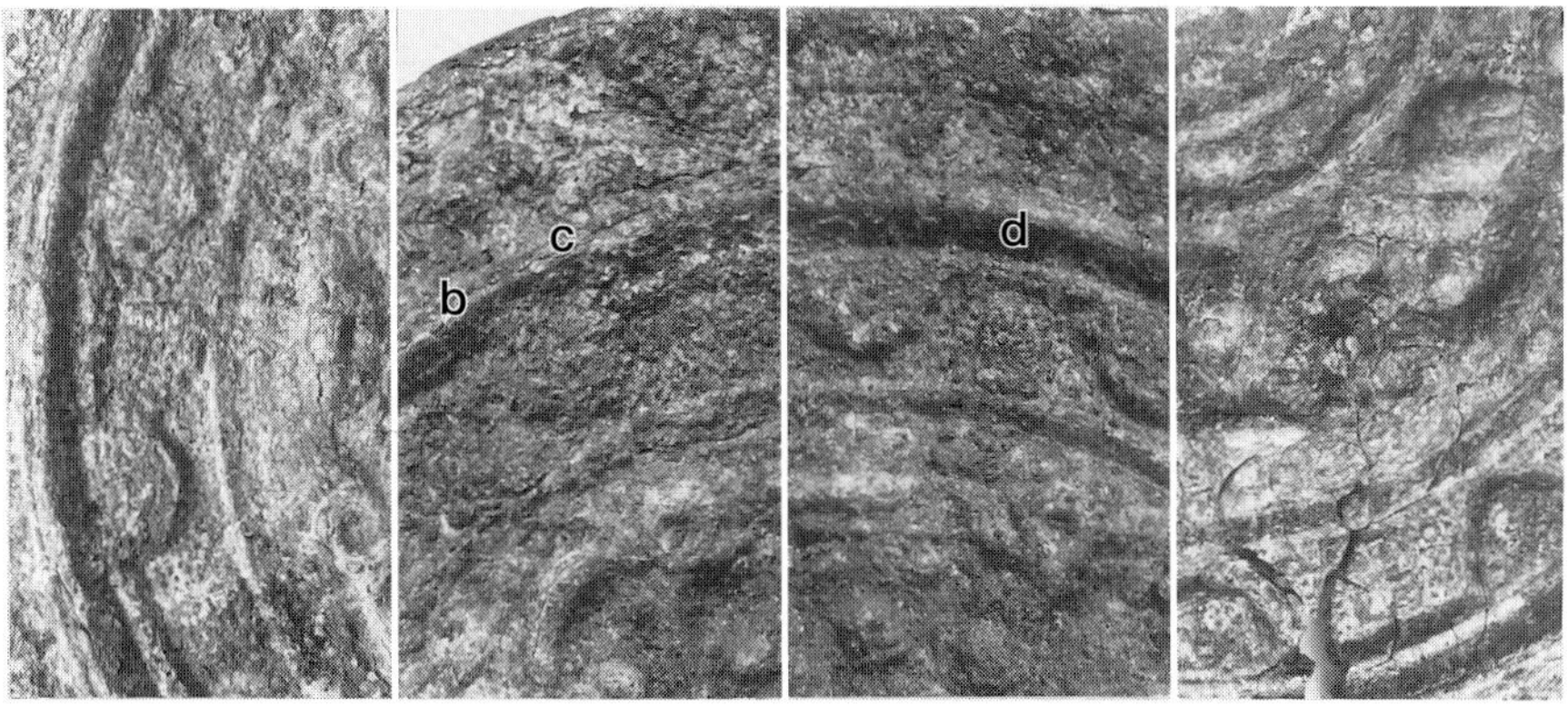


図版 18　奈良県藤ノ木古墳画文帯環状乳神獣鏡 C　　　　　（縮尺不同）

図版 19　伝奈良県白石画文帯環状乳神獣鏡 C　（縮尺不同）

図版 20　熊本県江田船山古墳画文帯周列式神獣鏡　（縮尺不同）

図版 21　愛媛県金子山古墳画文帯周列式神獣鏡　（縮尺不同）

図版 22　兵庫県よせわ 1 号墳画文帯周列式神獣鏡　（縮尺不同）

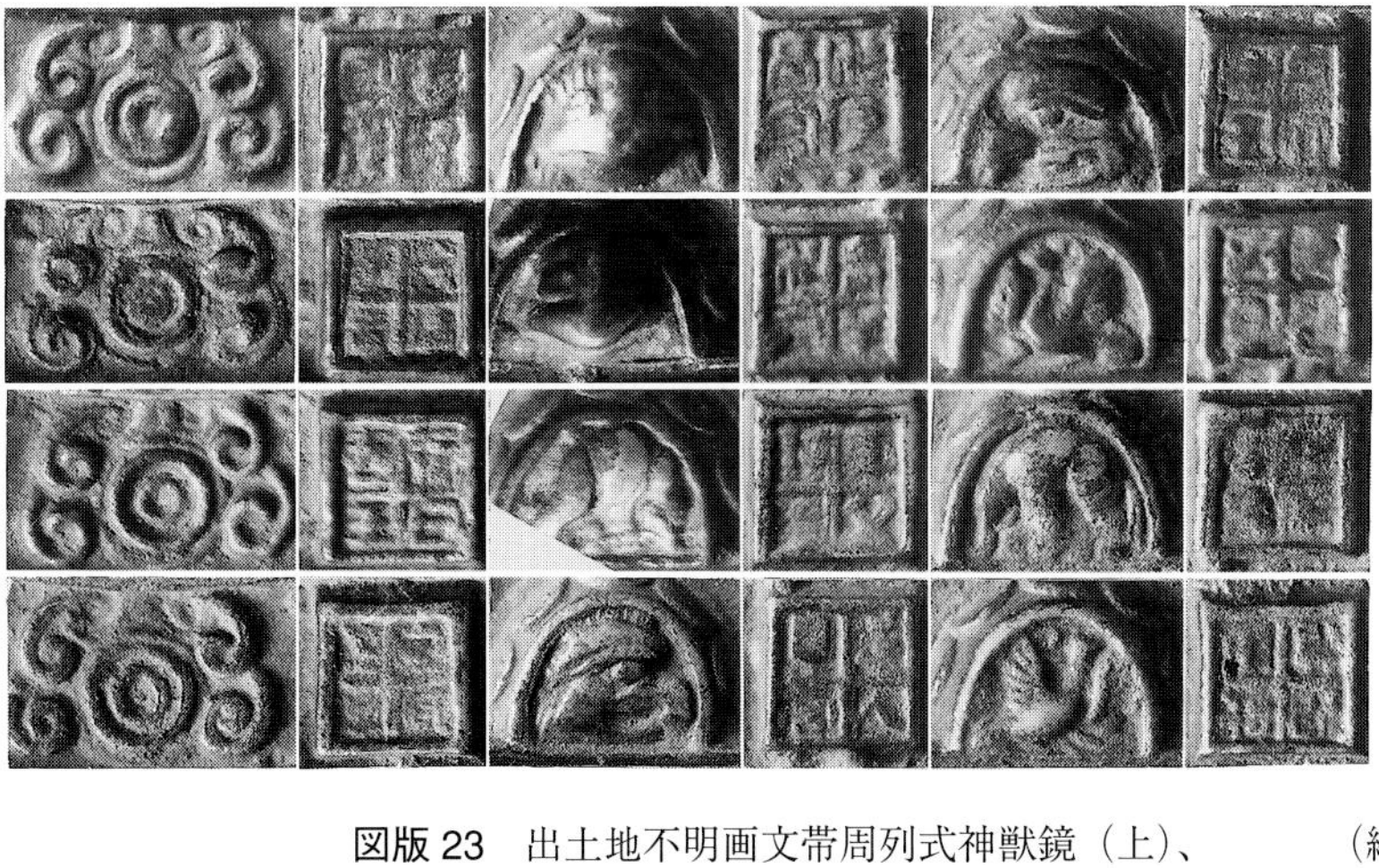


図版 23　出土地不明画文帯周列式神獣鏡（上）、　（縮尺不同）
熊本県江田船山古墳鏡の内区外周帯（下）

図版 24　群馬県恵下古墳画文帯重列式神獣鏡 A　　　　（縮尺不同）

図版 25　出土地不明（韓国梨花女子大学校蔵）画文帯重列式神獣鏡 A　（縮尺不同）

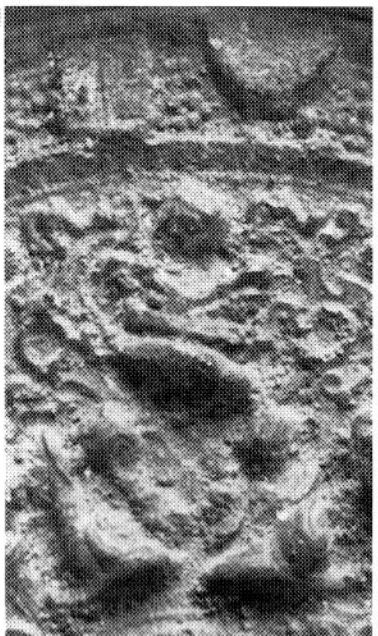

伯牙

西王母

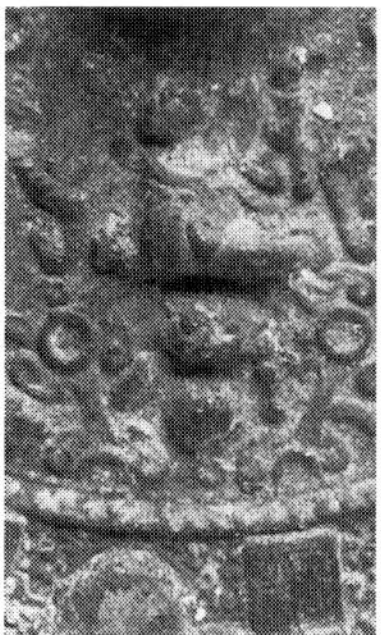

黄帝

東王父

図版 26　愛知県大須二子山古墳画文帯重列式神獣鏡 B　（縮尺不同）

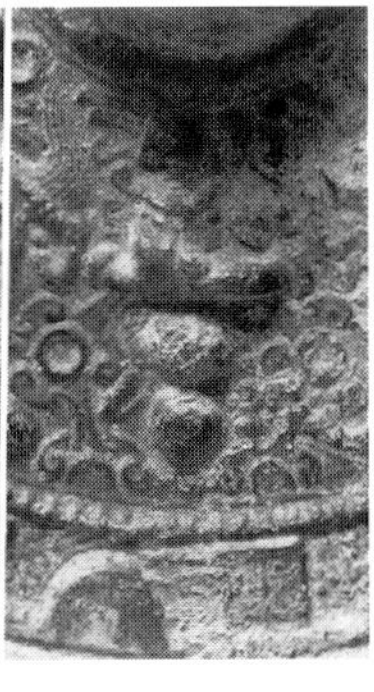

伯牙　西王母　黄帝　東王父

図版 27　石川県狐山古墳画文帯重列式神獣鏡 B　（縮尺不同）

図版 28　出土地不明（ブリング氏旧蔵）画文帯重列式神獣鏡 B　　（縮尺不同）

図版 29　熊本県江田船山古墳画文帯重列式神獣鏡 C　（縮尺不同）

図版 30　熊本県江田船山古墳画文帯重列式神獣鏡 C の銘文と図像　　（縮尺不同）

図版 31　推福岡県沖ノ島 21 号址画文帯重列式神獣鏡 C　（縮尺不同）

図版 32　宮崎県持田 24 号墳画文帯重列式神獣鏡 C　（縮尺不同）

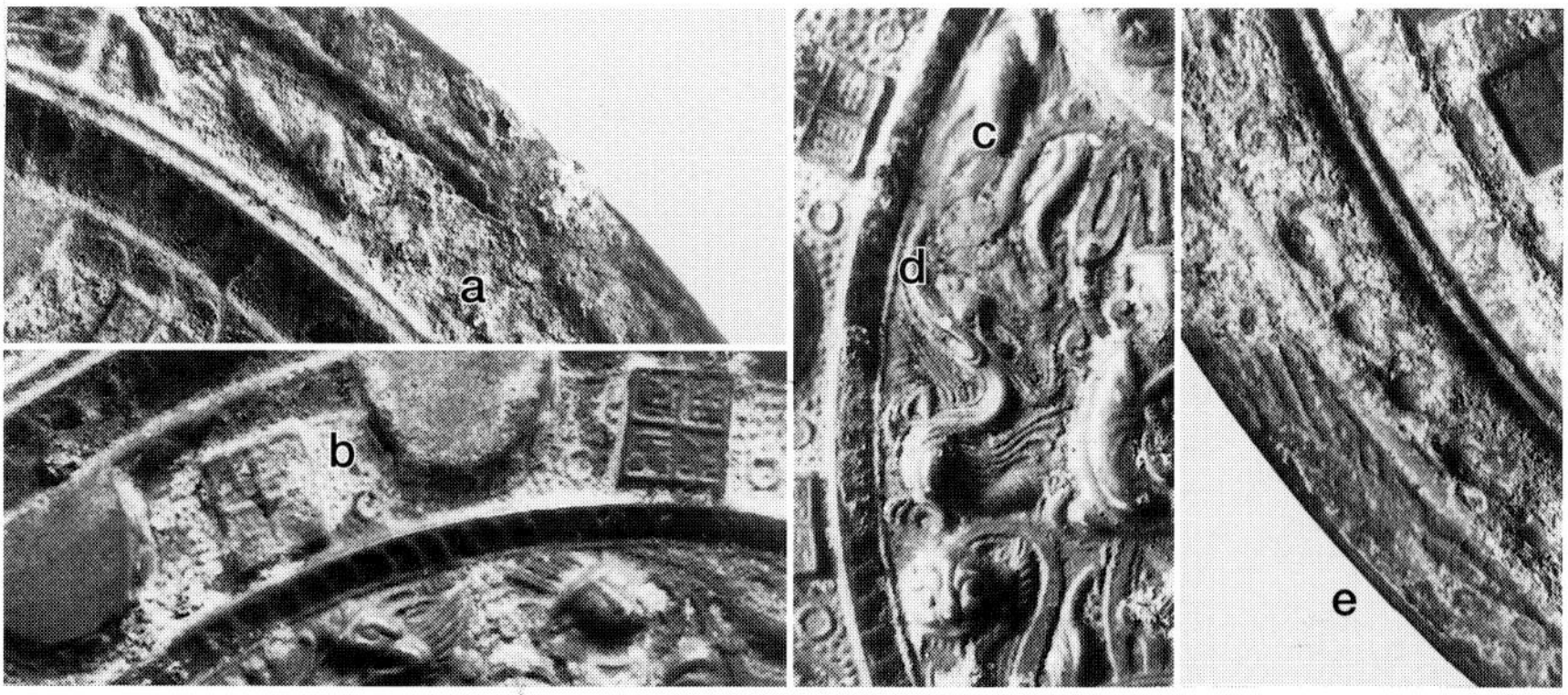


図版 33　宮崎県持田 25 号墳画文帯重列式神獣鏡 C　（縮尺不同）

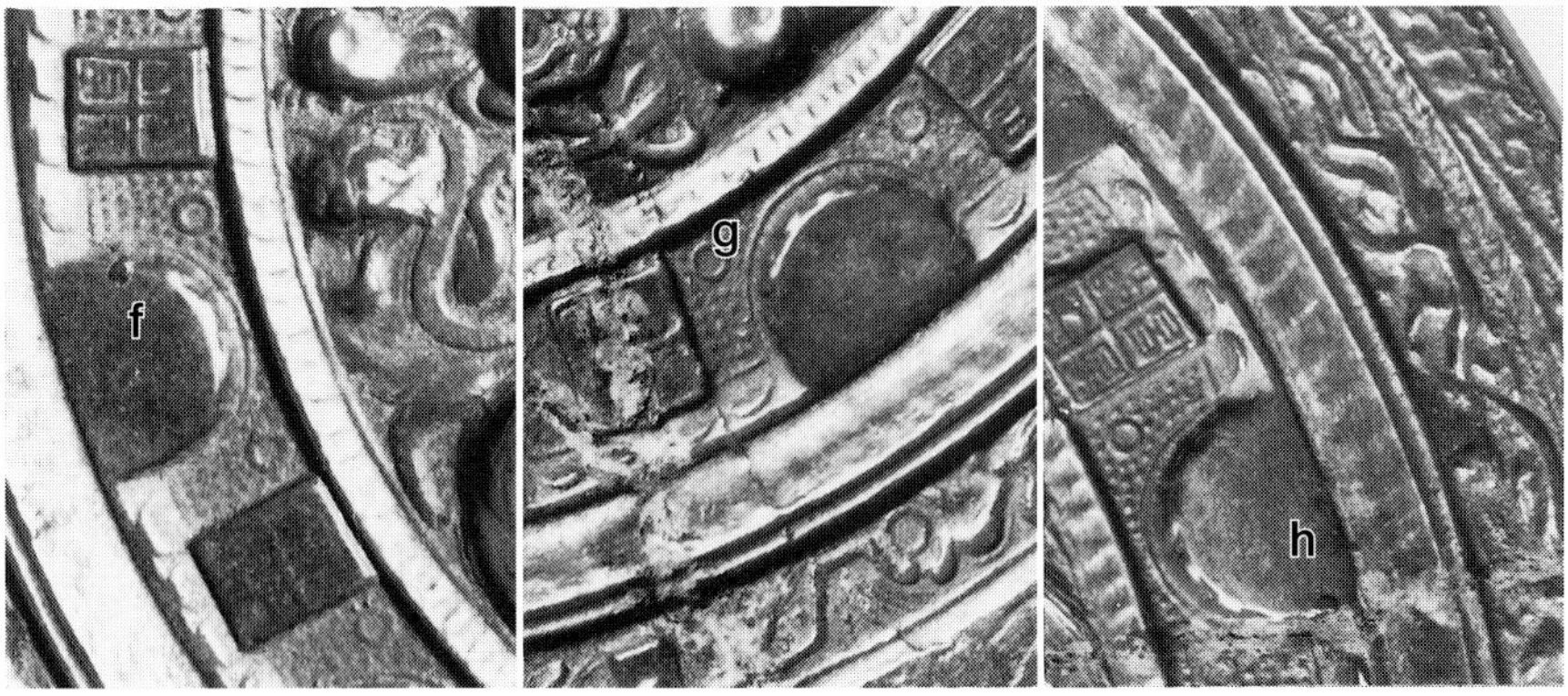


図版 34　広島県高塚古墳画文帯重列式神獣鏡 C　（縮尺不同）

図版 35　岡山県牛文茶臼山古墳画文帯重列式神獣鏡 C　　（縮尺不同）

図版 36　兵庫県里古墳画文帯重列式神獣鏡 C　（縮尺不同）

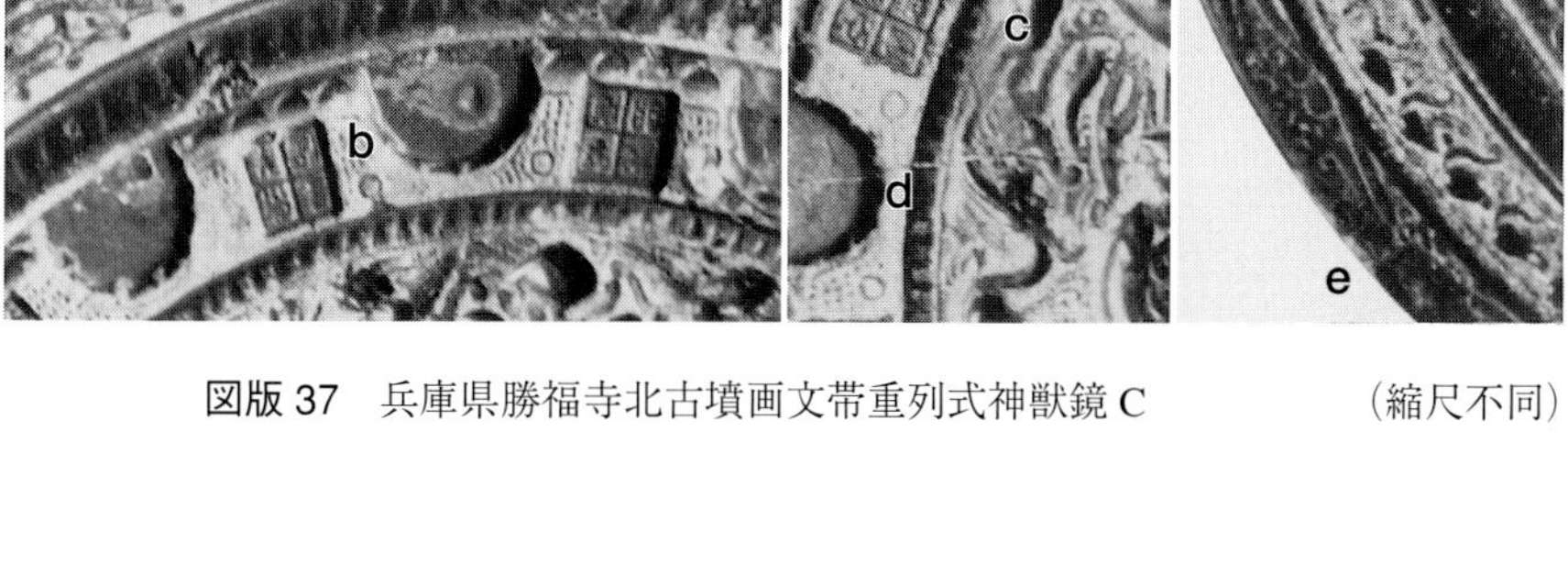


図版 37　兵庫県勝福寺北古墳画文帯重列式神獣鏡 C　（縮尺不同）

図版 38　大阪府郡川東塚古墳画文帯重列式神獣鏡 C　（縮尺不同）

図版 39　奈良県新沢 109 号墳画文帯重列式神獣鏡 C　（縮尺不同）

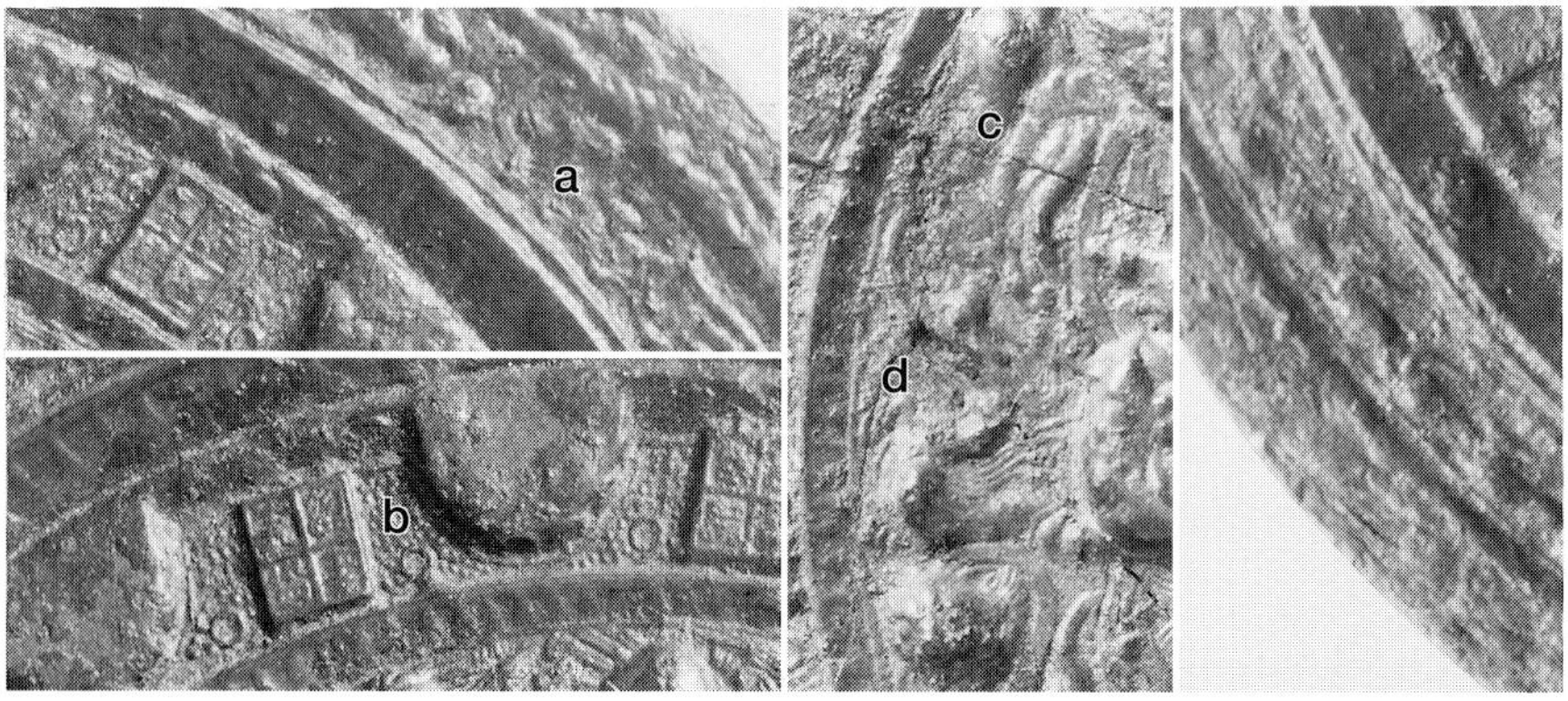


図版 40　福井県丸山塚古墳画文帯重列式神獣鏡 C　（縮尺不同）

図版 41　三重県井田川茶臼山古墳 1 号棺画文帯重列式神獣鏡 C　（縮尺不同）

図版 42　三重県井田川茶臼山古墳 2 号棺画文帯重列式神獣鏡 C　　（縮尺不同）

図版 43　三重県神前山 1 号墳（京都国立博物館蔵）画文帯重列式神獣鏡 C（縮尺不同）

図版 44　三重県神前山 1 号墳（黒川古文化研究所蔵）画文帯重列式神獣鏡 C（縮尺不同）

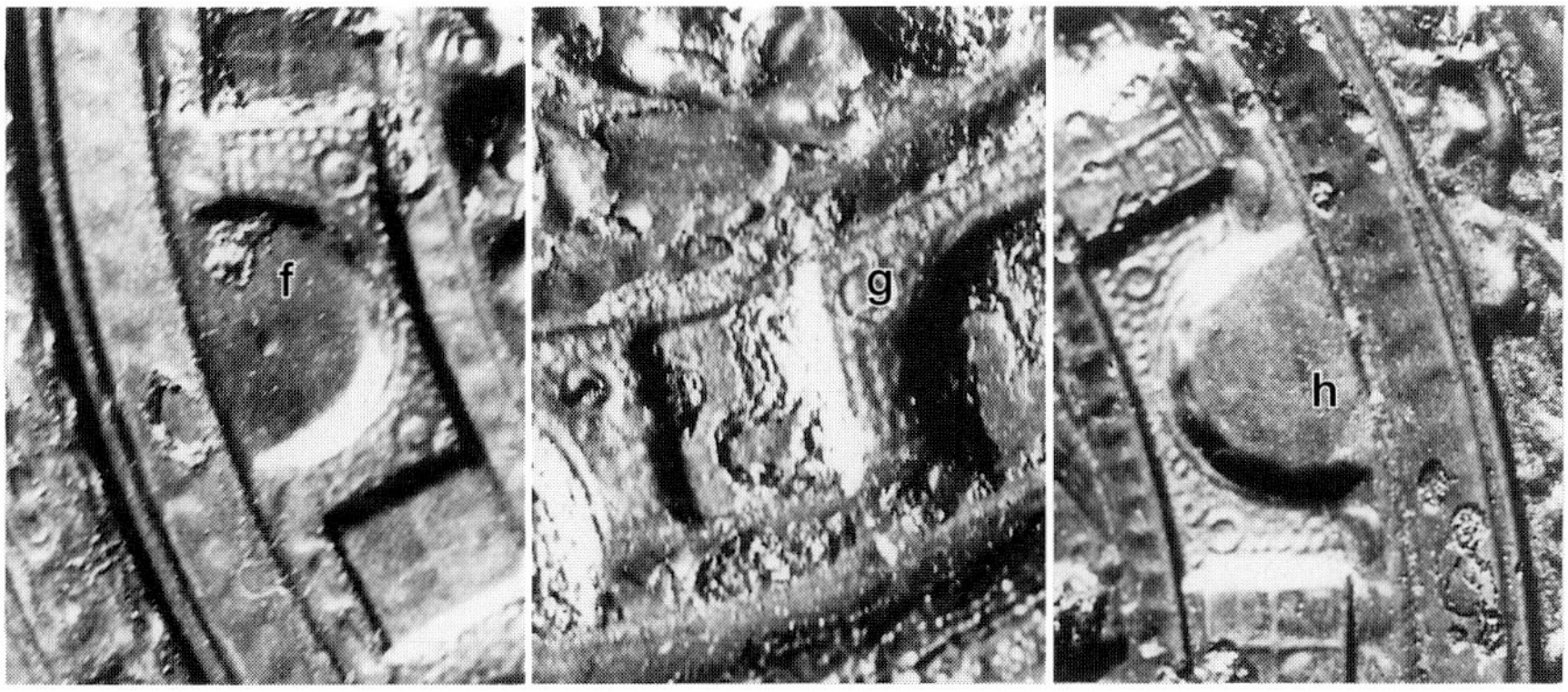


図版 45　三重県神島（八代神社蔵）画文帯重列式神獣鏡 C　（縮尺不同）

図版 46　愛知県亀山 2 号墳画文帯重列式神獣鏡 C　（縮尺不同）

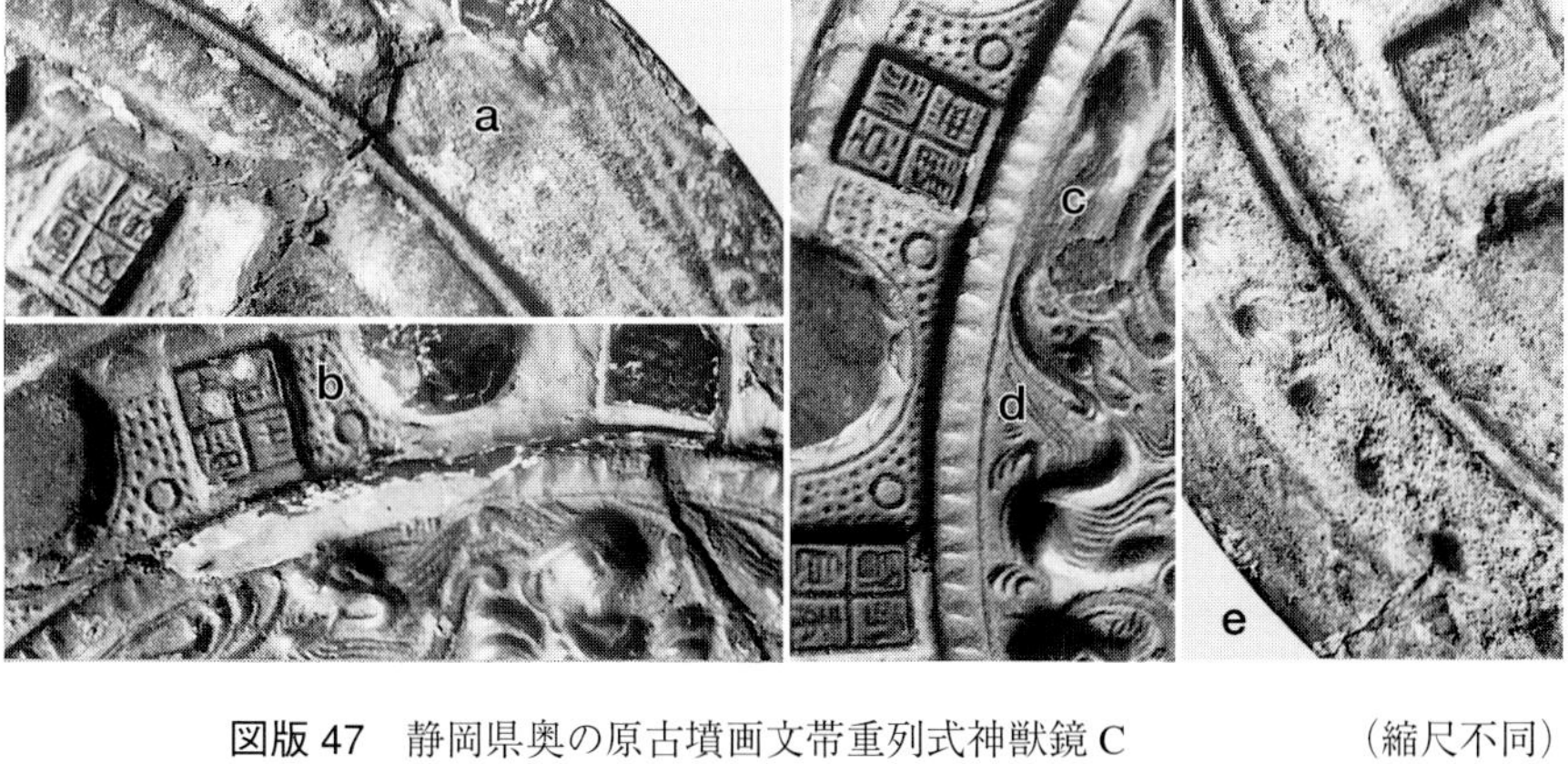


図版 47　静岡県奥の原古墳画文帯重列式神獣鏡 C　（縮尺不同）

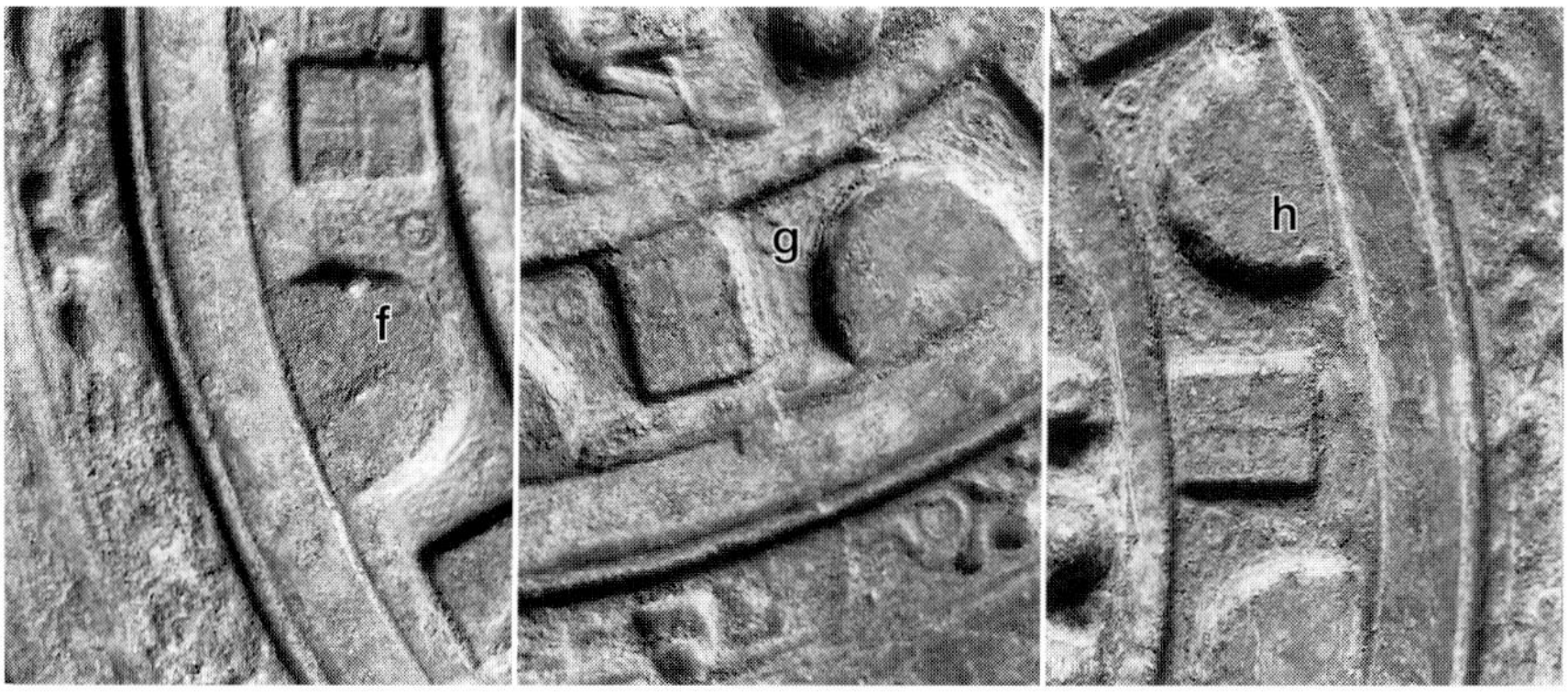


図版 48　伝長野県下川路画文帯重列式神獣鏡 C　（縮尺不同）

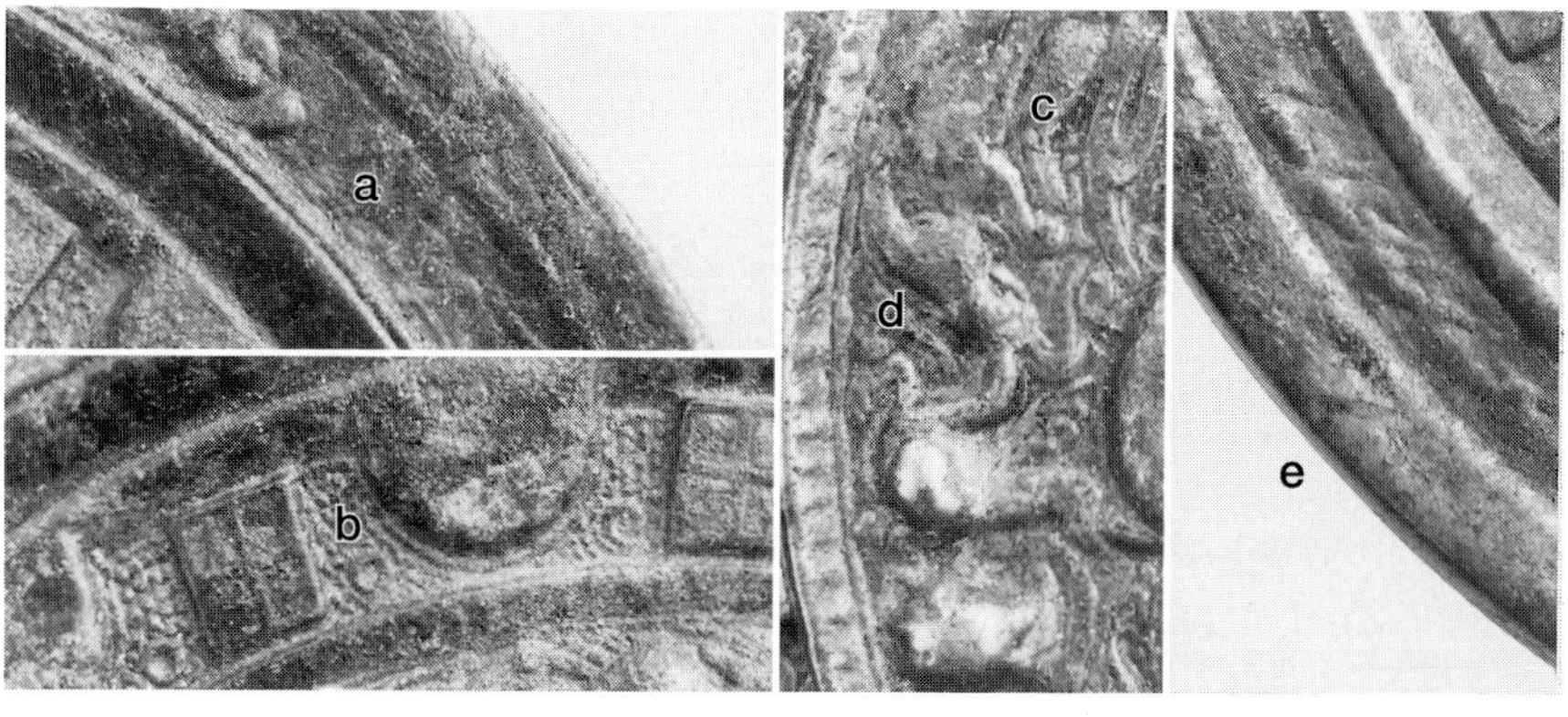


図版 49　群馬県原前 1 号墳画文帯重列式神獣鏡 C　（縮尺不同）

図版 50　栃木県牛塚古墳画文帯重列式神獣鏡 C　　（縮尺不同）

図版 51　出土地不明（黒川古文化研究所蔵）画文帯重列式神獣鏡 C　（縮尺不同）

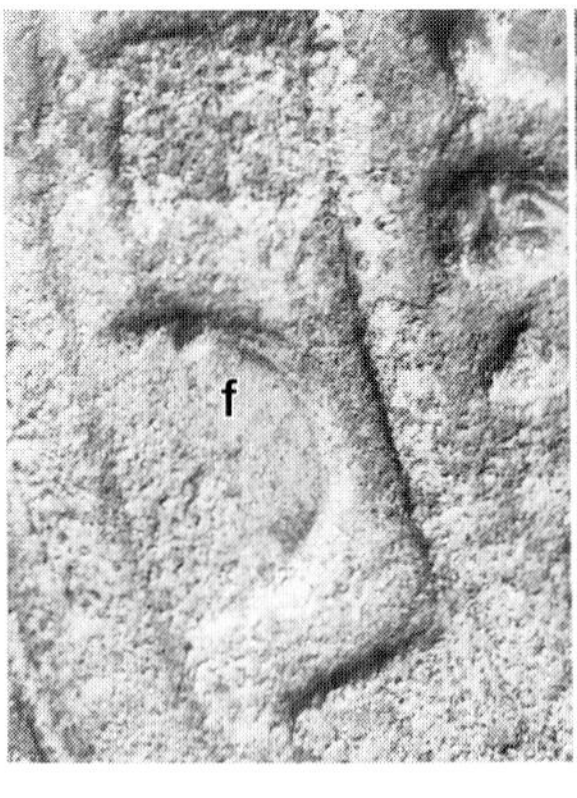

図版 52　出土地不明（奈良国立博物館蔵）画文帯重列式神獣鏡 C　　（縮尺不同）

図版 53　出土地不明（五島美術館蔵）画文帯重列式神獣鏡 C　（縮尺不同）

図版 54　岡山県王墓山古墳画文帯周列式仏獣鏡 A　（縮尺不同）

図版 55　愛知県大須二子山古墳画文帯周列式仏獣鏡 A　　　（縮尺不同）

図版 56　千葉県鶴巻塚古墳画文帯周列式仏獣鏡 A　　（縮尺不同）

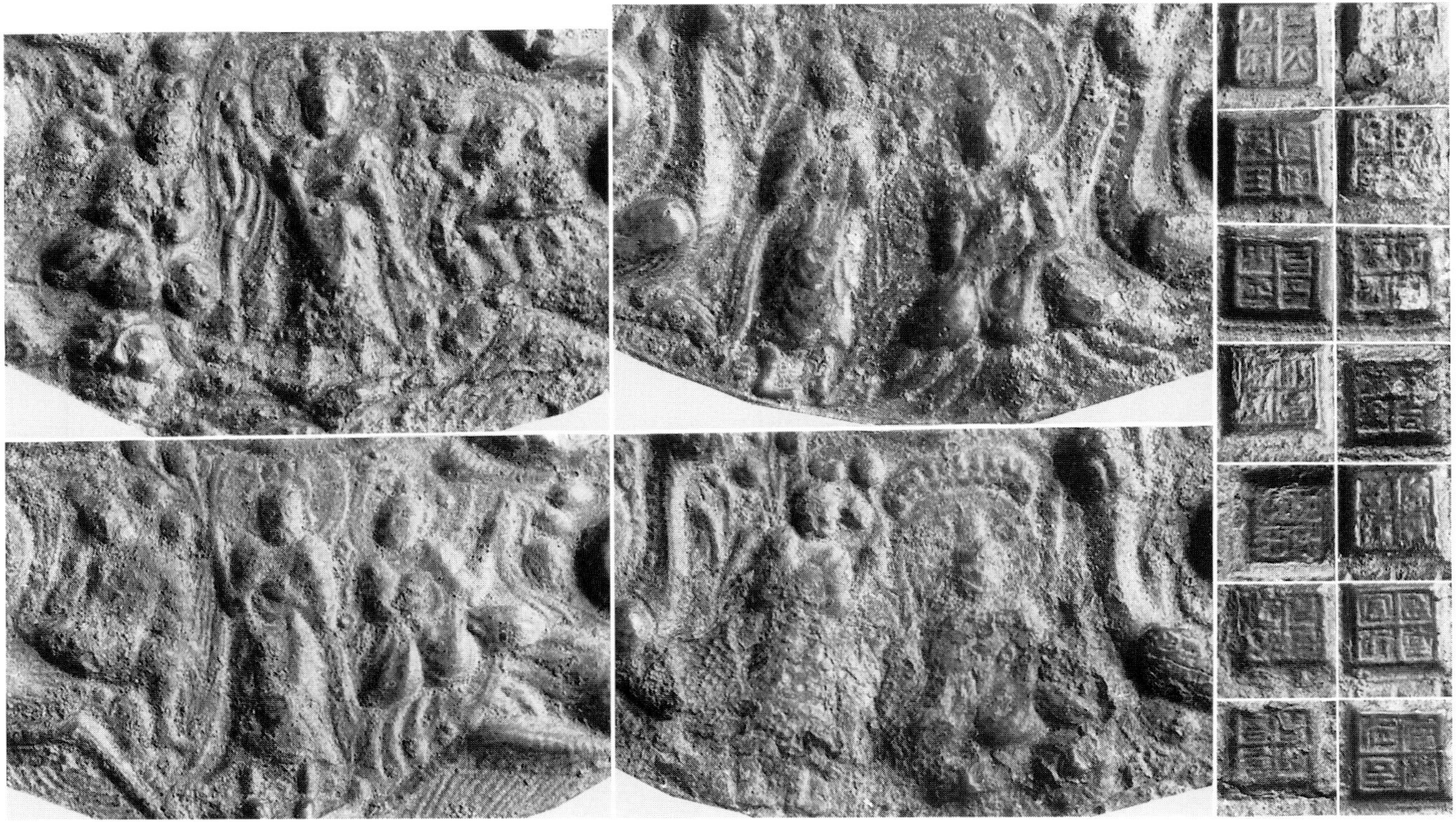

図版 57　千葉県鶴巻塚古墳画文帯周列式仏獣鏡 A の銘文と図像　（縮尺不同）

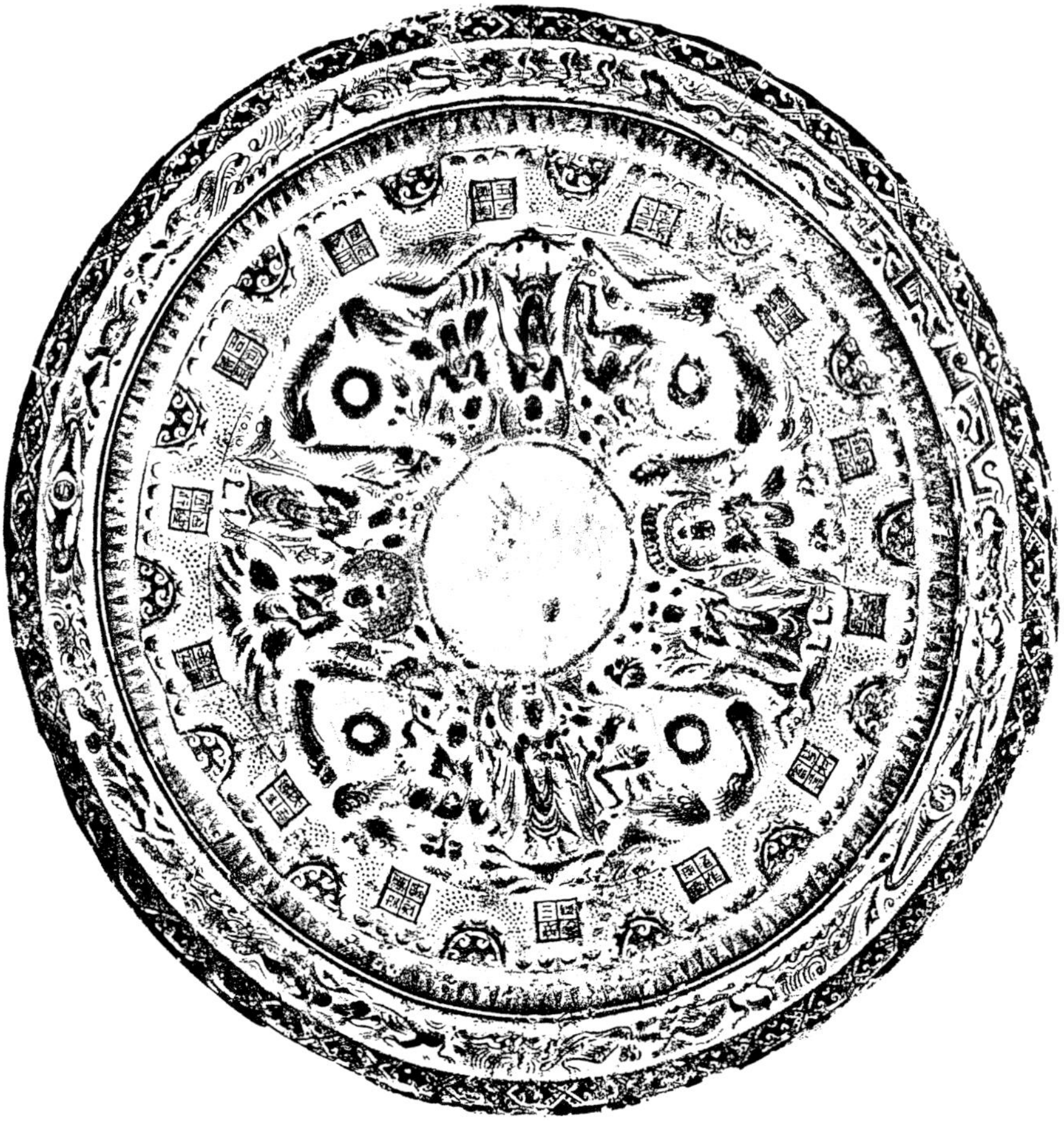

図版 58　出土地不明（北京故宮蔵）画文帯周列式仏獣鏡 A

図版 59　伝大阪府駒ヶ谷出土（金剛輪寺旧蔵）画文帯周列式仏獣鏡 B　（縮尺不同）

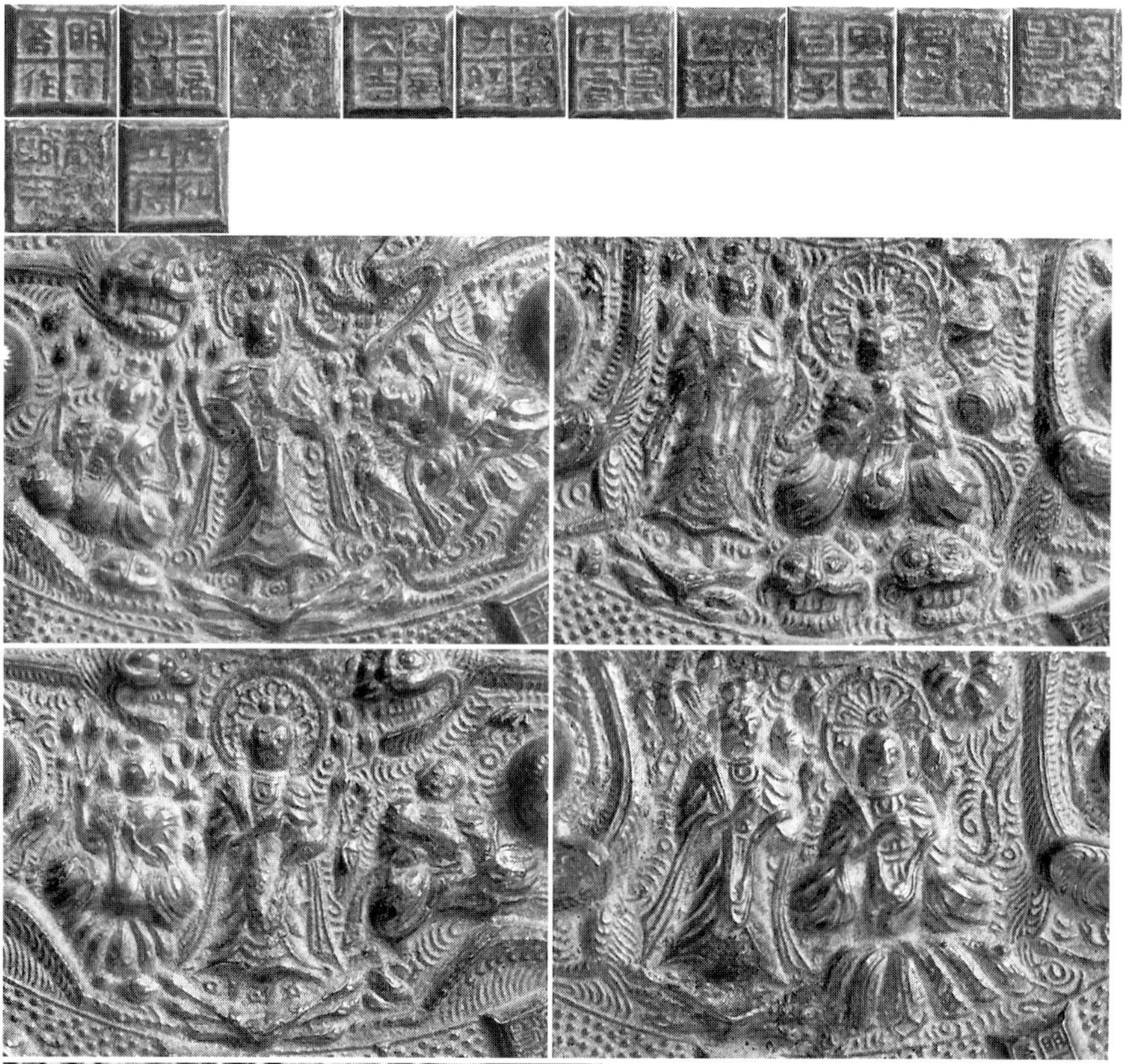

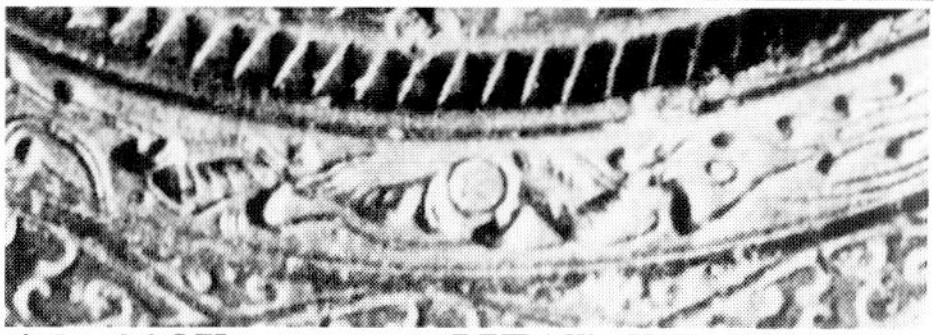

出土地不明（ブリング氏旧蔵）画文帯重列式神獣鏡 B

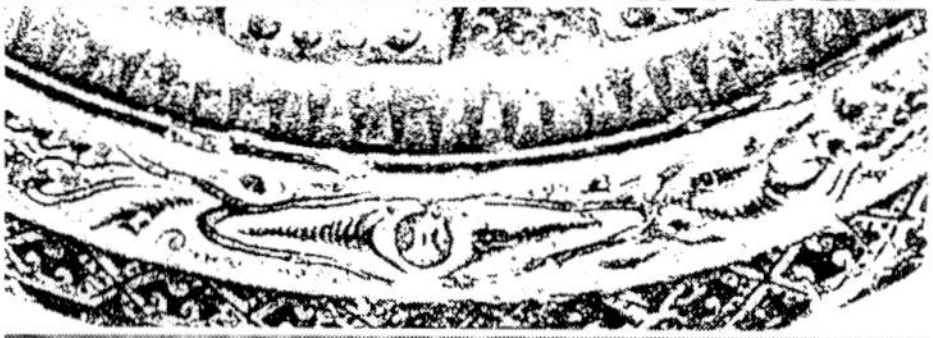

出土地不明（北京故宮蔵）画文帯周列式仏獣鏡 A

伝大阪府駒ヶ谷出土（金剛輪寺旧蔵）画文帯周列式仏獣鏡 B

図版 60　伝大阪府駒ヶ谷出土（金剛輪寺旧蔵）画文帯周列式仏獣鏡 B の銘文と図像（上）、日輪を捧げる神仙像の各種（下）　（縮尺不同）

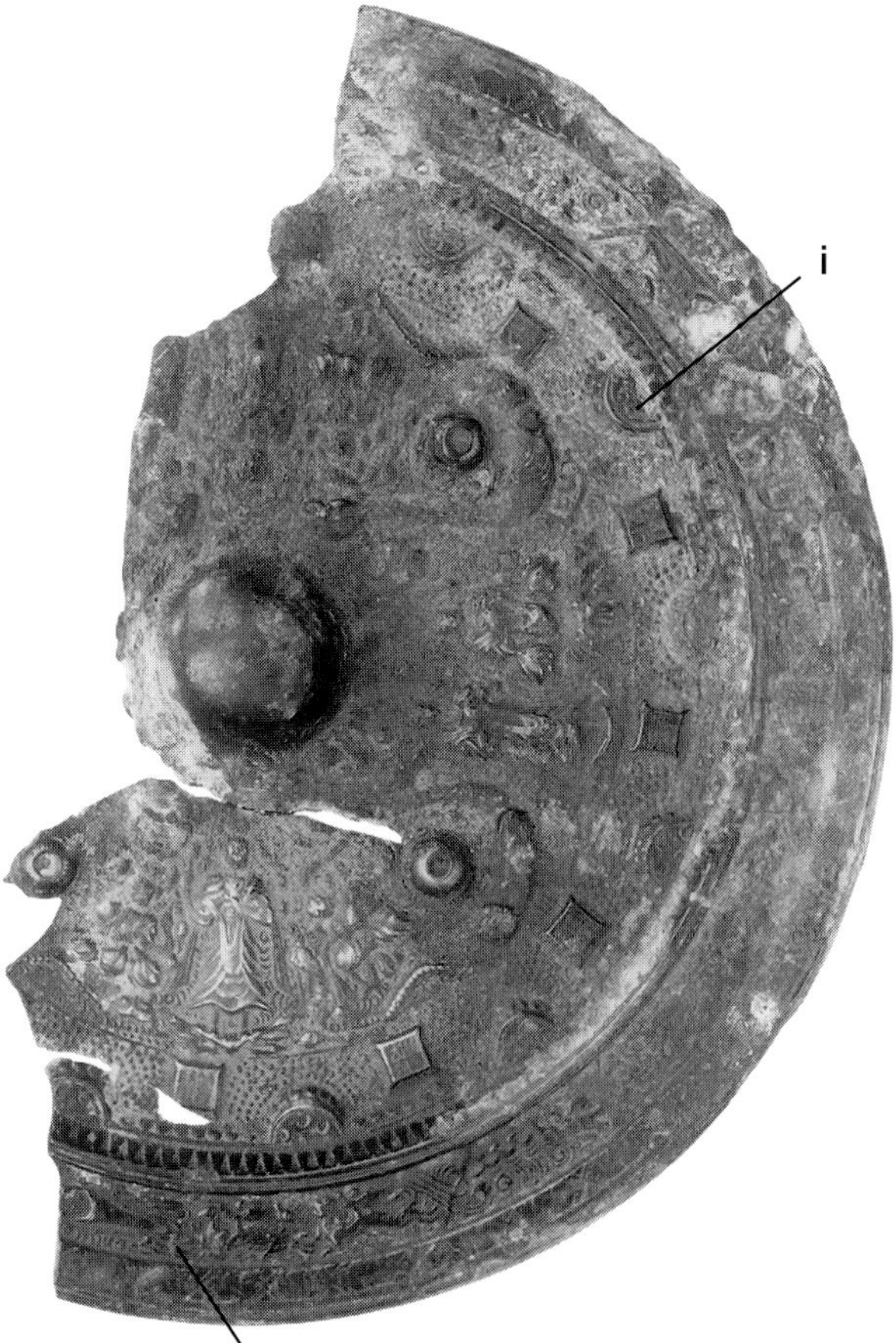

図版 61　画文帯周列式仏獣鏡 B　福井県国分古墳（上）、千葉県祇園大塚山古墳（下左）、出土地不明（キヨソーネ旧蔵）（下右）　（縮尺不同）

伝駒ヶ谷鏡細部

御猿堂鏡細部

図版 62　長野県御猿堂古墳画文帯周列式仏獣鏡 B　　　　　（縮尺不同）

図版 63　千葉県祇園大塚山古墳画文帯周列式仏獣鏡 B 図版 61 下左参照　（縮尺不同）

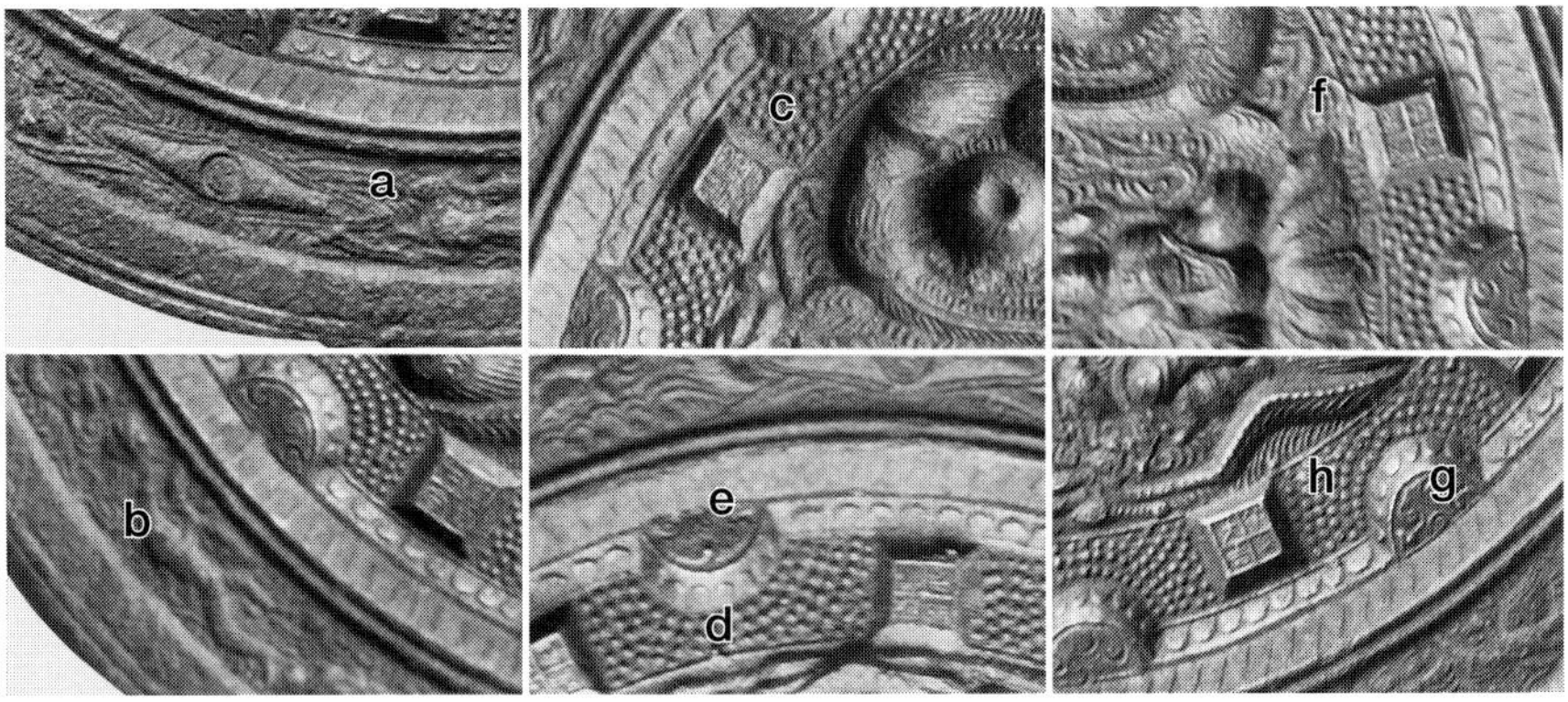


図版 64　出土地不明（キヨソーネ旧蔵）画文帯周列式仏獣鏡 B
図版 61 下右参照　（縮尺不同）

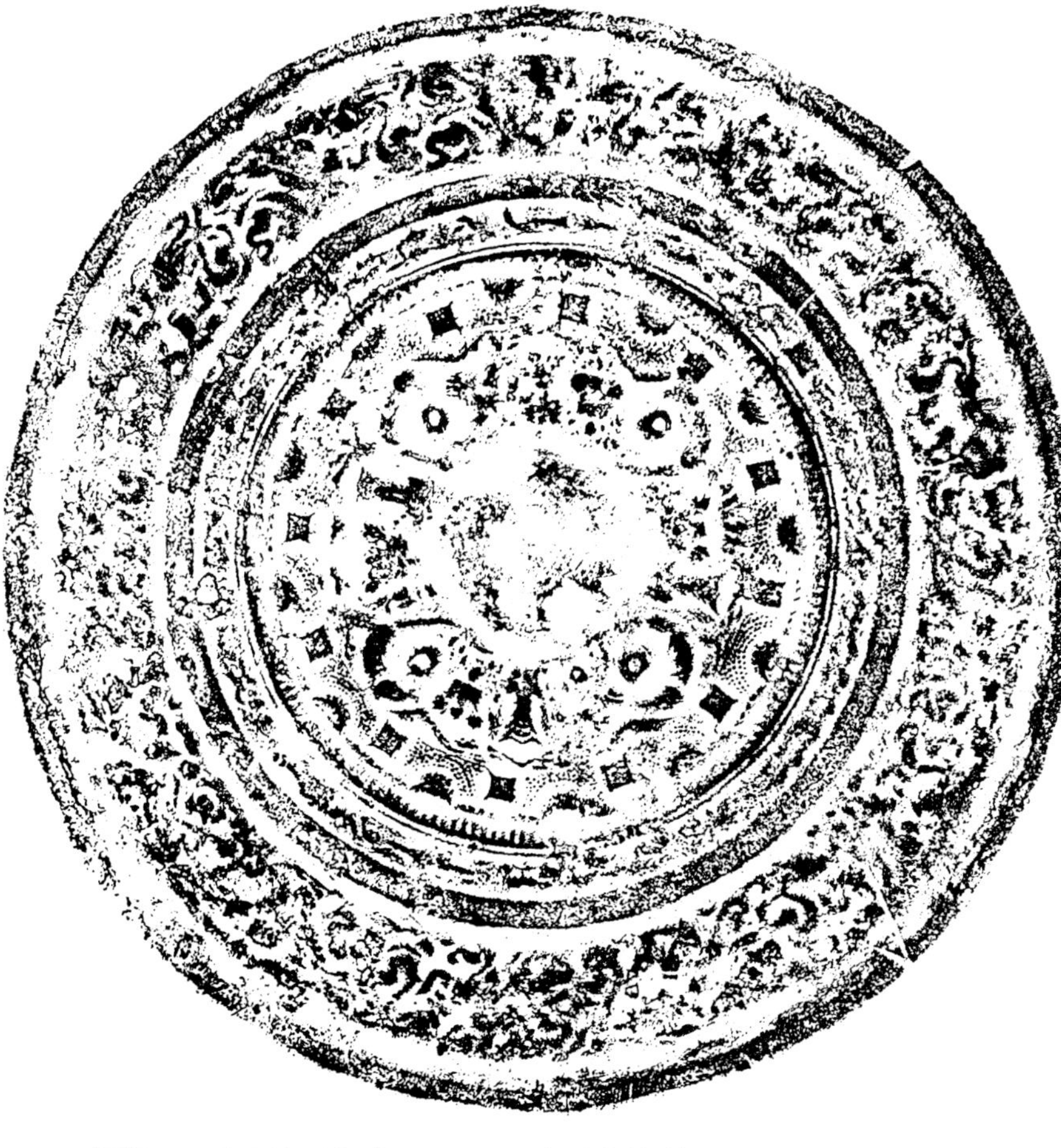

図版 65　出土地不明（旧ベルリン民俗博物館蔵）画文帯周列式仏獣鏡 B

図版 66　群馬県赤城塚古墳三角縁仏獣鏡（上）面径 23.1cm、仏像夔鳳鏡　湖北省鄂州市五里墩出土（下左）、出土地不明（ボストン美術館蔵）（下右）

図版 67　ガンダーラ出土初転法輪像（上)、岡山県天神山古墳
三角縁仏獣鏡（下）面径 23.0cm

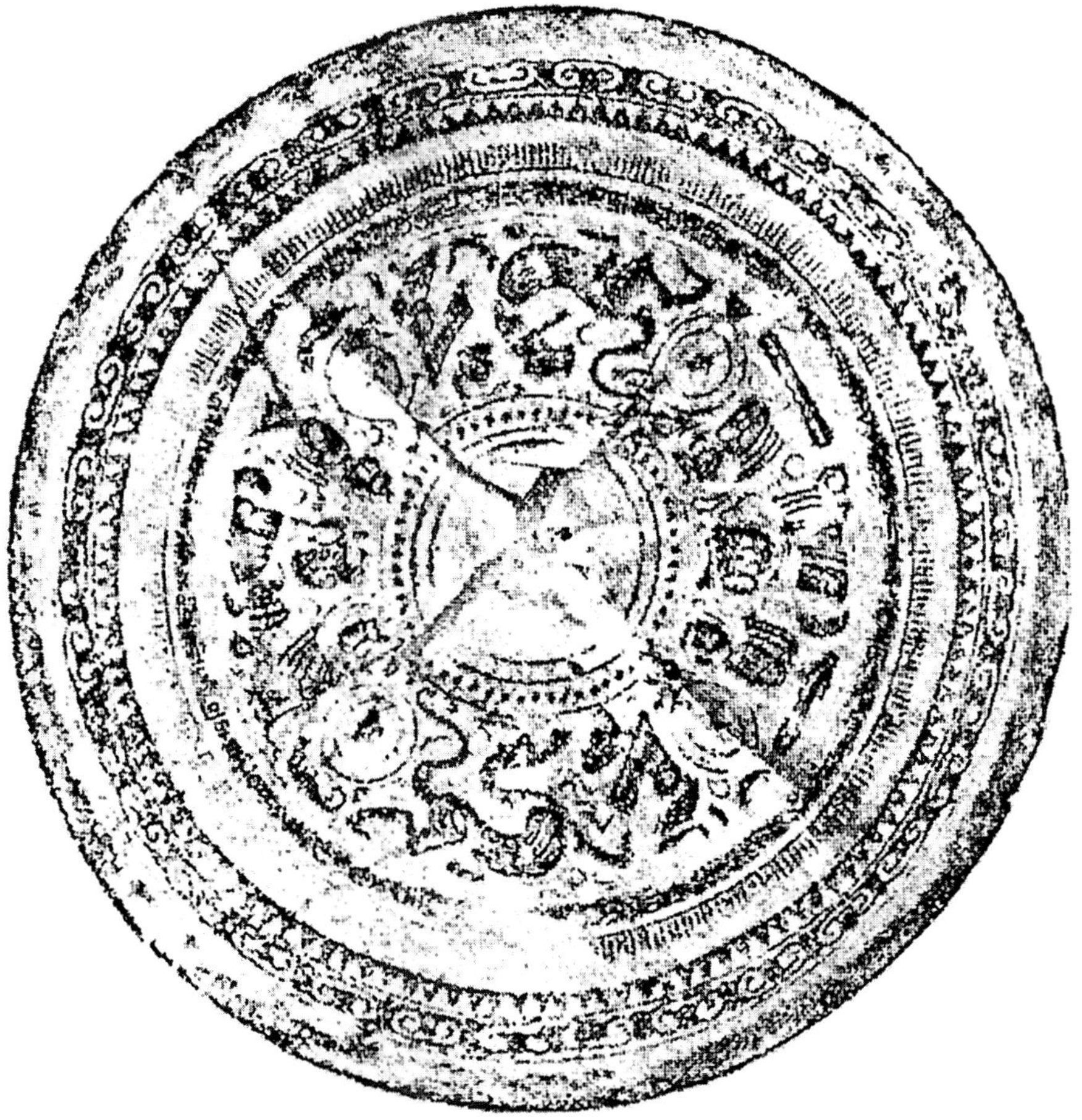

図版 68　福岡県馬ヶ岳古墳神人龍虎画像鏡

図版 69　岡山県築山古墳神人龍虎画像鏡　（縮尺不同）

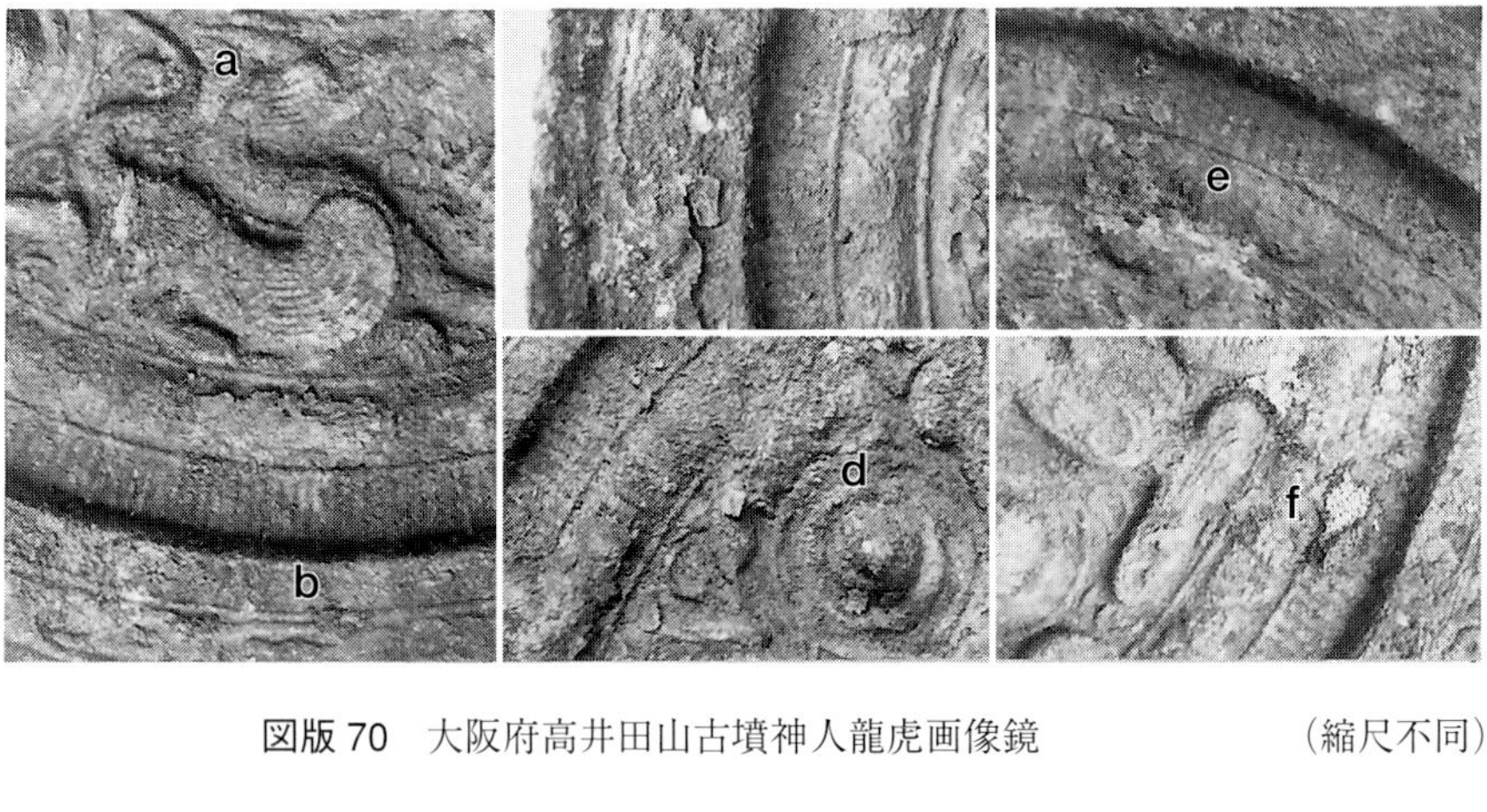


図版 70　大阪府高井田山古墳神人龍虎画像鏡　（縮尺不同）

図版 71　奈良県米山古墳神人龍虎画像鏡　　（縮尺不同）

図版 72　奈良県米山古墳神人龍虎画像鏡の銘文と神像　（縮尺不同）

図版 73　京都府鏡塚古墳神人龍虎画像鏡　（縮尺不同）

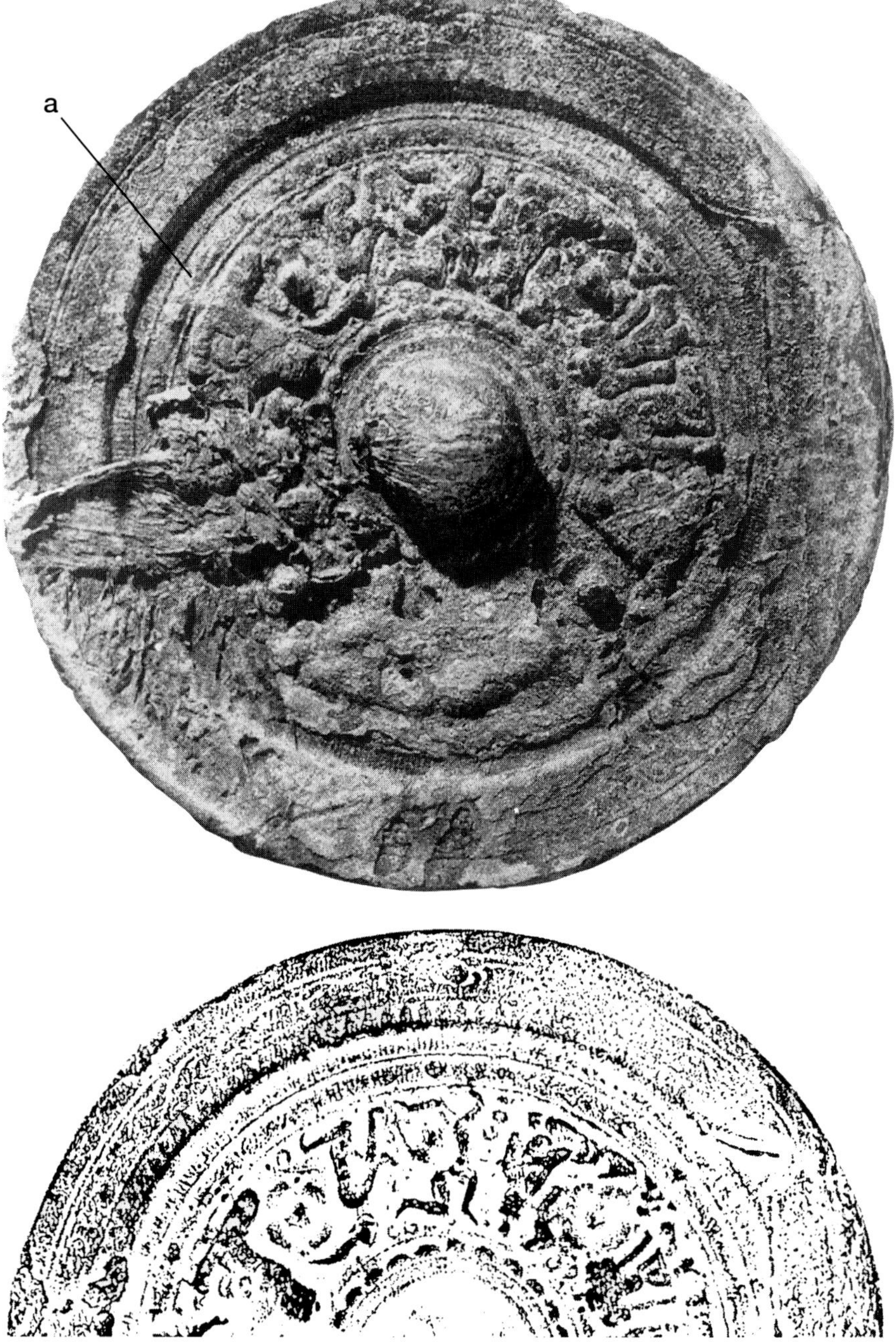


図版 74　福岡県番塚古墳神人歌舞画像鏡

図版 75　岡山県朱千駄古墳神人歌舞画像鏡　（縮尺不同）

図版 76　大阪府郡川西塚古墳神人歌舞画像鏡　　（縮尺不同）

図版 77　伝大阪府郡川神人歌舞画像鏡　（縮尺不同）

図版 78　大阪府長持山古墳神人歌舞画像鏡

図版 79　京都府トヅカ古墳神人歌舞画像鏡　　　　　　（縮尺不同）

図版 80　福井県西塚古墳神人歌舞画像鏡　（縮尺不同）

図版 81　東京都亀塚古墳神人歌舞画像鏡　（縮尺不同）

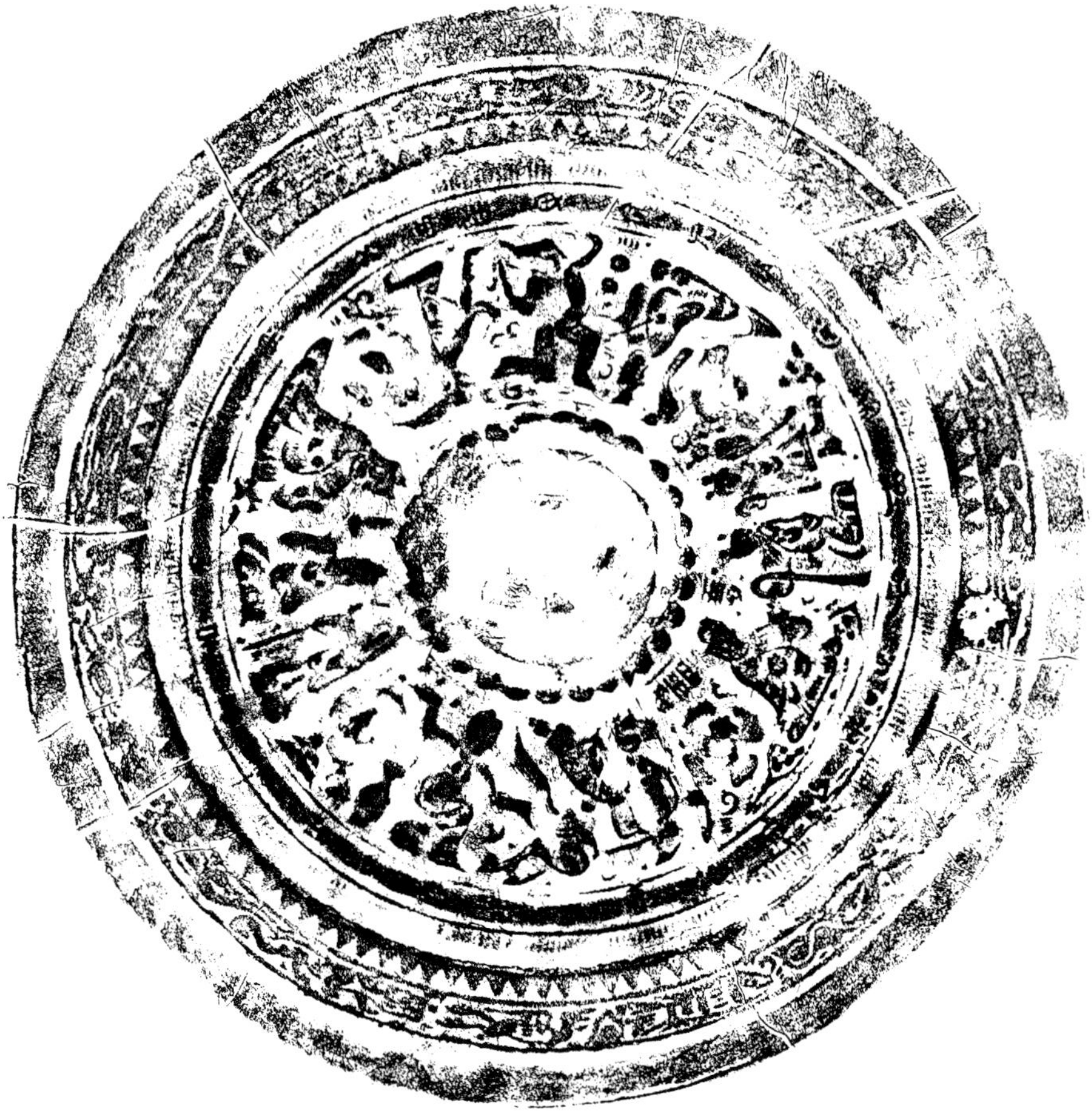

図版 82　埼玉県秋山所在古墳神人歌舞画像鏡

図版 83　出土地不明（根津美術館蔵）神人歌舞画像鏡 1　（縮尺不同）

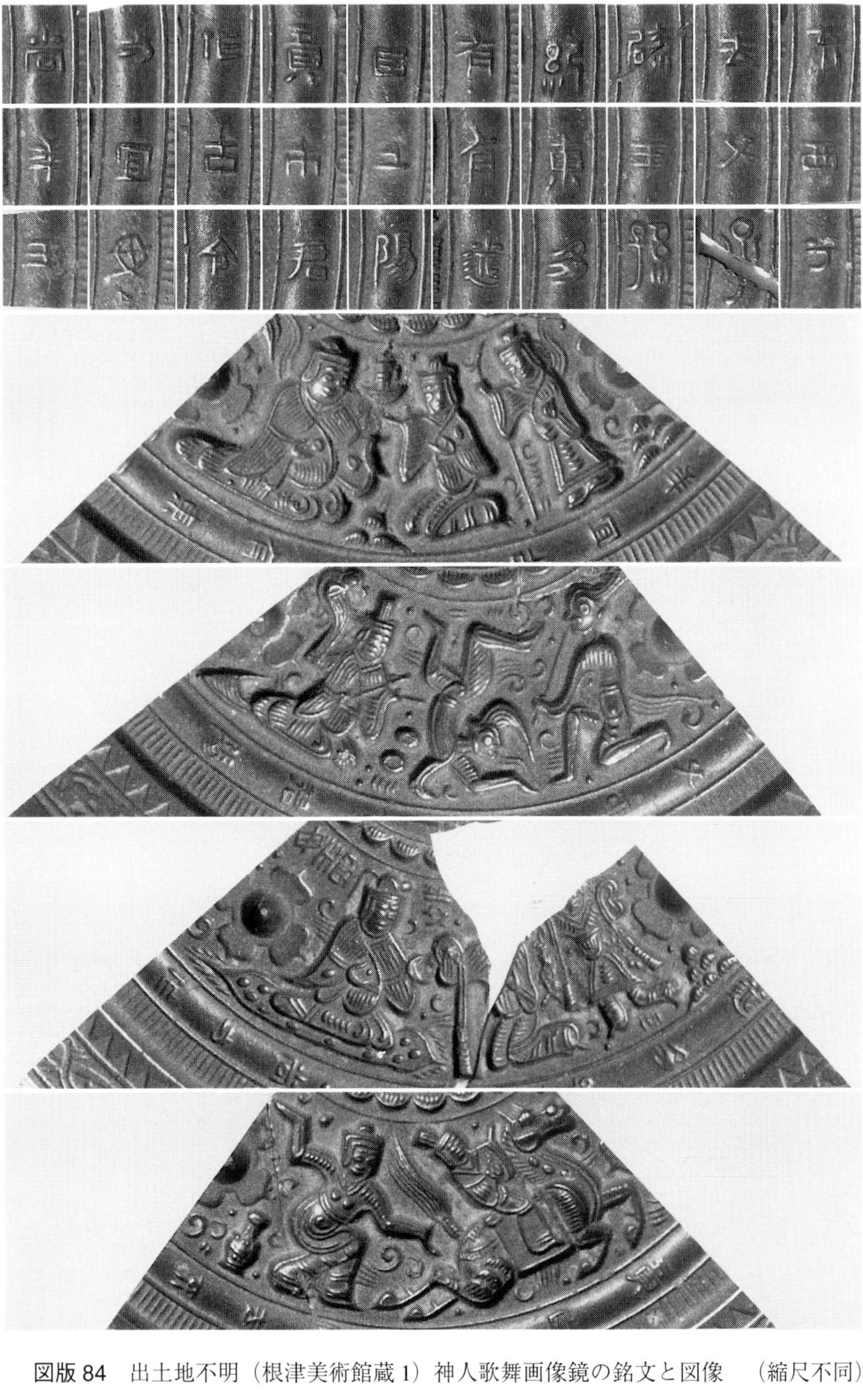

図版 84　出土地不明（根津美術館蔵 1）神人歌舞画像鏡の銘文と図像　（縮尺不同）

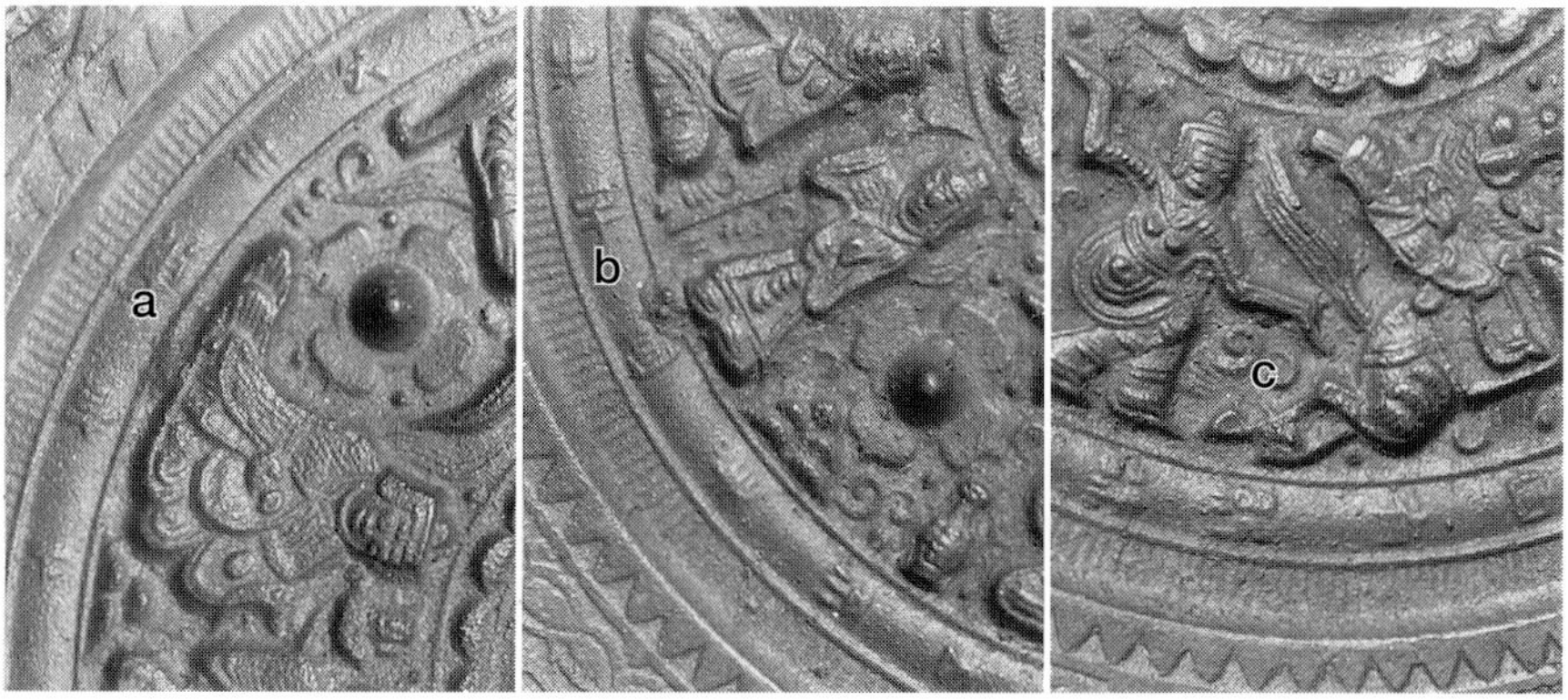


図版 85　出土地不明（根津美術館蔵）神人歌舞画像鏡 2　（縮尺不同）

図版 86　熊本県江田船山古墳神人車馬画像鏡　　（縮尺不同）

図版 87　熊本県江田船山古墳（左上）、伝豊前国京都郡（左中・下段各 2）、
京都府トヅカ古墳（右端上・下段 3）　（縮尺不同）

図版 88　熊本県江田船山古墳神人車馬画像鏡の銘文と図像

図版 89　伝豊前国京都郡神人車馬画像鏡　（縮尺不同）

図版 90　京都府トヅカ古墳神人車馬画像鏡　（縮尺不同）

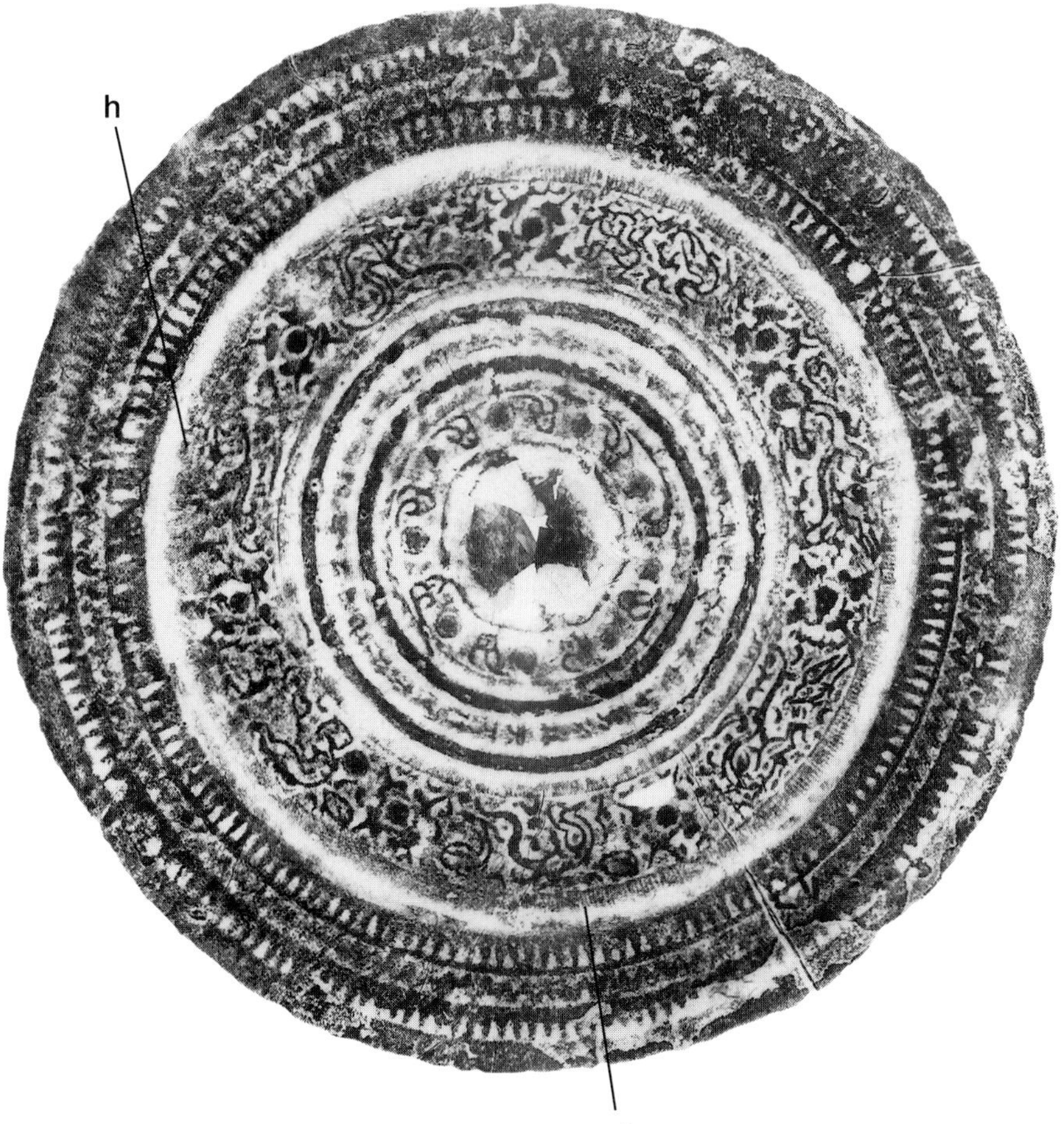


図版 91　伝福岡県八女郡細線獣文鏡

図版 92　大分県日隈 1 号墳細線獣文鏡　（縮尺不同）

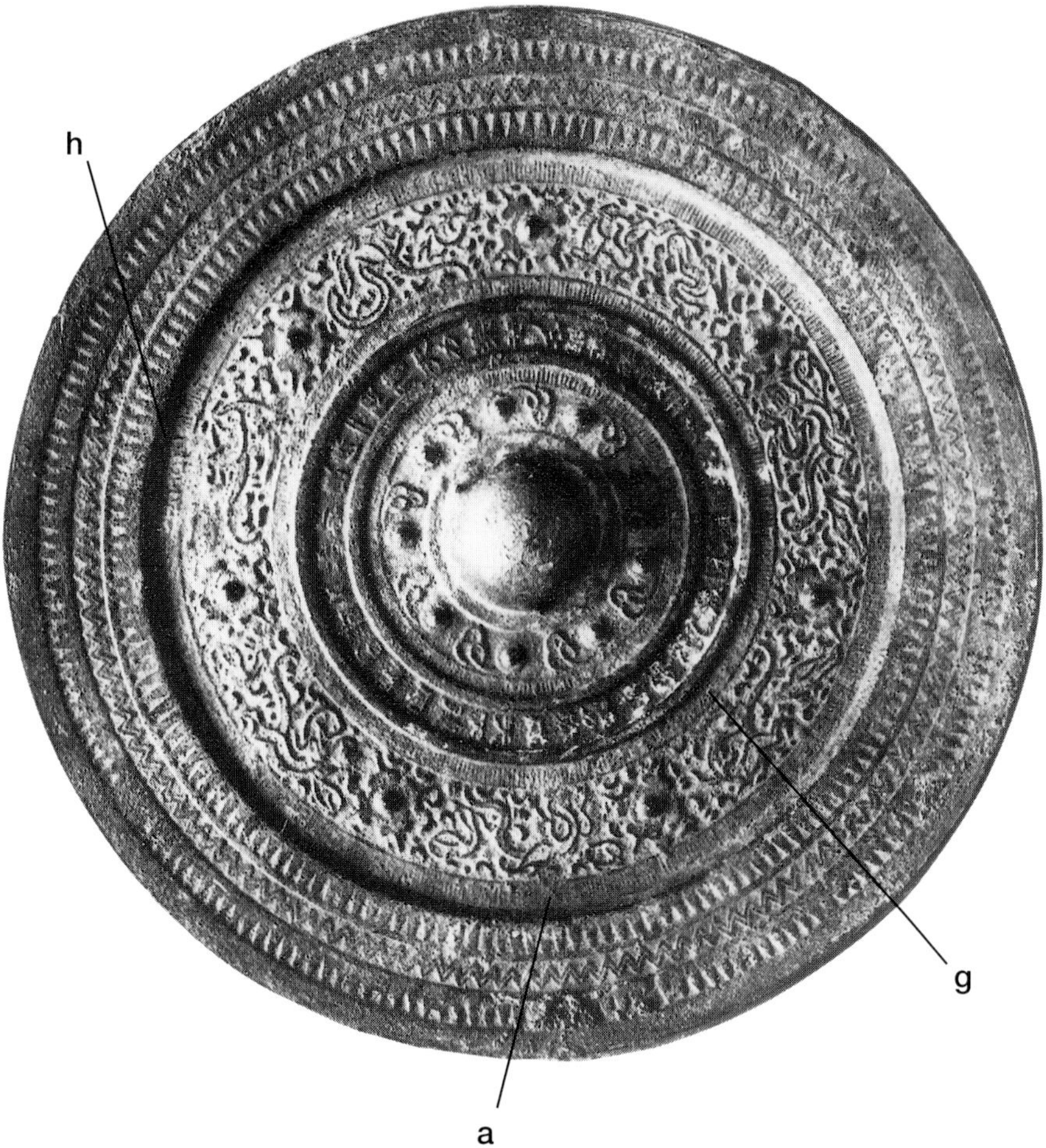


図版 93　大阪府桜塚古墳群細線獣文鏡

図版 94　大阪府石塚古墳細線獣文鏡　　　　　　　（縮尺不同）

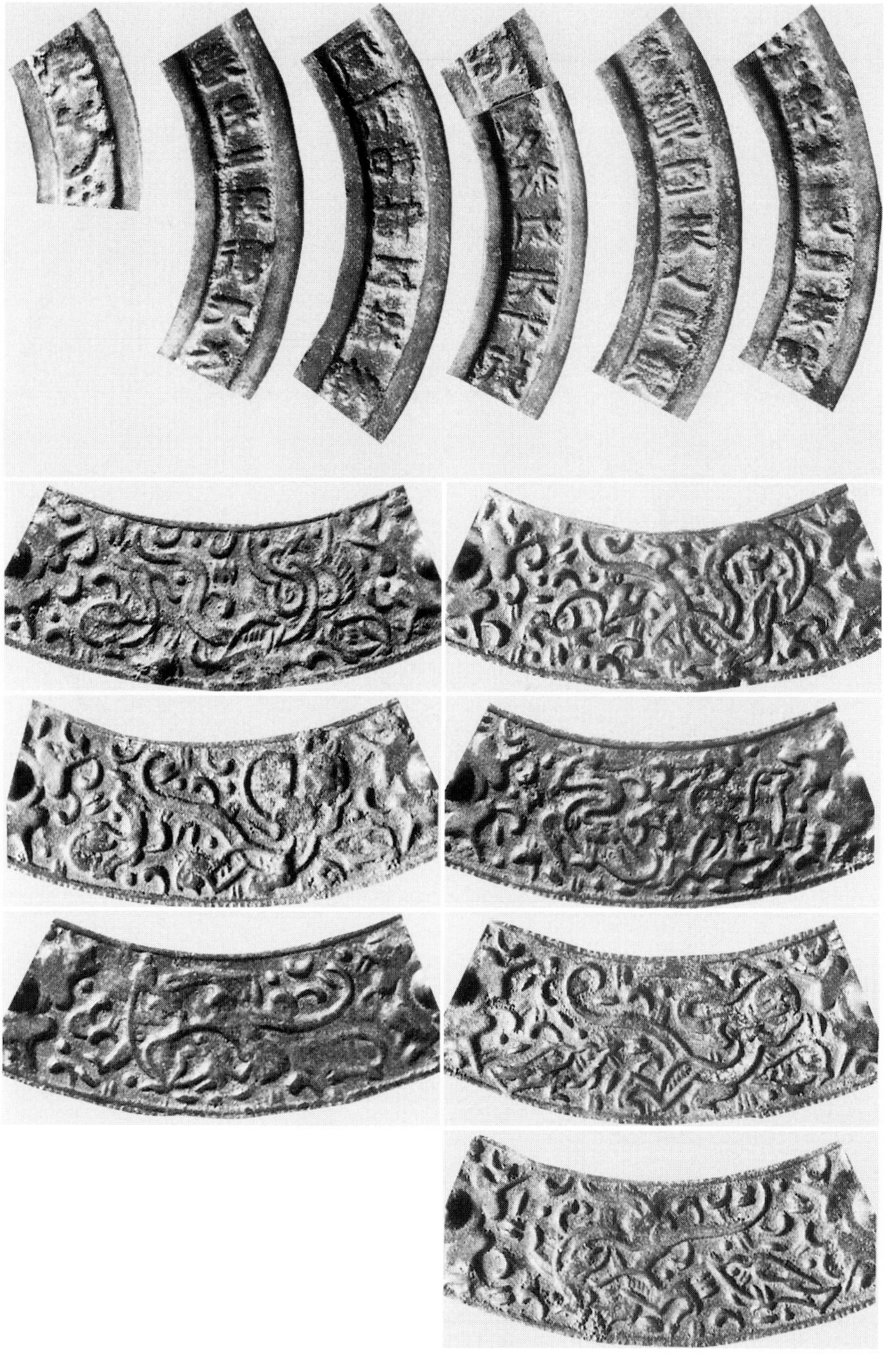

図版 95　大阪府石塚古墳細線獣文鏡の銘文と図像　（縮尺不同）

図版 96　伝奈良県大安寺古墳細線獣文鏡　　　　　（縮尺不同）

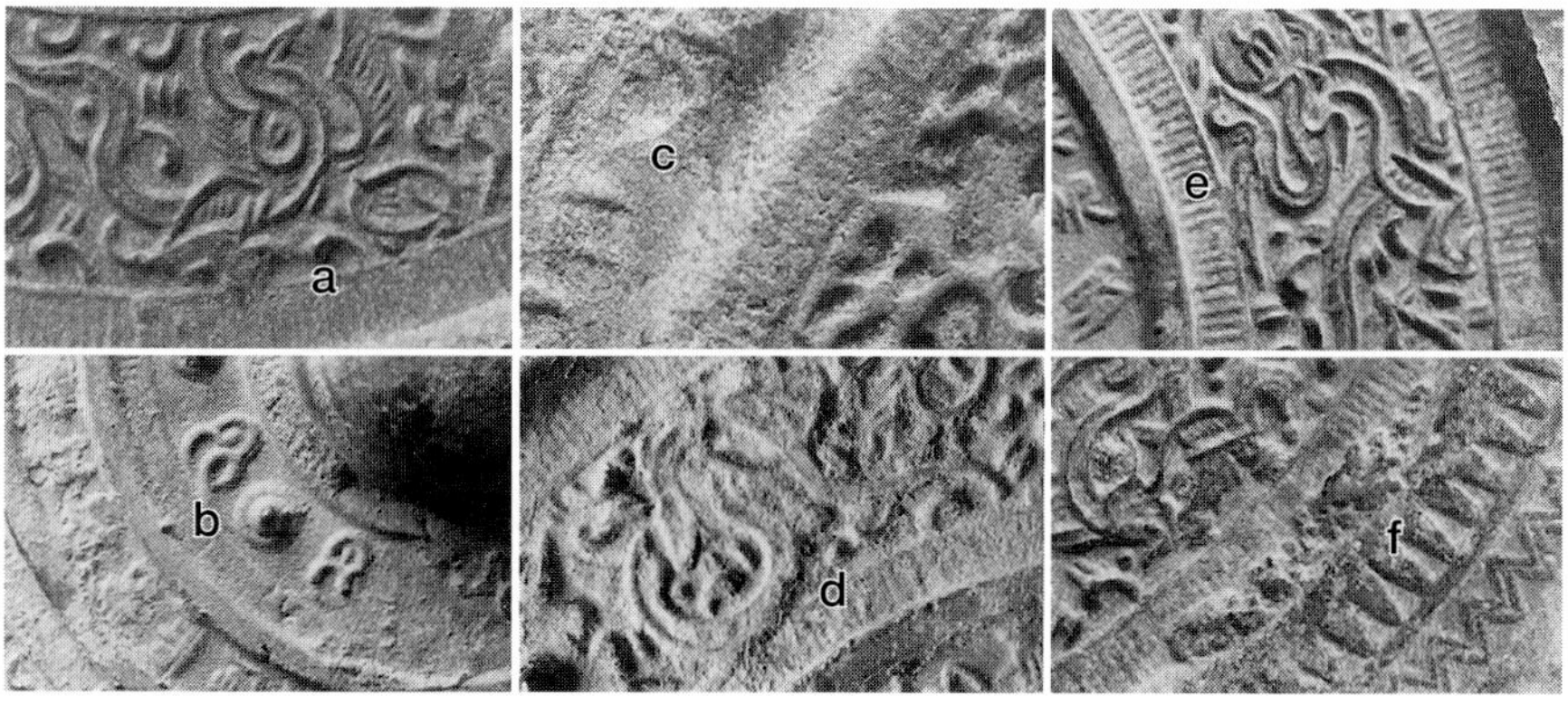


図版 97　奈良県今井 1 号墳細線獣文鏡　（縮尺不同）

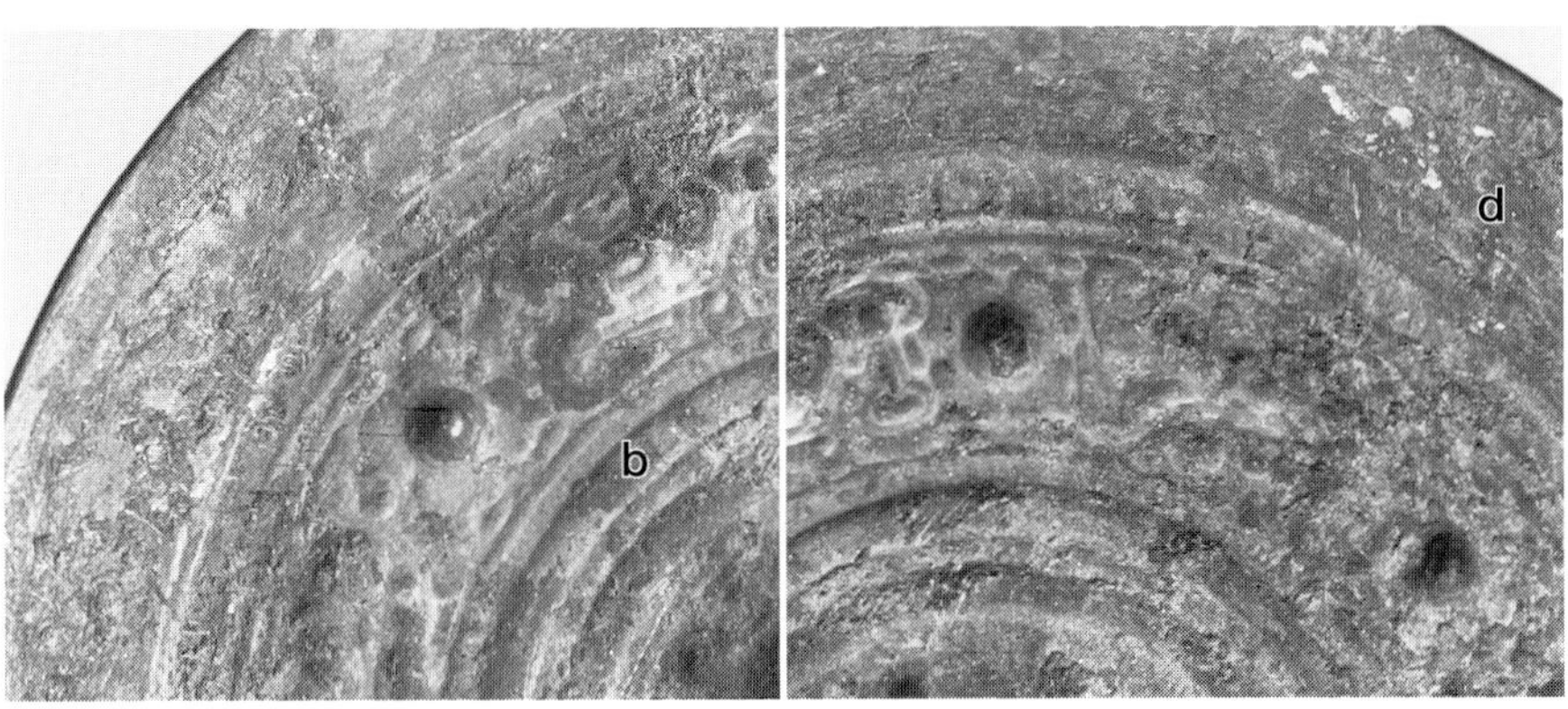


図版 98　熊本県国越古墳半肉刻獣文鏡 A　（縮尺不同）

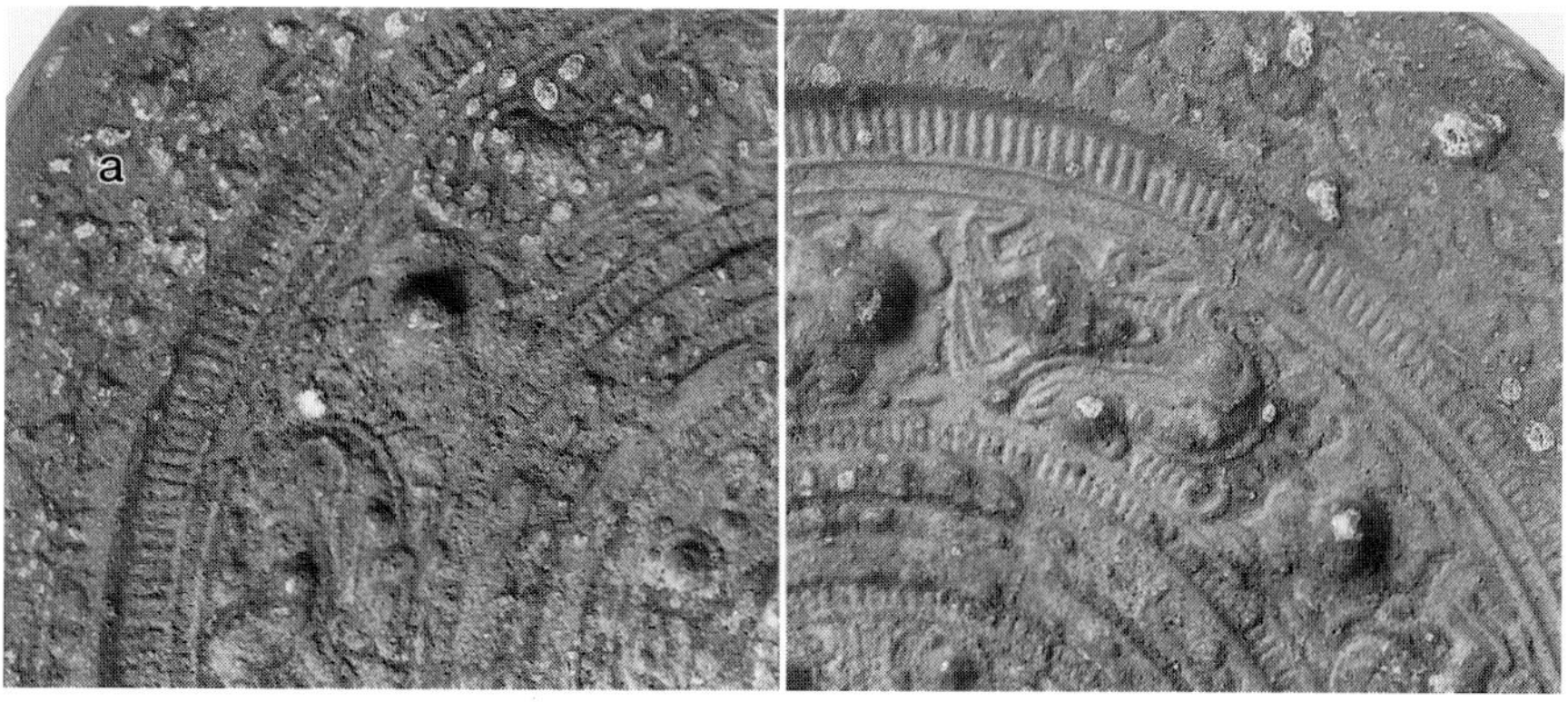


図版 99　福岡県沖ノ島 21 号址半肉刻獣文鏡 A（個人蔵）　（縮尺不同）

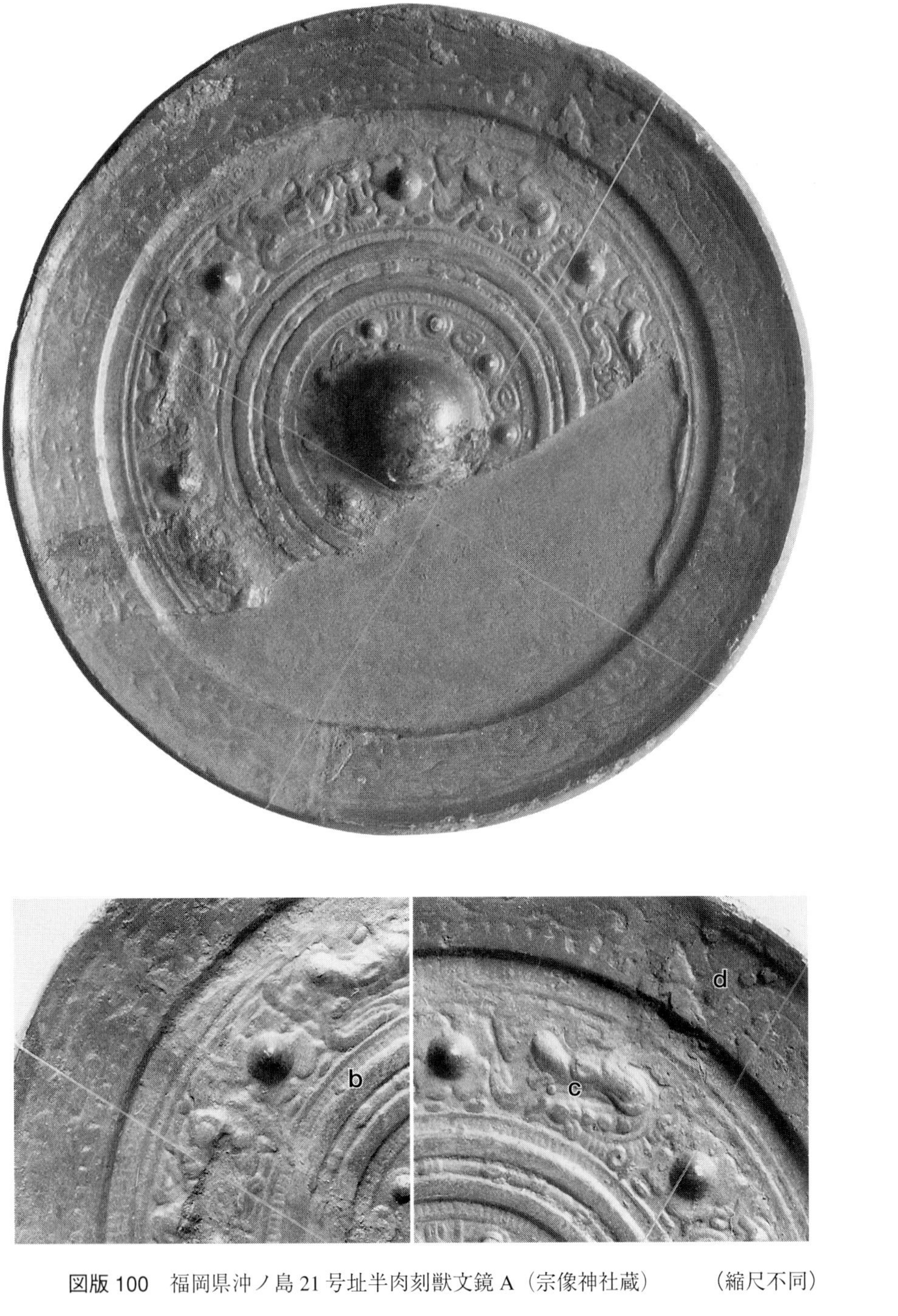


図版 100　福岡県沖ノ島 21 号址半肉刻獣文鏡 A（宗像神社蔵）　　　（縮尺不同）

図版 101　宮崎県持田 1 号墳半肉刻獣文鏡 A　（縮尺不同）

図版 102　宮崎県山ノ坊古墳半肉刻獣文鏡 A（国立歴史民俗博物館蔵 1）　（縮尺不同）

図版 103　宮崎県山ノ坊古墳半肉刻獣文鏡 A（国立歴史民俗博物館蔵 2）　（縮尺不同）

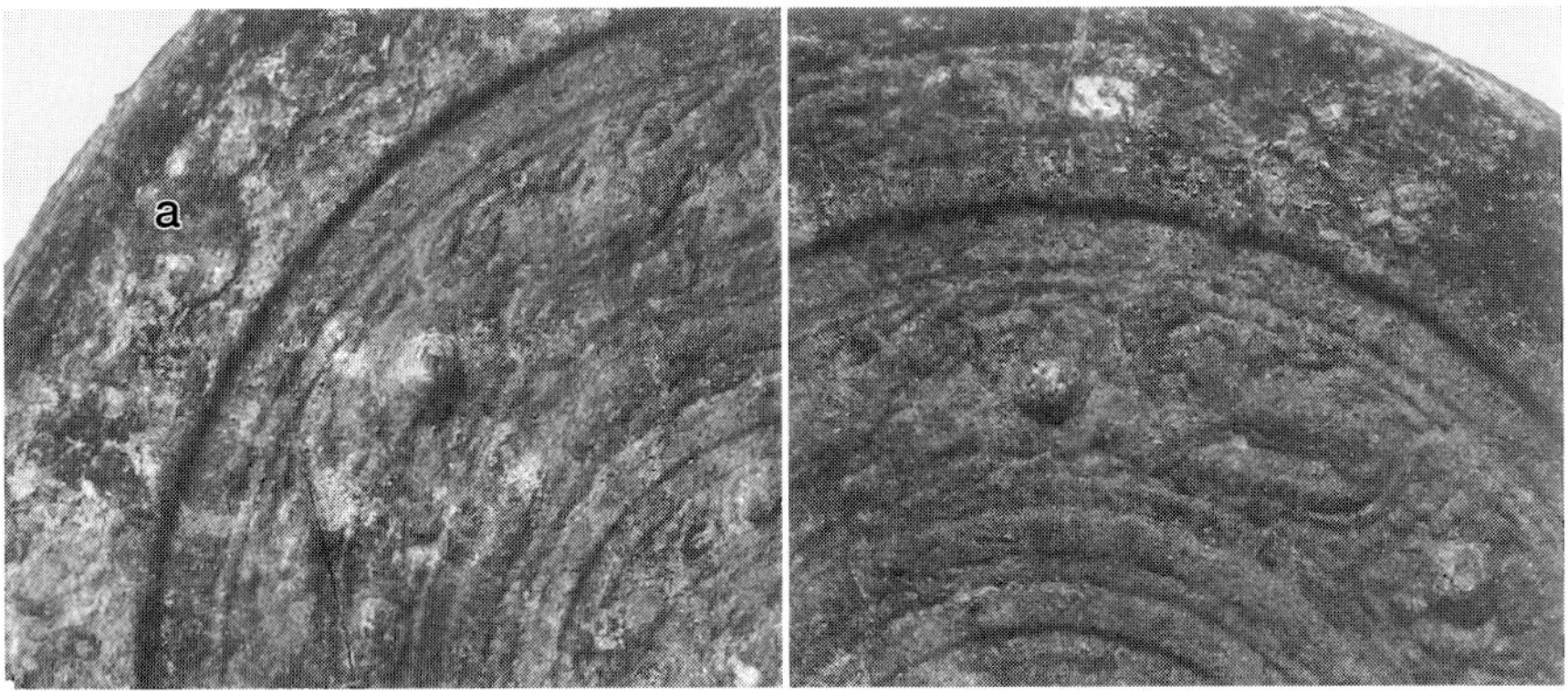


図版 104　奈良県藤ノ木古墳半肉刻獣文鏡 A　（縮尺不同）

図版 105　三重県木ノ下古墳半肉刻獣文鏡 A　（縮尺不同）

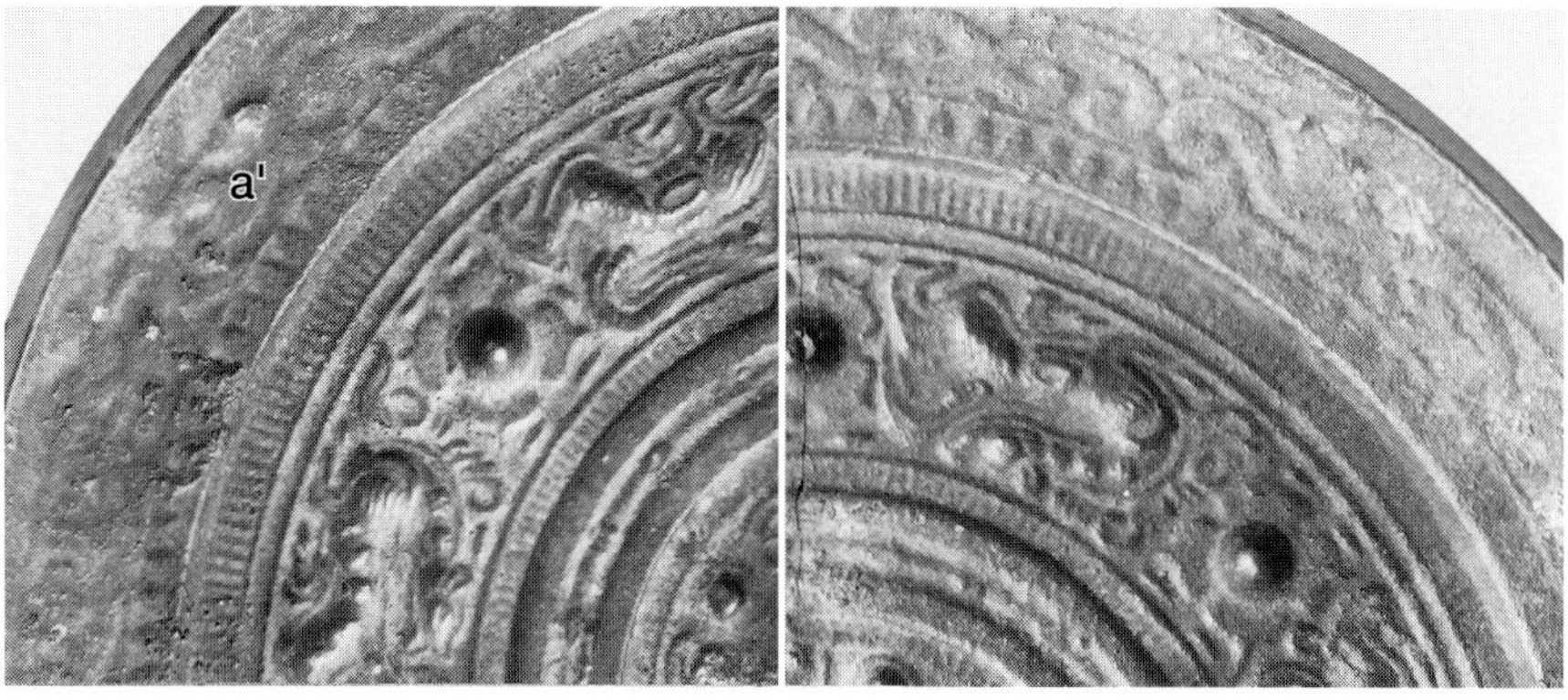


図版 106　愛知県笹原古墳半肉刻獣文鏡 A　（縮尺不同）

図版 107　伝韓国慶尚南道半肉刻獣文鏡 A　（縮尺不同）

図版 108　推滋賀県甲山古墳半肉刻獣文鏡 B（梅仙居旧蔵 1）　　　（縮尺不同）

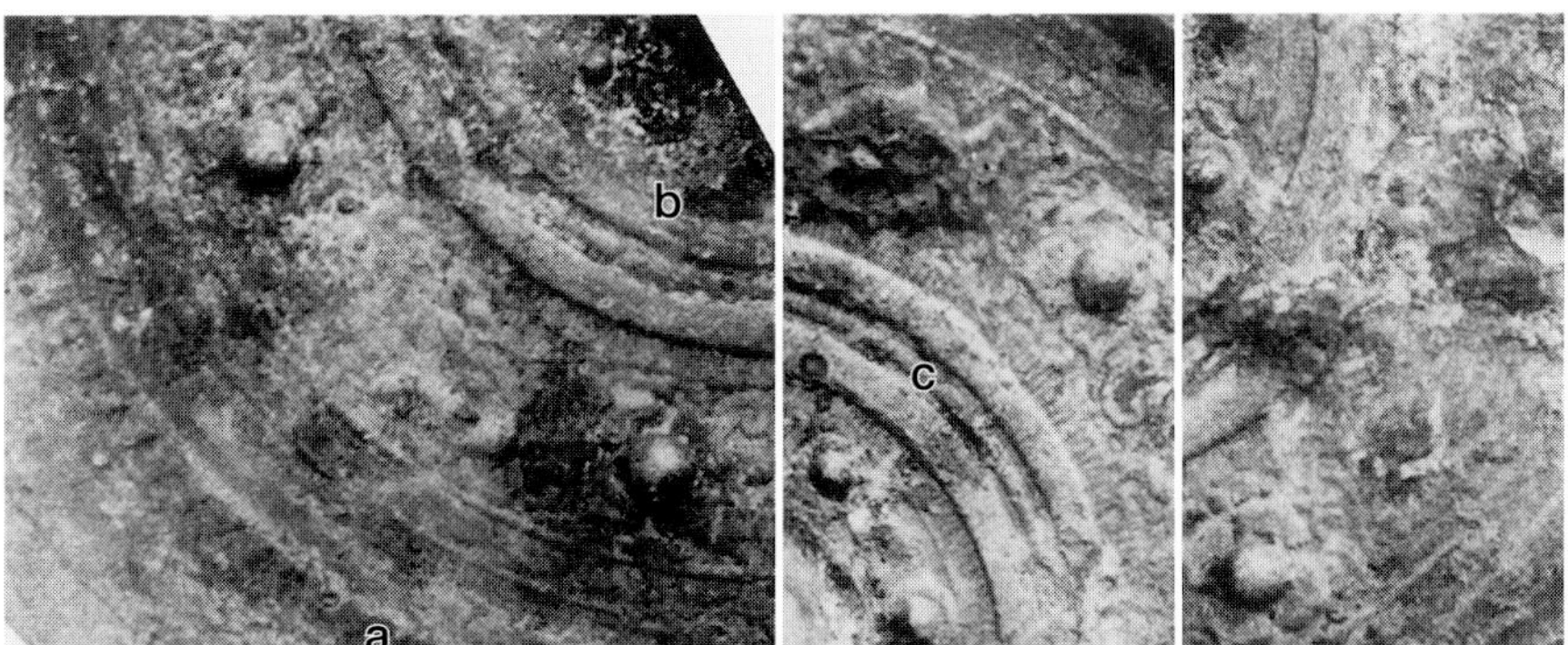


図版 109　推滋賀県甲山古墳半肉刻獣文鏡 B（梅仙居旧蔵 2）　　　（縮尺不同）

図版 110　群馬県綿貫観音山古墳半肉刻獣文鏡 B　　　　　（縮尺不同）

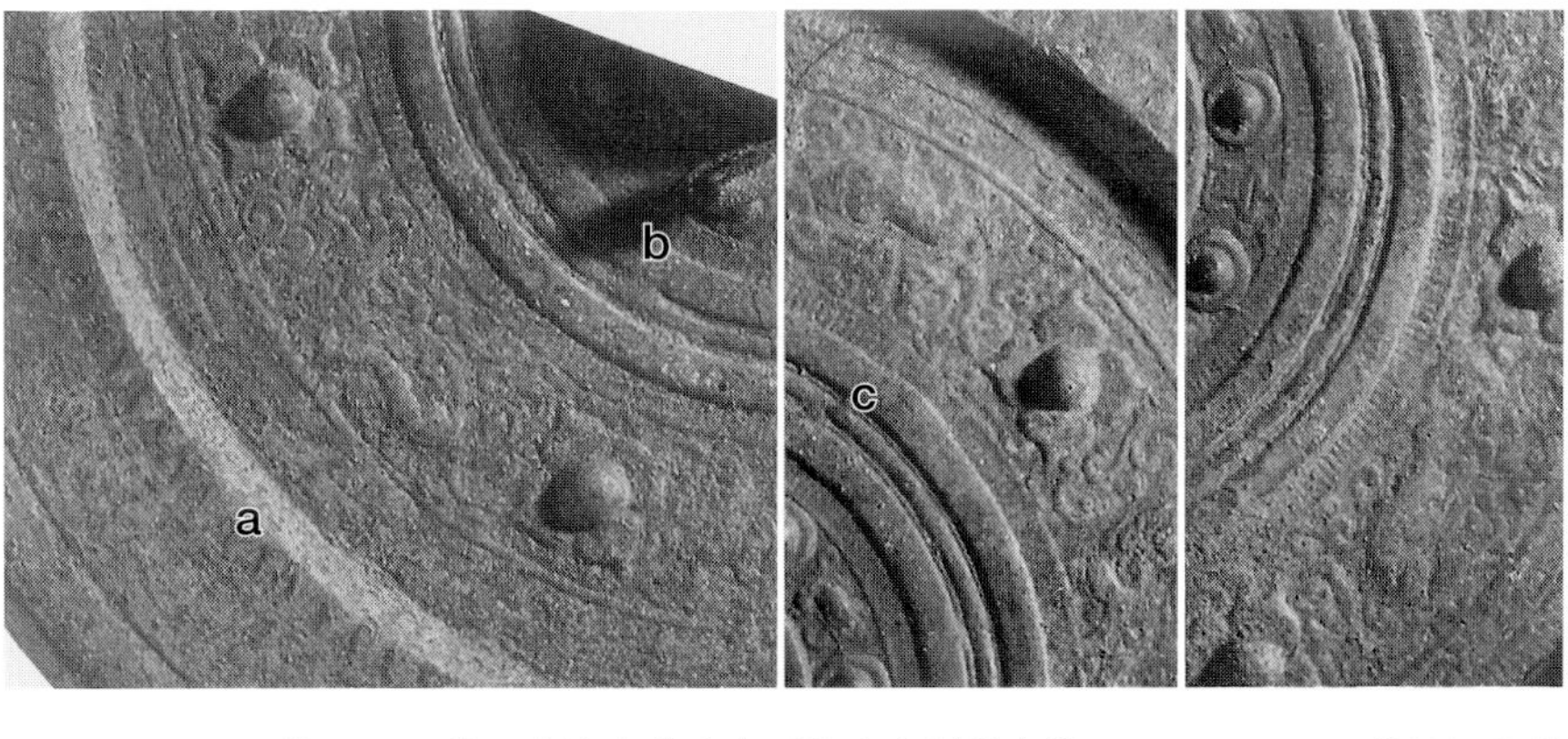


図版 111　韓国忠清南道武寧王陵半肉刻獣文鏡 B　　（縮尺不同）

図版 112　奈良県新沢 173 号墳出土半肉刻獣文鏡（面径 20.3cm）

# 目 次

## 図版目次

**図目次**

2 後漢永康元年（一六七）銘画文帯環状乳神獣鏡（陳佩芬編『上海博物館蔵青銅鏡』一九八七年 図五四転載）……19
3 山東省滕県出土画像石の動物文（顧森『中国漢画図典』一九九七年 六四六頁転載）……27
4 湖北省鄂州市鄂鋼五四四工地出土画文帯周列式神獣鏡（丁堂華主編『鄂州銅鏡』二〇〇二年 図一二五転載）……28
5 山東省嘉祥県武梁祠出土画像石の天体図（朱錫禄『武氏祠漢画像石』一九八六年 図三五転載）……33
6 画文帯重列式神獣鏡（上海博物館蔵）の羲和像（図2に同じ 図六二転載）……36
7 平壌市貞柏洞三号墓出土画文帯重列式神獣鏡（関野貞ほか『楽浪郡時代の遺蹟』古蹟調査特別報告 第四冊 図六一八転載）……38
8 湖南省武昌県呉墓出土金銅製帯金具（王仲殊「関于日本的三角縁仏獣鏡」考古一九八二―六 図三転載）……52
9 龍門蓮花洞右壁下層の半跏像（于希寧・羅淑子『北魏石窟浮雕拓片選』一九五八年 図版二九転載）……53
10 ガンダーラ出土樹下観耕像（中村元編『図説佛教語大辞典』昭和六三年 五九六頁図八転載）……55
11 京都府金比羅山古墳出土二神二獣鏡（樋口隆康『古鏡』昭和五四年 図録二八〇転載）……72
12 霊鳥と宇宙樹（湖北省博物館編『曽侯乙墓』上 図二一七、近江昌司「館蔵「扶桑図磚」について」天理参考館報第二号 平成元年 第一〇図転載）……73
13 四川省彭山県出土揺銭樹（広島県立美術館『中華人民共和国四川省文物展』図録 昭和六〇年 図八七転載）……73
14 河南省鄭州市画像磚の騎馬図（図3に同じ 四四七頁転載）……91
15 伝豊前国京都郡出土鏡の一過性傷……95
16 湖南市長沙市出土細線獣文鏡（周世荣『銅鏡図案―湖南出土歴代銅鏡―』一九八七年 図六七転載）……105
17 奈良県今井一号墳出土鏡の一過性傷……108
18 四川省昭覚県出土石闕の獣像（高文『四川漢代画像石』一九八七年 図二七転載）……110
19 島根県松本一号墳出土一仙五獣鏡（出雲考古学研究会編『松本古墳群―斐伊川流域の前期古墳をめぐって―』古代の出雲を考える 七 平成三年 第一三図転載）……111
20 半肉刻獣文鏡Aの鈕孔方向……113
21 群馬県観音山古墳鏡に鋳出された指痕……116
22 『小校経閣金石文字』所載の銅槃銘龍虎鏡……117
23 鏡種毎の七言句銘の比率……123
24 和歌山県隅田八幡神社蔵癸未年銘仿製画像鏡（田中琢『古鏡』日本の原始美術 第八巻 昭和五四年 図六九転載）……137

## 表目次

# 第一部　基礎篇

## ―同型鏡の研究―

# 第一章　序　説

## (一)　中国古鏡研究史

啓蒙主義に彩られた明治時代の考古学界にはじめて、日本出土の中国古鏡を紹介した三宅米吉「古鏡」が世に出たのは明治三〇年（一八九七）であるから[1]、日本の中国古鏡研究はすでに、一世紀の歳月を超えたことになる。そこで、これを契機に、閲した歳月をふりかえってみると、背文をとりあげた図像学的研究があり、鏡銘の意味を問うた銘辞学的研究があり、断面などの形状を吟味した形態学的研究があり、製作技術の復原をめざした技術的研究があることに気づく。いま始まった新しい世紀のなかで、別の展開があるのかもしれないが、いずれにせよこれらの四点が、研究方法の首座を動くことは、おそらくないであろう。

そもそも研究に複数の方法が存在するのは、古鏡研究ならずとも、研究のつねである。しかしそうはいっても、対象の種類や研究者の性向などによって、また時代の要請によって、方法のいずれかに力点がおかれることは自然の成りゆきであり、致し方がない点でもある。その意味で、背文の相違に基づいて鏡式に分類するところから出発した日本の中国古鏡研究が、まず鏡式年代の研究に傾斜していったことは、幸か不幸かの評価はともかくとして、避けがたい必然であったともいえる。それは、記紀の叙述に頼らず古墳の年代を決定すべきことを考古学者に求めた、喜田貞吉による強い要請があったからであり、(2) 副葬鏡が古墳の年代決定の有力な手がかりになると考えられたからである。

そこで中国古鏡の年代研究が、高橋健自と富岡謙蔵によって進められたが、のちに踏襲されることになった年代観の大要は、富岡の手で打ち樹てられた。(3) 漢籍の深い素養を生かした富岡の銘辞学的方法が、この場合ものをいったのである。明治の末から大正前半代にかけてのことであった。

さて、高橋と富岡とを中国古鏡研究史上の第一世代と呼ぶなら、大正後半代ないし昭和前半代に研究を主導した梅原末治と後藤守一とは、その第二世代にあたる。両者は精力的に古鏡資料を検索して公表につとめ、その結果、飛躍的に資料が充実した。(4) これは第二世代の大きな功績として特筆される。もっとも、古鏡研究のその後に及ぼした影響の大きさという点からいうと、梅原の方がはるかにまさっていたことは、否めない。すなわち、古鏡の成分を分析し、あるいは「同笵」鏡の存在に注目をした梅原の仕事がもしなかったならば、技術的研究の重要性がこれほどに広くは認識されなかったであろう。また、漢中期鏡の伝世を説き、古墳の出現と魏晋鏡の伝来とを結びつけるところまで考察を進めた梅原の論説がもし出ていなかったとしたら、古墳出現年代の決定がさらに混迷を続け、喜田の要請に応えることも、できなくはなかったであろうが遅れたにちがいない。

ところが、第二次世界大戦に敗れて植民地を失い、列島を舞台にして「日本」古代史を再構築することが考古学にも求められるようになると、第二世代の所説は急速に色褪せていった。時代が変転したのであるから、致し方がなかったともいえるが、同時に、古代史を再構築するうえで彼らの所説が学理上の不備を擁していたからである。(5)

その点で、第二世代の不備を是正し、かつ梅原の所説を充分に汲んで「伝世鏡論」と「同笵鏡論」を展開した小林行雄の一連の仕事は、弥生・古墳両文化のあいだに鮮やかな一線を引き、両文化を時代として分離した点で、第二次世界大戦後の古代史への要請に応えたものであったといえる。(6) また、鏡を古代史上の掛けがえのない資料として活用する方途を拓いたこれらの仕事のかげでは見落とされがちであるが、小林がその後に完整させた三角縁神獣鏡の、背

文各部の精緻な検討に基づいた細分案と方法は、のちに岸本直文らが積極的に進めた編年研究を育んだ点で、特筆される。(7)

時代の要請を受けたとはいえ、小林による古鏡研究の活用とその成果はめざましいものであったが、昭和後半代における中国古鏡研究の推進が、もちろん小林ひとりに委ねられていたということではない。幾多の研究があり、その一部は本書でもとりあげることになるであろうが、この昭和後半代に著しい進展をみた分野として、古鏡研究に詳しい研究者ならおそらく、図像学的研究ならびに銘辞学的研究をあげることに、異論はないと思う。

すなわち、富岡が得意とした銘辞学的研究は、欧米においてB・カールグレンが継承し、日本では駒井和愛が中国古代史研究の一環としてこれを推進した。(8)そうして昭和後半代に入ると、西田守夫が、続いて笠野毅が中心となって、研究がいっそう進むとともに、笠野の「中国古鏡の内包する規範」（昭和五五年）にみられるように、銘辞を目的的に扱う方向が現われ、銘辞学的研究の純化と独立がはかられた。(9)また、図像学的研究の方面では、文献や画像石などの資料を駆使して、鏡背に描かれた古代中国の世界観を復原してみせた林巳奈夫の諸業績は、編年研究でもなく、政治史的観点とも異なる、いうなれば心性史に近いものであり、アイコノグラフィーとしてのひとつの到達点を示している。(10)つまり昭和後半代には、小林、西田・笠野、さらには林の手で、中国古鏡研究の裾野が、こうして多分野に拡大することになったのである。

なお、鉛同位体比などをとりあげた理化学的分析によって、技術的研究がはなはだしい進展をみたのもまた、昭和後半代およびそれ以降のことである。(11)これもまた忘れずに付け加えておこう。

## (二)「同型鏡」の諸問題

**五・六世紀の中国鏡** 五・六世紀の古墳に副葬された鏡をみると、四世紀と比較して、大量副葬は絶えたが、また数のうえで後退の色はおおいえないが、それでもなお中国鏡の副葬が存続していたことを、方格T字文鏡、双頭龍文鏡、獣文鏡、画文帯神獣鏡などの出土から知ることができる。そうして、「同型」鏡がこれらの鏡のなかに含まれていることについてもまた、小林行雄や樋口隆康らの先学がもうすでに注意をし、とりあげてきたところであるから、目新しい知見ではない。[12] しかしいまでは「同型」鏡の数は、画文帯神獣鏡七種、画文帯仏獣鏡二種、画像鏡三種、獣文鏡三種の一五種一〇四面に達し、小林や樋口の段階よりも格段に増加していることを考えると、[13] この「同型」鏡群は、「同型」というだけにとどまらず数の多さの点でもまた、五・六世紀の古墳の中国鏡のなかで異彩を放っていることに、あらためて気づかされる。また、面径二〇センチに及ぶほどの大型品が一〇種七四面を数え、三角縁神獣鏡に寄せたような大型鏡に対するフェティシズム的霊威観が、五・六世紀においてもなお残っていたことを想像させるほどの大型品の多さも、注目されるところである。

さらに学史をふりかえると、倭の政治動向や対外通交の実態を推しはかる資料として、われわれが手にすることができる五・六世紀の遺物のなかでは、他におきかえがたい重要性をそなえているらしいことが、小林や樋口らの論述ぶりから察せられる。ここで想起されるのは、三・四世紀における、倭と中国王朝との通交を語り、かつ倭内部の政治動向を論じる資料として、小林以降もなおくりかえしとりあげられている三角縁神獣鏡のことである。つまり、この、三角縁神獣鏡に匹敵するような資料的価値を有する器物が、もし五・六世紀に存在するとすれば、「同型」鏡が候補の筆頭にあげられるし、先学らはこの方向で論説を進めてもきたわけである。

ところが、その論説を辿ってみると、「同型」鏡群それ自体に関わる問題や、「同型」鏡群から導かれる問題につい て、着実に解決の歩を運んできた道程を、そこにみることができるが、しかし他方において、問題の解決や議論の深 化が新たな問題を多方面に派生させてきたこともまた、研究進展のつねとはいえ、認めざるをえないのである。した がって、「同型」鏡群を対象としてもし研究を進めるのであれば、多角的な視点を保持することがのぞましいし、ま た、そうせざるをえないのが現状でもある。それならば、未知の領域に分け入ろうとするわれわれとしては、ここで まず、問題の所在を明らかにするところから、第一歩を始めることにしよう。

**同笵か同型か**　同笵と同型に関わる問題がそのひとつである。梅原末治による「同笵」鏡の先駆的研究が、のち に、小林行雄の三角縁神獣鏡配布論として止揚する端緒になったことは、よく知られているところであるが、「同型」 鏡の研究もまた、その発起は梅原による。梅原は「本邦古墳出土の同笵鏡に就いての一二の考察」（昭和二一年）に おいて[14]、「同笵」鏡例の集成につとめ、さらに、「同笵」鏡に関する鋳造技術上の問題をとりあげた。そうして「同 笵」鏡のなかには、直接ないし間接に母笵を同じくする製品があり、また単一の原型から踏み返した同型の製品があ ることを説き、これらを本格的に分離する作業を他日に残したのである。

ところが、梅原の独壇場ともいえた「同型」鏡の研究は、これ以上の進展をみせることなく終わり、その成果は形 を変えて、小林行雄と樋口隆康とにそれぞれ継承され、鋳鏡技術上の問題もまた、ひとまず両者の手に委ねられるこ とになった。すなわち、古墳出土の画文帯神獣鏡を扱って対中国通交を論じた「画文帯神獣鏡と古墳文化」（昭和三 五年）で樋口が、「同笵」の画文帯神獣鏡を同型鏡と呼んだ点に注意したい[15]。これに対して小林は、「同笵鏡による古 墳の年代の研究」（昭和二七年）以来、「倭の五王の時代」（昭和四一年）においてもなお、樋口のいう同型鏡を同笵 鏡と称して、両者の呼称はきわだった対照を示したのである[16]。

もっとも、小林が同笵鏡の名称を用いたのは、同笵と同型との分離に成案を得た結果であるというよりも、「同笵」

鏡と総称する梅原流の便法で、分離問題をとりあえず棚上げにしておきたかったからであるように思われるし、また同型鏡の呼称を採らなかったことについても、譲れない理由があったからである。それならば、同型鏡の呼称を採用した樋口が、早い時点でこの問題に決着をつけていたかというと、そうではなく、ひとつの砂型の笵を複数回使うことの困難さを説く樋口は、木製の原型から転写する方法を提唱し、また既存の鏡を踏み返したとし、同笵鏡の存在をこうして終始否定したにとどまった。なお、「鏡・大刀・玉のなぞ」（昭和五六年）で小林は、同笵鏡と総称することを止めて、五・六世紀の古墳から出土している「同笵」鏡の呼称を同型鏡に変え、この同型鏡群が原鏡とその踏み返し品とから成るとみたが、そうみた根拠については明らかにしていない(17)。

小林と樋口が説の提示を終え、同笵・同型問題が解けない対立を残した状況のなかで、八賀晋が実践してみせた判別方法は、この問題に新しい展開をもたらした(18)。すなわち、三角縁神獣鏡のなかから、「同笵」鏡の数がとりわけ多い、仿製獣文帯三神三獣鏡と中国製唐草文帯二神二獣鏡との各一種をとりあげて、背面に残る笵傷の痕跡をそれぞれの「同笵」鏡間でつぶさに比較をした。そうしたところ、仿製獣文帯三神三獣鏡九面には、傷に進行の跡がみとめられ、他方、中国製唐草文帯二神二獣鏡八面は同じ形状の傷を共有していることが判明した。この観察結果をうけ、さらに検討を加えた八賀は、傷が進行していた前者の九面を同笵品、同じ形状の傷を共有していた後者の八面を踏み返しによる同型品と結論づけたのである。

三角縁神獣鏡で示した八賀のこの結論に対して、平成期に入り、梅原が可能性のひとつとして想定した間接的同笵を踏襲する意見や、小林が説いた直接的同笵を認めようとする意見や、あらためて踏み返しを唱える説などが出て現在に至っているが(19)、いずれにせよ、八賀以降、同笵・同型問題をとりあげる研究者がほぼひとしく、笵傷に注目するようになった点に、八賀論文の影響の大きさが窺われる。したがって、小林にせよ樋口にせよ、五・六世紀の古墳から出土している「同型」鏡について、八賀が行ったように笵傷の具合を子細に観察したうえで、これを同型品を断定したのかというと、どうもそうではなかったらしいことが察せられるのである。

そもそも同型鏡とは、ただひとつの原型があってこれから複数の笵をとり、そうして一笵一鏡の原則で鋳造した製品の総体をいうはずである。しかし、先学らの見立てた同型鏡というものが、はたしてこれに該当するのかどうか、この点は疑ったほうがよい。つまり、同型鏡といってはいるけれども、これらのなかにはたして、同笵品が含まれていないのかどうか、原型が字義通りに一個であるのかどうか、原型が青銅鏡であるなら、踏み返しに使った原鏡が入っているのかどうか、これらの点はことごとく検証を経ていないのである。

さて、同笵にせよ同型にせよ、これらは鏡を量産するための便法であるから、量産した鏡の背面に鋳出された傷は、いうなれば、子供が受けついだ遺伝子にあたる。父親すなわち原型から伝わる場合もあれば、母親すなわち鋳型から伝わる場合もあるのである。そこで、傷が発生して伝達され、ついには製品に鋳出されるまでの、傷の生い立ちを追跡してみると、同じ鋳型を共有する同笵鏡の場合、鋳型の製作時にも使用時にも、傷の発生する可能性があるが、直接にせよ間接にせよ鋳型使用時の方が、発生率が高いことは動かないであろう。そうして、使用がたび重なるにつれて、傷の数は多くなるであろうし、鋳型の割れや剝離による傷は進行しがちである。なお、鋳型が土製であれば、これを焼成するさいに生じた傷は進行性に移行する可能性を孕んでいる。

ところが、同型鏡の場合に、鋳型に傷が発生する確率は、未乾燥の土型を原型から外す作業の危うさを考えると、使用時よりも製作時の方が高いとみられる。むろん使用時に傷が加わることもあってよいが、いずれにせよ、製作時や使用時に発生した傷は、共有・伝達されない一過性の傷になる。これに対して原型に傷が生じていた場合、同型品のことごとくに同じ形状で転写されるので、停滞性の傷として観察される。つまり、同型鏡のあいだには、傷の進行がみとめられないし、傷の増加がもしあったとしても、それが必ずしも鋳造の順番を示してはいないのである。なお、同型品のもとになる原型は、金属製でなくてもさしつかえないのかもしれないが、五・六世紀の古墳で出土している同型鏡の場合、傷の形状などからみると、青銅鏡を原型として、これを踏み返したことが知られる。第二章以下で傷の実態を詳述するのに先だって、以上述べた点をあらかじめ確認しておこう。

**製作地はどこか**　次は「同型」鏡の製作地に関する問題である。すなわち、同笵・同型問題が小林行雄と樋口隆康とのあいだで落着していなかった段階において、もし同笵でよいということであったならば、製作地はほぼ異論なく、中国本土に求めることができたはずである。ところが、同型説へと小林が傾き、製作技術面では樋口との隔たりがなくなったことにより、製作地が原鏡の故地である中国本土であるのか、主要な出土地である日本であるのか、少数にせよ遺品が見いだされている朝鮮半島南半であるのか、この点があらためて問われることになった。原鏡が手元にあり、踏み返し技術をそなえてさえいれば、同型鏡の製作が不可能ではないからである。

学界の大勢としては、樋口の主唱した中国本土説が、支持を得ているかに見うけられる。しかし、日本国産説に根拠が乏しいかというと、けっしてそうではない。古墳時代における鋳銅品生産の推移をみると、鏡や矢鏃を中心として鋳銅品の生産が四世紀に隆盛をきわめたが、五世紀の開始を境にいったん生産が衰微する。そうして五世紀後葉に、鈴鏡や三環鈴や馬具などを対象として、鋳銅品生産はいくぶん再開の動きをみせる。「同型」鏡が副葬品の一部に加わるのは、ちょうどこの頃であるから、再興の動きをみせた状況のもとで、中国鏡の踏み返しが実行に移されたとしても、不思議ではない。また、仿製三角縁神獣鏡の一例にせよ、日本で踏み返しを行った証左が四世紀の製品で知られているから[20]、この例を大きく評価してよければ、同型鏡の製作に欠かせない踏み返し技術はすでに前期に胚胎し、再興の動きをみせた鋳銅品生産にその技術が継承された、と考えてみることは許されるであろう。しかも、日本出土の「同型」鏡に、踏み返し時に使った原鏡がもし見いだされたならば、日本国産説は説得力をもつことになるはずである。

朝鮮半島南半出土の「同型」鏡として、後述するように三種三面が知られている。鏡種も出土数も限られているので、「同型」鏡のことごとくを朝鮮半島製とすることには無理があるが、しかし、数は少なくてもそれらがもし原鏡ならば、その原鏡に連なる日本の出土鏡は、朝鮮半島製であってよい。その意味で、忠清南道公州郡公州邑錦城武寧王陵から出土している三面の踏み返し鏡が注意される。これらのうちの一面は「同型」鏡であるが、残る二面のうちの一面は方格規矩鏡で、踏み返し時に浮彫りの狩猟文を加えている。この浮彫り文をはたして百済風ということができるのかどうか、報告書の記述通りにそう認定してさしつかえないならば、百済の地で本鏡の踏み返しを実行したことになり、ひいては、朝鮮では「同型」鏡の製作された可能性が膨らむことになるはずである。[21]

要するに、「同型」鏡群の製作地として、中国本土説に支持が多いようではあるが、学理上は、日本国産説や朝鮮半島説がまだ否定されたわけではないのである。

**製作はいつか**　つぎに、製作年代の問題があげられる。ここにも同笵・同型問題が関連してくる。すなわち、同笵とみていた当時ならば、鏡の製作年代は、それが輸入された年代や副葬された年代よりも、あまり古く遡らないことがのぞましい。しかし、同型でよいということになれば、原鏡を製作した年代と、それを踏み返して同型品を製作した年代との両者を問わなければ、製作年代の問題は解決しないのである。

画文帯神獣鏡、画文帯仏獣鏡、画像鏡、獣文鏡で同型鏡群が構成されていることはすでに述べたが、これらはおしなべて、後漢から三国・西晋に至る一～三世紀に盛衰を重ねた鏡式である。画文帯仏獣鏡の仏像様式を検討した水野清一によれば、西暦三〇〇年前後の年代を与えることができるという。[22]この年代観で大過がないのであれば、これは原鏡製作の下限に近い年代の一斑を示していることになるであろう。いずれにしても、原鏡の製作年代をさらに限定しようとすれば、図像や銘文に対する詳細な吟味は欠かせない。

他方、同型品の製作年代については、これを立証する手がかりが乏しい。もっとも、輸入・副葬年代にこれを近づけ、製作後ほどなく輸入されて副葬品に加えられたと考える方が、原鏡製作年代に接するところまで古く遡らせて、同型品が中国で伝世されたと想像するよりも、可能性としては高いことを、みとめてもさしつかえないと思う。

**どの経路で、なぜ**　最後に残るのは、鏡の移動に関する問題であり、この問題は同型品の製作地と関連する。すなわち、「同型」鏡が中国製であるということになれば、中国→日本→朝鮮半島か、中国→朝鮮半島→日本か、中国→日本・朝鮮半島という三案が、移動の経路として想定される。そうして、朝鮮半島製が一部に含まれているということならば、中国・朝鮮半島→日本という経路が、三案のうえに加わることになる。さらに、日本製であるとみられるのならば、中国から原鏡がもたらされ、朝鮮半島南半の出土品は日本→朝鮮半島の経路を通ったことになり、他方、日本と朝鮮半島の双方で製作したということならば、中国からそれぞれに原鏡が伝えられ、双方から出土している同型品については、日本→朝鮮半島も、朝鮮半島→日本もありうるはずである。つまり、製作地次第で想定される移動の経路が変わり、これがまた、移動の年代や契機を問う歴史的意義論を左右するのである。その意味で、伝来の経路について樋口隆康が大胆な見解を提出し、小林行雄もまた経路の問題に論及しているが[23]、後述するように両者の所説の隔たりが大きいことは、問題解決の難しさをよく表している。

さらにまた、輸入品であれ国産品であれ、「同型」鏡が副葬品の一部に加わり、現在われわれが眼にするような、九州から関東地方に及ぶ分布の様態が形成されるまでには、必ずや国内での移動があったにちがいない。「同型」鏡の副葬は、あとで詳しく述べるように、一世紀を超えて存続する。これは、輸入もしくは製作が長期に及んだせいであるのか、そうではなく、日本国内での移動が長期にわたったせいであるのか、あるいは、すべて短期で終了したけれども、副葬に遅速があったことによるのか、もし遅速があったとすれば、それはなぜか、移動に関連するところとしてこれらの点が問題になるであろう。

**注**

（1）三宅米吉「古鏡」（『考古学会雑誌』第一編第五号　明治三〇年）。
（2）喜田貞吉「古墳の年代を定むる事に就て」（『歴史地理』第五巻第三号　明治三六年）。
（3）高橋健自『鏡と剣と玉』（明治四四年）。富岡謙蔵『古鏡の研究』（大正九年）。
（4）鑑鏡に関する梅原の著述は数多いので、比較的初期に属するまとまったものとして、梅原末治『鑑鏡の研究』（大正一四年）をあげるにとどめておく。後藤守一『漢式鏡』（大正一五年）、後藤守一編『古鏡聚英』（昭和一〇年）。資料の集積したコルプスを作成することが、考古学の進展にとって不可欠であることを、浜田耕作がイギリス留学中にF・ピートリーから学んで日本に伝えた。古鏡研究の方面では、梅原や後藤がこれを実践したということになる。ピートリーのコルプス *Tools and Weapons* (London, 1917) を手にすると、作図法や割り付け法などの点で、日本考古学のルーツに触れる思いがするのは、筆者ひとりではないであろう。イギリスで近年刊行されているエジプトや西アジア関係の発掘報告書を見ると、ピートリーのこの学風は本国では継承されず、忘れられてしまったようである。イギリスの *Journal of Egyptian Archaeology* 誌 (vol. 83, 1997) の書評欄が Kawanishi, H. and S. Tsujimura (eds), *Akoris 1981-1992* (Kyoto, 1995) の図の美しさを激賞しているが、作図に携わった筆者としては、本国でのピートリーの再評価を求めたいところである。
（5）この不備については、川西宏幸『古墳時代政治史序説』（昭和六三年）。川西宏幸「日本考古学の未来像」（『博古研究』第一三号　平成九年）、川西宏幸『古墳時代の比較考古学』（平成一一年）補訂載録を参照。
（6）小林行雄『古墳時代の研究』昭和三六年。
（7）小林行雄「三角縁神獣鏡の研究」（『京都大学文学部紀要』第一三　昭和四六年）、小林行雄『古墳文化論考』（昭和五一年）に補訂載録。
（8）Karlgren, B., *Early Chinese Mirror Inscriptions* (*Bulletin of the Museum of the Far East Antiquity*, No.6, Stockholm, 1934) pp. 9-79. 駒井和愛『中国古鏡の研究』（昭和二八年）。

（9）西田守夫「神獣鏡の図像―白牙挙楽の銘文を中心として―」（『MUSEUM』第二〇七号　昭和四三年）など。笠野毅「中国古鏡の内包する規範」（国分直一博士古稀記念論集編纂委員会編『日本民族文化とその周辺』考古篇　昭和五五年）、笠野毅「景初三年・㊣始元年・景初四年の陳氏作鏡銘の解釈」（岩崎卓也先生退官記念論文集編集委員会編『日本と世界の考古学―現代考古学の展開―』平成六年）。
（10）林巳奈夫『漢代の神神』（平成元年）など。
（11）平尾良光編『古代青銅の流通と鋳造』（平成一一年）など。
（12）小林行雄「倭の五王の時代」（三品彰英編『日本書紀研究』第二冊　昭和四一年）、小林行雄『古墳文化論考』（昭和五一年）に補訂載録。樋口隆康「武寧王陵出土鏡と七子鏡」（『史林』第五五巻第四号　昭和四七年）。
（13）方格T字文鏡で一ないし二組の、仏像夔鳳鏡で一組の同笵または同型の製品が知られている。これらが正しく同型鏡であった場合、方格T字文鏡は北方系である点で、また年代の点で、同型鏡群からは分離しうる。ただし仏獣夔鳳鏡については、同型鏡群に入る可能性があるので、今後の検証に委ねたい。
（14）梅原末治「本邦古墳出土の同笵鏡に就いての一二の考察」（『史林』第三〇巻第三号　昭和二一年）。
（15）樋口隆康「画文帯神獣鏡と古墳文化」（『史林』第四三巻第五号　昭和三五年）一一頁。
（16）小林行雄「同笵鏡による古墳の年代の研究」（『考古学雑誌』第三八巻第三号　昭和二七年）、注12小林に同じ。
（17）小林行雄「鏡・大刀・玉のなぞ」（堅田直編『考古学談話会第二〇〇回記念　古墳の謎を探る』昭和五六年）。
（18）八賀晋「仿製三角縁神獣鏡の研究―同笵鏡にみる笵の補修と補刻―」（『学叢』第六号　昭和五九年）。
（19）岸本直文「三角縁神獣鏡の製作技術についての一試論」（権現山五一号墳発掘調査団編『権現山五一号墳』（平成三年）。樋口隆康『三角縁神獣鏡綜鑑』（平成四年）。笠野毅「舶載鏡論」（岩崎卓也ほか編『古墳時代の研究』第一三巻　平成五年）。岡村秀典「福岡県平原遺跡出土鏡の検討」（『季刊考古学』第四三号　平成五年）。立木修「後漢の鏡と三世紀の鏡」（岩崎卓也先生退官記念論文集編集委員会編『日本と世界の考古学―現代考古学の展開―』平成六年）。岸本直文「雪野山古墳副葬鏡の諸問題―〝舶載〟三角縁神獣鏡の鋳造技術―」（雪野山古墳発掘調査団編『雪野山古墳の研究』平成八

年）。藤丸詔八郎「三角縁神獣鏡の製作技術について―同笵鏡番号60鏡群の場合―」（北九州市立博物館『研究紀要』第四号　平成九年）。小野山節「三角縁神獣鏡の鋳造法と同笵鏡」（『史林』第八一巻第一号　平成一〇年）。藤丸詔八郎「三角縁神獣鏡の製作技術について―同笵鏡番号19鏡群の場合―」（北九州市立考古博物館『研究紀要』第五号　平成一〇年）。鈴木勉ほか「三角縁神獣鏡復元製作研究の目的と成果(1)」（『日本文化財科学会第一九回大会発表要旨集』平成一四年）。鈴木勉「三角縁神獣鏡復元研究」（『文化財と技術』第三号　平成一六年）。なお、筆者が同型鏡を論じた最初の論文「同型鏡の諸問題―画文帯重列式神獣鏡―」（『古文化談叢』第二七集　平成四年）も、八賀論文が稿を起こすひとつのきっかけになっている。

(20)　小林行雄「仿製三角縁神獣鏡の研究」（小林行雄『古墳文化論考』昭和五一年）。

(21)　大韓民国文化財管理局編（永島暉臣慎訳）『武寧王陵』（昭和四九年）。

(22)　水野清一「中国における仏像のはじまり」（『佛教藝術』第七号　昭和二五年）、水野清一『中国の佛教美術』（昭和四一年）に載録。

(23)　注12に同じ。

# 第二章　画文帯神獣鏡

## (一)　画文帯環状乳神獣鏡

**画文帯環状乳神獣鏡A**（図版1〜9）　同型とされる鏡が九面知られる。いずれも鋳上りが良くないが、そのなかでいくぶんなりとも鮮明さをとどめている熊本県江田船山古墳出土鏡（図版1）をとりあげ、それでも不明なところは他鏡で補って、図像の説明を進めていく。環状乳とは、獣の肩と腰とを環状に変形させて表現したものであるが、本鏡の場合、四体の獣が形成する八乳は、内区主文部を正しく八等分する位置を占めている。図案化がよりいっそう進んだ乳配置である。獣は天を支えるという巨を銜え、背に神像をのせている。

神像のうちで、左右の像はそれぞれ、立ちのぼる気を表した羽状の図文が両肩からのびており、像としての表現がたがいによく似ている。ただ、仙山上にいますことを示す台脚状の図文が向かって左の神像の下部からのびている点に、両像の顕著な違いが見いだせる。これに対して上下の神像は表現が明らかに違っており、それぞれ、上の像は正面を、下の像は側面を向いていることがみてとれる。

本鏡の不鮮明な図像はこれ以上多くを語ってくれないが、通例の画文帯神獣鏡を参照するならば、林巳奈夫が論証したように、上の神像は伯牙、下は黄帝、左右の神像は一方が東王父で、他方が西王母ということになる。それならば、下の神像の顔前にある識別不能の図文は、帝の命によって人間に寿を授ける使者をつとめるという鳥身の神句芒《こうぼう》であり、上の神像の顔の右横の図文は伯牙の琴の理解者鐘子期であろう(1)。また、向かって左の神像に台脚様の図文が伴っているところからすると、本像の方を崑崙山にいます西王母とみとめたいところである。上に伯牙像をおいた場合、向かって左に東王父、右に西王母が並ぶのが、画文帯神獣鏡の神像配置の通例のようであるが、左右の神像が入れかわった例も、多くはないが見いだされるからである(2)。しかし、もし通例どおり東王父であるということなら、東王父の方を西王母よりもきわだたせてある表現に、図柄としての新しさを見いだすことは可能であろう。

内区主文部の外周に、各一二個ずつの半円と方形とを配している。半円は、沈線の渦文三個で頂面を飾り、側面を花文で塡めている。方形は頂面を四区に分け、各区に文字を配しているようであるが、鋳上りが悪くて釈読まではとうてい不可能である。半円方形帯から外方に立ちあがる斜面には、半円を飾る花文が連なり、外区に続く段の斜面を、鋸歯文が満たしている。

飛禽走獣文が外区をめぐり、菱雲文が縁を飾る。飛禽走獣文を子細にみると、反時計回りに長躯の龍六体が神仙を乗せた車駕を牽いており、龍の前方と車駕の背後とにそれぞれ円文を捧げ持って駆ける神仙が表されている。龍の前方を駆けているのが日象をもつ羲和で、車駕の後方を追うのが月象をもつ常羲であろう。羲和の前方に二体の鳥、さらにその前方に一獣がいて、常羲へと連なる。飛禽走獣文のこのような表現は、同種の図文のなかでは著しく簡略である。六体の龍が車駕を牽く図柄は制式通りであるけれども、熊人や亀など数多くの多彩な動物群を欠いているのである。小型の鏡であるからこの欠落は余白がなかったせいであろう。

さて、同型とされる九面のうちで四面について、すでに清水康二が笵傷を抽出し、二種の原鏡のあったことを指摘している(3)。そこで、例数を加えてこの知見をあらためて検討したところ、香川県津頭西古墳出土鏡（図版7）で清水が見いだした傷Cは、同鏡にのみ限られる一過性の傷であることが明らかになった（表1）。この点に修正を要する

**表1**　画文帯環状乳神獣鏡Aの各面径と笵傷

| 遺品名 | 面径cm | 傷a | b | c |
|---|---|---|---|---|
| 熊本県国越鏡 | 一四・七四―一四・八八 | × | × | × |
| 福岡県山ノ神鏡 | 一四・九八―一五・〇〇 | × | × | × |
| 岡山県西郷面鏡 | 一四・九三―一五・〇一 | × | ? | × |
| 香川県津頭西鏡 | 一四・七九―一四・八四 | × | × | 〇 |
| 熊本県船山鏡 | 一四・七八―一四・八一 | 〇 | 〇 | × |
| 迎平鏡 | 一四・八九―一四・九〇 | ? | 〇 | × |
| 宮崎県持田20号鏡 | （一五・五） | 〇 | 〇 | × |
| 奈良県吉備塚鏡 | 一四・七七―一四・八二 | 〇 | 〇 | × |
| 栃木県野木鏡 | ? | ? | ? | ? |

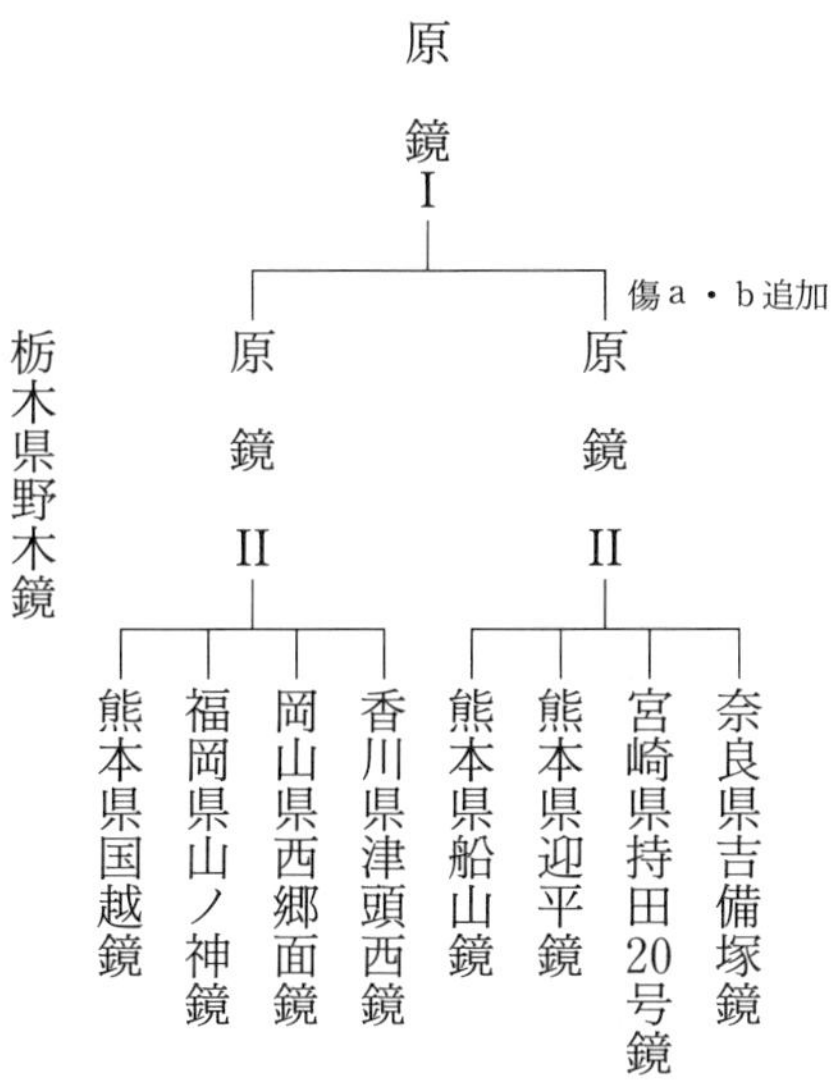


にせよ、

傷a　台脚にのる東王父と覚しい神像の、外方の方形の一部が大きく突出する。清水の傷Aにあたる。

傷b　下方の黄帝像の向かって右外方に位置する画文帯の一部が突出する。清水の傷Bにあたる。

の二傷を共有する一群と、それを見ない一群とに分離した清水の結果は動かない。ちなみに清水の「傷C」とは、伯牙像の向かって右に位置する方形の一部が突出する傷である。

鈕孔の方向は群ごとでほぼ等しく、群間で明らかな相違がある。このこともまた、二群の分離が妥当であることを示している。さらに面径の点では、計測しえた資料による限り、はなはだしい差異をみとめることができない。したがって、清水の予察通り、両群はそれぞれ別種の原鏡から踏み返された製品であり、かつ、原鏡同士もまたひとつの原鏡から踏み返されたキョウダイ関係にあたる製品であったとみて、誤りないようである。

なお、問題がある例について少し補足を加えておくと、面径一五・五センチをはかるという宮崎県持田二〇号墳出土鏡（図版5）は、この計測値がもし正しいとすると、他鏡に較べて図抜けて大きい。この点では原鏡の候補としての条件をそなえている。しかし、写真からではあるが、見てとれる鋳上りの悪さからすると、本鏡が原鏡の一角に加わっていた可能性は低い。実物の所在がわかれば、再計測を求めたいところである。鋳上りという点でいえば、栃木県野木神社旧蔵鏡（図版9）の鋳上りは、残された写真によると、他の同型品とは比較にならないほど優れているようである。たとえば、伯牙らしい神像にJ字脚の台が伴うことも、また方形上の銘の一部が「日月」であることも、本鏡によってはじめて知ることができる。そのうえ、鈕孔の方向が他の同型品のいずれとも大きく違っており、この点でも異色の一鏡である。しかし、本鏡もまた原鏡の一角に加わっていた可能性は低い。黄帝像を配した付近にみとめられる鋳崩れが、どの鏡にも写されていないからである。

**画文帯環状乳神獣鏡B**（図版10〜15）　同型とされる鏡六面が知られている。鋳上り、保存状態とも優れた千葉県大多喜古墳出土鏡（図版15）をとりあげて、背文のあらましを説明すると、巨を銜えた四頭の獣が向かって左に頭をおいて右方向に体をのばし、各獣の背には神像がのっている。上部にあたる神像は、琴を弾く伯牙である。傍らで首《こうべ》を垂れている侍者が、伯牙の琴のよき理解者である鍾子期で、もう一体の侍者はおそらく伯牙の琴の師匠で、ともに蓬萊山へ赴いたという成連であろう。下部の向かって左を向いた神像は、冕を頭にのせており、黄帝とみてよいようである。そうすると、黄帝の前方、向かって左に添えた一像は、秘書役の沮誦《しょしょう》または蒼頡《そうけつ》で、背後にあたる向かって右の小禽は句芒であることになる。

左右にあたる神像のうち、向かって左は東王父で、鈕を隔てた右は西王母にあたることを、冠形の違いからみてとることができる。両神像とも傍らに小獣を伴っている。四川省の画像石や画像磚にしばしば例をみる、西王母に伴う龍虎座の表現であろうが[4]、本鏡の場合の西王母の小獣をみると、向かって右の一方が龍であるのはさしつかえないとしても、他方の小獣は虎ではなく、鶏冠をつけた鳥禽のようにみえる（図1）。これに対して東王父に伴う小獣は、正しく龍虎に表現されているのである。些細なようであるが、この相違は、東王父の地位の向上を反映している可能性がある。すなわち、後漢永康元年（一六七）銘環状乳神獣鏡では、東王父と西王母とも龍虎座で、表現に差異がみとめられないので、本鏡の原鏡の製作は、その後の風潮を容れたと考えようというわけである[5]（図2）。

**図 1**　四川省出土画像磚の西王母図

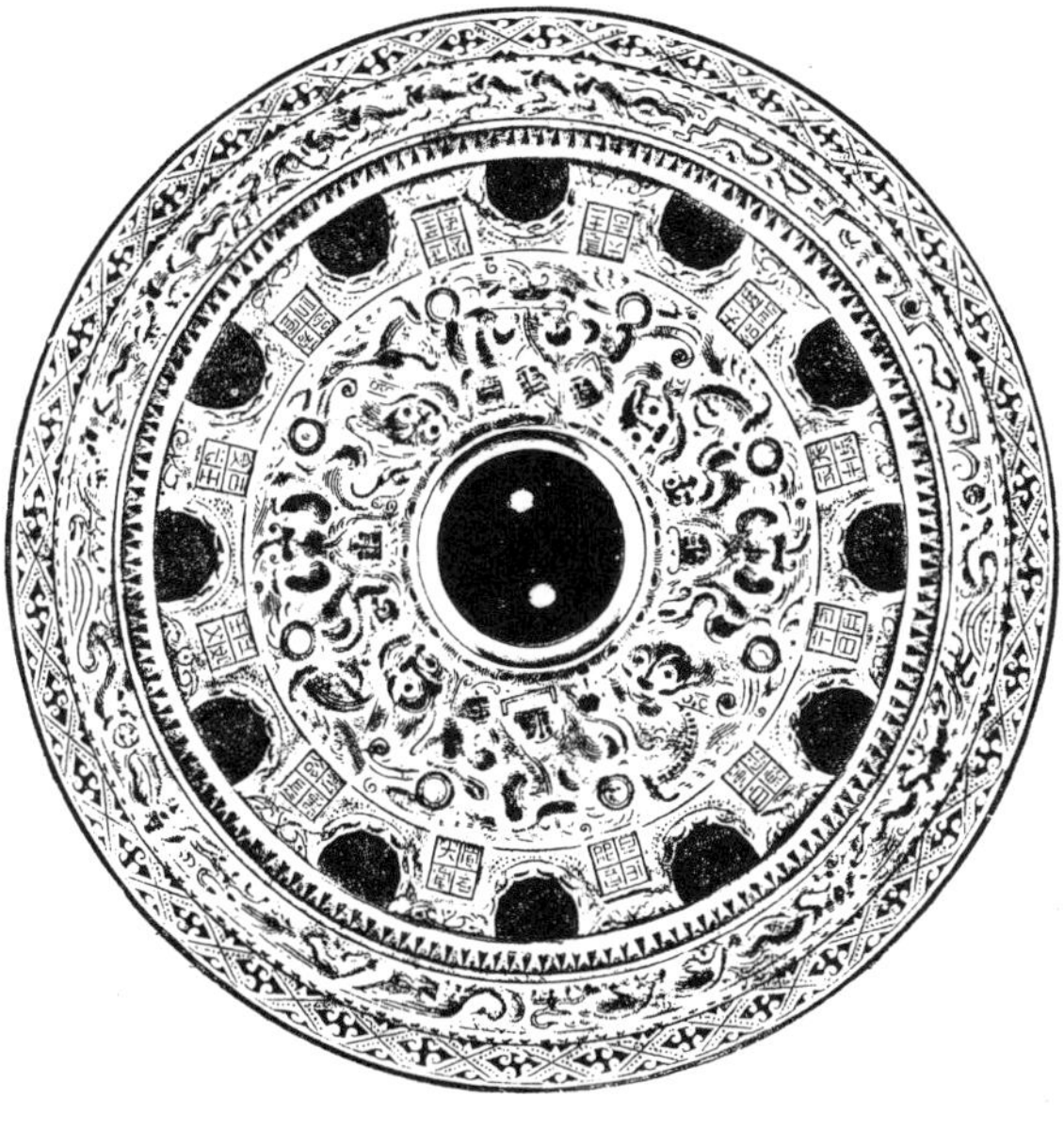

**図 2**　後漢永康元年（167）銘画文帯環状乳神獣鏡（面径 10.3 ㎝）

内区主文部の外周に配した半円と方形は、各一二個を数える。方形の頂面を十字に区切り、四字句銘で塡めている。この千葉県大多喜古墳出土鏡で釈読を行った樋口隆康によると、伯牙の向かって右外方から始まって時計回りにめぐる銘は、

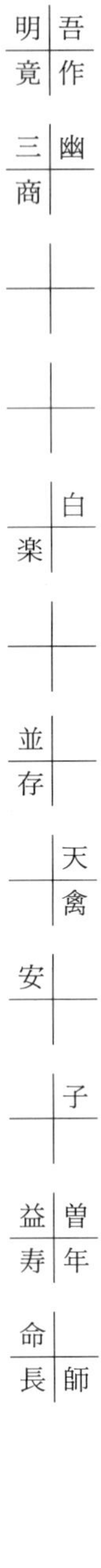

| | | | | | | | | | | | |
|---|---|---|---|---|---|---|---|---|---|---|---|
| 吾作 | 幽 | | | 白 | | | 天禽 | | 子 | 曾年 | 師 |
| 明竟 | 三商 | | | 楽 | | 並存 | | 安 | | 益寿 | 命長 |

と読むことができ、浙江省黄岩県秀嶺水庫三八号晋墓出土鏡の銘、

吾作明竟　幽湅三商　周刻無極　配象萬羊　伯牙作楽　衆神見容　天禽併存　福祿是従　富貴並至　子孫番昌
曾年益寿　其師命長

にもっとも近いという。「天禽併存」は常套句であるが、「天禽」と「並存」とが分離した本鏡銘の場合、既存の四字句のなかからふさわしい例を選ぶなら「百精併存」、「天禽四首」が思いあたる。また、次の一句は「富貴安楽」であろうか。

ところで、「天禽四首」といえば、内区に配した四獣は、頭部の表現が違っていることが注意される。すなわち、銘がもし「首」でよいということなら、「首」は「守」とならんで「獣」の借字であり、また、とりをさす「禽」は、元来わなや網で捕える動物の意味で、林巳奈夫が論証しているように四足獣のことをいうからである[6]。したがって、銘でうたってあるように四獣が天にいる獣であるとすると、東王父をのせた双角の動物は青龍、伯牙をのせた虎形の動物はもちろん白虎であろうし、黄帝をのせた一角獣は辟邪ないし天禄で、西王母をのせた鬣《たてがみ》をつけた動物は獅子ということになるであろう。

半円方形帯に話を戻すと、半円の頂面は、中央に渦文をおき、渦文から放射状に直線をのばして外縁との余白を区

画し、渦文やきのこ形文で塡めている。半円を飾るこのような装飾は、渦文ほど一般的ではないが、それでも故宮蔵鏡などに例をみることができるので、稀有とまではいえない。(7) おそらく天体の光輝を表現しているのであろう。半円の斜面を花文が飾り、外区へ至る段の斜面に連続している。

**表2**　画文帯環状乳神獣鏡Bの各面径と笵傷

| 遺品名 | 面径cm | 傷a | b | c |
|---|---|---|---|---|
| 福岡県京都郡鏡(伝) | 一五・五〇 | ○ | ○ | ○拡大 |
| 宮崎県山ノ坊鏡 | 一五・二七―一五・三八 | ○ | ○ | ○拡大 |
| 三重県塚原鏡 | 一五・三〇 | ○ | ○ | ○拡大 |
| 群馬県観音塚鏡 | 一五・五〇―一五・六〇 | ○ | ○ | ○拡大 |
| 埼玉県稲荷山鏡 | 一五・四六―一五・五一 | ○ | ○ | ○ |
| 千葉県大多喜鏡 | （一五・四五） | ○ | ○ | ○ |

外区を構成する画文帯には、飛禽走獣文が時計回りにめぐっている。神仙がのる車駕を六体の龍が牽き、龍の前方を、獣、日象を捧げた羲和、鳥、神仙が駆け、車駕の後尾には二体の神仙が従っている。二体のうちで車駕の直後を進む一体は、前方にのばした手で何かをもっているようである。通例ならば、これが常義で大型の月象を捧げているのであるが、月象というには小型に過ぎる。大型の月象を描く余白に窮したのであろうか。

さて、同型品として知られている六面は、ひとしく傷a・bを共有していることが観察から知られる（表2）。すなわち、

傷a　黄帝像の向かって右外方に位置する半円の外縁と界線とのあいだが、鋳潰れる。

傷b　方格を隔てた、向かって右の半円にも、同じ個所に鋳潰れがある。

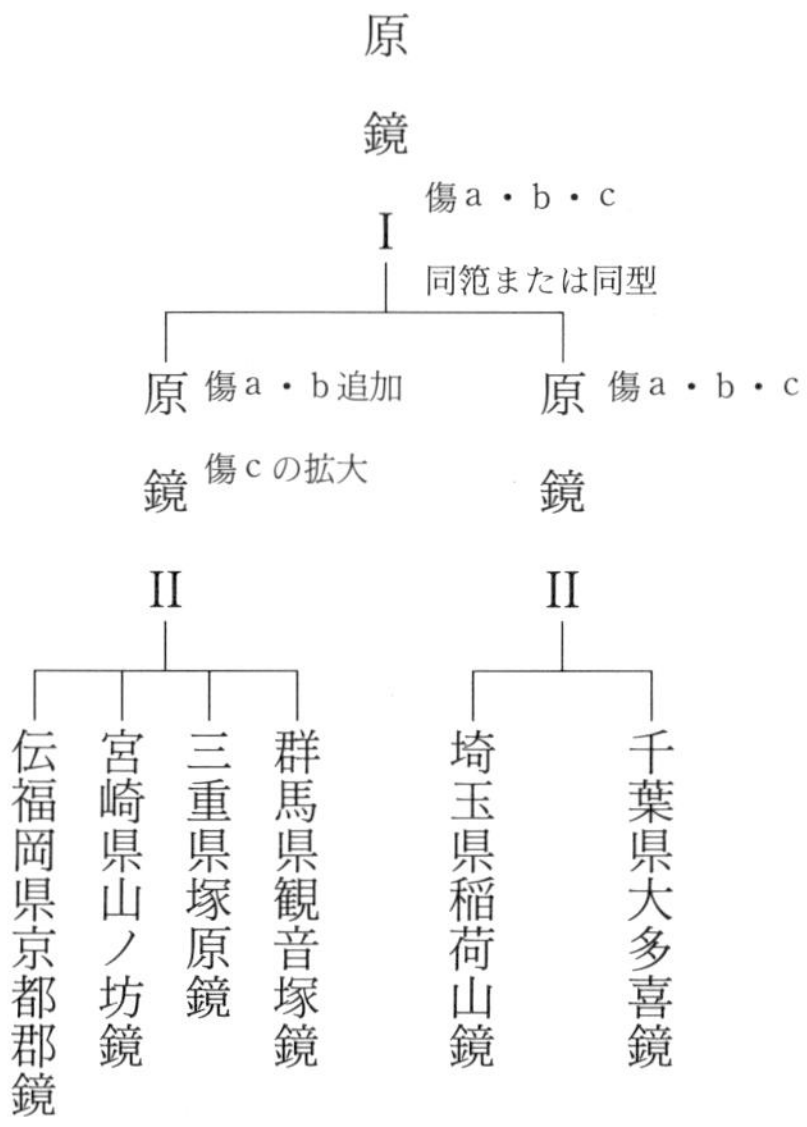

が見いだされる。ところが、

　傷c　東王父の向かって右外方の半円の外縁と界線との間に発生した鋳潰れ。

に眼を向けると、埼玉県埼玉稲荷山古墳出土鏡（図版14）ならびに千葉県大多喜古墳出土鏡では、鋳潰れの範囲がごく小さいのに対して、残る四鏡の場合はいずれも、その範囲が大きく、二条に盛りあがって半円の斜面にまで及び、かつ、傷の形状が同じである。この点で、稲荷山・大多喜両古墳の出土鏡と、残る四古墳の出土鏡とは、それぞれ踏み返し品であり、しかも原鏡の違っていたことが知られる。

　そこで、両群の原鏡同士の関係について、傷cの拡大が同笵品を製作したことに伴う傷の進行によるとみると、原鏡同士は同笵であったことになり、他方、この程度の拡大は偶然にせよ踏み返し時にも起こりえたとすると、原鏡同士はもちろん同型であったことになる。後述するように、神人車馬画像鏡の一群が製作されるにあたって、笵を同じくする工程が介在した可能性があるので、同笵をここで排除しなければならない理由はない。同笵と同型の両方の可能性を示して、後考をまつことにしたい。図版の下段右端の写真は、一過性傷の有無を検索するために添えたものである。あわせ参照願いたい。

　なお、三重県塚原古墳出土鏡（図版12）は、鈕孔の方向が他鏡と大きくずれている。同笵・同型によらず、鈕孔の製作にあたっては、一鏡ごとに中型を新設しなければならなかったから、このようなずれが生じても不思議ではない。しかし、原則はそうであっても、同型でこれほど大きく鈕孔方向がずれた例は、稀有に属する。

　**画文帯環状乳神獣鏡C**（図版16〜19）　同型とされている三面のうえに、新しく宮崎県油津山上古墳出土鏡（図版16）が加わった。これら四面のうち、京都府内里出土と伝える山川七左衛門旧蔵鏡（図版17）は所在が不明で、『梅仙居蔵日本出土漢式鏡図集』掲載の写真図版によって代替せざるをえなかった。また、奈良県藤ノ木古墳出土鏡（図版18）は銹の付着がはなはだしく、油津山上古墳出土鏡は内区を欠失しており、ともに図文の観察がいきとどかなかった。さいわい伝奈良県白石出土鏡（図版19）は、遺存状態が良いので、本鏡によって図文を辿ってゆく。

さて、内区主文部の図像配置をみると、向かって右に頭をおいて左方向に体をのばした四頭の獣像の背に、神像がのっている。それぞれ、上方は伯牙、下方は黄帝、向かって左は東王父、右は西王母である。獣の肩と腰にあたる環状乳が、内区主文部を八等分している。肩腰間の隔たりの方がいくぶん大きい画文帯環状乳神獣鏡Bと、この点で違っている。

上方の伯牙像の向かって右にいる頭を垂れた小像は鐘子期である。そうすると、向かって左の侍者は成連であろう。向かって右に体を向け、冕をいただいた黄帝像の前面に、人面鳥身の小像がみえる。おそらく句芒であろう。背後には、拱手して畏《かしこ》まっている人物がみえる。秘書役とされる沮誦または蒼頡がこれにあたるのであろう。東王父、西王母とも、左右に小獣を伴っている。東王父に伴う獣は龍虎とみてさしつかえないのに対し、西王母のそれは左右とも鳥である。先述の画文帯環状乳神獣鏡Bがそうであったように、東王父の地位の上昇を、ここにもみてとることができる。

四獣の表現がたがいに違っている。違いはあるけれども、伯牙・黄帝がのる獣はともに双角をつけ、他方、東王父・西王母がのる獣はどちらも無角であり、この点で二群に分離することができる。西王母がのる無角の獣といえば、白虎が思い浮かぶし、描かれた獣の表現もまた、それに近い。それならば、東王父がのる獣は青龍がのぞましいが、龍にふさわしい表現という点では、伯牙・黄帝がのる双角獣の方がそれに近い。

小型の鋸歯文を斜面に配した界圏が内区主文部の内外を限り、半円方形帯が外周をめぐっている。半円、方形とも各一四個を数える。半円の頂面を渦文で飾り、四区分した方形の頂面に「天王日月」銘をおく。半円方形帯の外囲ならびに半円の斜面を一連の花文で飾り、外区に至る広い斜面を細い鋸歯文で塡めている。

外区の飛禽走獣文では、六頭の龍が牽いて時計回りに走る車駕が、黄帝の向かって右外方にみえる。画文帯神獣鏡

表3　画文帯環状乳神獣鏡Cの各面径と笵傷

| 遺品名 | 面径cm | 傷a | b | c | d |
|---|---|---|---|---|---|
| 宮崎県油津鏡 | 二一・〇四—二一・〇八 | ○ | ○ | ○ | ○ |
| 奈良県藤ノ木鏡 | 二一・九二—二一・九四 | ? | ○ | ○ | ○ |
| 白石鏡 | 二一・二五—二一・二九 | ○ | ○ | ○ | ○ |
| 京都府内里鏡 | （二一・〇） | ○ | ○ | ○ | ○ |

の通例の配置である。六龍の前方を、神仙の乗る獣が駆け、渦文を隔てて、日象を掲げる羲和に至る。さらに前方に、神仙や鳥などがおり、虎と覚しい獣、月象を掲げた常羲と続いて、車駕の後尾に達する。

　なお、画文帯環状乳神獣鏡で、面径が二一センチをこえる本鏡のような大型の例は、きわめて稀である。画文帯神獣鏡のなかでも重列（同向）式ならば、内区主文部が広くても、そこを神獣で満たすことは容易であったことが、大型品の多さから察せられる。しかし、環状乳神獣鏡のように帯状に神獣をめぐらせる周列式の場合、大型に作ることは、重列式の場合ほど容易ではなかったにちがいない(8)。鈕座をとりまく有節重弧文の外周に、鋸歯文の界圏を設けて、環状乳神獣鏡としては異例の加飾を行ったのは、作鏡者にとって、内区主文用の空間が広すぎたせいであろう。

奈良県藤ノ木鏡

原鏡
- 京都府内里鏡
- 奈良県白石鏡
- 宮崎県油津鏡

　さて、複数の鏡が共有する傷として、

傷a　東王父の外方に位置する方形と、向かって右に隣接する半円とのあいだが鋳潰れる。

傷b　鍾子期の向かって右外方に位置する方形の外辺が鋳潰れ、左の半円近くにまでこれが及んでいる。

傷c　その向かって左に隣接する半円の基部が鋳潰れ、それが斜面の鋸歯文帯にまで及んでいる。

傷d　伯牙の向かって左外方に位置する方形の両側縁がのびて、花文を連ねた斜面に接している。

を見てとることができる（表3）。傷aについては、奈良県藤ノ木古墳出土鏡では銹に妨げられて、その存否を確かめられない。藤ノ木古墳出土鏡は、面径が残る三鏡よりも大きく、この点でも注意を要する。もしこの傷aがみとめられないということになれば、踏み返し時に使われた原鏡であった可能性を考慮しなければならないからである。

そこで、残る三鏡が原鏡を同じくする同型品であることを指摘するにとどめ、奈良県藤ノ木古墳出土鏡の製作上の位置づけについては後考をまちたい。

## （二）　画文帯周列式神獣鏡

これに該当するのは一種のみで、同型とされる遺品が四面見いだされる（図版20〜23）。ただし、遺品のなかで兵庫県よせわ古墳出土鏡（図版22）は唐草文がめぐる平縁を無文の三角縁に変え、愛媛県金子山鏡（図版21）と出土地不明鏡（図版23上）は平縁を拡張したものである。改造品といえば、同型鏡群を構成する一五鏡種のなかで三鏡種に、改造品がみとめられる。改造時には面径の原寸を拡大するのが通例であるが、よせわ古墳出土鏡は原寸を正確にとどめている点で特筆される。三角縁への改造にあたっては、踏み返して作った鋳型に挽型操作を加えたのであろう。

遺存状態の良い熊本県江田船山古墳出土鏡（図版20・23下）によって図文を辿ると、上方の二像は伯牙と鐘子期で、下方の二像は、林巳奈夫によれば、向かって左が神農、右が蒼頡であるという[9]。鐘子期の背後から樹木様の図文がのびて頭上を覆い、神農と蒼頡のあいだから捩れた二本の樹木様の図文が立ち上がって両側に分かれ、それぞれの頭上を覆って房状に垂れ下がっている。林によれば、これらは、天地の中心を占め、天と地とを結ぶ建木であるらしい。向かって左の神像が東王父、鈕を隔てた右の神像が西王母である。両神像とも両側に小獣を伴っている。東王父に伴うのは龍虎であり、西王母に伴うのは鶏冠風の頭飾りをいただいて鳥のようにみえる。龍虎座における表現のこのような相違は、画文帯環状乳神獣鏡B・Cにもみとめられたところである。

なお、『呂氏春秋』有始覧によると、建木は極南の天地の中心にあって、日差しを受けても影が生じないという。ところが、東王父と西王母の配置からすれば、神農・蒼頡は北にあたることになるので、建木によって表された方位とあい対立するようにみえる。前述した画文帯環状乳神獣鏡B・Cの場合、鈕を隔てて伯牙と対峙する位置を、黄帝と蒼頡ないし沮誦が占めていた。黄帝といえば、五行説によると東西南北の中央を主宰する帝であるから、天地の中心を占める点は建木にも通じる。つまり、向かって左に東王父、右に西王母を配したこの場所には、天地の中心を占める図像をおくことが約束されていたと考えると、方位の矛盾はひとまず解決される。

巨を喰んだ一対の獣像が、東王父、西王母をそれぞれはさんで、向きあっている。邪を避けて王父・王母を守護しているという。四獣の表現は一様でない。神獣鏡上の動物群として、辟邪、天禄、獅子、龍、虎があげられるが、また、西王母をはさむ二獣は青龍と白虎のようにもみえるが、本鏡上の獣像表現の相違は、各獣の名称を誤りなく特定できるほど著しくはない。

内区主文部の外周に設けた半円方形帯に、半円八個、方形一二個を配し、さらに、神像がのる各脚台の先に円・渦文の図形をおいて、半円の欠を塡めている（図版23下）。脚台は山岳の表現で、円・渦文の図形は凝った雲気のつもりであろう。半円の頂面を、浮き彫りの禽獣が飾っている。禽獣の表現は二個ずつが同種で、四種から構成される。すなわち、神農・蒼頡の向かって右外方、ならびに、鈕を隔てて、鐘子期の向かって右外方の半円上に、翼を広げた鳥がみえる。伯牙と西王母とのあいだにおいた二個の半円上のそれぞれには、肥満体で鼻面の尖った異風の四足獣がいる。山東省滕県画像石墓に描いてある動物に似る[10]（図3）。穿山甲であろうか。西王母の向かって左外方、ならびに東王父の向かって右外方の半円を飾っているのは、禽獣頭部の側面像である。上嘴の先端が鉤の手に曲がっている点からすると、猛禽類のようである。また、東王父の向かって左外方の半円には、禽獣頭部の正面像がある。禽獣の種類まではわからないが、同じ図像が蒼頡の向かって左外方の半円上にもみえる。

方形は、頂面を十字に四等分して、字句を配している。かろうじて読みとることができた成句「□宜高官」の配列からすると、反時計回りにめぐり、しかも各四字句が二方格にまたがるようである。神農外方の方形をかりの起点に定めて、反時計回りに語句を辿っていくと、

人 見容
東父
日 王
青羊
宜 王
高官

となる（図版23）。

半円の斜面を五個の花文で飾っている。半円方形帯外周の斜面にも、満遍なく花文を配するのが通例であるが、方形外方の斜面にのみ花文をおき、満遍さに欠けるところがある。これは、半円と方形との間隔が狭くて、花文を連ねる余白が残されていなかったせいでもあろうが、それだけの理由ならば、円・渦文四個の外方の広い斜面に花文が欠けているのは理解に苦しむ。なお、方形の左右に小さい円文を配している。これは半円方形帯にしばしばみられる図文である。半円と方形との間隙を点文で填めず、無文のままとどめおいてある点は、奇異に映るが、しかし、内区主文が周列式の図像構成をとる神獣鏡の場合、このような無文の例が少なくないので、方形左右の円文と同様、異例とまではいえない。

**図 3**　山東省滕県出土画像石の動物文

外区の飛禽走獣文は、図像のめぐる方向が反時計回りである。六体の龍の牽く車駕が、西王母の外方にみえる。龍の前方の図像を辿ると、獣、日象を掲げた羲和、鳥二羽と続き、神仙を乗せた二体の獣、亀、獣を経て、車駕に尾《つ》く月象を掲げた常羲に至る。

図4　湖北省鄂州市鄂鋼544工地出土画文帯周列式神獣鏡（面径18㎝）

表4　画文帯周列式神獣鏡の各面径と笵傷

| 遺品名 | 面径cm | 傷a | b | 備考 |
|---|---|---|---|---|
| 熊本県船山鏡 | 一九・九四―一九・九八 | ○ | ○ | |
| 愛媛県金子山鏡 | 二〇・七三―二〇・八五 | ○ | ○ | 縁を拡張 |
| 兵庫県よせわ鏡 | 二〇・一一―二〇・二〇 | ○ | ○ | 縁を三角縁に改造 |
| 出土地不明鏡 | ？ | ○ | ○ | 縁を拡張 |

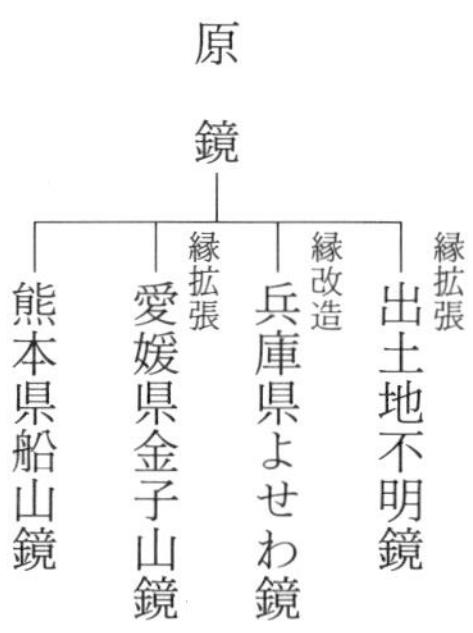


このように、車駕を西王母の外方におく配置は、京都府相楽郡山城町椿井大塚山古墳出土の画文帯周列式神獣鏡にもみとめられるが、湖北省鄂州市鄂鋼五四四工地出土の画文帯周列式神獣鏡（図4）のように[11]、車駕の位置が東王父の外方にあたる例もある。伯牙と鈕を隔てる神像の外方が、画文帯重列式神獣鏡の場合ならば、車駕の位置にあたり、画文帯環状乳神獣鏡でも比較的よくこの原則が守られているが、周列式については、原則が異なるようである。

四面の同型品が共有する傷として、a・b二傷が見いだされる（表4）。すなわち、

傷a　東王父の下部からのびる渦文の、向かって右の巻きこみ部が隆起している。

傷b　建木の下部からのびる渦文の、向かって右の一部の巻きこみ部が隆起している。

である。それぞれの鏡には、傷が少なくないけれども、いずれも各鏡にとどまる一過性傷である。これらの点で、四

鏡は、a・b二傷を有する一個の原鏡から踏み返した製品であり、かつ、四鏡のなかに原鏡を含んでいないことが知られる。なお、愛媛県金子山古墳出土鏡は、熊本県江田船山古墳出土鏡に較べると、一センチ近く大きい。これは縁部のみを拡張したせいである。また出土地不明鏡も、面径は不明であるが、同様に拡張した形跡がみられる。拡張や改造の痕をとどめていないのは、熊本県江田船山古墳出土鏡だけであるが、傷からみて同鏡を他鏡の原鏡に使った可能性はない。

## (三)　画文帯重列式神獣鏡

**画文帯重列式神獣鏡A**（図版24・25）　同型とされる二鏡が知られている。縁はともに三角縁である。後述する図像の様子からみると、平縁の方がふさわしいので、両鏡とも縁部を三角形に変形させた改造品であろう。群馬県恵下古墳出土鏡（図版24）の方を本村豪章がとりあげ、精細に図像を説明している。(12)そこで、本村の記述に導かれながら、図像を辿っていくことにしたい。

上段に三体の神像がみえる。中央は伯牙で、向かって左に、手をあてて琴の音に耳を傾ける鍾子期がいる。右の一体はそうすると、成連であろう。鈕を隔てて対峙する左右二体の神像のうち、かろうじて痕跡を残す三山冠によって、向かって右は東王父であることが知られる。そうであれば、鋳上りが悪くて頭頂の細部がわからない左の一体は、とうぜん西王母とみてさしつかえない。東王父には龍虎座が伴い、西王母には両脇に鶴のような長頸の鳥が随う。下段を占める主像は、通天冠を被り、向かって右に体を向けて座っている。よくみると、顔前と後ろの肩口とに、それぞれ小型の神仙のいることがわかる。主像を黄帝とみてよいなら、左右の神仙は沮誦と蒼頡であろうか。黄帝下方の図像は定かでない。

なお、同型鏡群の一部を構成する神獣鏡は、七種であるが、東王父、西王母のそれぞれの両脇に動物が随伴する六種について、その獣種を通覧してみると、東王父は龍虎で一貫しており、他方、西王母では、鳥や麒麟などがあって、定まっていない。原鏡の製作時期を示唆する事実として、あらためてこの点に注意を促しておく。

二体の獣が、上段では後尾を向けあい、下段ではあい対峙している。頭部の表現からみて、下段の向かって右は龍、左は虎であろう。上段の獣種は定かでない。辟邪や天禄や獅子のたぐいであろうか。獣はいずれも、巨を銜えている。上段の鐘子期と成連それぞれの膝のあたりから左右にのびた巨は、獣口を経て上方に反転し、末端が伯牙の左右の獣頭に達しているようである。また下段では、東王父と西王母から発した巨が、獣口を経て、黄帝の左右の円環に連結している。上段の巨が滑らかに湾曲しているのに対して、下段の巨は鋭く屈折するという表現上の相違はみとめられるが、いずれも神像が乗る台座の脚を図案化したものであることは、巨の一端が必ず神像下底に連結しているところから察せられる。

なお、伯牙の頭上と、東王父ならびに西王母の背後に円文がみえる。また、鈕座をめぐる有節重弧文の外周に、四個の円文がある。これら内外の円文は、それぞれ円周を正しく四等分する位置を占め、かつ、たがいに四五度のずれをもつ。配置の正確さからみて、これらは、図文の一種であると同時に、広い内区主文部に複雑な図像を正確に配置するための、基準点でもあったことが考えられる。本鏡は乳をそなえていないので、それに代わる割り付け上の目安を必要としたというわけである。

内区外周をめぐる半円方形帯は、半円・方形各一五個を数える。一五個といえば、面径の大小にかかわりなく、最多の部類に属する。これだけ多くの方形を充たす銘の作成に苦慮したせいであろうか、「天王日月」という常套句を多用し、これを一個おきに配している。「天王日月」のあいだを塡める銘は、黄帝の向かって右下の方形において、「吾作明竟」の四字をかろうじて読みとることができるので、通例のように、四字句銘がここから始まっていることがわかる。「天王日月」銘の方形が七個であるのに対し、この四字句銘がのる方形は八個を数え、したがって、末尾の第八句の方形は「吾作明竟」の方形と隣接するが、鋳上りが悪くて残りは釈読が不能である。

外区の飛禽走獣文に眼を移すと、黄帝の下方に車駕がみえる。時計回りに駆ける六体の龍が車駕を牽き、その先に、騎獣二体と日象を掲げた羲和がいる。鋳上りが悪くてその先の図像はよくわからないが、日象に手を添えて羲和を補助する神仙がおり、二体の獣二組を隔てて、二体の乗鶴へと続くようである。乗鶴の前方に二体の乗亀がいて、車駕の背後に尾く月象を掲げた常羲に至る。禽獣は二体一組で構成し、各組のあいだを渦文で塡めている。

ちなみに、本鏡の内区主文の図象配置は、大阪府和泉市上代町黄金塚古墳出土の景初三年銘画文帯神獣鏡や、兵庫県豊岡市森尾古墳などで同笵鏡が分有されている正始元年銘三角縁神獣鏡と同じである。このことは、樋口隆康の集成通りである。(13) 樋口が一括にしてA式と呼んだこの種の図像配置に検討を加えて年代論に言及した本村豪章の言によれば、本鏡の内区主文は「これらの紀年銘鏡の図文がいっそう簡便化したもの」であり、したがって原鏡の製作年代は、三世紀後半を遡らず、「ほぼ四、五世紀の範囲内と認めてよいのではないか」という。しかし、これらの紀年銘鏡の図像表現をみると、図像の意味を作鏡者があまりよく理解していなかったことは、西村俊範の指摘にある通りであり、(14) 本鏡の方が表現上の約束に忠実であることは動かない。本村の示した年代観と、その導き方とには、この点で問題がある。

さて、両鏡が共有する傷として、

傷a　西王母の向かって左下から内区外周に沿って走る、鋳型の割れを示す傷。

傷b　環鈕文の一画が消失。

傷c　東王父の向かって右下から龍脚部にかけて走る、鋳型の割れを示す傷。

を見てとることができる（表5）。鈕孔の方向が相違し、面径は恵下鏡の方がいくぶん小さいが、両鏡は原鏡を同じ

**表5**　画文帯重列式神獣鏡Aの各面径と笵傷

| 遺品名 | 面径cm | 傷 a | b | c |
|---|---|---|---|---|
| 群馬県恵下鏡 | 一四・七二―一四・七九 | ○ | ○ | ○ |
| 出土地不明鏡　梨花女子大学蔵 | 一四・八二―一四・九〇 | ○ | ○ | ○ |

原　鏡
├梨花女子大蔵鏡
└群馬県恵下鏡

くするとみることを妨げない程度の違いである。傷a・cの様子からすると、両傷を繋いでさらに延びる割れで、原鏡が破損していた可能性を指摘できる。

**画文帯重列式神獣鏡B**（図版26〜28）　いわゆる同型品が三面知られる。日本出土の二面（図版26・27）が、外周に三角縁を付け加えて鏡面を拡大した改造品で、出土地不明でブリング氏旧蔵のもう一面（図版28）が、改造前の遺品である。そこで、この改造前の遺品によって図像を観察すると、上段中央に琴を膝において座っているのが伯牙、向かって左下で頭を垂れ左手を当てて耳を傾けているのが鐘子期である。そうして、鐘子期と対峙している一像は、伯牙の琴の師匠の成連であろう。成連が右手にもつ板状の器物は、琴と考えたいところである。

中段で鈕をはさんで対峙する左右の神像は、向かって左が西王母、右が東王父である。服飾の違いからみてこれは動かないので、東王父を向かって左におくこの種の重列式神獣鏡の図像配置の通例とは、前述の神獣鏡Bとともに、左右を違えていることになる点を注意しておこう。東王父の左右に添えた獣はそれぞれ龍虎であり、これはまぎれもなく龍虎座にあたる。他方、西王母の両脇の獣は、鼻面の長い四足獣であり、向かって右の一角獣は麒麟であろう。左の獣種は定かでないが、いずれにせよ龍虎と異なる。本来ならば西王母に伴うべき龍虎が、東王父に移った姿を、本鏡上でもみることができるわけである。

下段中央に座る通天冠を被った主像が、右を向いて顔を上げている。顔前に人物の小像がみえる。主像を黄帝とみ

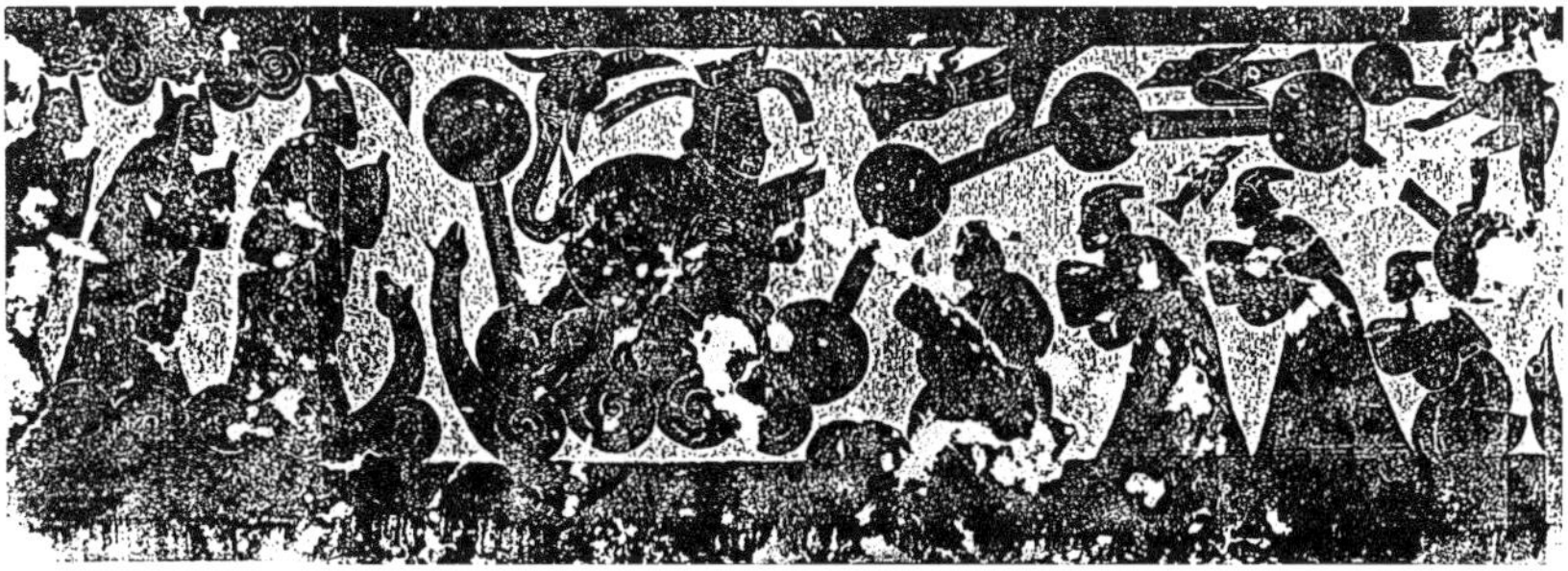

**図 5**　山東省嘉祥県武梁祠出土画像石の天体図

てよければ、顔前の小像は沮誦または蒼頡にあたる。主像の膝下に正面を向いて前脚を強く折り曲げた獣がいる。獣面の下の丸い突出した表現はおそらく、動物がこれを口に銜えているのであろう。この獣の向かって左に魚、右に獣頭を添えてある。

内区主文部を四等分する位置に、乳がおかれている。乳の外周をめぐる獣は、下段の向かって左が龍、右が虎である。そうすると、上段の二獣は辟邪と天禄にあたることが考えられるが、獣形によってそれを同定するのは難しい。上段のこれらの二獣は前足で巨を摑み、下段の龍虎は巨を銜えている。上段の二獣がそれぞれ摑んだ巨の端に、人物の小像がみえる。拱手してたがいに向きあうこれらの二像は、天界の侍者のようである。

ところで、上段の二獣が摑み、下段の龍虎が銜えている棒状の図形を、画文帯環状乳神獣鏡の例にしたがって巨とみたが、本鏡の場合、一概に、架台の柱や高い脚付きの台を表す虡すなわち巨にあたるとしてよいのかどうか、検討の余地があるように思う。円環や乳を介して、棒状の図文が連なり、この連なりは、東王父と西王母をはさんで上下に分かれ、左右対称でもあり、左右それぞれの一端が神像に達してもいる点で、巨とみるには複雑過ぎるからである。

棒状の図文を連結したこの種の重列式神獣鏡は、多くはないが江蘇省盱眙県出土品などに例があり[15]、しかもその連結ぶりはほぼ等しいので、図文の一類型として、図像学上の意味が与えられていたにちがいない。その意味を解くうえで、七個の円文を直線の棒で連ねた山東省嘉祥県武梁祠の画像石にみる北斗七星の描写ぶりが、参考になるかもしれない[16]（図5）。つまり、天体の連なりの表現として本鏡のこの図文を説明することができるのかどうか、この点について識者の検討を求めたい。

さて、鋸歯文がめぐる界圏を隔てて、内区主文部の外周をめぐる半円方形帯は、半円・方形とも一四個を数える。半円の頂面は無文で、方形の頂面は十字に分割し、四字句銘で充たしている。黄帝の向かって右下の方形から銘が始まり、

吾作幽湅　配象統カ徳　敬カ奉雕克カ　衆事カ毋カ戸　□□子孫　□者尚者　士至其師
明竟三商　萬疆序道　賢カ良無祉　主陽申明　安楽番昌　升遷富貴カ　公卿命長

と、時計回りに続く。

外区の飛禽走獣文を構成する神仙や獣は、時計回りに疾駆している。黄帝の向かって左下に車駕がみえる。車駕を牽く六体の龍の前方に、雲気を表した渦文を隔てて二体の騎獣がおり、ふたたび渦文をはさんで、羲和へと続く。日象を掲げた羲和の腕の表現が誇張されており、このために、わかりにくい図像になっている。羲和の前方に、日象をはさんで神仙がいる。羲和の方を向いて両手を広げ、片手を日象にさしのばして、羲和の活動を補助している。前述の画文帯重列式神獣鏡Aや上海博物館蔵の同式鏡（図6）の画文帯にも同じ図像がみとめられ[17]、図像としての具象性という点で、本鏡はこれらの例よりも劣っている。

さらに前方の図像を辿ると、渦文を隔てて、神仙の乗った鳥二体、渦文、騎獣二体、渦文と続き、車駕の後尾を走る双頭の獣に至る。車駕の後尾には、通例ならば常羲がおり、月象を掲げているのであるが、それが省かれている。約束通りに常羲を表現した上海博物館蔵鏡の画文帯とは、この点でも違いがある。

さて、ブリング氏旧蔵、愛知県大須二子山古墳出土、石川県狐山古墳出土の三鏡を較べてみると、改造後の大須二子山古墳出土鏡と狐山古墳出土鏡とは、面径はほぼ等しいけれども、図文に相違がみとめられる（表6）。すなわち、改造前のブリング氏旧蔵鏡の縁を飾る菱雲文が、大須二子山古墳出土鏡では鋳出され、他方、狐山古墳出土鏡にそれが痕跡をとどめていない。また、大須二子山古墳出土鏡の場合、改造前の菱雲文帯と付け加えた三角縁との境界が明瞭であり、これに対して、狐塚古墳出土鏡のその部分は、境界があいまいで、鋳型に写された菱雲文を消去したようにみえる。

以上述べた知見に、共有傷を抽出できなかった点を加味するならば、改造後の二鏡のあいだには、次に図式化して示したような二つの関係の成立することが、可能性の範囲のなかで考えられる。いずれにせよ、二鏡がキョウダイ関係にあることは動かない。

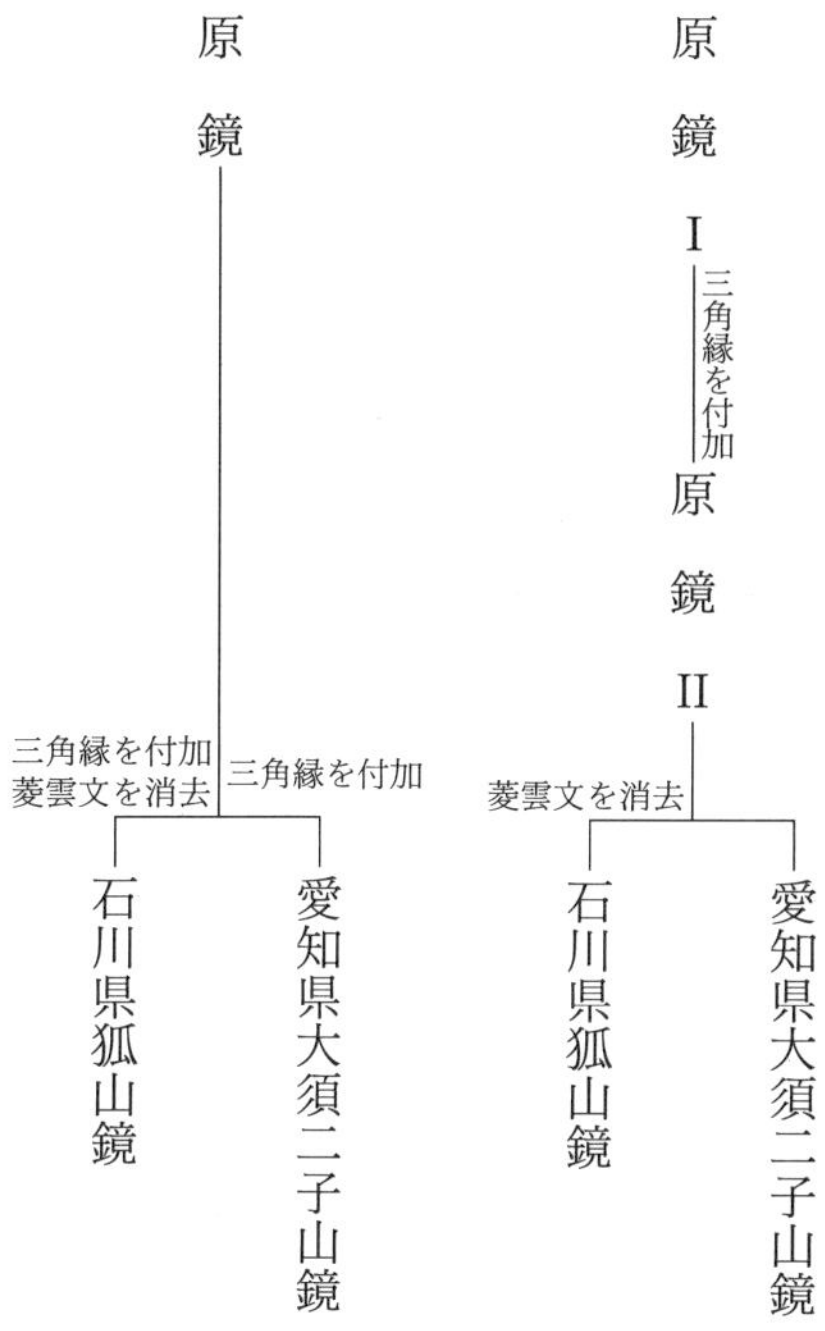


またブリング氏旧蔵鏡についても、改造の二鏡と共通する傷は、みとめることができなかった。したがって、先述の周列式神獣鏡の場合と同じように、この非改造鏡が改造鏡とキョウダイ関係にあるのか、そうではなく原鏡にあたるのか、傷の具合からこれを推定することはできない。しかし、同鏡の鋳上りが改造鏡に較べて著しく鮮明であることから判断すると、原鏡である可能性が高いことは、みとめてさしつかえないであろう。もしそうであるとすれば、同鏡

表6　画文帯重列式神獣鏡Bの各面径と笵傷

| 遺品名 | 面径cm | 備考 |
|---|---|---|
| 愛知県二子山鏡 | 一九・四三—一九・五三 | 共有傷みられず。鈕孔方向は狐山鏡の方が出土地不明鏡に近い。 |
| 石川県狐山鏡 | 一九・四一—一九・五六 | |
| 出土地不明　ブル氏 | （一八・〇—一八・五） | |

の出土地が大いに問題になるところであるが、日本出土という伝えはないとのことである。

**画文帯重列式神獣鏡C**（図版29〜53）

いわゆる同型品が二六面を数え、同型鏡群を構成する一五種のなかでは図抜けて発見数が多い。図版29・30として掲げた熊本県江田船山古墳出土鏡によって図像を概観すると、内区主文部は素乳でこれを四等分して各区に神像を配し、各乳の外囲に獣像をからませている。

最上段に座する神像は、琴を弾いている伯牙である。鬼面をはさんで対峙する二神は、向かって右の、頭を垂れた一像が鐘子期で、左のもうひとつの神像が成連であろう。中段では、鈕を隔てて、二神像が向きあっている。頭冠の形状からすると、向かって左は東王父、右は西王母である。両像ともに、いわゆる龍虎座が伴う。ただし、西王母の向かって左に付随する獣は駝鳥のような姿をとっており、誤りなく龍虎を表現した東王父の座とは相違をみせている。下段の通天冠をのせた主神像は黄帝であろう。もしそうであるなら、向かって右の前方にあたる有翼の小像は句芒、左の背後で畏《かしこ》まる侍者は沮誦または蒼頡であろう。

各乳をとりまく獣像の表現は、頭部の向きによって、違いをきわだたせている。すなわち、獣頭のそれぞれをみると、向かって左上が正面姿、右上が上面姿、左下が側面姿、右下が斜面姿を描いており、こうして変化をもたせて単調になるのを避けたところに、作鏡者の細やかな心遣いを窺うことができる。このことがかえって、獣像の種別をわかりにくくしているのであ

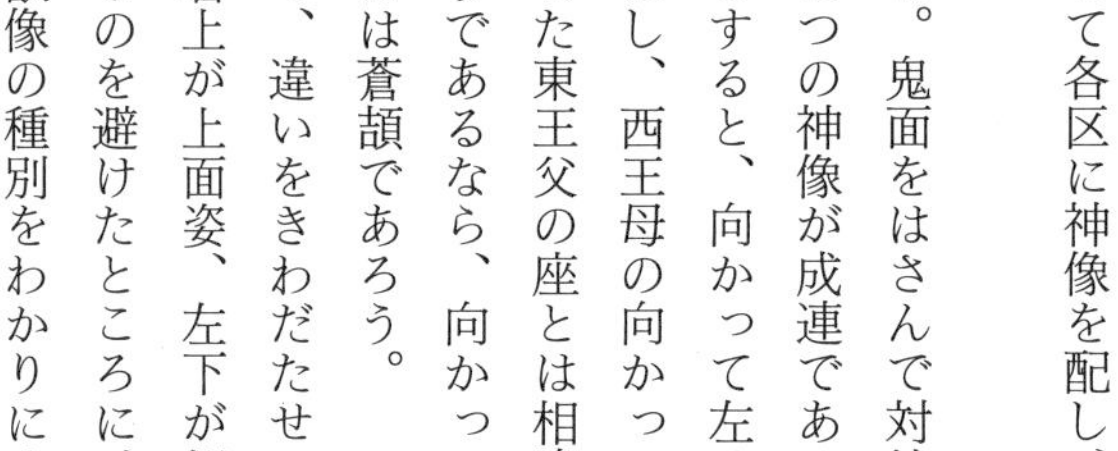

**図6**　画文帯重列式神獣鏡（上海博物館蔵）の羲和像

るが、表現の相違から、左下の獣を龍、右下の獣を虎とみてよければ、それぞれ東王父、西王母の配列と対応することになる。おそらくそれで誤りないと思う。上段左右の獣は辟邪と天禄の一対か、もしくは一方が獅子であろうか。

以上述べた主像の間隙を、大小の動物文様で充たしている。伯牙の左右に獣、黄帝の下に玄武がみえる。玄武をこの位置においたのは、下方が北であることを作鏡者が意識していたことによる。玄武の両側に獣頭を添えている。これらは角があるので龍のようにみえるが、玄武と関連づけて、向かって左を亀、右を蛇としたいところである。このように、関わりがある獣を添えて存在を強調するのは、本鏡の特徴であり、東王父脇の虎や西王母脇の駝鳥風の獣についても、同様な添付がみとめられる。なお、写真では充分にみえないと思うので書き加えておくと、東王父の直下に飛禽がいる。さらに西王母の直下にも小型の動物がいる。熊人であろうか。

内区主文部外周の半円方形帯は、それぞれ一四個の半円と方形とで構成される。方形は、十字に分割した頂面を、四字句の銘文で填めてある。玄武の向かって右下にあたる方形から銘文が始まり、時計回りに続く。諸先学が釈読を試み、しかも読みに若干の違いがみとめられる[18](図版30)。

| | | | | | | | | | | | | | |
|---|---|---|---|---|---|---|---|---|---|---|---|---|---|
| 吾作 | 幽湅 | 配象 | 統徳 | 敬奉 | 餇克 | 百牙 | 衆羊カ | 聖徳 | 富貴 | 子孫 | 学者 | 士至 | 其師 |
| 明竟 | 三商 | 萬疆 | 序道 | 賢良 | 無祉カ | 挙楽 | 主陽 | 光明 | 安楽 | 番昌 | 高連 | 公卿 | 命長 |

ほぼ同銘と覚しい例が、朝鮮の平壌市貞柏洞三号墓(図7)やわが国の岡山市湯迫車塚古墳出土の同式鏡にも使われているので[19]、異例の銘ではなく、常套句である。なお、銘が下から始まる点を奇異に思われるかもしれないが、北位から銘を始める、方格規矩鏡や獣文鏡などにみる通則を、本鏡でも継承したことによる。

外区の飛禽走獣文は、時計回りに疾駆している。車駕を牽く六体の龍の前方に、渦文を隔てて、騎獣二体が続き、ふたたび渦文をはさんで、日象を掲げた羲和に至る。神仙が日象に片手を添えている。その前方は、渦文、騎獣

**図７**　平壌市貞柏洞３号墓出土画文帯重列式神獣鏡（面径 21.5 ㎝）

（？）、騎獣、渦文、鳥、鳥（？）、渦文、騎獣、騎獣、渦文、熊人（雨師）、騎獣、乗亀と連なって、車駕の後を追う月象を掲げた常義へと続いている。

さて、同型品とされる二六面のうちで、観察の機会が与えられた二二面について、笵傷の痕跡を比較してみると、遺品のことごとくが共有する同じ形状の停滞性の傷があり、また、それぞれに特有の一過性の傷がある（表7）。そうして、次第に拡大する進行性の傷はみとめられない。すなわち、熊本県江田船山古墳出土鏡を例にしていうと、

傷a　外区の菱雲文帯の一画が切れる。

傷b　内区主文部の外縁をめぐる鋸歯文界圏の外周が鋳崩れる。

傷c　東王父に伴う龍虎座の龍頭の上部に、鋳型が剥離した形跡をとどめる。

傷d　同じ龍虎座の龍頭の向かって左で、界圏内の隣接する鋸歯文二個が、鋳潰れて連結している。

傷e　菱雲文の一部が鋳潰れる。

を、停滞性の共有傷として抽出することができる。これらは原鏡に伴っていた傷である。なお、向かって左上の乳をめぐる獣の顎が鋳崩れて異様に膨らむなど、傷はほかにも見いだすことができるけれども、いずれも本鏡に固有の一過性の傷である。

ところが、広島県高塚古墳出土鏡（図版34）の場合、a～eの各傷に加え、以下に述べる三傷を、停滞性の共有傷として、あげることができる。すなわち、

傷f　半円の一個で、頂面の中央と上縁辺とに、点状の突起がつく。

傷g　下段の黄帝像の、向かって右下にのびた蛇頭から、方形の向かって右の縁辺を通り、菱雲文の鋳崩れにつながる一連の傷で、鋳型のひびと剝離による。

傷h　半円の一個で、頂面の下縁辺に点状の突起がつく。

の三傷である。なお、伯牙の上部に位置する半円で、縁部が鋳崩れている。これを含め、一過性の傷が本鏡の場合少なくない。

表7は、停滞性傷として以上抽出したa～hの各傷の有無を、それぞれの遺品について表示した一覧である。銹などに妨げられて有無を確かめることができない傷の例があるけれども、傷a～eを共有して、傷f～hをみない一群と、傷a～eのうえに、傷f～hを加えた一群とに、遺品は分離される。傷のこのような共有ぶりから判断すると、両群はそれぞれ原鏡を違えた同型品であるとみてさしつかえない。

それでは、原鏡同士はどのような関係にあったのか。ここに二つの可能性が考えられる。

説明を簡便にするために、傷f～hをみない一群をX群、これを共有する一群をY群と仮称しておくと、まず考えられるひとつの可能性は、オヤコの関係である。すなわち、Y群の原鏡が、X群に連なり、しかも一過性傷として傷f～hを加えた一鏡である、という場合である。つぎに考えられるもうひとつの可能性というのは、オヤを同じくす

**表7　画文帯重列式神獣鏡Cの各面径と笵傷**

| 遺品名 | 面径cm | 傷a | b | c | d | e | f | g | h |
|---|---|---|---|---|---|---|---|---|---|
| 熊本県船山鏡 | 二〇・九〇―二〇・九八 | ○ | ○ | ○ | ○ | ○ | × | × | × |
| 福岡県沖ノ島21号鏡（推） | （二〇・七） | ○? | ○ | ○ | ? | ○ | × | × | × |
| 宮崎県持田25号鏡 | 二〇・九九―二一・〇六 | ○ | ○ | ○ | ○ | ○ | × | × | × |
| 兵庫県勝福寺北鏡 | （二〇・九〇） | ○ | ○ | ○ | ○ | ○ | × | × | × |
| 大阪府郡川東塚鏡 | 二〇・九二―二〇・九四 | ○ | ○ | ○ | ○ | ○ | × | × | × |
| 奈良県新沢109号鏡 | 二一・〇八―二一・一五 | ○ | ○ | ○ | ○ | ○ | × | × | × |
| 福井県丸山塚鏡 | 二一・一〇 | ○ | ○ | ○ | ○ | ? | × | × | × |
| 三重県茶臼山1号棺鏡 | 二〇・九〇―二〇・九四 | ○ | ○ | ○ | ○ | ○ | × | × | × |
| 神前山1号鏡　京博蔵 | 二一・〇一―二一・〇八 | ○ | ○ | ○ | ○ | ○ | × | × | × |
| 同右　黒川蔵 | 二〇・八〇―二〇・九〇 | ○ | ○ | ○? | ○ | ? | × | × | × |
| 愛知県亀山鏡 | 二〇・七四―二〇・八六 | ○ | ○ | ○ | ○? | ? | × | × | × |
| 静岡県奥の原鏡 | 二〇・九三―二一・〇七 | ○ | ○ | ○ | ○ | ○? | × | × | × |
| 群馬県原前1号鏡 | 二〇・八四―二〇・九〇 | ○ | ○ | ○ | ○ | ○ | × | × | × |
| 栃木県牛塚鏡 | 二〇・九六―二一・〇一 | ○ | ○ | ○ | ○ | ○ | × | × | × |
| 出土地不明鏡　黒川蔵 | 二〇・九〇―二一・〇〇 | ○ | ○ | ○ | ○ | ○ | × | × | × |
| 出土地不明鏡　五島蔵 | 二〇・八一―二〇・八四 | ○ | ○ | ○ | ○ | ○ | × | × | × |
| 宮崎県持田24号鏡 | 二〇・六三―二〇・八三 | ○ | ○ | ○ | ○ | ○ | ○ | ○ | ○ |
| 広島県高塚鏡 | 二〇・八二―二〇・九一 | ○ | ○ | ○ | ○ | ○? | ○ | ○ | ○ |
| 岡山県茶臼山鏡 | 二〇・八八―二〇・九二 | ○ | ○ | ○ | ○ | ? | ○ | ○ | ○ |
| 兵庫県里鏡 | 二〇・九〇―二〇・九八 | ○ | ○ | ? | ? | ? | ○ | ○ | ○ |
| 三重県茶臼山2号棺鏡 | 二〇・八〇 | ○ | ○ | ○ | ○ | ○ | ○ | ○ | ○ |
| 神島鏡 | 二〇・五七―二〇・七〇 | ○ | ○ | ○ | ○ | ○ | ○ | ○ | ○ |
| 長野県下川路鏡（伝） | 二〇・八四―二〇・八八 | ○ | ○ | ○ | ○? | ○ | ○ | ○ | ○ |
| 出土地不明鏡　奈良博蔵 | 二〇・八一―二〇・九二 | ○ | ○ | ○ | ○ | ? | ○ | ○ | ○ |
| 福岡県勝浦41号鏡 | 破片で傷の判別不能 | | | | | | | | |
| 三重県神前山鏡 | 所在不明 | | | | | | | | |

備考：X群の平均面径 20.91−21.00 cm
Y群の平均面径 20.78−20.87 cm

るキョウダイの関係である。この場合に、チチが同じである関係つまり同型関係と、ハハが同じである関係つまり同笵関係とがありうるが、X・Y両群のあいだで傷の進行がみとめられない点で、同型関係にあることが推測される。

そこで、面径を較べてみると、小さい推福岡県沖ノ島二一号址出土鏡については再計測を求めることにして、X・Y両群の間でX群の方がいくぶん大きい傾向があり、他方、截然とした一線を設けて面径を分離しがたいこともまた事実である。鋳造時における製品の収縮率は概して一%とも三%ともいわれているので、原鏡同士がオヤコの関係にある場合には、それぞれから生まれた製品同士のあいだで、面径の差異があるはずである。それならば、群間で面径に明確な差をつけがたいX・Y両群は、それぞれの原鏡がオヤコというよりも、キョウダイの関係にあるとみるのがふさわしい。同じ理由で、オジオイという関係も成立しがたい。しかし、X群の方がいくぶんにせよ大きい傾向がある点を重視するならば、オジオイの関係が成立する余地は残しておくべきであろう。二つの可能性を提示して後考にそなえておく。

なお、面径の差異はむしろ、群間よりも群内の方が著しい。最大値と最小値の差異がそれぞれ、X群では四・一ミリ、Y群では四・四ミリをはかり、面径に対する比率がともに二%余りに達するのである。同型品であって、しかも面径にこれほどの差異がみとめられる点について、これは縁の外側を研磨するせいかもしれないが、それぞれの鋳型の収縮率に違いがあったことを物語っていると考えておこう。(20) 大型品のなかに原鏡が含まれていないからである。

## 注

（1）林巳奈夫「漢鏡の図柄二、三について」（『東方学報』第四四冊　昭和四八年）、林巳奈夫『漢代の神神』（平成元年）に載録。
（2）たとえば、湖北省博物館・鄂城市博物館共編『鄂城漢三国六朝銅鏡』（一九八六年）図一〇三鏡など。
（3）粉川昭平・清水康二「吉備塚古墳表採の銅鏡について」（『青陵』第七七号　平成三年）。
（4）高文編『四川漢代画像磚』（一九八七年）、応善昌編『中国漢画図典』（一九九七年）など参照。
（5）陳佩芬『上海博物館蔵青銅鏡』（一九八七年）。ちなみに、東京国立博物館蔵建安二一年（二一六）銘神獣鏡や、大阪府和泉市上代町黄金塚古墳出土景初三年（二三九）銘画文帯神獣鏡では、本鏡と同様に、東王父にのみ龍虎座が伴う。踏み返しのもとになった原鏡の製作年代の一斑を推測する手がかりになるであろう。五島美術館学芸部編『前漢から元代の紀念鏡』（平成四年）参照。
（6）林巳奈夫「漢鏡の図柄二、三について（続）」（『東方学報』第五〇冊　昭和五三年）、林巳奈夫『漢代の神神』（平成元年）に載録。
（7）郭玉海『故宮蔵鏡』（一九九六年）図五六。
（8）周列式で面径二〇センチを超える大型品といえば、三角縁神獣鏡や画像鏡が念頭に浮かぶ。そこで三角縁神獣鏡ではふつう内区に突出した界圏をはさみ、画像鏡では鈕や鈕座を大きくして、内区主文部の幅を狭くする配慮を加えている。
（9）注1に同じ。
（10）注4応善昌編（一九九七年）六四六頁。
（11）注2に同じ。
（12）小野山節・本村豪章「上毛野・伊勢崎市恵下古墳出土のガラス玉と須恵器と馬具」（『MUSEUM』第三五七号　昭和五五年）。
（13）樋口隆康『古鏡』（昭和五四年）。

(14) 西村俊範「写された神仙世界」(『しにか』第九巻第二号　平成一〇年)。
(15) 秦士芝「盱眙県出土東漢神獣鏡」(『文物』一九八六―四　一九八六年)。
(16) 朱錫禄『武氏祠漢画像石』(一九八六年)。
(17) 注5陳、図六二鏡。
(18) 釈読にあたっては、大和久震平『雀宮牛塚古墳』(『宇都宮市文化財調査報告書』昭和四四年)に掲載された西田守夫の釈読を参照した。
(19) 関野貞ほか『楽浪郡時代の遺蹟』(朝鮮総督府『古蹟調査特別報告』第四冊　大正一四年　昭和二年)。鎌木義昌「備前車塚古墳」(『岡山市史』古代篇　昭和三七年)。
(20) 三重県神島出土鏡は、Y群のなかにあってひときわ、面径が小さく、一過性の傷が多い点で、注意をひく。本鏡については、キョウダイ関係にある他のY群の諸鏡よりも、もう一段階あとの遺品である可能性を容れておくべきかもしれない。もしその可能性を容れた場合、Y群の一部が本鏡のオヤにあたることになるが、既知の遺品のなかにはそれを見いだすことができない。

**同型鏡出土地一覧**

〈画文帯環状乳神獣鏡A〉

(1) 熊本県玉名郡菊水町江田船山古墳
白木原和美「画文帯環状乳神獣鏡」(『肥後考古』第三号　昭和五八年)一〇上段。東京国立博物館蔵。
(2) 熊本県阿蘇郡一の宮町手野迎平六号墳
島津義昭「画文帯環状乳神獣鏡」(『肥後考古』第三号　昭和五八年)九。熊本県教育委員会蔵。
(3) 熊本県宇土郡不知火町長崎国越古墳

(4)　乙益重隆「画文帯環状乳神獣鏡」(『肥後考古』第三号　昭和五八年)一〇下段。熊本県教育委員会蔵。
福岡県嘉穂郡穂波町枝国山ノ神古墳
児島隆人「山ノ神古墳」(児島隆人・藤田等編『嘉穂地方史』先史編　昭和四八年)図三二〇。九州大学考古学研究室蔵。

(5)　宮崎県児湯郡高鍋町持田二〇号墳
梅原末治『持田古墳群』昭和四四年　図版第二二。所在不明。

(6)　岡山県邑久郡邑久町山田庄西郷面古墳
梅原末治「岡山県下の古墳発見の古鏡」(『吉備考古』第八五号　昭和二七年)四頁。東京国立博物館蔵。

(7)　香川県綾歌郡綾南町羽床下津頭西古墳
瀬戸内海歴史民俗資料館編『讃岐青銅器図録』昭和五八年　六一頁上段。東京国立博物館蔵。

(8)　奈良市高畑町吉備塚古墳
粉川昭平・清水康二「吉備塚古墳表採の銅鏡について」(『青陵』第七七号　平成三年)三頁。奈良教育大学蔵。

(9)　栃木県下都賀郡野木町野木神社周辺古墳
栃木県史編さん委員会編『栃木県史』資料編　考古二　昭和五四年　四〇一頁。所在不明。

〈画文帯環状乳神獣鏡B〉

(1)　福岡県京都郡(伝)
房総風土記の丘『房総の古墳』展図録　昭和五五年　二七頁　六。藤井有隣館蔵。

(2)　宮崎県児湯郡新富町新田原山ノ坊古墳
梅原末治『新田原古墳調査報告』（『宮崎県史蹟名勝天然紀念物調査報告』第一一輯　昭和一六年）図版第三二。国立歴史民俗博物館蔵。

(3)　三重県志摩郡大王町波切塚原古墳
三重県埋蔵文化財センター『三重の古墳』展図録　平成三年　二一頁　一三二。個人蔵。

(4)　群馬県高崎市八幡町観音塚古墳
尾崎喜左雄・保坂三郎『上野国八幡観音塚古墳調査報告書』（『群馬県埋蔵文化財調査報告書』第一集　昭和三八年）図版第九上段。文化庁蔵　観音塚考古資料館保管。

(5)　埼玉県行田市埼玉稲荷山古墳
埼玉県教育委員会編『稲荷山古墳』昭和五六年　図版一二・一三。文化庁蔵　埼玉県立さきたま資料館保管。

(6)　千葉県夷隅郡大多喜町下大多喜大多喜古墳
樋口隆康「埼玉稲荷山古墳出土鏡をめぐって」（京都大学「考古学メモワール」編集委員会編『考古学メモワール』昭和五六年）三頁。関西大学文学部考古学研究室編『紀伊半島の文化史的研究』考古学編　平成四年　一八四。個人蔵。

〈画文帯環状乳神獣鏡C〉

(1)　宮崎県日南市油津油津山上古墳
宮崎県編『宮崎県史』資料編　考古二　平成五年　八八〇頁　写真二六七。東京国立博物館蔵。

(2)　奈良県生駒郡斑鳩町法隆寺藤ノ木古墳

奈良県立橿原考古学研究所編『斑鳩藤ノ木古墳第二・三次調査報告書』平成七年　二四。文化庁蔵。

(3) 奈良県山辺郡都祁村白石出土(伝)

泉武「伝都祁村出土鏡」(都祁村史刊行会編『都祁村史』昭和六〇年)写真二二一。福井県立博物館蔵。

(4) 京都府八幡市内里出土(伝)

京都府立山城郷土資料館『鏡と古墳』展図録　昭和六二年　一三三。所在不明。

〈画文帯周列式神獣鏡〉

(1) 熊本県玉名郡菊水町江田船山古墳

白木原和美「画文帯対置式神獣鏡」(『肥後考古』第三号　昭和五八年)九上段。東京国立博物館蔵。

(2) 愛媛県新居浜市金子丙金子山古墳

愛媛新聞社『よみがえる伊予の古代』展図録　昭和六〇年　七〇頁。慈眼寺蔵。

(3) 兵庫県多紀郡篠山町菅よせわ一号墳

村川行弘「三角縁画文帯神獣鏡の類型」(『考古学雑誌』第六六巻第二号　昭和五五年)六五頁。金照寺蔵。

(4) 出土地不明

某氏提供写真。個人蔵。

〈画文帯重列式神獣鏡A〉

(1) 群馬県伊勢崎市上植木本町恵下古墳

小野山節・本村豪章「上毛野・伊勢崎市恵下古墳出土のガラス玉と須恵器と馬具」(『MUSEUM』三五七号

昭和五五年）二八頁　第一九図。東京国立博物館蔵。

(2) 出土地不明
同右　二九頁　第二〇図。梨花女子大学校蔵。

〈画文帯重列式神獣鏡B〉

(1) 愛知県名古屋市中区門前町二子山古墳
岩野見司編『愛知の古鏡』展図録　昭和五一年　三二。南山大学人類学研究所蔵。

(2) 石川県加賀市二子塚町狐山古墳
後藤守一『古墳発掘品調査報告』（『帝室博物館学報』第九冊　昭和一二年）図版一七上段。東京国立博物館蔵。

(3) 出土地不明
Bulling, A., "The Decoration of Mirrors of the Han Period"（*Artibus Asiae Supplementum* Vol. 20, Ascona, Switzerland, 1960）Pl.79. クリーブランド博物館蔵

〈画文帯重列式神獣鏡C〉

(1) 熊本県玉名郡菊水町江田船山古墳
白木原和美「画文帯同向式神獣鏡」（『肥後考古』第三号　昭和五八年）八。東京国立博物館蔵。

(2) 福岡県宗像郡津屋崎町勝浦四一号墳
石山勲編『新原・奴山古墳群』（『福岡県文化財調査報告書』第五四集　昭和五二年）図版第五七。福岡県教育

委員会蔵。

(3)　福岡県宗像郡宗像町沖ノ島二一号址(推)
梅原末治『持田古墳群』昭和四四年　二五頁。所在不明。東洋文庫所蔵梅原考古資料ＮＫ－一三四二－五四五六～七。

(4)　宮崎県児湯郡高鍋町持田二四号墳
梅原末治『持田古墳群』昭和四四年　巻首図版。宮崎県総合博物館蔵。

(5)　宮崎県児湯郡高鍋町持田二五号墳
梅原末治『持田古墳群』昭和四四年　図版第二四。広島県耕三寺蔵。

(6)　広島県三次市西酒屋町高塚古墳
青山透編『酒屋高塚古墳』昭和五八年　巻首図版。京都大学蔵。

(7)　岡山県邑久郡長船町牛文茶臼山古墳
岡山県史編纂委員会編『岡山県史』第一八巻　考古資料　昭和六一年　写真一三二上段。東京国立博物館蔵。

(8)　兵庫県加古川市平荘町里古墳
加古川市教育委員会、元興寺文化財研究所の好意で実見。

(9)　兵庫県川西市火打勝福寺北墳
川西市史編集専門委員会編『かわにし』(『川西市史』第一巻　昭和四九年)図版第七。個人蔵。

(10)　大阪府八尾市郡川東塚古墳
吉田野々「生駒西麓古墳出土遺物の基礎報告」(八尾市立歴史民俗資料館『研究紀要』第一五号　平成一六年写真一・二)。個人蔵。

(11)　奈良県橿原市川西町新沢一〇九号墳
奈良県立橿原考古学研究所編『新沢千塚古墳群』(『奈良県史跡名勝天然記念物調査報告』第三九冊　昭和五六年) 図版第一〇九。奈良県立橿原考古学研究所蔵。

(12)　福井県遠敷郡上中町天徳寺丸山塚古墳
福井県編『福井県史』資料編一三　考古　昭和六一年　図版編　図版四七九。上中町教育委員会蔵。

(13)　三重県亀山市井田川町茶臼山古墳　二面
小玉道明ほか『井田川茶臼山古墳』(『三重県埋蔵文化財調査報告』二六　昭和六三年) 図版一八。三重県教育委員会蔵。

(14)　三重県多気郡明和町上村神前山一号墳　三面
下村登良男『神前山一号墳発掘調査報告書』(『明和町文化財調査報告』二　昭和四八年) 巻首図版。京都国立博物館蔵。

樋口隆康「鏡鑑」(大阪市立美術館編『六朝の美術』昭和五一年) 挿図五二。黒川古文化研究所蔵。残る一面は所在不明。

(15)　三重県鳥羽市神島町
三重県埋蔵文化財センター編『三重の古鏡』展図録　平成三年　一九頁上段。八代神社蔵。

(16)　愛知県岡崎市丸山町亀山二号墳
熱田神宮宝物館『愛知の古鏡』展図録　昭和五一年　一五頁下段。愛知県種畜センター蔵。

(17)　静岡県掛川市岡津奥の原古墳
樋口隆康『古鏡』昭和五四年　図版一〇四。東京国立博物館蔵。

(18)　長野県飯田市下川路(伝)
長野県編『長野県史』考古資料編　全一巻（四）遺物・遺構　昭和六三年　巻首図版。東京国立博物館蔵。

(19)　群馬県邑楽郡大泉町古海原前一号墳
石関伸一・橋本博文『古海原前古墳群発掘調査概要』昭和六一年　表紙図版。大泉町教育委員会蔵。

(20)　栃木県宇都宮市新富町牛塚古墳
大和久震平『雀宮牛塚古墳』（『宇都宮市文化財調査報告書』昭和四四年）図版三・四上段。東京国立博物館蔵。

(21)　出土地不明
奈良県立橿原考古学研究所附属博物館『倭の五王時代の海外交流』展図録　昭和六二年　一〇五頁。黒川古文化研究所蔵。

(22)　出土地不明
奈良県立橿原考古学研究所附属博物館『倭の五王時代の海外交流』展図録　昭和六二年　一〇五頁。五島美術館蔵。

(23)　出土地不明
奈良国立博物館蔵。

# 第三章　画文帯仏獣鏡

## (一)　画文帯周列式仏獣鏡

**画文帯周列式仏獣鏡A**（図版54〜58）　図版56・57として掲げた鏡は、千葉県鶴巻塚古墳出土鏡である。いわゆる同型品が本鏡を含めて四面知られるが、一面を除く実見分三面のなかでは、本鏡の鋳上りがもっとも良い。それでもなお、銹などのせいで図文の一部が鮮明さを欠くので、図像の説明にあたっては、他鏡でその欠を補いつつ進めていくことにしたい。

環状の乳を四方に置いて内区主文部を四区に分割し、各区に二体または三体の仏像を交互に配している。それぞれ、二体区は立像と坐像から、三体区は立像と坐像と半跏像から構成される。乳の外表を縦方向の沈線で密に飾りたてていたことが、かろうじて残るその痕跡から知られる。乳をおそらく蓮華に見たてて、このように加飾したのであろう。また、乳を環状に造形したのも、蓮華を表現しようとしたとみれば頷ける。乳をめぐる獣のうち、図の向かって左下の一獣は龍である。そうすると、龍と対峙する右下の一獣は虎であろうし、左上と右上の有角獣はおそらく、天禄や辟邪であろう。神獣鏡の場合、それぞれ、天禄と辟邪の間に伯牙を、龍虎の間に黄帝を置き、残る二神を東王父と西王母で構成するのが通例である。そうして、伯牙は鐘子期や成連を伴い、黄帝は沮誦・蒼頡や句芒を随え、い

図8　湖南省武昌県呉墓出土金銅製帯金具

ずれも三体像を成すことがよくあるので、このような神獣鏡の図像配置の約束が、この仏獣鏡の二体区と三体区の構成に反映していることは疑いない。

　下方の三体区から始めて、時計回りに内区主文を説明していくことにすると、中央を占める立像は、左手を胸前におき、右手を上げて蓮蕾をもっている。その姿態は、呉の永安五年（二六二）銘の買地券が出土した湖南省武昌県校尉彭盧墓の帯金具（図8）に描かれた仏像[1]や、群馬県邑楽郡板倉町西岡赤城塚古墳出土の三角縁仏獣鏡上の立像[2]（図版66上）と、通じるところがある。二重頭光を負い、仰蓮にのる。頭頂に三個の突起がみえる。赤城塚古墳出土の三角縁仏獣鏡の坐像に似た表現があるので、これを参照すると、束髪の一種とみた方がよさそうである。頭頂から両側に洋弓状の弧線が下がっている。これは長髪の表現であろう。天衣を纏っている。中央が体前に、両端が体側にそれぞれ垂れて八の字状に軽く開く。

　向かって左の坐像は、左手を屈臂して胸前に上げ、右手を膝間においている。通肩相で、天衣の左端が上方に大きく跳ね、右端が膝の外側に垂れる。膝下に獣頭を据え、双髻の上方に蓮蕾、右の肩先に有翼の飛仙を配している。有翼の飛仙を添えたことについて、黄帝に句芒が伴う神獣鏡の図案に導かれた、と考えたいところである。もっとも、両膝を曲げて足を軽く開いたこの飛仙像は、豊かな肉感を漂わせており、類型化された伝統的な神仙像とは違っている[3]。

　向かって右端に描いた半跏像は、左足を組んで、左手をその膝先におき、頭を大きく傾けて、屈臂した右手を顔のところに添えている。頭光を欠き、束髪らしい三個の突起が頭頂にのる。高い蓮華座の上に腰をおろしている。天衣は、左端が大きく跳ね上がり、右端が腕から垂れる。なお、腰の下の蓮華座について、これを水野清一は籐椅子としたが、[4]そのようにはみえない。雲岡第一〇洞前室西壁や龍門蓮花洞右壁下層（図9）などに例がある、後代の半跏像の台座の表現が、水野の脳裏にあったのであろうか[5]。

時計回りに四半周した二体区に移ると、蓮華座上に結跏趺坐した通肩相の一像は、右手を屈臂して胸前に上げ、体前に垂れた天衣の下に左手を潜らせて膝間においている。軽く線描きした天衣の右端が幅を増して膝の外側に垂れ、肉を加えた左端が跳ね上がって龍の頭部にまで達している。端部を過度に強調した絵画的表現である。向かって左隣りの立像は、着衣や足先の表現からみて、体を坐像の方に向けた側面像であることが知られる。右手を胸前におき、左手で蓮枝を掲げている。頭髪は双髻で、頭光を欠いている。座の表現もない。天衣は体前で大きく垂れ、両端が体側に垂れる。水野清一によれば、本像は供養の天（deva）あるいは蓮華手菩薩（pamapâni）すなわち如来であろうか、という[6]。

**図9**　龍門蓮花洞右壁下層の半跏像

さらに四半周した三体区で、中央を占める立像は、左手を胸前に添え、右手を上げて蓮枝をもっている。蓮華手菩薩であろうか。蓮華手菩薩の像容はむろん仏教に由来するが、蓮枝をもつ図柄が本鏡で好まれたことについて、芝草を掲げる伝統的神仙像観がここに影をおとしているとみてよかろう。頭頂に盛り上がる三個の突起は、束髪の一種であろうし、頭頂から両側に垂れる洋弓状の弧線は、長くのびた頭髪のつもりであろう。天衣は中央が体前に、両端が体側に垂下し、体の線に沿って軽く八の字に開いている。そうして、通肩相の大衣のあいだに、帯が覗きみえる。

先述の三体区と較べると、中央の立像についてはその像容が同じであり、したがって、立像にはもうすでに約束された規範があったことを思わせる。これに対し、両脇の像には大小の相違がある。さらに、三像の構成も違っている。作鏡者の無知のせいでないとすれば、また、作鏡者があえて変化を求めたというのでなければ、三仏の説明にお定見が流布していなかった中国仏教界の当時の事情を、これは映していることになる。教義や仏典の方面からの検討を求めておこう。

向かって右の蓮華座上の坐像は、右手を胸前におき、左手を掲げて蓮枝をもっている。[7]萎えたように蓮枝が曲がっているのは、獣頭がすでに余白を奪っていたせいであろう。頭を軽く左に傾けて、中央の立像を仰ぎみているかのようである。単髻で、二重頭光を負う。頭光の形が楕円で、整っていないことについて、これは、立像の頭光の方を優先したために、正円を描く余白が失われた仕儀による。大衣は通肩相で、天衣は中央が体前に垂れ、右端が膝の外側を流れ、左端が高い蓮華座に懸かっている。なお、立像との狭間に、小円環を下端につけた矢鏃様の図文がみえる。四獣鏡などの一部で例が知られる図文であるが、さて何を表現しているのであろうか。

向かって左端の半跏像は、右足を組み、右臂を膝において手を顔に添え、上げた足先に左手をあてている。前述の三体区の半跏像とは、左右の配置が入れかわり、姿態もまた大きく違っている。右足を上げて組み、その膝に右臂をあて右手を顔に添える姿態が、時代の新古を通じて変わらない半跏像の像容の約束のようであるから、[8]本区の半跏像はその約束に従っていることになる。これに対して、先述の三体区の半跏像は、上げる足も手も、左右を違えている。充分とはいえないまでも、約束通りに描く余白を確保することはできたと思われるので、このような変形の像が生じたのは、作鏡者の無知のせいか、鋳型上で左右を正しく表現する力量がなかったか、半跏像の像容が当時まだ混乱していたことによるのであろう。双髻で、頭光と座を欠いている。天衣の右端は大きく跳ね上がり、左端は腕から出て足先に垂れる。

　もう四半周した二体区の坐像は、獣頭を連ねた獅子座上に結跏趺坐し、右手を胸前にあげ、左手を天衣に潜らせて膝間においている。先に述べた二体区の坐像と、姿態の表現は同じである。坐像の姿態にもまた、定まった約束があったことが推察される。単髻で、蓮華文の頭光を負い、その上に天蓋を伴う。天蓋は、アシヴァッタ樹すなわちインド菩提樹を表しているかのようである（図10）。通肩相で、天衣の中央が体前で大きく垂れ、両端が膝の外側に沿って下がっている。先の二体区の坐像よりも、加飾の度が勝る。姿態は同じで、しかも座の形や加飾度が違う点について、神獣鏡であれば西王母が本区の位置を占めることと、これは関係があるのかもしれない。

　立像は、右手を胸前におき、左手を上げて蓮枝を掲げた側面姿である。これもまた先の二体区の立像と姿態の表現が同じである。双髻で、頭光と座を欠いている。通肩相で、天衣は中央が体前に垂れ、両端が左右の体側に沿って下がる。向かって左に隣接する虎とのあいだを樹木風の図文で塡め、右肩先の余白を蓮蕾で充たして、加飾の度をさらに加えてある。なお、坐像とのあいだに、長円形の図文を挟んでいる。何を表したのかわからないが、先の二体区にも同じ個所に同じ図文があり、三体区にはこれがみえないところからすると、この図文は二体像に伴う必然性があったようである。付記して後考をまちたい。

　半円方形帯は、半円と方形それぞれ一四個を数え、半円状に連続する細かい点文で間隙を充たしている。方形の頂面を十字に区画し、四字句の銘をおく。掲げた図でいうと下方にあたる三体区の、向かって右外方の方形から銘が始まり、時計回りに後続の句がめぐっている。神獣鏡の場合、この三体区の位置に黄帝がおり、方形上の銘はふつう、黄帝像のあたりから始まる。したがっ

**図 10**　ガンダーラ出土
樹下観耕像

て、神獣鏡で銘を始めるさいの約束が、本鏡でも生きていることになる。他鏡で補いつつ、釈読を試みると、

| | | | | | | | | | | | | | |
|---|---|---|---|---|---|---|---|---|---|---|---|---|---|
| 吾作 | 幽湅 | 彫刻 | 大吉 | 益□ | 盈堂 | 買者《カ》 | 三公 | 相侯 | 百子 | 服者 | □□ | □□ | □如 |
| 明竟 | 三商 | 無刑《カ》 | □年 | 子孫 | 宜行 | 位至 | 九卿 | 天王 | 家平 | □□ | □□ | □□ | 吾言 |

となる[9](図版57)。なお、第三句「彫刻無刑」の「刑」について、「祉」または「亟」が常套句としてのぞましいが、「刑」の読みが正しいとすれば、「刑」は「形」に通じ、「形」には境界という意味があるので、「刑」の読みは誤っていないのかもしれない。もしそうだとすれば、異例である。また、末句の「□如吾言」も異例である。

外区の画文帯を飾る禽獣は、反時計回りに疾駆する。向かって右上方に車駕がみえる。車駕を牽く六体の龍の前方に、羽を広げた鳥、渦文、二体の騎獣が連なり、紡錘形の図文に至る。この紡錘形の図文は、図案化がはなはだしいが、羲和が日象をもち、もう一体の神仙が対峙して羲和の活動を補助する姿を表している。すなわち、外側の二重線が神仙の肢体に、弧線を重ねた内側の隆起が神仙の袖に、また中央の円形が日象に、それぞれ相当する。つまり、補助する神仙とともに日象をもつ羲和の姿を、画文帯重列式神獣鏡Bでは袖をことさら強調して描いてあったが(図6)、これよりもなおいっそう図案化が進んだ羲和像を、ここにみることができるのである。原鏡の製作年代の一斑を示唆していると思う。

さらに前方に向かって図像を辿っていくと、渦文、乗鶴二体、渦文、騎獣二体、渦文、騎龍二体、渦文とつながり、紡錘形の図文を経て、車駕の後尾を駆ける獣へと至る。この紡錘形の図文はいくぶん具象的であり、月象をもつ常羲の肢体の各部を識別することができるし、対峙して常羲を補助する神仙の存在をみてとることもできる。日象の内部はS字形の図文で塡めていたのに対し、月象の内部図文は川の字形である。日象といえば三足烏、月象といえば蟾蜍や兎が通例であるが[10]、これらの動物を本鏡のように小さい日月の内部に描くことが難しかったので、これらの箇

略な図文で代用したのであろう。他方、日象、月象の配置と仏像の構成をみると、神獣鏡でいえば東王父が占める位置に日象を配し、西王母が占める位置に月象をおいている。日象、月象の内部図文は代用で済ませたけれども、その配置についてはこだわりをもっていたことが察せられる。神獣鏡の図像観を踏襲しようとしたこのこだわりは、神仙世界に対する中国人の信頼の根強さを物語っている。

さて、いわゆる同型とみられる四鏡のなかから、実見することが許された三鏡について、まず検討を加えると、抽出しえた共有傷は、

傷a　三体区の一方に描かれた立像の外方で、点文の一部が鋳潰れる。

である（表8）。

また千葉県鶴巻塚古墳出土鏡のみにとどまる傷として、

傷b　鈕座をめぐる有節重弧文の一部が潰れる。

傷c　鋳型の剥離により、鈕座の一部が盛りあがる。

傷d　鈕孔用の中型を装着するさいの傷として、有節重弧文の一部が潰れる。

がある（表8）。

**表8**　画文帯周列式仏獣鏡Aの各面径と笵傷

| 遺品名 | 面径cm | 傷a | b | c | d |
|---|---|---|---|---|---|
| 岡山県王墓山鏡 | 二一・五〇 | ○ | × | × | × |
| 愛知県二子山鏡 | 二一・四〇—二一・五〇 | ○ | × | × | × |
| 千葉県鶴巻塚鏡 | 二一・九五—二一・九七 | ○ | ○ | ○ | ○ |
| 北京故宮蔵鏡 | （二二・一） | ? | ? | ? | ? |

ところが、鶴巻塚古墳出土鏡は、他の二鏡よりも格段に鋳上りが良く、面径も勝り、これらの点で区別される。したがって、三鏡が原鏡を同じくする、

原鏡（傷a）
├千葉県鶴巻塚鏡
├愛知県大須二子山鏡
└岡山県王墓山鏡

というキョウダイ関係の成立が考えられるいっぽうで、面径と鋳上り具合がほぼ等しい岡山県王墓山古墳出土鏡（図版54）ならびに愛知県大須二子山古墳出土鏡（図版55）がキョウダイ、鶴巻塚古墳出土鏡は両鏡を生んだ未知の原鏡とキョウダイというもうひとつの関係、すなわち、

原鏡Ⅰ（傷a）
- 千葉県鶴巻塚鏡（傷b・c・d）
- 原鏡Ⅱ
  - 愛知県大須二子山鏡
  - 岡山県王墓山鏡

が可能性として考えられる。

そこで、残るもう一鏡をとりあげると、北京故宮蔵のこの鏡について公表されたのは拓影であり（図版58）、われわれが知りたい傷aの有無や鋳出された笵傷の状態を、これから見てとることは難しい。しかし、千葉県鶴巻塚古墳出土鏡と同等かそれ以上に鋳上りが良いことを、その巧みな拓影が伝えてくれる。また、図像の観察や銘の解読にあたって本鏡に少なからず助けられたことからも、その鋳上りの良さが察せられる。しかも、二二・一センチを測るという面径は、鶴巻塚古墳出土鏡のそれを、わずかではあるが凌いでおり、鋳上りがかなり劣る岡山県王墓山古墳出土鏡や愛知県大須二子山古墳出土鏡よりも六〜七ミリ大きい。

これらの点で、北京故宮蔵鏡は、岡山県王墓山・愛知県大須二子山古墳出土の両鏡から分離するのがふさわしい。同時に千葉県鶴巻塚古墳出土鏡についても、二鏡とキョウダイ関係にある可能性は、鋳上りや面径の近い例がこうして見いだされたことによって、排除してさしつかえない。すなわち、北京故宮蔵鏡は、王墓山・大須二子山古墳出土鏡を生んだ未知の原鏡にあたるとまではなお断言できないけれども、鶴巻塚古墳出土鏡とキョウダイ関係にある可能性が高い。ただし、鶴巻塚古墳出土鏡の原鏡にあたる可能性が皆無ではない。付言して後考をまちたい。

北京故宮蔵鏡の出土地については、報告に記述がない。しかし、清朝王室の遺品の鏡であるから、中国国内とみてよかろう。この推定が許されるなら、同型関係の一端が中国に連なることになる。しかもその例が、すでに述べたように、原鏡にあたる可能性が高いことは、同型鏡群の製作地の推定に、一石を投じるにちがいない。画文帯重列式神獣鏡Bの、日本出土の伝えがないブリング氏旧蔵鏡が、原鏡の有力候補であったこととならんで、注意しておきたい。

**画文帯周列式仏獣鏡B**（図版59〜67）　いわゆる同型品として六面が知られる。これらのうちの二面が、改造を加えた変形品である。図文の説明上、鋳上りや遺存度の勝る大阪府羽曳野市駒ヶ谷出土と伝える金剛輪寺旧蔵（図59・60）の一面をとりあげる。なお、内区の仏像について、水野清一以後では松本伸之が、図像学や仏教美術史の方面から解説を加えている。(11)両先学に導かれながら、しかし若干の新しい知見を挿みつつ、図像を辿っていこう。

内区主文部の構成から始めると、環状乳を四方に配し、これで主文部を四区に分割している。乳の頂から裾に至る縦方向の沈線を密に配して、乳の外表を飾りたてていたことが、乳頂に残る痕跡から知られる。乳を蓮華に見たてて、このような装飾を加えたようである。乳で隔てられた各区に、二体ないし三体の仏像をおき、それぞれ、二体区を立像と坐像で、三体区を立像と坐像と半跏像で構成している。獣は、乳を巻くようにして長く首を伸ばし、頭が三体区の両脇侍にまで達している。限られた空間を使って獣の存在をきわだたせようとしたのであろうが、獣の異様さは拭えないし、三体区の両脇侍は貧相にみえる。向かって右下方にあたる一獣は、頭の形からみて、龍である。そうすると、龍と対峙する左下の一獣は虎であり、上方で向かい合う一対の獣は、辟邪や天禄や獅子の類であろう。

さて、下方の三体区で中央を占める立像は、仰蓮にのり、左手を胸前において、屈臂した右手で蓮枝を掲げている。胸前の左手の掌中に、摩尼か何かをのせているようでもあり、(12)また、施無畏印を結んでいるようにもみえる。双髻で、二重頭光を負い、胸飾りをつけている。頭光の内部を円文で飾る。通肩相で、天衣の左右端は体側に沿って垂れ下がる。なお、一方の手を胸前におき、もう一方の手を肩口まで上げる立像の例が、さきの画文帯周列式仏獣鏡Aばかりでなく、湖南省武昌県永安五年（二六二）墓出土の金銅製帯金具や群馬県邑楽郡板倉町西岡赤城塚古墳出土の三角縁仏獣鏡で知られることは、既述の通りである。かろうじて残された三国・西晋代のこれらの仏像関係の遺品に、同じ像容がみとめられることは、立像の一類型としてこの種の像容が広く流布していたことを示している。実態が知られていない中国南朝の初期仏教美術の一端を窺わせる。

この立像の向かって左においた坐像もまた、左手を胸前におき、右手で蓮枝を掲げている。双髻で、頭光を欠く。立像と同じく、胸飾りをつけ、通肩相である。天衣は体前に大きく垂れ、左端が上方に跳ねあがり、右端が膝脇に垂れている。結跏趺坐した左膝の下に、獣頭がみえる。向かって右端の半跏像は、蓮華座に腰をおろし、左足を組んでいる。立像方向に頭を傾け、屈臂した右手を顔にあて、左手を膝先に添える。左上方に跳ねあがった天衣の左右に、それぞれ蓮蕾と鳥文とをおき、右下方に垂れた天衣と立像との狭間を鳥文で塡めている。なお、右足を組んで屈臂した右手を顔に添える、定型化した後代の半跏像からみると、この半跏像の像容は、いかにも異形である。同じ像容の異形の半跏像が、画文帯周列式仏獣鏡Aに描かれていた点については、次項で述べる理由から、不思議ではないけれども、仏像夔鳳鏡の半跏像にも同じ例がみられることからすると（図版66下）、この種の異形の半跏像が、三国・西晋代には仏像様式の一部に加わっていた可能性を、考えてみなければならないのかもしれない。

時計回りに四半周した二体区に移ると、坐像は結跏趺坐した姿で、二個の獣頭の上にのる。これらの獣頭は獅子座の表現であろう。右手を胸前におき、左手は膝間に下げている。後述する二体区の坐像のように、左手で蓮枝を掲げた姿を表現しようとしたが、肩先に獣の上半身像をおかなければならなかったために、それを諦めて膝間に下げたようにみえる。しかしこの像容は、画文帯周列式仏獣鏡Aの二体区の坐像と同じであり、ガンダーラ仏のなかにも、この像容に近い例を見いだすことができるので[13]、描く余白を失った結果が生んだ産物ではなかろう（図版67上）。喉のところに、小突起がみえる。鋳造時の傷のようでもあるが、掌中の摩尼の表現であるかもしれない。双髻で、蓮華文の頭光を負い、通肩相である。体前で大きく垂れた天衣は、右端が跳ねあがり、左端が膝頭に垂れかかる。仰蓮の上にのる立像は、正面を向いて右手を胸前におき、左手で蓮枝を掲げている。仰蓮上の両足が坐像の方を向いているので、正面姿はふさわしくない。表現上の破綻である。単髻で、頭光を欠く。通肩相で、両側に天衣が垂れる。胸飾りがみえる。左の肩先の余白を蓮蕾で塡め、仰蓮や獅子座の脇のわずかな余白も蓮蕾で塞ぎ、さらに間隙を弧線で充たしている。蓮蕾と弧線を装飾文として多用するのが、本鏡の特色のひとつである。

もう四半周した残る三体区では、中央の主像が仰蓮の上に立ち、右手を胸前におき、左手をあげて蓮枝を掲げもつ。先の三体区の立像と同じ像容であるが、手勢の左右を違えている。頭髪は双髻で、二重円の内部を蓮華文で飾った頭光を負う。先の三体区の立像とは、頭光内部の文様も違っており、二体区坐像の頭光が同文であるのと対照的である。通肩相で、胸飾りを伴う。ガンダーラ仏の場合、通肩相なら胸飾りをつけないのが、また、胸飾りをつけるなら、右肩を露わにした偏袒右肩が、仏伝に基づく約束である。岡山市西辛川天神山古墳出土三角縁仏獣鏡上の坐像が、通肩相で胸飾りをつけているので[14]、ガンダーラ仏の約束は、中国で比較的早く崩れ、主像の装飾化へと動いたことが察せられる（図版67下）。

なお、立像の掲げた蓮蕾は、これを鳥が啄み、獣が銜えようとしているかのようである。また、右の余白を飾る蓮蕾も、龍の大きくあけた口元にある。先の三体区の龍虎でも、口元のところに蓮蕾がみえる。羽仙が龍に芝草を与える、漢鏡の図柄にもしばしば採用された伝統的神仙譚が[15]、ここに投影されていると考えたいところである。獣の首を異様なほど長く表現したのも、口を蓮蕾に近づけようとしたと考えれば、説明がつく。そうみてよければ、画文帯周列式仏獣鏡Aよりもなおいっそう明瞭に、この神山譚で彩られていることになる。この点を注意しておきたい。

向かって左の、蓮華座上の坐像は、左手を胸前におき、右手で蓮枝を掲げている。この蓮蕾を啄むかのように、鳥が嘴を近づけている。通肩相で、膝間までのびた天衣の両端が膝先に垂れかかる。なお、鳥といえば、立像がのる仰蓮の左右にも、鳥がみえる。蓮蕾に嘴を寄せる鶴らしい長首の鳥と違い、これらは小禽である。鳥の図柄を多用している点もまた、本鏡の特色である。

向かって右端の半跏像は、左足を組み、立像の方を仰ぐように頭を傾けている。確かではないが、左手を膝に、右手を胸前においているようにみえる。後世の半跏の像容からすると、これもまた異形である。単髻で頭光を欠き、天衣の右端が膝先に垂れている。座の表現を省略したのは、蓮華座を描いたために小ぶりになったもうひとつの半跏像と同じ轍を、おそらく踏みたくなかったからであろう。

さらにもう四半周した二体区では、蓮華座にのる坐像が、右手を胸前におき、左手で蓮枝を掲げている。単髻で、蓮華文の頭光を負う。天衣の左端が上に跳ねあがり、その先に大型の蓮華がみえる。花芯がのぞいているので、開ききった状態を表しているようである。この大型の蓮華を配したために、頭光が遮られて楕円形を呈する。頭光の形を犠牲にしてもなお、この蓮華をここに描く必要があったのであろう。

仰蓮にのる、向かって右の立像は、坐像と同じく、右手を胸前におき、左手で蓮枝を掲げている。正面像であるが、両足が坐像の方を向いており、体の向きと合致していない。先の二体区の立像と同じ表現上の破綻が、ここでもみとめられるわけである。この破綻は、図像を描いた作者の表現力が不足していたせいであるようにも思われるが、二体区の立像の存在をきわだたせようとした作者の意図にも原因があるようである。すなわち、双髻で仰蓮にのり、坐像と同様に通肩相で胸飾りをつけたこの立像は、頭光を欠く点を除けば、仏像としての加飾ぶりが坐像と遜色ない。仏像として描くなら、正面姿にならざるをえないからである。三体区においては主像をよりいっそう強調し、二体区においては脇侍の立像の存在をこうしてきわだたせている点に、画文帯周列式仏獣鏡Aと相違する、本鏡の図像表現の特色がみとめられる。なお、立像の右上の余白を、鳥と蓮蕾で塡めている。忘れずに付記しておきたい。

さて、内区主文部をめぐる半円方形帯に、半円、方形各一二個を配している。半円の輪郭を沈線でなぞり、内部を四個の渦文で飾っている。内部の渦文が反時計回りに巻きこんでおり、その巻き方が時計回りである先述の画文帯周列式仏獣鏡Aとは、逆の向きになる。ただし、下方にあたる三体区立像の向かって右外方の半円のみ、巻き方が時計回りである。ちなみに、画文帯神獣鏡では、半円上に渦文がある場合、時計回りが通例である。

半円の斜面に七ないし八個の花文を配し、半円間の斜面にも七〜九個の花文を連ねている。半円間の花文数が均一でないのは、半円間の寸法が違っているせいである。方形間の寸法にも相違がある点からみると、半円と方形の配置は、目測によったことが考えられる。なお、目測とまではいえないかもしれないが、主文部を四等分すべき乳の配置にも、精確さがみられない。このような杜撰さも、本鏡の特色のひとつである。

方形は、直交線で四分割し、四字句銘を配している。向かって右にあたる二体区の坐像左膝外方の方格に、第一句をおき、時計回りに以下の句を連ねる。釈読は以下の通りである（図版60）。

明竟｜三商｜無刑｜曽年｜盈堂｜至皇｜天王｜家（カ）平｜富貴｜吾意｜□前（カ）｜□仙

吾作｜幽練｜彫剋｜大吉｜子孫｜仕官｜□□｜百子｜長生｜皆如（カ）｜□先｜立（カ）得

時計回りに銘が並び、しかし多くの方形内で、縦書きの四字句の配置が逆方向に右行している点に、注意を促しておこう。鋳型に銘を刻んださい、各文字を鏡字にすることは実行されたけれども、方形内の文字の配置を、四字句銘の連なる方向に合わせるところまでは、配慮が及ばなかった、とみられるからである。つまり、時計回りに銘を連ねようとすれば、鋳型のうえでは、反時計回りに銘を連ね、しかも方形内の四字句はこれを縦書きの通例に反して右行させる必要があるが、本鏡の作者はこれを左行させてしまったところに、破綻を招いた原因がある。

外区の画文帯を飾る飛禽走獣文は、時計回りに疾駆している。向かって右上方に、車駕がみえる。結跏趺坐した仏や神仙や鳥を乗せ、六頭の龍がこれを牽く。龍の前方に飛鳥が、その前方に騎獣二体がいて、紡錘形の図文へと続く。この図文は、画文帯周列式仏獣鏡Aの例と同じく、羲和ともう一体の神仙が、向かいあって日象を運ぶ場面を表している。しかし本鏡の方が、なおいっそう具象性を欠いている（図版60下）。紡錘形図文の前方を辿ると、獣、騎獣、神仙、騎獣、亀、渦文、神仙・騎獣各二体、鳥と続き、もう一個の紡錘形図文に至る。この図文もまた具象性に乏しいが、常羲ともう一体の神仙とで、月象を運ぶ場面であることが、画文帯周列式仏獣鏡Aの例から知られる。この図文の前方に、大小各一体の獣がおり、鳥もいて、車駕の後尾へと続いている。

なお、ごく狭い鈕座の外周をめぐる有節重弧文の表現が異例であるので、少し説明を添えておくと、あい接近して楕円形の隆起を連ね、隆起の狭い間隙を二重の弧線で充たしている。鋳上りの良い隆起のうえには、Y字形の図文がみられ、この表現が主文部の蓮蕾と共通しているので、有節重弧文に変更を加えて蓮蕾を連ね、こうして鈕座の外周を飾ったことが知られる。蓮蕾の図文を多用している点を、主文部における画文帯周列式仏獣鏡Aとの違いとして指摘しておいたが、蓮蕾の多用は、環鈕文にもあてはまるわけである。

さて、いわゆる同型品としては、かねてから五面の鏡の存在が知られており、このうえに、イタリアのジェノヴァ市立博物館収蔵のキヨソーネ・コレクション中の一鏡が、新しく加わった（図版61・64）。六面を数えることになった遺品のうち、既知の如く二面は、踏み返したさいに、新たに外区と縁を添付して鏡面の拡張をはかり、かつ、環鈕文を潰して鈕を大きくした改造品である。しかも、添付した外区を、千葉県祇園大塚山古墳出土鏡（図版61・63）では無文のまま残し、他方、ドイツ・旧ベルリン民俗博物館蔵鏡（図版65）では外区をさらに拡張して、ある種のくりかえし文様で飾っており、この点で、改造品二面の変形ぶりに相違がみとめられる。

なお、旧ベルリン民俗博物館蔵鏡は、現物の所在さえいまは明らかでないらしく、梅原末治による拓本の図が、われわれに残された唯一の資料である。したがって、図文の細部にまでは観察が行きとどかないし、面径もまた梅原の報告に頼らざるをえない。

遺品六面に残る笵傷の痕跡を可能な範囲で観察すると、進行性の傷はみられず、一過性の傷と停滞性の共有傷とに限られる（表9）。共有傷として抽出しえたのは、以下に述べるa～jの各傷である。

傷a　紡錘形図文から派生する四足様図形のひとつに残る突粒状の傷。

傷b　画文帯中の獣の首を貫く、鋳型の割れによる傷。

傷c　半円方形帯で地文の一部が潰れる。

傷d　半円方形帯で地文の一部が潰れる。

傷e　傷d外方の半円頂面に残る突粒状の傷。

傷f　二体区の坐象がのる蓮華座の一部に残る突粒状の傷。

傷g　傷aが痕跡をとどめる二体区から時計回りに四半周した三体区の、向かって右外方に位置する半円の頂面に残る突粒状の傷。

傷h　獣足から長く密にのびた体毛のなかに残る突粒状の傷。

傷i　半円頂面に残る突粒状の傷。

傷j　画文帯中の車駕の屋根の一部が、鋳型の剥離によって鋳潰れる。

なお、以上あげた共通傷はいずれも、よく観察しなければわからないほど微細なものであるが、他方、それぞれの鏡に個有の一過性傷のなかには、図文の識別を危うくするような、はなはだしい傷がみとめられる。長野県御猿堂古墳出土鏡の三体区に残された大きい傷は、未乾燥状態にあった笵の一部を過って擦った痕跡である（図版62）。後述する奈良県今井一号墳出土細線獣文鏡（図版97）にも未乾燥時についた大きな笵傷がみられ、[16]しかもその位置は、本鏡と同じく鈕孔付近にあたる点で、擦痕が生じた理由として、鈕孔用の中型をとりつけるさいに、注意を欠いたこと

**表9**　画文帯周列式仏獣鏡Bの各面径と笵傷

| 遺品名 | 面径cm | 傷a | b | c | d | e | f | g | h | i | j |
|---|---|---|---|---|---|---|---|---|---|---|---|
| 大阪府駒ヶ谷鏡(伝) | 二四・〇八—二四・一八 | ○ | ○ | ○ | ○ | ○ | ○ | ○ | ○ | ○ | × |
| 出土地不明鏡　キヨソーネ旧蔵 | 二四・〇九—二四・一九 | ○ | ○ | ○ | ○ | ○ | ○ | ○ | ○ | ○ | × |
| 福井県国分鏡 | 二三・七 | ○ | — | 欠 | 失 | — | ? | ? | ? | ○ | ? |
| 長野県御猿堂鏡 | 二三・六八—二三・七二 | ? | ○ | ○ | ○ | ? | ? | ○ | ○ | ○ | ○ |
| 千葉県祇園大塚山鏡 | 三〇・二六—三〇・四四※（二尺一寸一分） | ? | ○ | ? | ○ | ○ | ○ | ? | ? | ○ | ○ |
| 出土地不明鏡　旧ベルリン民俗博物館蔵 | | 拓本図で傷の有無不明 | | | | | | | | | |

※原鏡部二三・三二—二三・四八センチ

が考えられてよい（一〇八・一〇九頁参照）。

この点についてさらに付言すると、中型とりつけ時のこのような失敗を避けるためには、乾燥後にとりつけを実行することもできたはずである。また、製品に不備が生じる失敗作の鋳型ならば、これを捨てて使わないのが常道であろう。あえてそうしなかったことについて、製品の数を揃えるために質を軽視したことも考えられるし、また、質を軽視した粗造品が許されてもいたのであろう。

さて、話を共有傷のことに戻すと、表9として掲げた一覧は、同型品のそれぞれについて、a～jの傷の有無を確かめ、面径を併記したものである。銹や欠損などで傷の有無を確かめられない場合があり、また旧ベルリン民俗博物館蔵鏡は前述の理由によって外さざるをえないけれども、傷jの有無で五鏡が二分されることが、表の結果から知られる。さらに図像の鋳上り具合からみると、傷jがなく面径の大きい一群の方が、勝っていることも付け加えてよい。

これらの事実から、五鏡間の関係について、次のことが導かれる。すなわち、傷jをとどめていない伝駒ヶ谷出土、キヨソーネ・コレクションの各鏡は、原鏡を同じくする文字通りの同型品である。他方、長野県御猿堂古墳出土、千葉県祇園大塚山古墳出土の各鏡は、前の二鏡とは原鏡を異にする同型品であり、その原鏡は、まだ存在が知られていない一鏡で、かつ伝駒ヶ谷鏡などの二鏡とキョウダイ関係にある。[17] つまり、

- 原鏡Ⅰ（傷a～i）
  - キヨソーネ鏡
  - 伝駒ヶ谷鏡
  - 原鏡Ⅱ（傷j追加）
    - 長野県御猿堂鏡
    - 千葉県祇園大塚山鏡（外区添付）

の関係が、成立するわけである。

なお、福井県国分古墳出土鏡は、面径二三・七センチをはかる。半ばを欠失しているので、計測値に不安が残るが、この数値がもし正確であり、さらに傷jがないとすると、この傷のない大型の一群で、未知の一鏡から踏み返された、ということになる。もとより、この傷があれば、長野県御猿堂古墳出土鏡などの小型の一群に入ることになる。ただし、鋳上りは良いようである。精査の機会が得られれば、この問題は解決するはずである。

## (二)　画文帯周列式仏獣鏡の二者

画文帯周列式仏獣鏡A・Bが、背文の図像構成や描出法の点で、きわめて近似していることが、以上の叙述によって察せられたであろう。また、A・B間の相違についても少しは言及したので、もうすでに一部は知られていると思う。そこで、あらためて二者を比較し、関係の有無や内容について考察を進めることにしよう。なお、画文帯周列式

仏獣鏡A、画文帯周列式仏獣鏡Bという長い鏡式名は、これを多用すると煩瑣になるので、以後の論述ではそれぞれ、仏獣鏡A、仏獣鏡Bと略すことにしたい。

さて、仏獣鏡のA・B二者のあいだで、内区主文部の図像を較べると、個別の図像間の近似ぶりに加え、乳と獣像によって隔てられた区単位でもまた、親縁関係にあることが知られる。そこで、この親縁関係の成立を説明するために、龍虎にはさまれた一区をW区と名付け、残りの三区を時計回りに辿って、X区、Y区、Z区と称することにすると、表10・11の結果が示しているように、W区同士の図像が三体の並び方や坐像膝下の獣頭の存在によって近似し、Y区同士の図像では並び方や像容がほぼ表裏の関係にある。また、仏獣鏡AのX区図像が仏獣鏡BのZ区図像に、仏獣鏡AのZ区図像が仏獣鏡BのX区図像に、それぞれ近似している。つまり、区を単位として図像の配列を辿ると、親縁図像区の配列が仏獣鏡A・B間で逆転しているのである。

逆転といえば、画文帯に描きだした飛禽走獣文で車駕や禽獣が疾駆する方向もまた、仏獣鏡Aでは反時計回り、仏獣鏡Bでは時計回りをとり、二者のあいだで逆転していた。乳をめぐる龍虎の配列もまたそうであった。加えて銘字の配置についても、同銘を連ねた第一句から第三句までの三方形で左右が入れかわっていたこと、また、仏獣鏡A・BのY区同士の図像が並び方や像容の点でほぼ表裏の関係にあったことを想起しよう。ここまで指摘すれば、すでにもう察せられたことであろうと思うが、仏獣鏡の二者とは、一方を手本とし、これを模作することによってもう一方が成立した、本模の関係にある。そうして、画文帯中の羲和・常羲図にいっそう具象性が乏しい点、時計回りにめぐりしかも方形内で右行する銘の配置が異色である点、また、半円・方形の配置が正確さを欠く点など、仏獣鏡Bの方に変形や異色ぶりが目立つので、仏獣鏡Aが本で、仏獣鏡Bはその模作品であったとみて誤りない。

なお、以上論述した本模の関係が成立するのは、もとより、原鏡同士についてである。踏み返し品が生まれる元になった原鏡同士の関係を、このように説明したわけである。誤解を避ける意味で、念のために付言しておきたい。

さて、本模の関係にある仏獣鏡A・Bは、踏み返し品でみると、鈕孔の向きも四半周ほどずれているが、さらに面径の点でも違っており、仏獣鏡Bの方が二センチ余り大きい。外区や縁部を付け加えて鏡面の拡大をはかった改造品が、仏獣鏡Bに限られているのは、鏡面の拡大にあたって、面径が大きい仏獣鏡Bの方がふさわしかったせいであろう。

ところが、面径の相違があるいっぽう、文様帯をかぎる各同心円の、面径に対する比率は、仏獣鏡A・B間でかなりよく一致している。すなわち、面径を1とすると、外区の内縁が4/5、斜面鋸歯文帯と花文帯との境が3/4、半円方形帯の外縁が$1/\sqrt{2}$、内区主文部の外縁が3/5となる。また乳の位置は、たがいに直交する線分でそれぞれ面径を三等分した交点にあたる。4/5、3/4、3/5という比率は、算術的方法によっても、直角三角形の各辺長を利用すれば幾何学的方法によっても、導き出すことが可能であり、三等分は算術的方法による。他方、$1/\sqrt{2}$という比率を求めるのは、幾何学的方法に依拠する方が容易である。したがって、仏獣鏡A・Bの同心円分割については、幾何学的方法と算術的方法とを併用したと、これを考えることができるが、いずれにせよ、仏獣鏡Aで実施した同心円分割と同じ方法を、鏡面を拡大した模作鏡の仏獣鏡Bで採用し、同じ手順を踏んで分割の比率まで一致させたことは疑いない。

なお、鏡面の拡大を決めた模作者にとって、眼前にある仏獣鏡Aをみてそこで実行された同心円分割の方法を読みとることは、分割比率の単純さから判断すると、おそらく不可能ではなかったと推測される。しかしまた、分割の比率を変えて別の分割方法を採用することもできたはずであるし、読みとく工程を省略しうる点で、この方が容易であったともいえる。模作者がそうしなかったことについて、分割方法の読みとりに自信があったのか、あるいは、仏獣鏡Aの分割方法をあらかじめ知りうる環境に模作者がいたことが想像される。これは、仏獣鏡Bの製作状況に関係する。すなわち、仏獣鏡Aから分割方法を読みとったということなら、模作品である仏獣鏡Bの製作は、仏獣鏡Aの製

**表10**　画文帯周列式仏獣鏡Aの内区図像一覧

| 形姿／区 | 半跏像 | | | | 坐像 | | | | 立像 | | | | 坐像 | | | | 半跏像 | | | | 自余の図文 | 備考 |
|---|---|---|---|---|---|---|---|---|---|---|---|---|---|---|---|---|---|---|---|---|---|---|
| | 左手 | 座 | 頭光 | 右手 | 左手 | 座 | 頭光 | 右手 | 左手 | 座 | 頭光 | 右手 | 左手 | 座 | 頭光 | 右手 | 左手 | 座 | 頭光 | 右手 | | |
| W | 膝前 | 蓮華 | 無 | 顔前 | | | | | 胸前 | 仰蓮 | 二重 | 蓮枝 | 胸前 | 無（獣頭） | 無 | 膝間 | | | | | 樹木・蓮蕾 有翼像・獣頭 | 半跏像頭右傾 |
| X | | | | | 膝前 | 蓮華 | 二重 | 胸前 | 蓮枝 | 無 | 無 | 胸前 | | | | | | | | | | |
| Y | | | | | 蓮枝 | 蓮華 | 二重 | 胸前 | 胸前 | 仰蓮 | 二重 | 蓮枝 | | | | | 膝 | 無 | 無 | 顔前 | 円環付棒状文 | 半跏像頭左傾 |
| Z | | | | | 膝前 | 獣頭 | 天蓋・二重 | 胸前 | 蓮枝 | 無 | 無 | 胸前 | | | | | | | | | 樹木・蓮蕾 | |

作と年代や場所が隔たっていてもさしつかえないし、他方、分割方法をあらかじめ知りうる環境に模作者がいたということなら、年代や場所が仏獣鏡Aの製作と近接している方がのぞましい。私見としては、後者の可能性を考えたいところである。

さて、表10・11の結果にふたたび眼を向けると、各区に配した二体または三体の仏像は、本尊と脇侍のような、あるいは三尊像のような、組みあわせ上の意味をそなえておらず、水野清一の言を借りるなら、その配置は「アトランダム」である。[18] 水野の言は仏教図像の面からは頷けるところであろうが、しかし、「アトランダム」と一蹴してさしつかえないのであろうか。

先に指摘したように、三体像で中央の立像をきわだたせる傾向は、模作した仏獣鏡Bの方で著しく、また、二体像で向かって右の坐像を強調する傾向は、手本とした仏獣鏡Aの方でめだっていた。三体像で中央の主像をきわだたせる

表11　画文帯周列式仏獣鏡Bの内区図像一覧

| 形姿 | | W | X | Y | Z |
|---|---|---|---|---|---|
| 半跏像 | 左手 | 膝前 | | 膝前? | |
| | 座 | 蓮華 | | 無 | |
| | 頭光 | 無 | | 無 | |
| | 右手 | 顔前 | | 胸前? | |
| 坐像 | 左手 | | 膝前 | | 蓮枝 |
| | 座 | | 獣頭 | | 蓮華 |
| | 頭光 | | 蓮華文 | | 蓮華文 |
| | 右手 | | 胸前 | | 胸前 |
| 立像 | 左手 | 胸前 | 蓮枝 | 蓮枝 | 蓮枝 |
| | 座 | 仰蓮 | 仰蓮 | 仰蓮 | 仰蓮 |
| | 頭光 | 二重・円文 | 無 | 二重・蓮華文 | 無 |
| | 右手 | 蓮枝 | 胸前 | 胸前 | 胸前 |
| 坐像 | 左手 | 胸前 | | 胸前 | |
| | 座 | 無(獣頭) | | 蓮華 | |
| | 頭光 | 無 | | 無 | |
| | 右手 | 蓮枝 | | 蓮枝 | |
| 自余の図文 | | 蓮蕾 獣頭・鳥 | 蓮蕾 獣上半身・鳥 | 蓮蕾 鳥 | 蓮華 鳥 |
| 備考 | | 半跏像頭右傾 | | 半跏像頭右傾 | |

ようにしたことについては、三体仏として完整されることになる素地を、ここに見いだすことができるとしても、伯牙や黄帝を侍仙よりも大きく描く神獣鏡の約束が、この素地のなかにも投影されていると考えられる。しかし、二体像については一考を要する。

乳で両端をかぎった区画に複数の像を配することは、神仏の違いはあるが、神獣鏡や画像鏡でしばしば行われている。神像に主従をつけやすい点で、また、三角縁神獣鏡のように中国鏡として特殊化していない点で、斜縁二神二獣鏡に例を求めていうと、それぞれ、向かって右に主神を、左に侍神をおく配置が通例である[19]（図11）。そこで、向かって右に主像、左に供養者らしい脇侍をおいた仏獣鏡Aの二体像もまた、「アトランダム」であるということなら、中国在来の図像配置の約束が、この二体像の構成に影をおとしていることが考えられるし、供養像を仏像風に仕上げた仏獣鏡Bの二体像については、この約束から離れる動きを窺うことができる。ただし、約束から離れる動きをみせたとしても、仏像として二体像を完整させる途は、塞がれていたようである。

**図 11**　京都府金比羅山古墳出土二神二獣鏡（面径 15.7 ㎝）

模作鏡の独自の作風として、さらに、蓮華文や鳥文をさかんに使っている点をあげたい。これらの図文の使い方は多様であるが、首を長くのばした獣の口先に、仏像の掲げる蓮枝があり、蓮蕾が集中している点については先に触れ、羽仙が龍に芝草を与える伝統的図柄がここに投影されていることを推測し、また、鈕座の外周をめぐる異形の有節重弧文に、蓮蕾を連ねてあることも、すでに指摘しておいた。蓮華文や鳥文にはさらにまた、蓮華を啄もうとする鳥、仏像に慕いよる鳥のような、意味を付与されたと覚しい図柄がみられた。これらの図柄は、仏像にふさわしく、かつそれを補益すると考えられていたにちがいないから、図柄の意味や由来について論及しておこう。

蓮華文や鳥文にちなんで、仏像夔鳳鏡の図柄が想起される（図版66下）。すなわち、大きな四葉形の内部に仏像を配し、翼を広げて樹木に嘴を寄せた一対の鳥を葉間に描き、外周の連弧文の内部を禽獣で充たした仏像夔鳳鏡がある。この図柄について図像学的解釈を加えた林巳奈夫によれば、四葉形は蓮の花を象って地上世界を表し、禽獣で充たした連弧文は天上世界にあたる。したがって、四葉と連弧とのあいだは地上界と天上界との中間を成し、ここに描かれた樹木は両界を繋ぐ建木で、鳥は使者として天帝の意向を地上に伝える鳳凰であろうという[20]。また、磚に描かれた扶桑図をとりあげて図像学的意味を考察した近江昌司によれば、扶桑樹の梢に蓮の形の太陽がかかり、この太陽を鳥が運ぶという神仙譚が、漢代に流布していたという[21]（図12右）。天帝の使者にせよ太陽の運搬者にせよ霊鳥を、建木や扶桑樹と呼ばれていた宇宙樹と組みあわせた神仙譚が中国にあり、仏像をこの神仙譚の図柄のなかにおさめることにも抵抗がなかったことを、こうして両先学の所説から知ることができるわけである。

図 12　霊鳥と宇宙樹（左：湖北省曽侯乙墓の漆器図文、右：山東省微山県画像石）

図 13　四川省彭山県出土揺銭樹

霊鳥と宇宙樹とが結合した神話は、シャーマニズムと関連して、中央アジア一帯に広がっていたようである[22]し、インドにおいては、『リグ・ヴェーダ』が菩提樹とその実を啄む鷲のことを述べ、仏教彫刻の図柄としても、賢瓶に蓮華を挿す「供養華」に、アートマンの象徴であるとされる白鳥ハムザがしばしば伴っている。これらの点で、仏像に鳥を添えた図柄や鳥と蓮華とを組みあわせた図柄は、またその発想は、インドに端を発し、中央アジアを経て、仏教や仏教図像とともに中国に伝来した可能性が考えられてよいかもしれない。こうした可能性を否定する準備がないけれども、しかし筆者としては、これらの図柄の由来を、中国のなかに求めたいと思う。それは、ガンダーラ美術の遺品にこれに該当する図柄を見いだすことができなかったからであり、これに対して中国では、戦国時代の湖北省随県城関鎮曽侯乙墓の出土品にすでに霊鳥と宇宙樹とを組みあわせた図柄がみられ(23)（図12左)、また、宇宙樹を象った青銅製品に鳥をのせ、ときに仏像をつけた、揺銭樹と呼ばれている器物があるからである(24)（図13)。つまり、霊鳥と宇宙樹、さらには仏像まで図柄にいれた遺品の例にこと欠かない点、さらにまた、淵源を戦国時代にまでは遡らせることができる点を、重視したいと思うのである。

模作鏡の作風に関して、さらにもうひとつとりあげたいのは、二体区に添えた図文のことである。仏獣鏡Bの二体区の一方（X区）に獣の上半身像を、もう一方（Z区）に大輪の蓮華をそれぞれ加えてあったが、手本にないこれらの図文を描くために、主像の一部が変形するのも厭わなかったところから察すると、模作者にとって両図文の描出は、どうしても欠かせなかったとみられるからである。そこで、欠かせなかったその理由を、次のように推測しておこう。

仏獣鏡Aの場合、乳をめぐる龍虎の配置からすれば、X区が東に、Z区が西にあたることになるが、東王父と西王母を配して図像によって方位を明示する神獣鏡の伝統からみると、仏獣鏡Aの表現は、方位の明示という点に、欠けるところがある。このことに少なからず不満を懐いた模作者は、龍側の二体区には太陽を表す大輪の蓮華を描いて東であることを強調し、虎側の二体区には白虎を添えて西であることを顕示しようと企てたのではなかろうか。

以上、模作鏡の作風として、三体像における主像の強調、獣の長首化と口先の蓮華文の付加、蓮華文や鳥文の多用、大輪の蓮華文と獣文の付加をとりあげ、伝統的な神仙観がそれぞれに投影されていることを推測した。つまり、よりいっそう神仙色を顕示している点に、模作鏡の作風の特色をみとめることができるのである。これは、模作者の性向によるのかもしれないし、発注者の好みを容れたことも考えられる。あるいは逆に、手本鏡の作者が、神仙色を拭い去ろうとしたことの方を、評価するべきであるのかもしれない。いずれにせよ、西方直伝の仏教図像を漢代の思想的伝統のうえに再構成しようとする風が、六朝期にあったらしいから、[25]手本鏡の作者が仏教図像の方に傾斜し、模作鏡の作者が神仙色を顕示しようとしたことは、仏教図像がまだ中国で定式化していない時代の揺らぎを反映しているかのようである。

**注**

（1）湖北省文物管理委員会「武昌蓮溪寺東呉墓清理簡報」（『考古』一九五九年第四期　一九五九年）

（2）相川龍男「上野国邑楽郡西丘神社の神獣鏡」（『考古学雑誌』第三四巻第三号　昭和一九年）。

（3）吉村怜「仙人の図形を論ず―法隆寺金堂薬師如来台座の墨画飛仙図に関する疑問―」（『佛教藝術』第一八四号　平成元年）、吉村怜「天人の語義と中国の早期天人像」（『佛教藝術』第一九三号　平成二年）参照。

（4）水野清一「中国における仏像のはじまり」（『佛教藝術』第七号　昭和二五年）、水野清一『中国の仏教美術』（昭和四一年）に載録。

（5）八木春生「雲岡石窟に見られる『籐座式柱頭についての一考察」（『佛教藝術』第一九七号　平成三年）。

（6）注4に同じ。

（7）蓮華座の花文は、林良一のいうマンゴー系のようにみえる。林良一『東洋美術の装飾文様』植物文篇（平成四年）。

（8）鄭禮京「韓国半跏思惟像の編年に関する一考察」（『佛教藝術』第一九四、第一九七、第二〇四、第二〇六号　平成三～五年）参照。

（9）北京の故宮蔵鏡が公表されたことにより、また、拓本ではあるが鋳上りや保存状態が良好なことにより、銘文の釈読が進んだ。公表者の郭玉海の釈読を紹介すると、「吾作明竟、幽煉三商、□□□刑、大吉□年、益□□□、□堂宜行、官□位至、三公九卿、侯相天王、百子家平、□□□□、□□□□、□□□□、□如吾言」とある。川西宏幸「同型鏡の諸問題―画像鏡・細線獣帯鏡―」（『古文化談叢』第二九集　平成五年）に公表した筆者のかつての釈読を、この故宮蔵鏡で可能な限り補訂して、ここに掲げた。

（10）西川明彦「日象・月象の変遷」（『正倉院年報』第一六号　平成六年）参照。
（11）松本伸之「中国古式金銅仏の形式について」（『和泉市久保惣記念美術館・久保惣記念文化財団東洋美術研究所紀要』Ⅰ　昭和六三年）。
（12）八木春生「中国南北朝時代における摩尼（宝珠）の表現の諸相」（『佛教藝術』第一八九号　平成二年）。八木春生「『中国南北朝時代における摩尼宝珠の表現の諸相』再論」（『佛教藝術』第二〇三号　平成四年）。
（13）ナーガールジュニコーンダ出土、ナーガールジュニコーンダ博物館蔵の梵天勧請の仏陀図。中村元編著『図解佛教大辞典』（昭和六三年）六〇〇頁　第二〇図。
（14）岡山県史料編纂委員会編『岡山県史』（考古資料　昭和六一年）。川西宏幸「三角縁仏獣鏡」（『考古学フォーラム』五　平成六年）、川西宏幸『古墳時代の比較考古学』（平成一一年）に補訂載録。
（15）西田守夫「漢式鏡の芝草文」（『三上次男博士喜寿記念論文集』考古編　昭和六〇年）。土居淑子『中国古代の画像石』（昭和六一年）。林巳奈夫『龍の話』中公新書一一一八（平成五年）。
（16）藤井利章「五条市今井一号墳発掘調査概報」（『奈良県遺跡調査概報』一九八三年度　昭和五九年）。
（17）外区を拡張した千葉県祇園大塚山古墳出土鏡の原鏡部の直径が、二三・三二―二三・四八センチをはかり、傷jを共有する長野県御猿堂古墳出土鏡よりも、いくぶん小さいことが注意されるかもしれない。傷jを共有する未知の一鏡を原鏡として、これを改造した、という可能性を容れる余地があるからである。しかし、御猿堂古墳出土鏡の原鏡部は、縁端の傾斜まで鋳出されておれば、なおいくぶんかは直径が大きくなるので、この点を考慮すると、この可能性は低いと思う。
（18）注4に同じ。
（19）鐘方正樹によれば、東アジアの広域にわたって左（向かって右）重視の思想がかつて存在した、というから、向かって右に主神、左に侍神をおく、二神二獣鏡の二神配置の主従関係は、これに合致していることになる。鐘方正樹「左右と男女」（網干善教先生古稀記念論文集刊行会編『考古学論集』下巻　平成一〇年）。
（20）林巳奈夫「中国古代における蓮の華の象徴」（『東方学報』第五九冊　昭和六二年）、林巳奈夫『漢代の神神』（平成元年）に載録。のちに林は、この建木を太陽柱と関連づけて説明している。林巳奈夫「中国古代における日の暈と神話的図像」（『史林』第七四巻第四号　平成三年）。注15林に同じ。林巳奈夫「漢代画像石の神話的樹木について」（『泉屋博古館紀要』第一五巻　平成一〇年）。

(21)　近江昌司「館蔵『扶桑図磚』について―藤ノ木古墳出土冠に関連して―」（『天理参考館報』第二号　平成元年）。

(22)　石渡美江「樹木状立飾冠の系譜と意義」（『古代オリエント博物館紀要』第九巻　昭和六二年）。門田誠一「東アジアにおける巨樹と鳥の意匠」（『古代学研究』第一二六号　平成三年）。

(23)　湖北省博物館『曽侯乙墓』（『中国田野考古報告集』考古学専刊　丁種第三七号　一九八九年）。

(24)　長谷川道隆「後漢・蜀漢期の銅揺銭樹と陶樹座―西王母像から仏像へ―」（『古文化談叢』第三八集　平成九年）。

(25)　水野清一「六朝仏教芸術における漢代の伝統」（『東洋史研究』第一巻第四号　昭和一一年）。

**同型鏡出土地一覧**

〈画文帯周列式仏獣鏡A〉

(1)　岡山県倉敷市日畑王墓山古墳
山本雅靖・間壁忠彦「王墓山古墳（赤井西古墳群一号）」（『倉敷考古館研究集報』第一〇号　昭和四九年）一九二頁　図一〇五。岡山県史編纂委員会編『岡山県史』考古資料　昭和六一年　写真一八八。東京国立博物館蔵。

(2)　愛知県名古屋市中区門前町二子山古墳
犬塚康博「大須二子山古墳の復原的再検討」（『名古屋市博物館研究紀要』第一三巻　平成二年）図版二　一〇四頁。名古屋市博物館蔵。

(3)　千葉県木更津市永井作鶴巻塚古墳

千葉県立房総風土記の丘『房総の古鏡』展図録　昭和五五年　八頁　三。五島美術館蔵。

(4)　出土地不明
郭玉海『故宮蔵鏡』一九九六年　図七一。北京故宮蔵。

〈画文帯周列式仏獣鏡B〉

(1)　大阪府羽曳野市駒ヶ谷出土(伝)
梅原末治「金剛輪寺旧蔵画文帯四仏四獣鏡」(『史迹と美術』第三四輯ノ八　昭和三九年）巻頭図版。田中琢編『鏍剣鏡』(『日本原始美術大系』第四巻　昭和五二年）一四八頁　一九五。京都国立博物館蔵。

(2)　福井県小浜市国分国分古墳
福井県立若狭歴史民俗資料館『躍動する若狭の王者たち』展図録　平成三年　二五頁上段。個人蔵。

(3)　長野県飯田市上川路御猿堂古墳
長野県編『長野県史』考古資料編　全一巻（四）遺構・遺物　昭和六三年　巻頭図版。開善寺蔵。

(4)　千葉県木更津市祇園大塚山古墳
宮内庁書陵部編『出土品展示目録　古鏡』平成四年　三八頁　二二。宮内庁蔵。

(5)　出土地不明
*Museo d'Arte Orientale e Villetta di Nigro*, 1977. Edoardo Chiossone コレクション。ジェノヴァ市博物館蔵。

(6)　出土地不明
梅原末治『欧米に於ける支那古鏡』昭和六年　挿図二二。旧ベルリン民俗博物館蔵。

# 第四章 画像鏡

## (一) 神人龍虎画像鏡

大著『漢式鏡』(大正一五年)で鑑鏡の体系化をめざした後藤守一は、このなかで画像鏡を、内区図像の相違に基づいて三種に分け、神人龍虎鏡、神人車馬鏡、神人歌舞鏡の名称を与えた。(1) そうして、この順に、図像がしだいに複雑になるとみて、簡素から複雑に向かう図像の変遷を思い描き、画像鏡の編年を試みた。

ところが、後藤のこの大著が世に出た大正末年の頃といえば、画像鏡の年代をめぐって、これを王莽代にあてる高橋健自と、後漢中期以降におく富岡謙蔵や梅原末治とのあいだで交された論議が、なお余燼をとどめていた時であり、後藤自らが高橋説に賛同した過去を引きずらざるをえなかった時でもあった。(2) したがって、画像鏡を作り続けた期間を長く引きのばそうとして歯切れの悪い言辞を連ね、編年まで試みた後藤の所説は、彼のおかれていた当時の微妙な立場を表しているようにみえる。

後藤の編年案はしかし、高橋の年代観にも立脚している点で、富岡・梅原の年代観の方がよりいっそう広く学界の承認を得るようになると、撤回を余儀なくされた。ただ、編年案はこうして潰えたけれども、分類と鏡式名については、後藤のものが受け継がれ、現在もなお使われている。そこで本稿でも、これを踏襲することにしたい。

さて、同型品と目されている鏡が、五面知られている（図版68〜73）。広い円座に円圏をめぐらせた乳で内区主文部を四区に分け、神獣を交互に配している。鈕を大きくとり、しかも鈕座を珠文圏で幅広く囲んだために、内区主文部の幅が、他の画像鏡二種に較べると、かなり狭い。神獣の図像が上下で圧迫され、伸びやかさに乏しいのは、そのせいである。

神像を配した二区はそれぞれ、三体構成をとり、中央に主神が座し、左右に一体ずつ侍者が伴う。向かって左の一区の主神は、三山冠をつけている点で、東王父とみられる。東王父に向かいあう侍者が、両手で棒状の器物を捧げもち[3]、東王父は左手で渦文状の器物を掲げている。侍者とのあいだで、何かを受け渡しているかのようである。二体の侍者の背後の足元にそれぞれ鳥がいて、東王父の方を向いている。鈕を隔てたもう一区の主神は、西王母である。左右の侍女が、一種の図文のように表現した長い裾を引いて跪き、両手で棒状のものを捧げもっている。西王母は左手で渦文状の器物を掲げている。眼前に跪く侍女と、何かの受け渡しをしている場面であろう。円弧の内部を平行線で充たした和櫛状の図文が、左右の侍女の背後にみえる。これは山岳の表現であろう。『神異経』によれば、東王父は「人形鳥面」であるというから、鳥もまた東王父の眷属としてふさわしいのかもしれないが、山岳文については、西王母が崑崙山に住むという伝承に由来するとみてさしつかえない。

獣像の二区ではそれぞれ、獣に神仙を組みあわせている。下にあたる一区の獣が龍で、上にあたるもう一区の獣は虎である。青龍であり、白虎であろう。龍に対面して神仙が跪き、手にした渦文を差しだして龍に与えている。西田守夫らの所説を援用すれば、この渦文は霊獣が好むという芝草を表している[4]。もう一方の虎は、首を捩って振りむいている。開けた口の先に、渦文がみえる。これは虎が吐く雲気の表現であろう。

なお、二獣が青龍と白虎であるとすると、青龍は東に、白虎は西にあたるので、方位の上で、東王父・西王母と重なることになる。この点を林巳奈夫が問題にし、次のようにこれを説明している[5]。すなわち、「……東王父西王母、青龍在左白虎居右、刻治今守悉皆在……」という銘を連ね、本鏡と同様に東西方位の重なる神人龍虎画像鏡の例をあげて、青龍や白虎は「今守」つまり「禽獣」の一種であり、東王父や西王母が住む神仙世界を守護する霊獣であると考えられていた。したがって、銘にうたってあるように、青龍を東王父の左に白虎を右におき、方位を違えることも厭わなかった、とみる。従うべき見解であろうと思う。

蒲鉾形に盛りあがった銘帯に、七言句がならぶ（図版72）。東王父区が尽きる、向かって左上の乳のあたりから銘が始まり、時計回りに後が続く。釈読を試みると、

王氏作竟佳且好、明而日月世之保、服此竟者不知老、壽而東王公西王母、山人子高赤松、長保二親宜[孫][子]。

となる（図版72）。「保」は「寳（宝）」の仮借で、「知」は裏字で「山」は「仙」の簡体である。また、「子高」は王子喬、「赤松」は赤松子のことで、ともに『列仙伝』などに登場する仙人である。末尾の二字は鋳潰れていて、まったく判読ができない。この点については後述する。

鋸歯文帯とならんで外区を構成する連環唐草文帯には、総数三四個の双頭渦文が、内向外向交互に配されている。各双頭渦文の寸法は等しいが、向かって左の一個のみがきわだって小さいことが注意される。これは、双頭渦文を描き継いでここに至ったが、一個分をおさめる余白がなく、やむをえず小さくしたことによると思われる。銘は東王父区と白虎区の境界あたりから始まっていたが、外区の連環唐草文の描出は、西王母のところから発起しているわけである。連環唐草文の描出にあたって作鏡者は、内区図像にあわせて発起点を選んだらしいのに対し、銘の発起については、このような配慮を厳密には加えていなかったようにみえる。

さて、同型品として知られている五面のうちで、福岡県馬ケ岳古墳出土鏡（図版68）は、現物の所在が知られておらず、弘津史文が昭和三年に『考古学雑誌』誌上で公表した拓本が、われわれの目にすることができる唯一の資料で

**表12**　神人龍虎画像鏡の各面径と笵傷

| 遺品名 | 面径cm | 傷a | b | c | d | e | f |
|---|---|---|---|---|---|---|---|
| 福岡県馬ケ岳鏡 | 六寸八分（二〇・六〇） | ？ | ？ | ？ | ？ | ？ | ○？ |
| 岡山県築山鏡 | 二〇・二四—二〇・三八 | ○ | ？ | ○ | ○ | ○ | ○ |
| 大阪府高井田山鏡 | 二〇・五三—二〇・六〇 | ○ | ○ | ？ | ○ | ○ | ○ |
| 奈良県米山鏡 | 二〇・六六—二〇・七〇 | ○ | ○ | ○ | ○ | ○ | ○ |
| 京都府鏡塚鏡 | 二〇・六〇—二〇・七五 | ○ | ○ | ○ | ○ | ○ | ○ |

ある。(6) 観察や計測に精細さが要求されるので、この拓本資料ではおのずと限界がある。

残る四鏡の鏡背に残る鋳造時の傷をみると、一鏡にとどまる一過性の傷と、複数の鏡が同じ傷を共有する停滞性の傷とがあり、同笵関係にあることを示唆する進行性の傷は、これを見いだすことができない（表12）。以下に列挙したのが、停滞性の傷である。

傷a　龍の角のあたりで、珠文圏外周の突線が鋳崩れる。

傷b　櫛歯文の二本が鋳潰れて接する。

傷c　連環唐草文の一個に、鋳潰れが残る。

傷d　東王父区の向かって左端にみえる鳥の体部から銘帯にかけて、鋳型の剝離による鋳崩れが大きく広がる。

傷e　櫛歯文の一部の鋳上りが不良。

傷f　櫛歯文の一部が切れる。

同型品とされている各鏡について、停滞性傷の共有状態と面径とを示した表12の結果をみると、細かい観察や計測に耐えない福岡県馬ケ岳古墳出土鏡を除いた四鏡は、一部の傷について存否を視認できない例が含まれているが、それは銹などが妨げているせいであるから、ことごとくが停滞性傷を共有しているとみて、ほぼさしつかえないであろう。ところが、面径には相違があり、岡山県築山古墳出土鏡（図版69）がいくぶん小さい。また鋳上りの鮮明さの点でも、同鏡は他の三鏡より明らかに劣っている。

これらの点で、面径がほぼ等しい三鏡は、踏み返し時に同じ原鏡を使った同型品であり、これらの三鏡を第一次品であるとすると岡山県築山古墳出土鏡は、第二次品として区別することができるであろう。そうした場合、築山古墳出土鏡の原鏡が問題になるが、三鏡のそれぞれに残る一過性傷をみると、いずれも原鏡としてふさわしくない。三鏡とキョウダイ関係にある未知の一鏡が、原鏡になったのであろう。

踏み返し時の第一次品とした三鏡の原鏡について、これも未知の一鏡かというと、必ずしもそうは断言できない手がかりを、福岡県馬ケ岳古墳出土鏡が残している。それは銘文の末尾の二字に関することである。すなわち、鳥文の体部を塞ぐ傷dは、銘帯に及んで末尾の二字を釈読不能に追いやっていたが、同型品で釈読を試みた明治・大正期の先学達にとっても、この二字の釈読は不能であったらしい。他鏡に先がけて学界に紹介された奈良県米山古墳出土鏡で、高橋健自や富岡謙蔵がこの部の釈読に努めたが成功せず、岡山県築山古墳出土鏡や京都府鏡塚古墳出土鏡（図版73）が世に出たのちも、この状態が続いていたのである。

ところが、昭和期に入って福岡県馬ケ岳古墳出土鏡を弘津史文が公表したさい、それまでいずれの同型品でも釈読不能であった末尾の二字に「孫子」をあて、釈読を完成させた。もとより、「孫子」の字が同鏡の銘帯に残っていたのかどうか、疑いを容れる余地はある。富岡謙蔵が奈良県米山古墳出土鏡ですでに孫子としていたので[7]、実物のうえでは読める状態でなくても「孫子」であろうという推測が、当時の鑑鏡研究者のあいだに流布していたにちがいないからである。したがって、弘津がこれを酌んで「孫子」をあてたのであれば、識者ゆえの勇み足として片づけることができるし、ひいては、第一次踏み返し品の原鏡は知られていないことになるわけである。

しかしそうではなくて、もし実物に「孫子」が残されていて読みとったということならば、福岡県馬ケ岳古墳出土鏡では、この部分に鋳型の剥離が発生していなかったか、もしくは、発生していても銘を潰すまでには至っていなかったはずである。もしその通りであったとすると、福岡県馬ケ岳古墳出土鏡は、第一次踏み返し品として三鏡の原鏡を生んだ原鏡であるか、三鏡の原鏡と同笵関係にある一鏡にあたることになるであろう。予察としてこの点に注意を促し、同鏡の所在が明らかになる日をまつことにして、残る四鏡の関係を別図として示しておく。なお、のちに奈良県米山古墳出土鏡銘の再釈読を行った網干善教が、問題の二字に「孫子」をあてているが(8)、実物に即した釈読であるとは思えない。

原鏡Ⅰ（傷a〜f）
- 大阪府高井田山鏡
- 奈良県米山鏡
- 京都府鏡塚鏡
- 原鏡Ⅱ――岡山県築山鏡

## (二) 神人歌舞画像鏡

いわゆる同型品として、一二面が知られている（図版74〜85）。出土地が伝わっていない三面のうち、二面はともに根津美術館の所蔵品である。これらを呼びわける必要があるので、本稿ではかりに、一方を1、他方を2と称しておく。また、出土地不明のもう一面については、実査する手がかりが失われたので、梅原末治が残した記述に従うことにして、これを同型品に加えた。

さて内区主文部は、四葉座乳でこれを四区に分割し、神像や人物像を各区に配している。姿態は実に多様である。向かって右の一区に、毛皮らしい敷物に座った一神像がみえる。乳側の榜題によれば、この神像は西王母であるらしい。半人半獣の姿で山岳に住む怪神として『山海経』が記し、また、龍虎を脇に伴った姿で鏡に描かれている西王母にとって、毛皮の敷物は似つかわしい。西王母の前に、長袖の袿衣を纏った一像が跪き、正面を向いたもう一体が、長袖の両手を掲げ片足を後に上げて踊っている。跪座像の顔前に「玉女」の榜題があるから、これらの二体は西王母の侍女であることがわかる。

鈕を隔てて、西王母区とあい対する一区にも、座像がみえる。榜題は添えていないが、向かって左端の大ぶりな座像が東王父であろう。東王父の前には一像が座って両手を前に差し出し、もう一像が戟を執って立っている。執戟の立像は護衛の士であろう。

東王父区から時計回りに四半周した上方の一区は、雑伎が歌舞音曲に興じる場面である。向かって左端の座像は、左右にもった撥で、膝前においた二個の小太鼓を拍って調子をとり、片膝を立て長髪を靡かせた右端の一像は、篴という長い竪笛で、旋律を奏でている。その賑やかな音曲にのって、逆立ちした長髪像が曲舞を演じている。撥を執る座像の背後に、鳥がいる。振り向いて、この打ち興じる場面を眺めているかのようである。

西王母区から時計回りに四半周した残る下方の一区では、騎馬が駆け、背後にいる中腰の大男が両手を広げている。その傍らにみえるのは、小壷のようである。

これらの内区主文を図像学的に考証した林巳奈夫によれば(9)、西王母と玉女との場面は、西王母が玉女を使いにたてて仙薬を誰かに授けようとしているところであり、また、東王父と侍者との場合は、受け皿付きの容器に満たした特定の飲み物を、東王父が侍者から受けとっているところであるという。そうして騎馬と大男との場面は、騎馬が天馬で、大男が東方朔という前漢武帝に仕えた官吏で、東方朔が天馬を御して帰還するという『太平廣記』の引く物語に関連づけられ、さらに雑伎の場合は、西王母が前漢武帝のところに降りて供応をうけると、西王母に随従する侍者達が返礼に楽を奏したという『武帝内傳』の伝える物語と同性質のものであるらしい。

そうして林の考証によれば、天馬や雑伎というのは星宿の表現であり、それぞれ、天馬は北方玄武の宿に、雑伎は南方朱雀の宿に属するという。つまり、超地上世界に住む東王父ならびに西王母のうえに、さらに南北の星宿を加え、こうして東西南北の方位をととのえた、というのである。

蒲鉾状に隆起した銘帯に、七言句銘がのる。西王母の足元の外方から第一句が始まり、時計回りにめぐっている。釈読を試みると、

尚方作竟自有紀、辟去不羊宜古市、上有東王父西王母、令君陽遂多孫子兮。

となる（図版84）。「上」が裏字である。「遂」を「道」とみる異釈があるが、しかし、「陽道」では意味が通らないし、「陽遂」ならば、鏡銘や洗銘に使用例を見いだすことができるので、「陽遂」すなわち「陽燧」と釈しておく。「陽燧」というと、太陽光線から火を採る凹面鏡をさすが、そう解するよりも、『陶斎吉金録』所収の漢双魚文洗の銘に「大吉宜用富貴陽遂」とある点で、「陽燧」とは長寿や光明などをさす吉祥句であろうとした何堂坤の見解の方が、意味のうえからみてふさわしい(10)。

外区は鋸歯文帯と獣文帯から構成される。影絵風に描き出してある獣文帯の図像は、獣・鳥・魚・羽人からなり、総計一二体を数える。鳥獣や羽人は足を縁部側に着け、魚もまた縁部側に腹を向け、いずれも獣文帯の図像配置の通例に従っている。西王母の外方にあたる一獣を起点にして、時計回りに図像を辿ってみると、

獣↑　魚↑　鳥↑　獣↑　獣↑　鳥↑　羽人↑　鳥↑　獣↑　獣↓　獣↓　獣↓（矢印は各体部の向きを示す）

のような結果になる。

一二体のうち九体が、向かって右向きで、残る三体が左向きである。体部の向きを中途でこのように変えてしまったために、頭部同士、尾部同士が各一個所ずつ、向きあうことになる。頭部同士が向きあうのは、西王母の外方で、

銘の発起する位置とほぼ一致しており、尾部同士が向きあうのは、雑伎区の外方にあたる。画像鏡や獣文鏡や方格規矩鏡の一部で外区を飾っている獣文帯をみると、体部の向きの変更はしばしば実行されており、しかもその変更ぶりは一様でないことが知られる。その体系化は後考をまつことにして、本例については、頭部同士の対向位置が西王母の外方にあり、かつ銘の発起部にもほぼあたっている点を重視して、獣像をここで対向させる必要が作鏡者にあったと推測しておこう。

幅の広い鈕座を素文圏がめぐり、小円弧を連ねた一圏がその外周を囲んでいる。この小円弧の連なりは、林巳奈夫の所説を引くと、天の中心を示す蓮の花の表現ということになる[11]。それならば、内区主文部の山岳文は、神仙がいますところを表しているのであろう。なお、二八個を数える小円弧は、大きさに違いがある。この点についていうと、乳頂の位置が円周を正しく四等分しているので、乳頂を通る直交線をすでに設けてあったか、または、そうでないとしても設けることは容易であったにちがいない。したがって、この直交線を使い、各四半周を七個ずつの小円弧で充たせば、いまみる以上には精確に、二八個の小円弧を配列することができたはずである。しかし、この方法を実行に移した形跡は見あたらない。また小円弧の内部を填めた平行線の数も、四〜六本と一定していない。このあたりにも作鏡上の杜撰さがみとめられる。

さて、同型品のことに話を移そう。同型品一二面のうちで実査しえた八面について面径を比較すると、最大で七ミリ余の相違がみとめられる（表13）。本同型鏡群の面径に相違があり、しかも大型品の方が鋳上りが鮮明であることを、すでに梅原末治がとりあげ、大型品を踏み返して小型品を製作した、と述べている。のちに小林行雄によっても引かれた梅原のこの所説は、しかし、資料が増し観察が進んだこんにちの眼からみれば、誤りではないが補訂すべきところがある。鋳上りの良否というのは、同型関係を判別するさいに、客観的な基準としてこれを使うことが、必ずしもできないからである。

**表13**　神人歌舞画像鏡の各面径と笵傷

| 遺品名 | 面径cm | 傷a | b | c |
|---|---|---|---|---|
| 大阪府西塚鏡 | 二〇・五〇—二〇・六〇 | × | × | × |
| 長持山鏡 | (二〇・〇) | × | × | × |
| 京都府トヅカ鏡 | 一九・八二—二〇・〇二 | × | × | × |
| 福井県西塚鏡 | 二〇・〇〇—二〇・〇九 | × | × | × |
| 東京都亀塚鏡 | 二〇・六六 | × | × | × |
| 埼玉県秋山鏡 | (二〇) | × | × | ? |
| 出土地不明 根津1 | 二〇・五七 | × | × | × |
| 岡山県朱千駄鏡 | 二〇・三〇—二〇・三五 | ? | ? | ? |
| 福岡県番塚鏡 | (二〇) | ○ | ? | ? |
| 大阪府郡川鏡(伝) | 一九・九六—二〇・〇二 | ○ | ○ | ○ |
| 出土地不明 根津2 | 一九・九〇—一九・九七 | ○ | ○ | ○ |
| 出土地不明鏡 | ? | ? | ? | ? |

そこで、鋳出された笵傷の様子を観察して、同型品間で比較すると、傷は一過性のものと停滞性のものに限られており、同笵関係にあることを示唆する進行性の傷はみとめられない。すなわち、停滞性の傷として、

傷a　東王父の衣の裾の下部が、鋳型の剝離のせいで盛りあがる。

傷b　東王父区の執戟像の足元が、鋳型の剝離のせいで盛りあがる。

傷c　騎馬像の馬の後足の一部が鋳崩れる。

がある。表13の結果が示しているように、これらの傷の存在を確かめることができた例は、伝大阪府郡川出土鏡(図版77)ならびに根津美術館蔵鏡2(図版85)であり、しかも両鏡ともに小型の部類に入る。また、傷b・cの存否を視認する手がかりが失われた福岡県番塚古墳出土鏡(図版74)も、傷aをとどめている点、傷aを有し傷b・cを欠いた例が見あたらない点で、ここに加えてよかろう。面径が報告書通りならば、本鏡も小型に入る。以上述べた三鏡は、原鏡を同じくする同型品とみてさしつかえないし、既知の大型品のなかにその原鏡を求めることもできない。

その一方、傷a～cをとどめず、かつ小型であることによって分離される一群がある。大阪府長持山古墳出土鏡(図版78)、京都府トヅカ古墳出土鏡(図版79)、福井県西塚古墳出土鏡(図版80)がそうであり、これらの例には、傷a～cにとどまらず、共有の傷を見いだすことができない。したがって、これらの鏡を踏み返したさいの原鏡につ

いて、厳密にいうと、それが同じであったとまでは確言できない。しかし、原鏡が無傷であった場合には、共有傷がみとめられなくてよい。大型品がほとんど無傷に近いことを考えると、原鏡が無傷か、または、踏み返し時に鋳出されない程度のささやかな傷を有する無傷に近い製品であった可能性が高い。そこで、これらの鏡もまた、原鏡を同じくする同型品であったことをみとめておきたい。

共有傷を見いだしがたい点は、大型品も同様である。しかし大型品についても、鋳上りがもっとも勝る根津美術館蔵鏡1（図版83）をみると、その原鏡は、無傷とまではいえないかもしれないが、それに近い製品であったことが察せられる。その意味で、大型品の三鏡が、原鏡を同じくする同型品であった可能性は低くない。

以上述べたところを図示すると、次のようになる。なお、岡山県朱千駄古墳出土鏡（図版75）は、面径からみると大・小型の中間にあたり、かつ共有傷の有無が視認できないので、とりあえず図示の対象から外し、X線撮影などの結果が出るのをまつことにした。また、埼玉県秋山所在古墳出土鏡（図版82）も、その対象から外した。拓本では面径が定かでないからである。

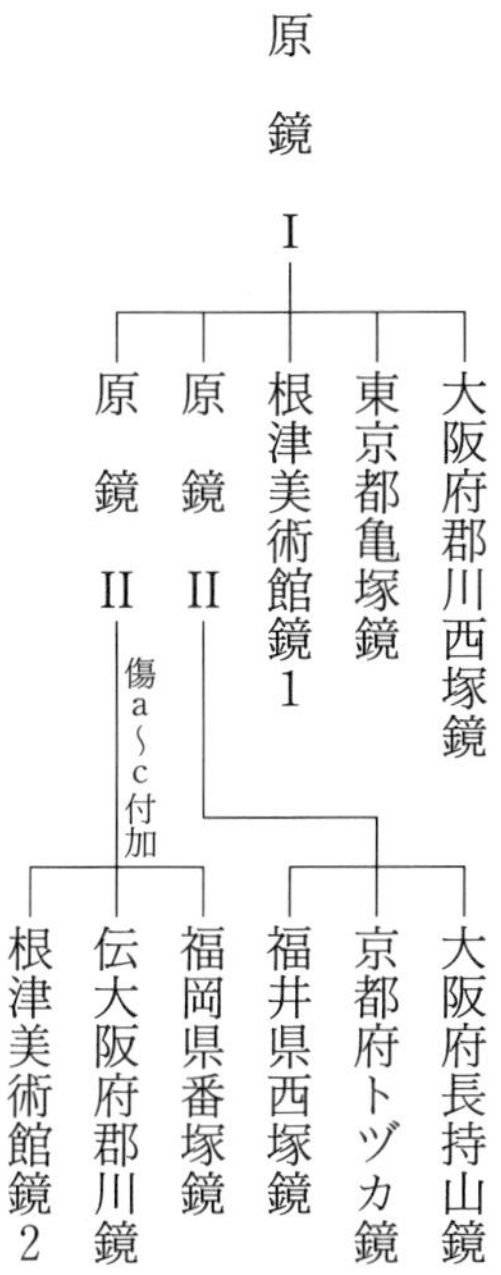

## （三）　神人車馬画像鏡

いわゆる同型品として、三面が知られており、いずれも現物を眼にすることができる（図版86〜90）。内区主文部は、珠文をめぐらせた円座乳によってこれを四等分し、そうして、鈕をはさんであい対する二区に神像をおき、残る二区の一方に車馬を、もう一方に騎馬群をそれぞれ配してある。

向かって左にあたる一区で中央を占める主像が、東王父である。祭服を纏い、鼻下に八字型の髭、顎先に山羊鬚をつけて、厳めしく立っている。祭服は冕服と呼ばれている皇帝用の礼服を思わせる。冠は文儒者の被る進賢冠に形態が近いが、祭服からみて、天子がつけるという通天冠と考えたいところである。両脇に侍者が控え、両肩のところに神仙が座っている。向かって右に控えた従者が、東王父に対して何かを捧げもっている。東王父が玉女と投壺をしたと『神異経』が記している。この捧げ物をみると、投壺に使う矢の矢羽根の部分を表しているようでもあるが、しかし、形は扇に近い。

鈕を隔てたもう一区の主像は、西王母である。頭頂に一種の飾り髻をつけ、華勝や垂飾を使った頭髪の装飾が、それを示唆している。長袖で長く裳を引く衣服は、皇妃のような最高位の婦人の盛装である。上衣が左衽である。男女とも右衽がつねであるから、これはおそらく、鋳型に見慣れた右衽を描いてしまった作鏡者のささやかな過失であろう。なお、東王父は左衽で、その両脇の侍者は向かって右が右衽、左が左衽であり、作鏡者の混乱がこれから察せられる。[12]東王父の冠形もまたこのような混乱の所産であろうか。西王母の周囲に四人の侍女がつき従っている。侍女の頭髪の形状がそれぞれ違っており、この点には、描出の入念さを窺うことができる。

四半周した車馬区では、外側を三頭立ての車馬が東王父の方に駆け、内側を二頭立ての車馬が西王母の方に向かって走っている。三頭立ての車駕のなかに姿をのぞかせている人物は御者であり、主人の存否は遮られていてわからない。林巳奈夫の考証を援用すると、この車馬は文献で軿《へい》車と呼ばれている種類にあたる[13]。軿車は少なからず女性用として使われたということであるから、存否不明の主人とは、東王父のところに赴く西王母であってもさしつかえない。軿車の進む前方を、鱗状の図文が遮っている。これは重畳たる山岳の表現である。先述の神人龍虎画像鏡では、山岳文が西王母区に、鳥文が東王父区に伴っていた。この方が図像の組みあわせとしてふさわしいと思うが、本鏡では、西王母に鳥文が伴っており、鳥と山岳の位置が逆転している。東王父・西王母に関する作鏡者の理解が浅かったせいであろうか。

もうひとつの車馬には、二人の人物が乗り、右手で刀剣らしい武器を振りあげている。それならば、車馬の後尾で逆立ちする動物は、戦闘で打ちまかした相手の馬であるとみてよかろう。この車駕は、前後に長い荷馬車風のもので、林が文献を引いて考証した輜車ないし輂《きょく》車に近い[14]。もっとも、この種の車駕を、本鏡のように戦車として使う例を画像石の図柄としては眼にすることができなかったので、兵員の輸送ならともかく、戦車としての用途が流布していたとは思われない。

**図 14**　河南省鄭州市画像磚の騎馬図

騎馬区では、騎馬三騎と空馬三頭から成る一団が、西王母の方に進んでいる。騎馬のうち、先駆けの一頭は騎乗者が上半身を大きく傾け、左手にもった武器で下方の鳥を刺そうとしている。また、殿《しんがり》の一頭は騎乗者ともども後方を振り返っている。騎乗者の背のところに、立った弓がみえる。ここに弓をおくのは、河南省鄭州市の画像磚墓の騎馬像によく似た例があり[15]、これによると、韔と呼ばれる弓矢をともに納める竪長の容器でもなく、また韣《しょく》という弓を包む裂地の袋でもなく、馬上から突き出た短い器具に、弓の下端を挿し込んでいることがわかる（図14）。本鏡の場合もこの類であろう。鞍の表現をかろうじてみてとることができる。画像石墓などの騎馬像で散見する、前輪と後輪の低い鞍のようである。[16]前方を行く騎馬には鞍がみえない。敷物だけの馬装であったようである。

空馬のうち、後尾を行く一頭は鞍をおき、その後端に方形の器物をつけている。弓の下端を挿して留めるための道具であろう。尻尾が円形に巻いている。前述の騎馬の尻尾もまた同じで、画像石などに描かれた騎馬の尻尾にもこの表現がみられる。尻尾をまとめてさやにいれ、騎乗者が尻尾で打たれるのをこうして防いだらしい。[17]前方を行く二頭は、騎馬像に隠れて、上半身しかわからないが、後ろの一頭には馬装がのぞいている。騎乗者がいないこれら三頭の空馬は、替え馬であろう。替え馬を伴うような移動といえば、近距離ではあるまい。

内区主文を図像学的に検討した林巳奈夫によれば、車馬は王良すなわちカシオペア座の $\beta$ 星で、西方白虎の宿の天馬にあたり、また騎馬は、房すなわちサソリ座の $\pi$ 星で、東方青龍の宿に属する天馬にあたるという。[18]それならば、車駕が東王父へ、騎馬が西王母へ向かっていることについて、東王父は騎馬で西王母のもとへ行き、西王母は車駕で東王父のもとへ赴き、たがいに交歓するという場面を想像したいところである。また、東王父の従者と覚しい騎馬像が武器を携え、西王母区の車駕の二体像が武器をふるい、物ものしい様子が窺われる点について、これは「……胡虜殄威天下復……」という攻撃的な銘の一節に導かれたせいであろうか。

内区外周の文様帯は、櫛歯文帯と銘帯から成る。東王父の外方から銘が始まり、次のような長文の七言句が、時計回りにめぐっている（図版88）。

公□氏作鏡四夷、多賀国家人民息、胡虜殄威天下復、風雨時節五穀孰、長保二親得天力、傳告後世楽無亟、乗雲駆馳参駕四馬、道従羣神宜孫子。

第一句の釈読不能の一字に「戚」をあてる意見があるが、「威」を「戚」にあてることができるのかどうか問題が残る。また「公戚」という姓があるのかどうかについても、疑問がある。第一句の末尾は、常套句通りならば「服」と続いて終わるところであるが、これを省略し文意を犠牲にしてまで、七言句に仕立てている。最後の一句の「道」を「遵」とする異釈がある。「遵」ならば意味は通りやすいように思うが、「遝」を「遵」とみてよいのかどうか、識者の教示にあずかりたい。結論が出るまでは、大勢に従って「道」としておく。「四」は「駟」の略字、「羣」は「群」の異体で、「子」は裏字である。画数の多い複雑な字は鋳型のうえに正しく裏字を刻んでいるのに対し、「子」のような簡略な字の方に過失が生じているわけである。また、末尾の二句は他句に較べて、空間が詰まっている点を添えておきたい。

外区の一帯を充たす獣文は、図案化が著しい。しかも鋳潰れがはなはだしいので、獣文の細部や構成まではわからない。本鏡のように、図文の相違する二帯が外区をめぐり、これらの一帯が鋸歯文帯である場合、鋸歯文帯は内側にあって段を縁取るのが、中国鏡の外区文様構成の通例である。この点で、鋸歯文帯の方が外側をめぐる本鏡外区の文様構成は、異色の部類に入る。

さて、いわゆる同型品として、三面が知られているが、これらの三面に鋳出された笵傷をたがいに比較すると、それぞれに限られる一過性の傷に加え、複数の鏡で共有される同じ形状の、停滞性と呼んできた傷のあることがみてとれる（表14）。注意されるのは、これらのうえにさらに、進行性の傷が存在することである。すなわち、停滞性傷と進行性傷とが併存する点で、原型を同じくする同型関係と、鋳型を同じくする同笵関係とが、三面を結びつけていることになるのである。観察しえた停滞性と進行性の両傷を、以下列挙すると、

傷a　騎馬区の向かって左の乳で、座をめぐる珠文の一個が欠ける。停滞性。

傷b　銘の「神」と「宜」との間を通り、東王父の左裾を経て袖を掠め、神仙の肩から鈕座に至る、鋳型の割れによる傷。進行性。

**表14**　神人車馬画像鏡の各面径と笵傷

| 遺品名 | 面径cm | 傷a | b | c | d | e | f | g | h | i |
|---|---|---|---|---|---|---|---|---|---|---|
| 熊本県船山鏡 | 二二・一六—二二・二〇 | ○ | ○ | ○ | ○ | ○ | ○ | ○ | ○ | ○ |
| 豊前国京都郡鏡（伝） | 二二・二二—二二・二八 | ○ | ○ | ○ | ○ | ○ | ○ | ○ | ○剥離 | ○ |
| 京都府トヅカ鏡 | 二二・五〇 | ○ | ○ズレ | × | × | ○ | ○剥離 | ○ | ○剥離 | × |

傷c　車馬区の鈕寄りで、戦車の後尾、逆立ちした馬が有節重弧文と接するあたりに発生した、鋳型の剥離による傷。停滞性。

傷d　内区外周の櫛歯文帯で、「息」ならびに「虜」のそれぞれの外方に発生した、鋳型の剥離による傷。停滞性。

傷e　西王母の向かって右裾に添えた鳥文と、銘帯との間に発生した、鋳型の剥離による傷。停滞性。

傷f　「節」のあたりに発生した、鋳型の剥離による傷。進行性。

傷g　西王母区の向かって左の乳で、座をめぐる珠文の一個が欠ける。停滞性。

傷h　騎馬区で先頭を切る騎馬の鼻面を通り、広い乳座を貫き、「天」の第二画を経て、外区に達する、鋳型の割れによる傷。鈕座を走る割れ傷を介して傷bと繋がるので、この傷hとbは、鋳型の割れによる、一連の傷である。進行性。

傷i　騎馬区の先頭を切る騎乗者と、有節重弧文との間に発生した、鋳型の剥離による傷。停滞性。

なお、外区文様の鋳潰れが、向かって左ないし下方に集中してみられる。その位置が三鏡とも合致しているので、これもまた停滞性傷のひとつとして加えることができるが、停滞性傷の例は列挙したもので、もう充分に足りているので、その存在を付記するにとどめておく。また、一過性傷について、伝豊前国京都郡出土鏡（図版87・89）の銘帯で「賀国」がほとんど消えて、このあたりで盛りあがっている点が、注意される（図15）。鋳造後に表面を削った痕跡をとどめているので、鋳掛けによる補修痕か、または、鋳型の破損によって生じた突出を削り落としたか、いずれかであろう。鋳造後に補修を加えた、同型鏡群のなかでは珍しい例である。

さて以上あげた傷の、進行性のものについて論述を進めると、傷bの場合、熊本県江田船山古墳出土（図版86～88）、伝豊前国京都郡出土（図版89）の両鏡がともに、鋳型の割れを写しており、これに較べて京都府トヅカ古墳出土鏡（図版87・90）の方は、鋳型のズレをみせている。割れが鋳型の深部に及び、離脱を招いたせいであろう。そこで、傷bのこの形状の違いに基づいて、鋳造の先後を判断すると、

江田船山鏡・伝京都郡鏡→トヅカ鏡

の順序となる。

ついで、傷hを較べてみると、江田船山古墳出土鏡では傷が鋳型の割れにとどまっているのに対し、伝京都郡出土、トヅカ古墳出土の両鏡では、破口に沿って生じた剥離の痕跡が残っている。そうして、この剥離痕に広狭の相違があり、トヅカ古墳出土鏡では櫛歯文帯の一部に限られ、伝京都郡出土鏡では櫛歯文帯から銘帯に至る広い範囲に及んでいる。したがって、この結果から鋳造の先後を導くなら、

江田船山鏡→トヅカ鏡→伝京都郡鏡

の順序となるはずである。

さらに傷fに注目すると、江田船山古墳出土、伝京都郡出土の両鏡が、「節」の一部が鋳崩れる同じ形状をみせているのに対し、トヅカ古墳出土鏡では、剥離によって傷が大きく拡大している。すなわち、鋳造の先後について、

江田船山鏡・伝京都郡鏡→トヅカ鏡

**図15**　伝豊前国京都郡出土鏡の一過性傷

の関係が成立することになる。

つまり、傷b・fによれば、トヅカ古墳出土鏡が後鋳になり、しかし傷hによれば、伝京都郡出土鏡の方が後鋳ということになる。そうして、いずれの傷によっても、江田船山古墳出土鏡よりもトヅカ古墳出土鏡の方が後鋳である、という関係は動かないのである。

ところが、停滞性傷をとりあげてその共有状況をみると、江田船山古墳出土、伝京都郡出土の両鏡は、傷a・c・d・e・g・iを共有し、他方トヅカ古墳出土鏡は、傷a・e・gにとどまり、傷c・d・iの痕跡を残していない。また面径を較べると、江田船山古墳出土、伝京都郡出土の両鏡はほぼ等しく、トヅカ古墳出土鏡は両鏡よりもいくぶん大きい結果が出ている。これらの点は、江田船山古墳出土、伝京都郡出土の両鏡と、トヅカ古墳出土鏡とに三鏡が分離され、それぞれに鋳型が存在したことを物語っている。

傷b・fの進行ぶりは、この結果を確認していることになる。しかし傷hに依拠した場合、破口に沿って生じた剥離の進行が連続しているので、三鏡は分離することができないし、江田船山古墳出土、伝京都郡出土の両鏡を一括にすることもできない。傷c・d・iの有無や傷b・fの進行ぶりは、同じ結果を示しているのに対し、これとはあい矛盾するのである。

資料が加われば、この矛盾は理想的に解消させることができるのかもしれないが、いまはその手だてが見つからない。そこでとりあえず、傷hが示す結果には眼を向けないことにして、他の材料から想定される製作上の関係を掲げておく。

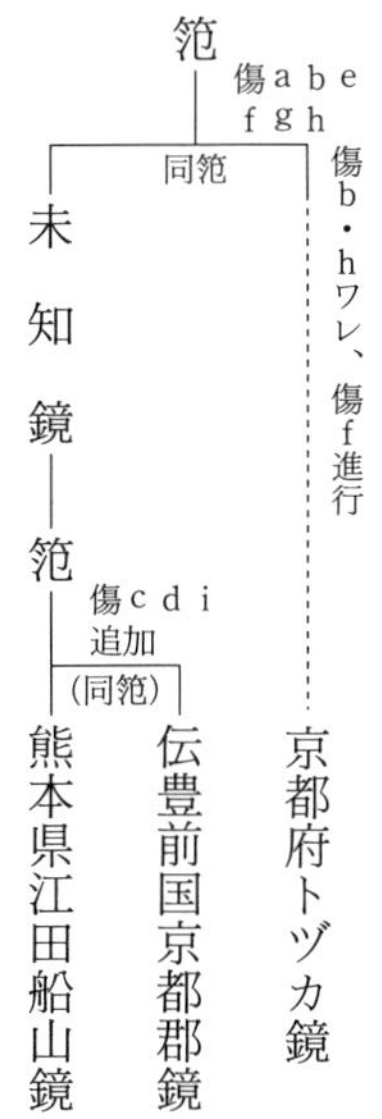


**注**

（１）後藤守一『漢式鏡』（大正一五年）。

（２）高橋健自「王莽時代の鏡に就いて」（『考古学雑誌』第九巻第一二号　大正八年）。富岡謙蔵「画像鏡考」（富岡謙蔵『古鏡の研究』大正九年）。梅原末治「所謂王莽鏡に就いての疑問」（『考古学雑誌』第一〇巻第三号　大正八年）。後藤守一「銅鏃に就て㈢」（『考古学雑誌』第一〇巻第三号　大正八年）。

（３）両手で捧げもつ棒状の器物といえば、「漢朝執金吾、金吾亦棒也、以レ銅為レ之、黄金塗二両末一、謂為金吾」と『古今注』輿服にあり、官吏がこれを執るという金吾が思いうかぶ。河南省南陽県石橋の画像石墓に、両手で棒をもつ門吏の姿が表現されており、「執金吾門吏」とこれを説明している。東王父の侍者がもつ棒状の器物が、はたして金吾であるのかどうか、後考をまちたい。王建中・閃修山『南陽両漢画像石』（一九九〇年）図四八。

（４）西田守夫「漢式鏡の芝草文」（『三上次男博士喜寿記念論文集』考古編　昭和六〇年）。土居淑子『中国古代の画像石』（昭和六一年）。林巳奈夫『龍の話』中公新書一一一八（平成五年）。

（５）林巳奈夫「画像鏡の図柄若干について」（小林行雄博士古稀記念論文集刊行委員会編『考古学論考』昭和五七年）、林巳奈夫『漢代の神神』（平成元年）に載録。

（６）弘津史文「豊前国発見王氏作画像鏡」（『考古学雑誌』第一八巻第一〇号　昭和三年）。

（７）富岡謙蔵「日本出土の支那古鏡」（富岡謙蔵『古鏡の研究』大正九年）。

（8）関西大学文学部考古学研究室編『谷畑古墳』（昭和四九年）。
（9）注5に同じ。
（10）何堂坤『中国古代銅鏡的技術研究』（一九九二年）。なお、「陽」には「開く」という意味もあるので、それならば、「陽㆑隧」すなわち「道を開く」と解したいところである。ちなみに、周のお家騒動で兄の襄王を助けた見返りとして、晋の文公が請うたという「隧」の内容を考察した桐本東太によると、「隧」とは周王朝による泰山の独占的な祭祀であったという。もし桐本の考察通りならば、「陽㆑隧」は吉祥句としてなおいっそうふさわしいし、「令㆑君陽㆑隧」が王朝の樹立という意味を帯びることになる。記して後考をまちたい。桐本東太「始皇帝の第一回巡狩と封禅―あるいは封禅の始原について―」（『日中文化研究』別冊三　黄土高原とオルドス　平成九年）。
（11）林巳奈夫「中国古代における蓮の華の象徴」（『東方学報』第五九冊　昭和六二年）、林巳奈夫『漢代の神神』（平成元年）に載録。
（12）画像石や画像磚に表された人物像においても、たとえば河南省密県の画像磚墓にみるように、この右衽の原則を誤った例が散見されるので、作鏡者の混乱を責めるのは酷であるのかもしれない。顧森『中国漢画図典』（一九九七年）参照。なお、胡服は左衽であり、日本の人物埴輪に表現された襟もまた左衽が通例である。高句麗古墳の壁画の人物像に、右衽と左衽が相半ばしていることを、杉本正年がとりあげ、胡服の様式が残る左衽から、中国風が強くなって右衽へ変化した、と説明していることも、付記しておきたい。杉本正年『東洋服装史論攷』古代編（昭和五四年）。
（13）林巳奈夫編『漢代の文物』（昭和五一年）、孫机『漢代物質文化資料図説』（『中国歴史博物館叢書』第二号　一九九一年）参照。
（14）注13に同じ。
（15）注12顧森に同じ。
（16）西晋代に前輪と後輪の高い鞍が存在した事実を、陶馬や陶騎俑によって知ることができるが、しかし、それらの低い鞍は漢代以降も存在したようである。したがって、鞍の形態によって、本鏡の原鏡が製作された年代を限定するのは妥当

でない。河南省文化局文物工作隊『鄧県彩色画像磚墓』（一九五八年）。湖南省博物館「長沙両晋南朝隋墓発掘報告」（『考古学報』一九五九年第三期　一九五九年）。楊泓『中国古兵器論叢』増訂本（一九八五年）。

(17)　注13に同じ。

(18)　注5に同じ。

**同型鏡出土地一覧**

〈神人龍虎画像鏡〉

(1)　福岡県京都郡犀川町花熊馬ヶ岳古墳
弘津史文「豊前国発見王氏作画像鏡」（『考古学雑誌』第一八巻第一〇号　昭和三年）六五七頁。所在不明。

(2)　岡山県邑久郡長船町西須恵築山古墳
梅原末治『増補鑑鏡の研究』昭和五〇年　第四図下段。東京国立博物館蔵。

(3)　大阪府柏原市高井田高井田山古墳
安村俊史・桑野一幸編『高井田山古墳』（『柏原市文化財概報』一九九五―II　平成八年）図版三六。柏原市教育委員会蔵。

(4)　奈良県宇陀郡榛原町上井足米山古墳
関西大学文学部考古学研究室編『谷畑古墳』昭和四九年　五四頁　第二六図。東京国立博物館蔵。

(5)　京都市西京区松尾鏡塚古墳
京都府立山城郷土資料館編『鏡と古墳』展図録　昭和六二年　四三頁　第一二四図。五島美術館蔵。

〈神人歌舞画像鏡〉

(1)　福岡県京都郡苅田町尾倉番塚古墳
岡村秀典・重藤輝行共編『番塚古墳』平成五年　図版一五。所在不明。

(2)　岡山県赤磐郡山陽町穂崎朱千駄古墳
梅原末治「岡山県下の古墳発見の古鏡」(『吉備考古』第八五号　昭和二七年)二頁。個人蔵。

(3)　大阪府八尾市郡川西塚古墳
後藤守一『漢式鏡』大正一五年　一五五頁　第一三六図。佐原真・猪熊兼勝共編『稲と権力』(梅原猛監修『人間の美術』二　弥生・古墳時代　平成二年)六〇頁　第七五図。東京国立博物館蔵。

(4)　大阪府八尾市郡川出土(伝)
中野徹編『和泉市久保惣記念美術館蔵鏡目録』昭和六〇年　図版七二。久保惣記念美術館蔵。

(5)　大阪府藤井寺市沢田長持山古墳
田中琢編『鐸剣鏡』(『日本原始美術大系』第四巻　昭和五二年)一一六頁。ボストン美術館蔵。

(6)　京都府京田辺市飯岡トヅカ古墳
京都府立山城郷土資料館編『鏡と古墳』展図録　昭和六二年　四二頁　第一二二図。京都国立博物館蔵。

(7)　福井県遠敷郡上中町脇袋西塚古墳
宮内庁書陵部編『出土品展目録　古鏡』平成四年　九四。宮内庁蔵。

(8)　東京都狛江市元和泉町一丁目亀塚古墳
東京国立博物館編『東京国立博物館図版目録』古墳遺物篇　関東Ⅲ　昭和六一年　巻首図版。東京国立博物館蔵。

(9)　埼玉県児玉郡児玉町秋山所在古墳
菅谷浩之「武蔵那珂郡秋山村（児玉町秋山）出土の画像鏡拓本について」（『児玉町史資料調査報告』古代　第一集　北武蔵における古代古墳の成立　第二六図。拓本現存。

(10)　出土地不明
根津美術館編『青山荘清賞』第六　古銅器篇　昭和一七年　第四五図。根津美術館蔵1。

(11)　出土地不明
根津美術館篇『新青山荘清賞』鑑賞編　昭和六二年　第三六〇図。根津美術館蔵2。

(12)　出土地不明
梅原末治「本邦古墳出土の同笵鏡に就いての一二の考察」（『史林』第三〇巻第三号　昭和二一年）一九五頁。個人蔵。

〈神人車馬画像鏡〉

(1)　熊本県玉名郡菊水町江田船山古墳
白木原和美「神人車馬画像鏡」（『肥後考古』第三号　肥後古鏡聚英　昭和五八年）図版一三。東京国立博物館蔵。

(2)　豊前国京都郡出土（伝）
藤井有隣館蔵。

(3)　京都府京田辺市飯岡トヅカ古墳
京都府立山城郷土資料館編『鏡と古墳』展図録　昭和六二年　四三頁　第一二三図。京都国立博物館蔵。

# 第五章　獣文鏡

## (一)　獣文鏡概観

日本の古墳から出土している中国鏡のなかに、獣帯鏡と呼んでいる一群があり、また、それとは区別して獣形鏡と称している一群がある。ともに獣の名があるところから知られるように、内区に獣像を配した鏡式であるが、これを違った名称で呼び分けていることについて、その淵源は高橋健自『鏡と剣と玉』（明治四四年）にまで遡るので[1]、日本における鑑鏡研究の草創期に端を発していることになる。

すなわち、高橋は「鏡背文様の研究は鏡の沿革上最重要なる事項なり、而して鏡背文様中最重要なるは内区に表われたるところにして、鏡の名称も主として之によりて命ずべき」であるという方針をたてて鏡式を分類し、内区に獣像を配した鏡をそこで二分して、一方を獣帯鏡、他方を獣形鏡と呼んだ。内区に獣像を配した鏡には、鈕の外周に広い文様帯がめぐり、そのために獣文部が狭い帯状を呈する類と、鈕の外周にはほとんど文様帯がなく、したがって獣文部が内区の主要な部分を構成している類とがあり、高橋としては、これらを分離したかったのである。

さて、こうした高橋の分類は、獣帯鏡と呼んだ一群のなかから一部が方格規矩鏡として抽出されるなどの、若干の修整が加わりはしたものの、大正ないし昭和前半期の鑑鏡研究を主導した後藤守一や梅原末治によって踏襲された。

しかし、鏡背の文様に基づいて、鏡式を分け命名を行う高橋の示した原則からいうと、獣帯鏡と獣形鏡との分離はそぐわないようにみえる。内区主文部の広狭を分類の基準に加え、これをもし貫くのであれば、たとえば画像鏡についても、内区主文部の狭い類があるので、獣帯鏡や獣形鏡の場合と同じ扱いをして分離をするべきであったからである。高橋が「主として」とことわったのは、原則から外れる例があることを考慮に入れたせいであろうが、それではなぜ、獣像を配した鏡を、この原則から外すことにしたのか、この理由がわからない。

その意味で、獣帯鏡の名称のもとに両者を一括にする樋口隆康『古鏡』（昭和五四年）の処置は、(2)分類上のこのような疑問を、いちおうは解消したものであったといえる。ただし、獣帯鏡という名称については、なお一考を要する。この鏡式にのみ「帯」の字を用いる理由がみとめられないからである。したがって、獣像を配した鏡をひとまず獣文鏡の名称で一括にし、そのうえで、内区主文部の狭い類を抽出して、獣帯鏡と呼ぼうということなら、分類上の整合性は保たれることになるであろう。本稿で使う獣文鏡という鏡式名が、この整合性を重視した呼称であることをあらかじめことわっておきたい。

さて、日本の古墳から出土している獣文鏡には細線式と半肉刻式とがあり、内区をめぐる獣像の数は四〜八体を数える。出土する古墳の時期の新古によって、鏡式の細部などに違いがみとめられるので、それを略述すると、まず獣像の数は、前期の古墳の遺品のほとんどが四体または六体であり、(3)他方、中・後期の古墳の遺品は五・七・八体のいずれかで、四体や六体の例が見あたらないようである。また銘文をみると、前期の古墳の遺品はごく一部を除いて七言句で構成されており、「上方作」で始まる「真大巧」系銘の省略型が多い。これに対して中・後期の古墳の遺品の場合、銘は「真大巧」系の七言句であるが、「上方作」で始まる例を知らない。なお、「上方作」は「尚方作」の仮借で、画像鏡や龍虎鏡の銘としても散見される。

さらに、前期の古墳の遺品については、分布が中・四国に偏ること、破片として副葬された状態で出土する例があること、弥生時代の遺構からも同種の鏡片が出土していることが指摘できるし、細線式が中・後期の古墳の遺品にほぼ限られていることもあげておいてよい。以上述べたように、鏡式の細部の点でも、分布などの面でも、前期の古墳の遺品と中・後期の古墳の遺品とは、かなり明確な一線をもって区分することができるが、このうえにもうひとつ相異点を加えるなら、それは、中・後期の古墳の遺品のなかに、いわゆる同型品が存在することである。

## (二)　細線獣文鏡

いわゆる同型品とされる鏡が六面知られている（図版91〜97）。幅の狭い内区主文部を、四葉座乳で七区に分割し、四神や禽獣を配している(4)。四神が東西南北の所定の位置を占めるように努めてはいるけれども、七区でそれを実現させることはもちろんできない。朱雀区が白虎区に隣接しているのは、このせいである。また、玄武の向かって左にあたる一区を騎獣が占めているが、方格規矩四神鏡の場合であれば、騎獣は白虎と隣接し、これとあい対峙している配置が通例である。騎獣の位置を本鏡において玄武の隣に変更したのは、本来の位置を朱雀に譲らざるをえなかったことによるのであろう。

青龍、朱雀、白虎の各区では、それぞれの主神の正面と背後とに鳥を添えている。これらの主神の存在をきわだたせようとした作者の配慮であろう。青龍と白虎は、それぞれに円文を掲げている。円文の内部を動物が充たしており、青龍ではこれが飛鳥、白虎では蛙のようにみえる。飛鳥が烏で、蛙が蟾蜍であることは容易に想像がつくから、青龍が太陽を、白虎が月を掲げていることになる。

環鈕文の一部を、銘帯にあてている。騎獣像のところから銘が発起し、時計回りに次のような七言句が続く（図版95）。銘の発起する位置が玄武区の左端にあたる例が、方格規矩四神鏡に少なからずみられるので、本鏡の例はそれと通じる。

　銅槃作竟四夷服、多賀国家人民息、胡虜殄威天下復、風雨時節五穀孰、長保二親得天力、楽兮。

　裏字は見あたらない。「兮」のあとに珠文四個を菱形に配して、銘の終了を示している。第一句の「銅槃」は、富岡謙蔵による釈読以降、永く「銅梁」とされてきた。富岡によれば、「銅梁」は四川省合山県の南にある名山のことで、この山が著名になったのは西晋による統一ののちであるから、本鏡の製作は西晋ないしそれ以降にあたるという[5]。しかし、「銅梁」とはどうしても釈することができないから、富岡が行った作鏡年代の推定は、その根拠が失われることになる。

　ちなみに、「銅槃」とは、『説文』に「槃、承槃也」とあるように、青銅製のたらいを指し、水を容れる器であるらしい。この語を細線獣文鏡銘に使った例として、湖南省長沙市絲茅沖工地第一工区の後漢墓MO一四四から出土した細線獣文鏡の銘「上大山見仙人、駕交龍乗浮、食王（玉）央（英）飲澧泉、銅槃□□」が、かろうじて知見にのぼる[6]（図16）。末尾の二ないし三字が釈読できないが、いずれにせよ、本例の「銅槃」は工房名ではない。「澧泉」にちなむ吉祥句として選ばれたのであろうか。小杉一雄の所説を援用して、後漢末の仏徒笮融の浮図祠造営伝承が記す「……銅槃を垂れること九重……」の「銅槃」について検討を加えた入澤崇によれば、それは天上の甘露を採るために高い銅柱上に設けた承露盤で、神仙に関わる器物であるという[7]。それならば、工房名に転用されることもありうるし、吉祥句に使われてもさしつかえない。

**図 16**　湖南省長沙市出土細線獣文鏡（面径 10.9 ㎝）

鈕座の外周をめぐる幅の広い一帯は、小乳で九区に分け、渦文を重ねた一種の唐草文で各区を塡めている。内区主文部が七区七乳で、ここが九区九乳であるのは、陽数としての奇数にこだわったというよりも、七は七曜で、日・月と、火・水・木・金・土の五星をさし、九は九星で、四方および五星をいうとみた方がよい(8)。

いわゆる同型品として知られている六面のなかで、大阪府桜塚古墳群出土鏡（図版93）は、所在不明で、梅原考古資料中の写真によらざるをえない。面径の記録も残っていない。また、大分県日隈一号墳出土鏡（図版92）は七片に割れ、かつ欠失部がある。これらの二鏡については、観察や計測に遺漏がある。さらに、梅原末治が「伝福岡県八女郡古墳出土（故南善吉氏蒐集品）」とした一面は、現在拓本が残るのみで、実物の所在がわかっていない（図版91）。

観察の結果、複数の鏡が共有する鋳造時の傷として、以下列挙した諸傷をあげることができる（表15）。

傷a　朱雀の脚部付近に発生した鋳型の剝離による傷で、外側の櫛歯文帯に及ぶ。

傷b　銘帯の内側をめぐる突帯の一部が、わずかに突出する。

傷c　外区の鋸歯文帯に、小隆起が残る。

傷d　玄武の蛇の一部が鋳潰れて内周の櫛歯文帯に及ぶ。

傷e　青龍の角の上端が鋳潰れて櫛歯文帯に接する。

傷f　向かって左隣りの獣文区で、外側の段が広範囲に盛り上がる。鋳型の剝離。

傷g　同区で、内側の櫛歯文帯の一部が鋳潰れる。

傷h　玄武の向かって右隣りの獣文区で、獣の後脚から外側の櫛歯文帯にかけて、鋳潰れる。

ここにあげた各傷は、進行の形跡がみとめられず、いずれも、踏み返しを示す停滞性の傷である。そうして、これらの停滞性傷のほかに、一過性傷はあっても、進行性傷を見いだすことができない。ところが、表15の結果が示しているように、停滞性傷の共有状況は一様でない。これは、踏み返しのさいに原鏡が複数あったことを物語っている。

すなわち、大阪府桜塚古墳群出土鏡と伝奈良県大安寺古墳出土鏡（図版96）とは、少なくても傷a・g・hを共有し傷b〜d・fの痕をとどめていないことが明らかな点でまぎれもなく同型品であり、他方、大阪府石塚古墳出土鏡（図版94・95）と奈良県今井一号墳出土鏡（図版97）とは、傷a〜gを共有し傷hの痕をとどめていない点で両鏡もまた正しく同型品であり、同型品同士は原鏡を異にしていたことになる。また、福岡県八女郡出土と伝える一鏡は、拓影によると、傷hを有するようである。そうして、五鏡がともに傷a・e・gを共有するとみてほぼ誤りない点からみると、原鏡同士もまた、同型関係にある可能性が高い。つまり、以下に示す関係が五鏡のあいだで成立するのである。

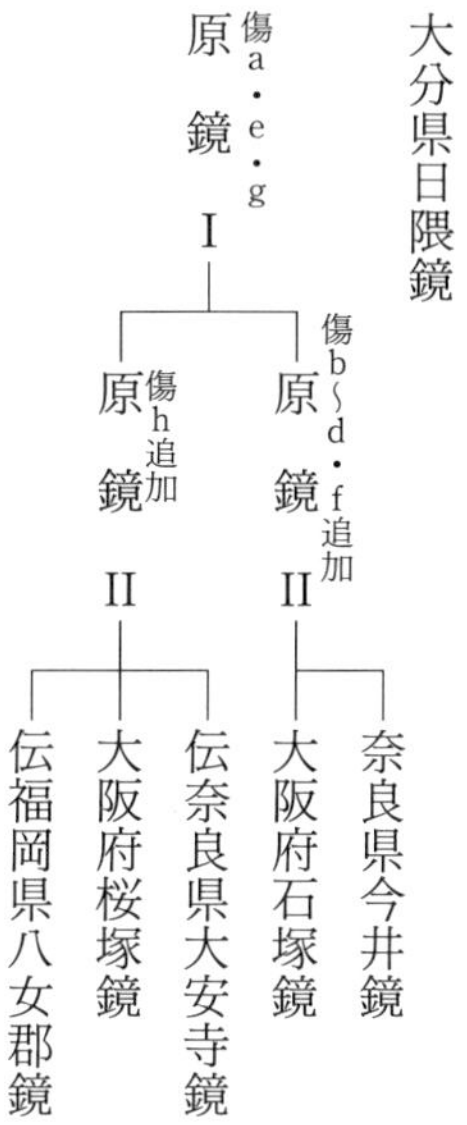


**表15**　細線獣文鏡の各面径と笵傷

| 遺品名 | 面径 cm | 傷a | b | c | d | e | f | g | h |
|---|---|---|---|---|---|---|---|---|---|
| 大分県日隈鏡 | 一三・三 | × | × | × | ？ | 欠失 | × | ？ | 欠失 |
| 大阪府桜塚鏡 | ？ | ○ | × | × | × | ○？ | × | ○ | ○ |
| 奈良県大安寺鏡（伝） | 一一・三〇―一一・三二 | ○ | × | × | × | ○ | × | ○ | ○ |
| 福岡県八女郡鏡（伝） | （一一・二） | ○ | ？ | × | × | ？ | × | ？ | ○ |
| 大阪府石塚鏡 | 一一・六八―一一・七七 | ○ | ○ | ○ | ○ | ○ | ○ | ○ | × |
| 奈良県今井鏡 | 一一・六四―一一・六九 | ○ | ○ | ○ | ○ | ○ | ○ | ○ | × |

**図17**　奈良県今井1号墳出土鏡の一過性傷

　このような関係が成立するとすれば、面径はほぼ等しいことが望ましい。しかし、大阪府石塚古墳出土鏡と奈良県今井一号墳出土鏡とは、面径がほぼ等しいのに対し、伝奈良県大安寺古墳出土鏡の面径は、それよりもいくぶん劣っている。なお、伝福岡県八女郡出土鏡の伝えられている面径は、この伝大安寺古墳出土鏡の方に近い。大阪府桜塚古墳出土鏡の面径が判明していないので指摘にとどめるが、面径がいくぶんにせよ劣る点に注目すると、桜塚古墳・伝大安寺古墳出土の両鏡は、踏み返しの工程がさらにもうひとつ加わっていることが考えられる。ところが、鋳上りをみると、これらの両鏡が劣っているとはいえないのである。踏み返しの工程が同じ段階に属する場合であっても、踏み返した鋳型の収縮度によって面径に相違の生じることがありうるとみて、前出の関係図を追認しておきたい。

　面径といえば、大分県日隈一号墳出土鏡は、既述の四鏡を大きく凌いでいる。また、面径ばかりでなく鋳上りの点においても、図抜けた鋭さがある。したがって、原鏡の資格をそなえた製品であることは疑いない。しかし、もし原鏡であるとすれば、すでに想定したように、傷a・e・gを有するはずであるが、本鏡で存否を確認することができる傷aについては、その痕をとどめていない点で、原鏡の条件からは外れる。原鏡のさらにもとになる原鏡があったか、または原鏡と同型または同笵の一鏡があり、日隈一号墳出土鏡はそれにあたる可能性がある。

　なお、一過性傷について付け加えておくと、奈良県今井一号墳出土鏡の一過性傷のなかに、鈕座の一部を潰し、外周をめぐる小乳や唐草文を経て、櫛歯文や突帯にまで及んでいる大きな傷がみとめられる（図17）。土器技法のナデやオサエの痕跡を連想させる点で、また、鈕孔の入口にあたる点で、この傷は、鋳型がまた水分を含んだ軟らかいあいだに、鈕孔用の中型を設けようとして過ってついたものであることが想像される。この傷の存在は、鈕孔用の中型の装着が鋳型焼成前であったことを示唆するとともに、本鏡が大阪府石塚古墳出土鏡と同笵関係にないことを如実に物語っている点でも特記される。

## （三）　半肉刻獣文鏡

**半肉刻獣文鏡A**（図版98〜107）　いわゆる同型鏡が一〇面知られている。幅が狭い内区主文部を四葉座乳で七等分し、一区を神仙、残る六区を獣像で充たしている。(9)下端に位置しているのが神仙である。向かって右向きに座り、両腕を前方に伸ばして臂を曲げ、渦文を掲げている。向かって右隣りが龍であるから、龍に対して神仙が掲げているものといえば、芝草であろう。獣文の体部はことごとく、向かって左向きであるが、頭部の方向には二様がある。すなわち、頭部を前方にさしのべた姿態と、後方をふりかえった姿態とがあり、これらが交互にいれかわっている。

体向に沿って時計回りに獣像を辿ると、神仙の背後の一区を充たすのは、一角獣である。方格規矩四神鏡ではこの一角獣が、玄武と白虎のあいだにあって玄武を向く例や、白虎と朱雀のあいだにあって白虎と対峙する例をしばしば見かける。獣文鏡でも、このような例が少なくない。獣像の体が同じ方向をとる本鏡の場合もまた、次区は白虎であるから、方格規矩四神鏡や獣文鏡がすでに実行していた獣像配置の約束を、踏襲していることになる。白虎の体部を、縦縞の図文で飾っている。虎の体文からいえば、縦縞は当然であり、卵形の図文で飾ってある他の獣像とは、像容となならんでこの点でも区別することができる。

次区の獣像は、きのこ形に突出する図文を頭頂に戴せている。同種の獣像を鏡背に描いた例を知らないが、鏡以外ならば、四川県昭覚県四開区好谷郷出土の後漢代の石闕を飾っている獣像で、同じきのこ形の角をつけている例が注意を引く(10)（図18）。この例は明らかに、『説文』が「麇身、牛尾一角」と説く麒麟にあたる。本鏡のこの獣像も、体躯

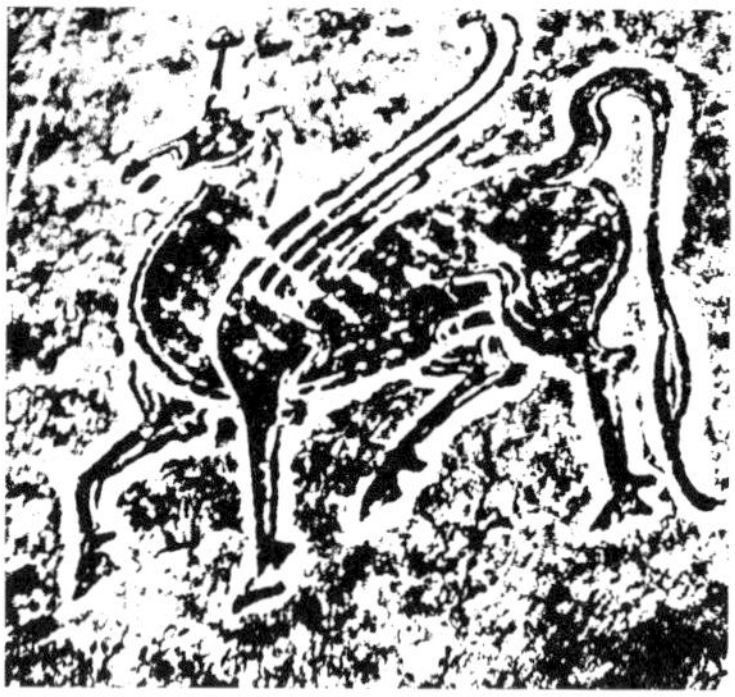

**図 18**　四川県昭覚県出土石闕の獣像

は肥大しているが麒麟とみてよいのかもしれない。背後をふりかえる次区の獣像は、きわだった特徴に乏しいので、獣種まではわからない。次区の獣像は、耳がやや大きく、鼻面が尖っている。鼠か狐を連想させる。以上述べた獣像のなかで、四神にあたるのは青龍と白虎で、玄武と朱雀が欠落している。

ところで、獣文鏡の内区主文部を充たす図像の体向をみると、ことごとくが同方向を向く場合（同向）と、二獣が対峙する場合（対向）と、両者とも併存する場合（併存）があり、獣像の配列はこのいずれかに該当する。なお、獣文鏡のなかで、内区主文部を奇数に分割する例は、対向にしようとしても、完遂することができないから、いきおい併存のかたちをとらざるをえない。奇数分割の例は、したがって、図像の配列が同向か併存のどちらかになるわけである。

獣文を配列した鏡が方格規矩四神鏡の成立をもって始まるとまではいえないかもしれないが、同鏡がその最古のひとつであり、かつ、図像のことごとくを対向させる配列が、同鏡において実現されたことは確言してよい。方格規矩四神鏡の場合、四神の体向は向かって右向きが通例であり、四神のそれぞれに対向する瑞獣はいきおい左を向くことになる。この点で、獣文鏡にみる対向の配列は、方格規矩四神鏡のそれにならったことが考えられ、同向の場合に向かって右に向く反時計回りの配列が多いのも、方格規矩四神鏡の四神の体向を受けついだことが考えられる。このようにみればひとまず説明はつくが、対向にせよ、反時計回りの同向にせよ、これが獣像の理想的な配列であると、方格規矩四神鏡が流行していた当時は認識されていたにちがいない。したがって、当時の認識に立ち戻っていえば、この理想をもっとも完璧なかたちで実現したのが、方格規矩四神鏡の図像配置であったであろうし、獣文鏡でもこの実現をめざしたとしても不思議ではない。

ところが、本鏡の場合、神仙を除けば獣像の配列は同向で、しかも時計回りである。このような配列の例は、日本出土の獣文鏡のなかでわずかに、島根県飯石郡三刀屋町給下松本一号墳出土の一仙五獣鏡で知られているにとどまる(11)(図19)。中国や朝鮮半島での出土例を加えたとしても、稀有に属するのである。本鏡のような獣像の配列は、本来の約束が忘れられようとしていた頃の所産であろう。本鏡の原鏡が製作された年代を推定するうえで、注意すべき点として付言しておきたい。

外区の図文に戻ると、外区を構成する獣文帯には、唐草文状の獣像を影絵風に描いている。長身の龍や獣、短躯の九尾狐が反時計回りにめぐる様子を、かろうじて識別することができる。「玉者証」とされる九尾狐は、瑞獣として加えられたのであろう。小乳で九等分した鈕座の外周に銘がある。渦文で塡めた二区を隔てて、時計回りに「宜」・「子」・「孫」と読める。

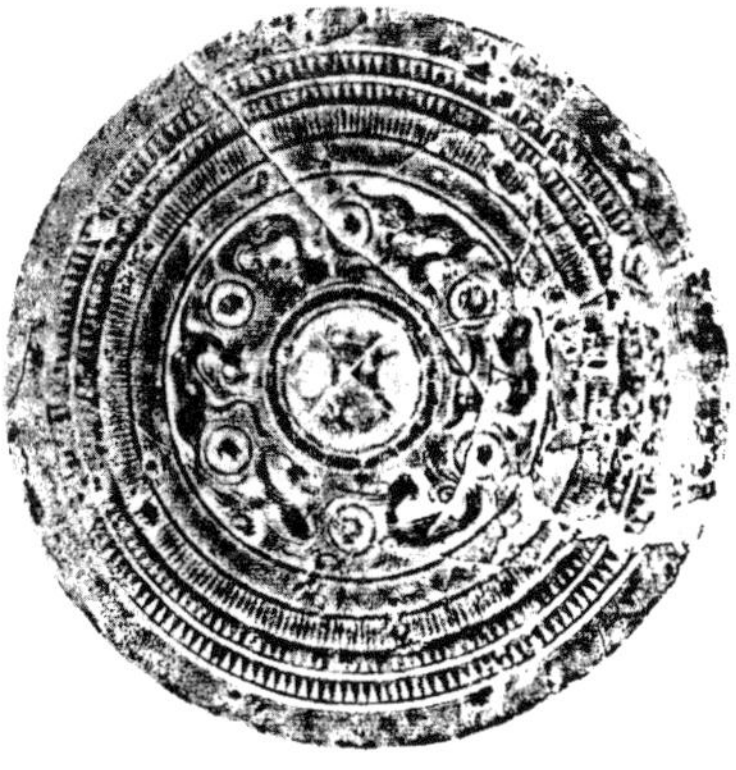

**図19**　島根県松本1号墳出土一仙五獣鏡（面径13.0㎝）

さて、一〇面を数える同型品は、結果を先にいうと、共有傷aの形状とその有無とによって、三群に分離することができそうである（表16）。すなわち、進行性の傷を見いだすことができず、停滞性の共有傷として以下のものがあげられる。

傷a　外区の獣文帯の外縁の一部が突出する。なお、傷aのなかに、低い隆起状のものがある。鋭く突出するaと区別して、これをa'とする。

傷b　環鈕文の隆帯の外縁に、粒状の鋳崩れが発生。

傷c　ふりかえった獣像を配した一区で、獣の下顎部に粒状の鋳崩

**表16**　半肉刻獣文鏡Aの各面径と笵傷

| 遺品名 | 面径cm | 傷a | b | c | d |
|---|---|---|---|---|---|
| 福岡県沖ノ島21号鏡　個人蔵 | 一七・八二―一七・八五 | ○ | × | × | × |
| 宮崎県山ノ坊鏡　歴博蔵1 | 一七・八〇 | ○ | × | × | × |
| 山ノ坊鏡　歴博蔵2 | 一七・五七―一七・五九 | ○ a' | × | × | × |
| 持田1号鏡 | 一七・七四―一七・八九 | ○ | × | × | × |
| 奈良県藤ノ木鏡 | 一八・一二―一八・一三 | ○ | × | ? | ? |
| 愛知県笹原鏡 | 一七・六二―一七・六七 | ○ a' | × | × | × |
| 韓国・慶南鏡（伝） | 一七・六三―一七・七五 | ○ a' | ? | ? | ? |
| 熊本県国越鏡 | 一七・三五―一七・五三 | × | ○ | ? | ○ |
| 福岡県沖ノ島21号鏡　宗像神社蔵 | 一七・五二―一七・五九 | × | ○ | ○ | ○ |
| 三重県木ノ下鏡 | 一七・四四―一七・四六 | × | ○ | ○ | ○ |

れが発生。

傷d　同区外方の縁部で、鋳型の剥離による傷が発生。

これらの傷の共有状況をみると、傷aを残さない一群は傷b・dを共有しており、傷cについても、熊本県国越古墳出土鏡（図版98）では銹のせいでその有無を視認できないが、他の二鏡においてその存在を確かめられる。これに対して傷a・a'を有する鏡は、銹などに妨げられている例を保留にしたとしても、傷b・cの痕跡をとどめていない例がa・a'ともに複数面を数える。そこで傷a・a'を有する鏡をたがいに較べてみると、傷a'を有する一群は、傷aを有する一群よりも、鋳上りが悪く面径も劣っている。ちなみに、傷a・a'の痕をとどめない一群は、鋳上りと面径がさらに劣る。

以上述べたところから、一〇面のあいだで推定される製作上の関係を復原すると、傷a'は、人為的にせよ偶然にせよ、傷aがつぶれて発生したものであるから、傷a'を共有する一群は、傷aを共有する一群から派生し、しかもその原鏡は、傷aを共有する一群とキョウダイ関係にあったことが考えられる。原鏡としてのこの条件を満たす鏡を既知例のなかから求めるとすれば、傷a'を共有する一群のなかでもっとも面径が大きい伝慶尚南道出土鏡（図版107）が唯一の候補にのぼるが、しかし、鋳上りが悪い点に難がある。原鏡は未知の一鏡とせざるをえない。また、傷a・a'の痕をとどめない一群は、傷b～dを共有するとみてさしつかえないであろうから、原鏡を同じくする可能性が高い。しかもこの原鏡は、傷aを有する鋳造の系列からは、外れることになるので、この条件にかなう鏡もまた、既知例のなかに見いだすことができない。原鏡はおそらく、傷aを共有する一群の原鏡とキョウダイ関係にある一鏡であろうが、鋳上りと面径が傷a'を共有する一群よりも劣る点で、この原鏡とのあいだになお一ないし二段階の踏み返しの工程が介在したことが考えられる。

また、鈕孔の方向をとりあげて検討を重ねると、傷a・a'を有する諸鏡では、その方向が鼠風の獣像区の向かって左半分と白虎区の向かって右半分とを貫く線上にあって、a・a'の両群を分離し難い（図20）。これに対して、傷a・a'の痕をとどめていない一群の鈕孔は、その方向が、青龍区と白虎・麒麟両区の境とを貫く線上にあたる。つまり、鈕孔の方向の相違によってもまた、傷a・a'の鋳造の系列とそうでない系列とが分離される。

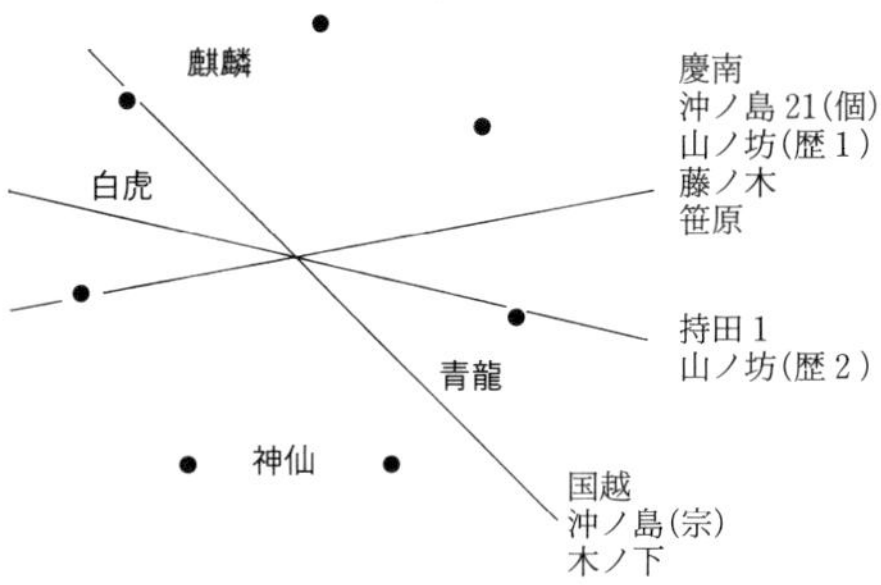

**図20**　半肉刻獣文鏡Aの鈕孔方向

以上推測した結果を図示すると、次のようになる。なお、後考にそなえる意味で、検討すべき可能性の範囲を指摘しておくと、傷aを共有する一群のなかで、奈良県藤ノ木古墳出土鏡（図版104）は面径がもっとも大きい。したがって、原鏡の条件を面径の点では満たしていることになるが、銹に妨げられた肉眼観察では、一過性傷の様子まではわからない。また、傷aないしa'の痕をとどめていない一群について、鋳上りと面径がもっとも劣るので、傷a'がさらに低くなり、隆起が消失してしまった可能性は否定できない。もしそうであるとすると、この一群は傷aを有する鋳造の系列に連なり、原鏡は傷a'を共有する一群とキョウダイ関係にあることになる。原鏡のこの条件を満たす鏡は、既知例のなかには含まれていない。

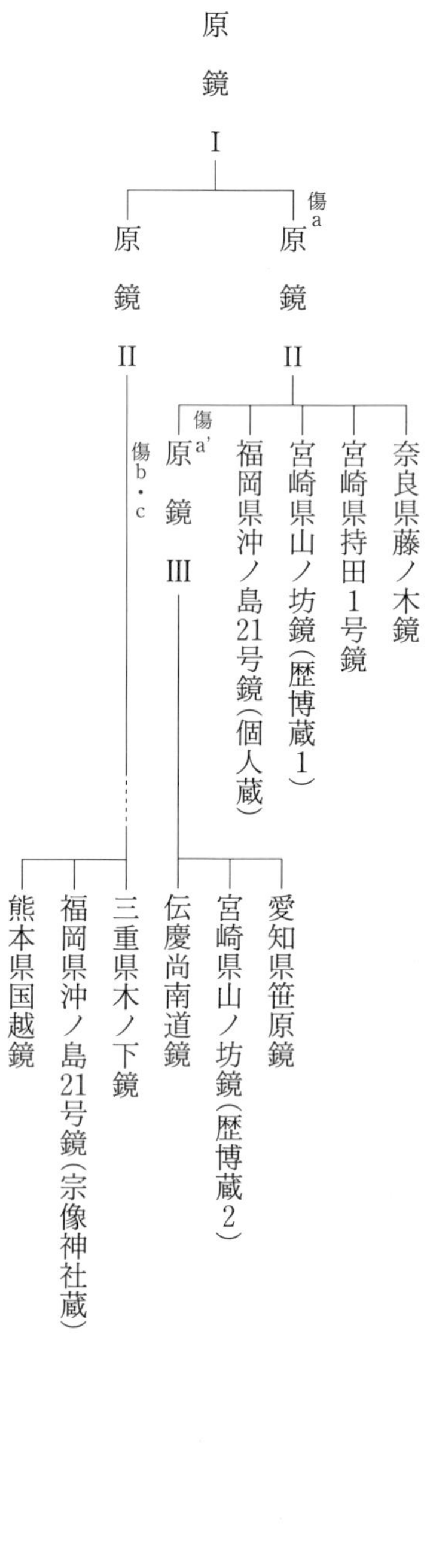


**半肉刻獣文鏡Ｂ**（図版108〜111）　いわゆる同型鏡が四面知られている。これらのうちの一面が忠清南道武寧王陵の出土品である（図版111）。いずれも浮彫りの肉が薄く、鋳上りが良くない。判明した範囲で図像を辿っていくと、四葉座乳で狭い内区主文部を七等分し、各区に獣像を配してあるようである。[12] 上方にあたる一区に玄武が、下方に朱雀がみえる。残余の獣像についてはその種別がよくわからないが、玄武区から時計回りに二区をはさんだ一区に、神仙と獣像の存在がかろうじて知られる。滋賀県野洲郡三上山下として甲山古墳出土(推)の二鏡を学界に紹介した梅原末治は、四神と三図像からなるとしている（図版108・109）。現在所在がわからないこれらの二鏡では、そのように判別することが可能だったようである。

内区主文部をめぐる銘帯から読みとることができた銘文は、玄武区から時計回りに始まる。

尚方作竟真大巧　上有山人不知老　渇飲玉泉飢食棗　□□孫□□□□　壽如金石□□保兮

「真大巧（好）」系銘で、第四句が釈読不能である。同系銘をもっとも多用した方格規矩鏡の場合、第四句は「浮游天下敖三（四）海」をあてるのが通例であるが、半肉刻獣文鏡の同系銘には、たとえば奈良県橿原市川西町新沢一七三号墳出土鏡（図版112）のように、[13] 長い吉祥句にかえた例がみられる（次章注10参照）。したがって、本鏡の第四句は、吉祥句であってもさしつかえない。

鋸歯文帯と幅広い一帯で、外区を構成している。梅原末治によれば、この一帯に唐草文を施してあるというが、確かめる手だてがない。また梅原によれば、小乳で九等分した鈕座の外囲に、鳥文と、「宜」・「□」・「□」銘とがめぐるという。銘のこの欠を、のちに忠清南道武寧王陵出土鏡が補い、「宜」・「子」・「孫」であることがこうして明らかになった。

さて、同型品として知られている四面で、共有することが確認できた傷は、以下列挙した傷a～cであり、これは進行がみとめられない停滞性傷である（表17）。

傷a　朱雀区から向かって左の獣像区にかけて、銘帯や櫛歯文帯に鋳型の剝離や割れによる傷が発生。

傷b　朱雀区の向かって左内側で、二重の隆帯にはさまれた有節重弧文帯の一部が鋳潰れて内側の隆帯と接する。

傷c　玄武区の向かって左に隣接した獣像区で、隆帯の一部が鋳潰れて突出する。

四鏡ともこれらの傷a～cを共有している。なお、群馬県観音山古墳出土鏡（図版110）の精細な検討結果によれば、朱雀区の向かって右隣りの獣像区で、環鈕文の隆帯の外囲をめぐる櫛歯文帯の一部に、鋳型の剝離痕が二個所鋳出されており、この傷は甲山古墳出土鏡（梅仙居1）にのみみられるという。この点を主要な根拠にして、観音山古墳出土鏡の原鏡を甲山古墳出土鏡（梅仙居1）にあてようとしているが、[14] この見解にはなお慎重さを求めておきたい。観音山古墳出土鏡に鋳出されたこの傷は、鋭さを保っており、オヤから継承した傷a～cのように鈍くないこと

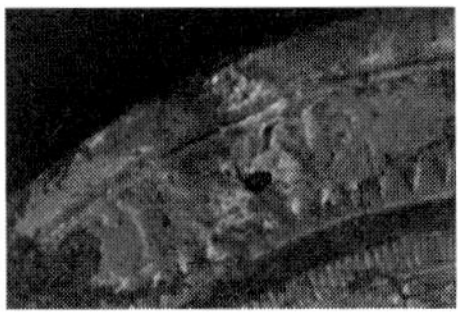

**図21**　群馬県観音山古墳鏡に鋳出された指痕

**表17**　半肉刻獣文鏡Bの各面径と笵傷

| 遺品名 | 面径cm | 傷a | b | c |
|---|---|---|---|---|
| 滋賀県甲山鏡 梅仙居１(推) | 七寸六分（二三・〇三） | ○ | ○ | ○ |
| 甲山鏡 梅仙居２(推) | 七寸四分（二二・四二） | ○ | ○ | ○ |
| 群馬県観音山鏡 | 二三・一六—二三・三一 | ○ | ○ | ○ |
| 韓国・武寧王陵鏡 | （二三・二） | ○ | ○ | ○ |

に加えて、オヤとみなした甲山古墳出土鏡（梅仙居１）に痕をとどめる傷のことごとくが、観音山古墳出土鏡に伝わっているとはいえないからである。

傷の共有に加えて鈕孔の方向もまた、玄武区の中央と、神仙・獣像区の向かって左の乳とを結ぶ線上にあり、四鏡ともよく一致している。ところが、梅原の計測値によれば、甲山古墳出土鏡（梅仙居２）はやや小型で、面径がほぼ等しい残る三鏡とは分離される。写真資料を手がかりにしているので断定はできないが、武寧王陵出土鏡、甲山古墳出土鏡（梅仙居１）、観音山古墳出土鏡は、原鏡を同じくする文字通りの同型品であり、甲山古墳出土鏡（梅仙居２）は、これらの三鏡よりもあとで踏み返しが行われた後鋳品であることが、ひとまず考えられる。そうして、三鏡のそれぞれからかろうじて見てとることができる一過性傷の様子からすると、甲山古墳出土鏡（梅仙居２）の原鏡にふさわしい鏡は、三鏡のなかには含まれていないようである。

以上述べたところから導かれる四鏡間の関係を、可能性のひとつとして示し、後考をまつことにしたい。なお、後考といえば、観音山古墳出土鏡に残された一過性傷のなかで、玄武区の外方にあたる縁部に指頭大の凹みがみられる（図21）。鈕孔の方向に位置している点を重くみて、湯口を設けるさいの傷とみる見解があるかもしれないが、そうではなく、原鏡に押しつけた真土を取りはずすさいに、縁に指を懸けて裏面に力を入れすぎたために縁の突出を招いたこと、あるいは、取りはずした真土型を移動するさいに誤って裏面を強く圧迫したことが想像される。鋳造の実態を知る手がかりになる可能性があるので、付記しておく。

- 原鏡 I
  - 群馬県観音山鏡
  - 滋賀県甲山鏡（梅1）
  - 武寧王陵鏡
  - 原鏡 II……滋賀県甲山鏡（梅2）

**注**

（1）高橋健自『鏡と剣と玉』（明治四四年）。

（2）樋口隆康『古鏡』（昭和五四年）。

（3）ほとんどとことわったのは、七体の例が若干知られているからである。その例として、京都府向日市寺戸町大塚山古墳出土鏡があり、兵庫県神戸市灘区都通三丁目西求女塚古墳出土鏡も加えられそうである。その他、福岡県京都郡苅田町石塚山古墳ならびに岡山市上道町浦間茶臼山古墳から、前期の古墳では珍しく、細線獣文鏡が出土しているが、小断片であるために、獣数までは復原できない。参考までに付記しておく。

（4）内区と外区との段は面径の$1/\sqrt{2}$に、内区外周の櫛歯文帯と獣帯との境は面径の$2/3$に、それぞれあたる。

（5）富岡謙蔵「日本出土の支那古鏡」（富岡謙蔵『古鏡の研究』大正九年）。

（6）周世栄『銅鏡図案—湖南出土歴代銅鏡—』（一九八七年）図六七。絲茅沖工作小組「長沙北郊絲茅沖工地第一工区的古代墓葬」（『文物参攷資料』一九五五年第二期　一九五五年）。笠野毅氏の御教示によって、劉體智編

**図22**　『小校経閣金石文字』所載の銅槃銘龍虎鏡

『小校経閣金石文字』第五冊（民国六八年）巻一五　六七丁表　三〇九五頁所載の龍虎鏡二面の銘に、「銅槃」の例があることを知った（図22）。銘はともに「銅槃作竟大毋傷、左龍有虎辟不羊、朱鳥玄武順陰陽、長保二親楽未央兮」。なお、「銅槃」と読みあらためるべきことを筆者に話されたのは、笠野毅・立木修両氏である。記して謝意を表したい。

（7）入澤崇「仏と霊―江南出土仏飾魂瓶考―」（『龍谷大学論集』第四四号　平成六年）。小杉一雄『中国仏教美術の研究』（昭和五五年）参照。

（8）バビロンのジッグラトが七層に造られたところからも察せられるように、古代メソポタミアにおいて七という数字は、宇宙に関わる聖数で、他の数字よりもとりわけて重要な意味をもっていたらしい。円を七等分する方法とともに、中国天文学の発達にメソポタミアの影響があったのかどうか、西方起源を説く藪内清の論が注目される。藪内清『増補改訂中国の天文暦法』（平成二年）参照。

（9）本鏡の場合、外区と内区との境の段が面径の3／4に、内区外周の圏帯と獣帯との境が面径の2／3に、それぞれあたっている。

（10）高文『四川漢代画像石』（一九八七年）。

（11）出雲考古学研究会編『松本古墳群―斐伊川流域の前期古墳をめぐって―』（『古代の出雲を考える』七　平成三年）。日本出土の、一仙五獣鏡や四獣鏡から構成される獣文鏡の獣像配列を検討すると、同向の方が併存よりも、銘文が整っていることが知られる。

（12）本鏡の場合、外区と内区との境の段が面径の3／4に、内区外周の櫛歯文帯と銘帯との境が面径の2／3に、それぞれあたる。

（13）橿原考古学研究所編『新沢千塚古墳群』（『奈良県史跡名勝天然記念物調査報告』第三九冊　昭和五六年）。

（14）群馬県立歴史博物館「観音山古墳と東アジア世界」展図録（平成一一年）。

## 同型鏡出土地一覧

〈細線獣文鏡〉

(1)　福岡県八女郡出土(伝)
梅原末治「日本出土の中国の古鏡(一)」(『考古学雑誌』第四七巻第四号　昭和三七年)二五二頁。所在不明。東洋文庫梅原考古資料NK－一四七八－六一一八・六一一九。

(2)　大分県日田市中ノ島町日隈一号墳
大分県教育委員会編『豊の国創世紀』展図録　昭和六二年　一〇二頁　第一六七図。日隈神社蔵。

(3)　大阪府豊中市桜塚古墳群
豊中市史編纂委員会編『豊中市史』史料篇　一　昭和三五年　図版二四。所在不明。

(4)　大阪府高槻市土室町石塚古墳
高槻市史編さん委員会編『高槻市史』第六巻　考古編　昭和四八年　巻首図版。個人蔵。

(5)　奈良市大安寺町大安寺古墳(伝)
奈良市史編集審議会編『奈良市史』考古編　昭和四三年　図版五九。五島美術館蔵。

(6)　奈良県五条市今井町上垣内今井一号墳
藤井利章「五条市今井一号墳発掘調査概報」(『奈良県遺跡調査概報』一九八三年度　昭和五九年)図版六。奈良県立橿原考古学研究所蔵。

〈半肉刻獣文鏡A〉

(1)　熊本県宇土郡不知火町長崎国越古墳

乙益重隆「半肉彫獣帯鏡」（『肥後考古』第三号　昭和五八年　一五上段）。熊本県教育委員会蔵。

(2) 福岡県宗像郡大島村沖ノ島二一号址　二面
第三次沖ノ島学術調査隊編『宗像沖ノ島』昭和五四年　図版編一二一。宗像神社蔵　個人蔵。

(3) 宮崎県児湯郡高鍋町持田一号墳
梅原末治『持田古墳群』昭和四四年　図版第二一。宮崎県総合博物館蔵。

(4) 宮崎県児湯郡新富町新田山ノ坊古墳　二面
梅原末治『新田原古墳調査報告』（『宮崎県史蹟名勝天然紀念物調査報告』第一一輯　昭和一六年）図版第三三。国立歴史民俗博物館蔵。

(5) 奈良県生駒郡斑鳩町法隆寺藤ノ木古墳
奈良県立橿原考古学研究所編『斑鳩藤ノ木古墳第二・三次調査報告書』平成七年　二四上段。文化庁蔵。

(6) 三重県亀山市木下町木ノ下古墳
三重県埋蔵文化財センター『三重の古墳』展図録　平成三年　〇二六。三重県埋蔵文化財センター蔵。

(7) 愛知県春日井市勝川町笹原古墳
名古屋市博物館『東海の古墳時代』展図録　昭和五五年　四八頁　一五九。個人蔵。

(8) 韓国慶尚南道出土(伝)
東京国立博物館『寄贈小倉コレクション目録』昭和五七年　九六頁　三九五。東京国立博物館蔵。

〈半肉刻獣文鏡B〉

(1) 滋賀県野洲郡野洲町甲山古墳(推)　二面

山川七左衛門編『梅仙居蔵日本出土漢式鏡図集』大正一二年　一〇～一二。所在不明。

(2)　群馬県高崎市綿貫町観音山古墳
群馬県立歴史博物館「観音山古墳と東アジア世界」展図録　平成一一年　五八頁　Ⅳ－二四。文化庁蔵。

(3)　韓国忠清南道公州郡公州邑武寧王陵
大韓民国文化財管理局編『武寧王陵』一九七四年　図版六三。公州博物館保管。なお、この報告書に掲載した本鏡の写真は裏焼き。

# 第六章　同型鏡考

## (一)　原鏡の製作年代

**七言句銘の系譜**　一五種の鏡から構成される同型鏡群のなかで、七言句の銘文をそなえた鏡は五種である。四言句銘の鏡は九種にのぼるが、狭い方形上においた銘は、鋳上りが悪いせいで、多くが釈読不能である。それに較べると、銘帯に配された七言句銘の方が、はるかによく、銘の全文をとどめているのである。個々にとりあげてきた七言句銘を以下まとめると、

(1)　神人龍虎画像鏡
王氏作竟佳且好、明而日月世之保、服此竟者不知老、壽而東王公西王母、山人子高赤松、長保二親宜孫子。

(2)　神人歌舞画像鏡
尚方作竟自有紀、辟去不羊宜古市、上有東王父西王母、令君陽遂多孫子兮。

(3)　神人車馬画像鏡
公□氏作鏡四夷、多賀国家人民息、胡虜殄威天下復、風雨時節五穀孰、長保二親得天力、傳告後世楽無亟、乗雲駆馳参駕四馬、道従羣神宜孫子。

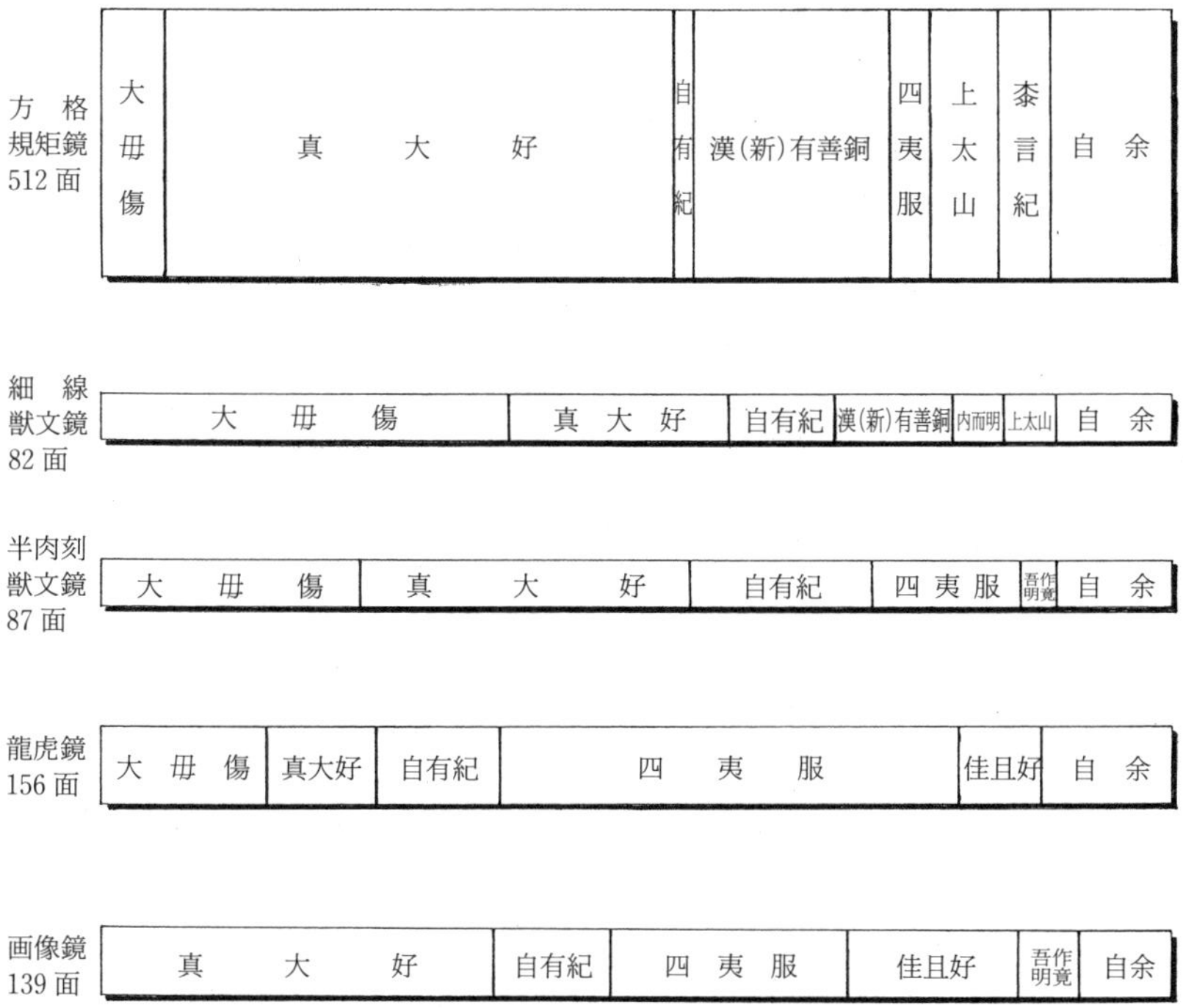


**図 23**　鏡種毎の七言句銘の比率

(4)　細線獣文鏡

銅槃作竟四夷服、多賀国家人民息、胡虜殄威天下復、風雨時節五穀孰、長保二親得天力、楽兮。

(5)　半肉刻獣文鏡B

尚方作竟真大巧、上有仙人不知老、渇飲玉泉飢食棗、□□孫□□□□、壽如金石□□保兮。

中国鏡の銘は通例、約束された文型に沿っており、これらの五銘もまた、それぞれ、そうした文型を骨格としている。すなわち、(1)は「佳且好」系に、(2)は「自有紀」系に、(3)・(4)は「四夷服」系に沿っている。また(5)は、「真大巧(好)」系とみてさしつかえないことを、すでに触れておいた。そこで、該当する各文型をとりあげて、銘文をさらに吟味していこうと思う(図23)。

**佳且好**　七言句銘の多くは、漢中期に流行した方格規矩鏡の銘として育まれ整えられ、いくつかは後代の鏡銘に受けつがれたが、「佳且好」系は、方格規矩鏡に加え細線獣文鏡や半肉刻獣文鏡の銘にも、これをほとんどみることができない。この銘がもっとも好まれたのは画像鏡であり、ついで龍虎鏡においてである。また三角縁神獣鏡の一部でも、同系銘が知られている。したがって、方格規矩鏡銘として育まれた「自有紀」、「四夷服」、「真大巧（好）」の各系よりも、出現が遅れたことは疑いない。

画像鏡で完整をみた同系銘は、第一句「……作竟佳且好」、第二句「明而日月世少有」、第三句「刻治今守悉皆在」が常套である。第四句以下は多様で、「令人富貴宜孫子、壽而金石不知老兮、楽無亟」や「長保二親宜孫子、東王父西王母、大吉羊矣兮」や「長保二親宜孫子、富至三公利古市、傳告后世楽無已」などを、長文の例としてあげることができる。

ところがこの神人龍虎画像鏡銘の場合、第二句の後半が「世之保」で、第三句が「服此竟者不知老」であったから、両句とも常套句から逸脱していることになる。図柄の手慣れた描出ぶりによって察せられる技倆のほどからみて、作鏡者が常套句を知らなかったことは考えにくいとすると、龍虎鏡の「佳且好」系銘のなかには、「明而日月世之保、所見竟者不知老」と綴る例が一部にせよみられるので、(1)同鏡銘から借用した可能性がある。なお、第一句冒頭が「王氏」で始まる例は、方格規矩鏡の「四夷服」系銘で図抜けて多く、「佳且好」系銘のなかには管見の範囲であるが例がみられない。これもまた、画像鏡の「佳且好」系銘としては異例といえるようである。要するに作鏡者は、この神人龍虎画像鏡を作るにあたって、銘に「佳且好」系を採用することは決めたけれども、常套句には関心がなかったし、常套句に反しても許される状況下にあったのであろう。

それでも第三句までは、作鏡者としても脚韻を踏ませるべく、各句の末尾の字に注意を払っている。しかし、第四句以下については脚韻のことを無視して、無難な吉祥句を撰んだようである。無難な吉祥句といっても、第四句にあてた「東王公西王母」は、そもそも七言句に仕立てあげることが難しい語句である。そこで、「壽而」を頭において第四句を八字とし、「赤松子」の末尾を省略して第五句を一字減らし、こうして融通をつけている。七字ごとに目印でもなければ、このような融通は容易でなかったにちがいない。

**自有紀**　方格規矩鏡の「自有紀」系銘は、それぞれ、第一句「桼言之始自有紀」、第二句「湅治銅錫去其宰」、第三句「辟除不羊宜古市」をほぼ常套句とする。この第三句で銘が尽きることも少なくないが、さらに第四句として「長葆二親利孫子」などの吉祥語を添えることもある。しかし、「自有紀」系の採用を決めた神人歌舞画像鏡の作者が、もし方格規矩鏡上の同系銘を眼にする機会があったとしたら、心魅かれたとしても、異和感を懐いたにちがいない。「湅治銅錫去其宰」のような、鋳造の工程を直截に伝える語句は、七言句としては、もうすでに好まれなくなっており、また「桼言之始」のような語句は、七言句を育んだ方格規矩鏡においてこそ、ふさわしいからである。(2)

画像鏡銘の場合、「真大巧（好）」、「四夷服」、「佳且好」、「自有紀」の各系がもっとも好まれた。そうして、「四夷服」系、「佳且好」系、「自有紀」系の第一句は、「…氏作竟」で始まるのが通例であり、これに対して「真大巧（好）」系の冒頭は、「尚方作竟」が多い点からみると、「真大巧（好）」系を「尚方作竟」で始める方格規矩鏡銘の約束が、かなり踏襲されたようである。したがって、「自有紀」系の採用を決めたこの神人歌舞画像鏡の作者が、「尚方作竟」で第一句を起こしたことは、理由はともかく結果としては、異色の選択であったことになる。なお、「尚方作竟」で始まる銘は三角縁神獣鏡にもあり、また、尚方制度は魏晋代に存続するので、そううたってあるからといって、漢代の製品であるとは限らない。(3)

異色の選択をして「尚方作竟」で銘を起こした作鏡者も、第二・第三両句については慣例に順い、「自有紀」系の常套句を連ねることにしたようである。ところが、第四句の銘辞を撰ぶにあたり、もうすでに常套句は尽きていた。第三句「上有東王父西王母」のあとをうけるのであるから、神仙の名を並べた「山人子高赤松（子）」であっても、あるいは吉祥句を並べてもさしつかえなかった。そこで吉祥句に魅かれて、「令君陽遂多孫子」と続けることにしたと想像しておこう。

この吉祥句の用例はほかに見あたらないが、近似した語句の例ならば、龍虎鏡銘に「令君陽遂不知老」、神獣鏡銘に「陽遂富貴老壽」や「令君[陽]遂宜孫子」、獣文鏡銘に「令人陽[遂]貴豪富」を、それぞれ一例ずつではあるがあげることができる。(4) したがってこの吉祥句が、作鏡者の創作でなかったことは疑いないが、同時に、耳慣れた慣用句でなかったことも確かである。

**四夷服**　方格規矩鏡銘の「四夷服」系は、次のような構成になっている。細線獣文鏡ならびに半肉刻獣文鏡Bの「四夷服」系について論評するまえに、同系銘の出発時の構成をまず示しておこう。

第一句「……作竟四夷服」

「王氏」で始まる例が圧倒的に多いことは、すでに述べた通りである。ほかに「羕氏」、「杜氏」、「龍氏」があり、ごく一部には「尚方」もみられる。「作」を「昭」におきかえることがある。「四」はふつう「三」と記す。

第二句「多賀新家人民息」

第二句の常套句であり、変異に乏しい。「新」が大半であるが、これを「国」におきかえることも、まれには行われたようである。

第三句「胡虜殄滅天下復」

第三句の常套句で、これも変異に乏しい。なお、「胡虜殄滅」を「官位尊顕」とおきかえた例が、管見では一例であるが知られる。(5)「胡虜……」で始まるこの常套句を欠く場合がまれにある。その場合には、次の第四句の語句が繰りあがって第三句を構成することになる。

第四句「風雨時節五穀孰」

これもまた第四句の常套句で、変異に乏しい。この語句が第三句に繰りあがると、次の「長保……」が第四句となる。

第五句「長保二親子孫力」、「長保二親受大福」、「官位尊顕蒙禄食」。

第五句以下には変異が目立つ。管見では一例であるが「百姓寛喜得佳徳」がみられる(6)。

第六句「傳告後世楽無亟」、「傳告後世子孫力」、「長保二親子孫力」。

これらに加えて、それぞれ一例であるが「千秋万年受大福」や「長保二親受大福」が知られる(7)。ほかに「□《カ》吉后世子孫大壽以田」があるが、耳慣れた吉祥句とは異なる。

第七・第八句「傳告後世楽毌亟、日月光大富昌」

ほかに語句が整った例から逐次あげると、「傳告後世子孫力、千秋萬年楽毌極」、「長保二親子孫力、傳告後世楽無亟兮」、「傳告後世楽無亟、壽富貴」、「傳告後世楽無亟、大利兮」、「日月光大富貴昌」、「千秋萬歳楽毌亟」がある。

さて、方格規矩鏡の銘系列のひとつとして出発した「四夷服」系は、やがて龍虎鏡や画像鏡でとりわけ好まれ、かつ定型化の度を加えた。すなわち、第一句「……作竟四夷服」、第二句「多賀国家人民息」、第三句「胡虜殄滅（威）天下復」、第四句「風雨時節五穀孰」、第五句「長保二親得天力」、第六句「傳告後（后）世楽無亟」が、完銘のほぼ常套句となるのである。第一句で「三」が「四」に、第二句で「新家」が「国家」に、第五句で「子孫力」が「得天力」に、第六句で「後」が「后」にそれぞれほぼおきかわった点に、注意してほしい。

神人車馬画像鏡の作者は、したがって、この完整をみた常套句を採用したことになる。ところが、完銘であれば「無亟」で終わり、これに短い吉祥語を添えることさえ稀有であるのに、一句ならず二句までも七言句を追加している。この異例の追加はおそらく、撰文の段階においてすでにもくろんでいたのであろうが、既存の「四夷服」系の用例のなかにふさわしい語句を見いだす方途は、むろん閉ざされていた。他系の語句を借用することもできたであろうが、そうせずに、内区図像にかなう語句を、自前で撰んだようである。第一句冒頭の「公□氏」が他に例をみないこととあわせて、第七・第八句の追加とそれが自撰らしいことを指摘しておこう。

細線獣文鏡に移ると、同鏡における七言句銘は、「大毋傷」系、「真大巧（好）」系、「漢（新）有善銅」系、「自有紀」系、「内而明」系、「上太山」系でほぼ構成されている。半肉刻獣文鏡、画像鏡、龍虎鏡でもまた、七言句が好まれたが、細線獣文鏡がもっとも方格規矩鏡の銘に近い。このことは、内区文様の類似からも知られるように、細線獣文鏡の流行期が方格規矩鏡とかなり重なっていたことを示唆している。

なお、各類型が占める比率には相違がある。方格規矩鏡では「真大巧（好）」系が図抜けて多いのに対し、細線獣文鏡の場合、図抜けてというほどの較差はみられないが、それでも二倍程度は「大毋傷」系が、次に多い「真大巧（好）」系を凌駕しているのである。方格規矩鏡とのあいだにこのような相違が生まれた原因については、別に一考を要する。

さて「四夷服」系は、細線獣文鏡銘としてほかに例をみとめることができない。方格規矩鏡銘において「四夷服」系は少数派に属するから、方格規矩鏡よりも格段に製品の数が少ない細線獣文鏡に、「四夷服」系の例が見あたらないことも、不思議でない。大いに「四夷服」系銘が好まれるのは、半肉刻獣文鏡や画像鏡や龍虎鏡の流行をまたなければならなかったのである。

「四夷服」系銘を残すこの同型鏡が、細線獣文鏡で同系銘を有する唯一の例である。今後少しは見いだされる可能性があるので、唯一という点にはこだわらないが、第一句に「四」、第二句に「国家」、第五句に「得天力」とあるところに注意してほしい。方格規矩鏡の「四夷服」系銘ではなく、半肉刻獣文鏡や画像鏡や龍虎鏡の流行期に好まれた同系銘の方が、採用されていることになるからである。第一句冒頭の「銅槃作」が稀有な語であったこととあわせて、この点を強調しておこう。[8]

**真大巧（好）**　方格規矩鏡では、「巧」と「好」がともに使われており、その頻度はあい拮抗する。ところが、細線獣文鏡の場合は、「巧」の方が明らかに多い。そうして、半肉刻獣文鏡、画像鏡、龍虎鏡になると、「巧」にほぼ限られる。細線獣文鏡に「巧」が多い点については、別に考えなければならないかもしれないが、変化の趨勢としては、音韻上の多少の違いを無視しても字画の少ない方向へ動いていったことが窺える。「巧」への統一が進むのと併行して、語句や字が乱れて省略が目立つようになる。たとえば、第一句なら「尚方」を「上方」で、「巧」を「工」で、また第二句なら「仙人」を「山人」でそれぞれ代替し、あるいは、第二ないし第三句以下を省略するのである。

さて、同型品を生んだこの半肉刻獣文鏡Bの場合、三六字を数える銘文の字数は、半肉刻獣文鏡の「真大巧（好）」系銘のなかで、奈良県橿原市川西町新沢一七三号墳出土鏡（図版112）とならんで最大の部類に入る（本章注10参照）。これだけの字数を有するのであれば、第四句を「浮游天下敖三（四）海」として神仙の働きを述べるのが、方格規矩鏡ならば通例であるが、半肉刻獣文鏡ではここを吉祥句におきかえているので、第四句以下に吉祥句を連ねたこの半肉刻獣文鏡Bの銘も、文の構成上では異例とまではいえない。

**異例銘の意義**　同型鏡の七言句銘をとりあげて検討を加えてきたが、その結果、半肉刻獣文鏡Bを除くそれぞれに異例の部分がみとめられた。すなわち、神人龍虎画像鏡の「佳且好」系銘では、第一句冒頭の「王氏」ならびに第二・第三句が常套句から外れること、神人歌舞画像鏡の「自有紀」系銘では、第一句冒頭の「尚方作」が常套句通りでなく、第四句「令君陽遂多孫子」も稀有な吉祥句であること、神人車馬画像鏡の「四夷服」系銘では、第一句冒頭の「公□氏」が他に例をみないこと、末尾に吉祥の二句が加わり、かつ両句とも、作鏡者の自撰を思わせる異色ぶりであることが、それぞれ導かれた。また細線獣文鏡銘については、同鏡銘としてはほかに例をみない「四夷服」系で、しかもこの「四夷服」系銘が、同鏡よりも流行期が遅れる鏡種の文体であること、「銅槃作」が稀有な語であることを示した。なお、半肉刻獣文鏡Bの「真大巧（好）」系銘は、異例とまではいえないが、ただ、獣文鏡の同系銘としてはいかにも長い。

ちなみに、鏡種や副葬時期は同型品と同じであっても、同型関係が見いだされていないことによって区別される七言句銘鏡があるので、少し紙幅を割いてそれらの銘にも言及しておくと、まず画像鏡銘としては、大分県豊後高田市草地鑑堂古墳出土鏡の「四夷服」系銘があげられる。(9)「劉氏作」で始まるこの銘は流行期の「四夷服」系にあたり、「劉氏」で始まる点を除けば、常套句通りである。ついで半肉刻獣文鏡銘としては、すでに触れた新沢一七三号墳出土鏡の「真大巧（好）」系銘が知見に上る。(10)「作」を「乍」、「有」を「又」、「親」を「亲」と記すなど略字が目立つが、第三句までは常套句通りで、第四句以下に「長保二親宜孫子、壽若東王父西王母」という吉祥句を連ねている。この点は半肉刻獣文鏡Bの銘に近い。また、「真大巧（好）」系銘のなかでは字数が最多で、かつ、半ば近くを吉祥句が占めている。この点は半肉刻獣文鏡の「東王父西王母」の冒頭は「上有」がふつうで、「壽若」は珍しい。しかも、「如」でなく「若」を用いている点は、他に例をみない。

さらに細線獣文鏡銘としては、伝大阪府堺市大仙町仁徳陵出土鏡、ならびに岐阜県揖斐郡大野町野城塚古墳出土鏡の「大毋傷」系銘が知られる。(11)伝仁徳陵出土鏡銘は、まったく常套句通りである。城塚古墳出土鏡銘もまた、常套句によく則っているが、末尾の「青盖為志回巨央」は本鏡にのみ例をみる稀有な一句である。以上要するに、同型品が見いだされていないこれらの鏡の七言句銘には、常套句通りのものもあるが、異例銘が含まれている点を注意しておきたい。

そもそも数多い鏡銘のなかで、類型を設けてわれわれが常套句であると認定することができるのは、方格規矩鏡の「真大巧（好）」系銘のように、使用された頻度が高いことによる。つまり、それを有する製品の方が多いのである。ところが、七言句銘鏡の製作がもっとも盛んであった前漢末ないし後漢代には、鏡を副葬する風習がなお盛んであったから、常套句銘の製品はこうして墓中に姿を消していったことが、数多くの副葬鏡の例から想像される。

後漢が滅亡したのち鏡の製作は、華中方面でなお伝統をとどめたが、下火になったことは否めない。それとともに、銘文や図像の、かつてはあれほど厳重であった約束も、三世紀の紀年銘鏡の諸例からみてとることができるように、ますます顧みられなくなった。それとともに、鏡を副葬する風習も、華中方面でこそなお余映をとどめているが、後漢代の隆盛とは較べるべくもない。したがって、もしこの頃に鏡を求めたとしたら、常套句銘の鏡に接するよりも異例銘の鏡に出会う機会の方が、多かったのではなかろうか。そうして、この頃の製品の方が、後代に残る可能性も高かったのではないか。

つまり、七言句銘をもつ同型品の原鏡は、常套句を頻用する流行期から隔たった製品であり、同型品の製作時にはこうした製品の方がよく出回っていたことが、銘の多くを個性派揃いにしたというわけである。もしこのように考えてさしつかえがないなら、七言句銘鏡の製作時期としては、西晋代を中心とする三世紀後半ないし四世紀初頭の頃がふさわしいと思う。この年代観は、仏像様式の方面から画文帯周列式仏獣鏡の製作年代を推定した水野清一の結果にほぼ合致するし(12)、その四字句銘が異色である点とも符合する。

さらに、画文帯環状乳神獣鏡Bなどで龍虎座が東王父の方に伴っていることとも、この年代観は矛盾しない点からすると(13)、同型品が見いだされる一五種の原鏡は、すべてとまではいえないかもしれないが、製作時期がかなり近接していたようである。

むろん、図像からみて、どうしても、七言句銘鏡の製作時期を後漢代にとどめおくべきであるということなら、後漢代の製品をのちに踏み返すことがあり、そのおりに、銘文だけを時代の好みにあうように改変した可能性を、考えることになる。黄初四年銘半円方形帯神獣鏡など、銘の一部にせよ踏み返し時に改変を加えたという例が見いだされているので(14)、全文の改変を望んだとしても不思議ではないし、技術的にもおそらく大きな障害はなかったであろう。しかもその改変が、痕跡をとどめないほどに完璧であった場合、われわれとしてはもう、改変者の技のさえを称揚するだけで、それを見わけることはできない。それならば七言句銘鏡五種はいずれも、このような完璧な改変例にあたるのかどうか、今後の検討をまつことにして、さしあたっては、七言句銘に個性派が多く揃った原因のひとつとして、銘文の改変が行われた可能性が皆無でない点を、指摘するにとどめておこう。

## (二)　同型鏡群の成立

**華中の鏡**　同型鏡群を構成している一五種のそれぞれについて、われわれの眼に触れた製品同士のあいだに介在する製作上の関係を、復原してきた。そこで、復原しえた関係を親族関係になぞらえると、それぞれは、

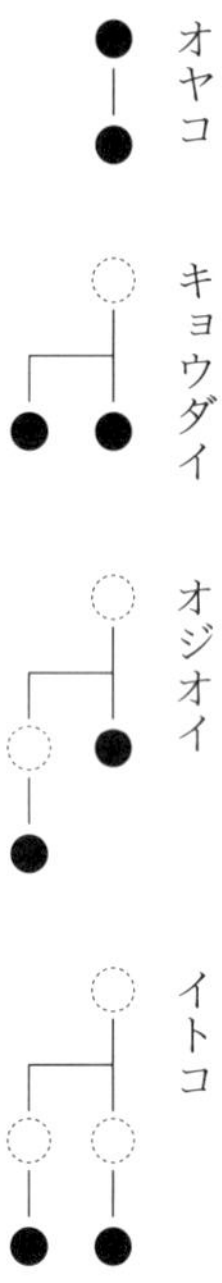


のいずれかにあたる。鏡種ごとにその関係を示すと、次のような結果が導かれる（括弧は断定しえない場合を示し、△は同笵関係を表す）。

| | 面数 | オヤコ | キョウダイ | オジオイ | イトコ |
|---|---|---|---|---|---|
| 画文帯環状乳神獣鏡A | 9 | | ○ | (○) | ○ |
| 画文帯環状乳神獣鏡B | 6 | | ○ | | ○ |
| 画文帯環状乳神獣鏡C | 4 | (○) | ○ | | |
| 画文帯周列式神獣鏡 | 4 | | ○ | | |
| 画文帯重列式神獣鏡A | 2 | | ○ | | |
| 画文帯重列式神獣鏡B | 3 | (○) | ○ | | |

| | | | | | |
|---|---|---|---|---|---|
| 画文帯重列式神獣鏡C | 24 | | ○ | (○) | ○ |
| 画文帯周列式仏獣鏡A | 4 | (○) | ○ | (○) | |
| 画文帯周列式仏獣鏡B | 5 | | ○ | ○ | |
| 神人龍虎画像鏡 | 4 | | ○ | ○ | |
| 神人歌舞画像鏡 | 9 | | ○ | ○ | ○ |
| 神人車馬画像鏡 | 3 | | △ | | (△) |
| 細線獣文鏡 | 4 | | ○ | (○) | ○ |
| 半肉刻獣文鏡A | 10 | | ○ | ○ | ○ |
| 半肉刻獣文鏡B | 4 | | ○ | ○ | |

なお、すでに述べたように、神人車馬画像鏡三面は同笵関係によって結ばれている可能性が強く、画文帯環状乳神獣鏡B六面は原鏡間に同笵関係が介在している可能性を否定できない。また、記入した面数は親族関係に連なった遺品の総和であり、関係復原の手がかりを欠く所在不詳の遺品は除外した。付記して注意を促しておく。

さて、親族関係が判明した鏡の数に眼を向けると、画文帯重列式神獣鏡Cの二四面を最大にして、次位の半肉刻獣文鏡Aの一〇面から画文帯重列式神獣鏡Aの二面に至るまで、遺品数にかなりの差がみとめられる。注目してほしいのは、遺品数が多いと、復原された親族関係が多様である、という点である。キョウダイ、オジオイ、イトコをとりあげていうと、画文帯重列式神獣鏡Cの二四面で関係がこれらの三者に及んでいるのは当然であるとして、また、画文帯重列式神獣鏡A二面がこれらの一者にとどまることも、いたしかたがないが、六〜一〇面では二ないし三者、二〜五面では一ないし二者を数える。すなわち、現在は少数派に属する鏡種も、面数の増加次第で、三者に及びうることが、期待されるのである。

ところが、オヤコに眼を向けると、この関係が成立する可能性があるとした三種、

画文帯環状乳神獣鏡Ｃ　四面

画文帯重列式神獣鏡Ｂ　三面

画文帯周列式仏獣鏡Ａ　四面

は、いずれも少数派であり、画文帯重列式神獣鏡Ｃや半肉刻獣文鏡Ａによって代表される多数派の鏡種には、オヤコにあたる関係が見いだされていない。つまり、オヤを含んでいないのである。

復原しえた親族関係によると、踏み返しのもとになった鏡（原鏡Ｉ）は一四面を数え、原鏡から派生しオヤとして使われた製品は少なくとも一七面に達する。つまり、原鏡Ｉと派生した原鏡IIとを合算した、少なくとも三一面のオヤがなければ、いま見る同型鏡群は成立しえない。ところが、オヤの確証がある製品は見いだされておらず、その疑いがある製品三面を抽出しえたにとどまっている。しかも、これらの三面はいずれも、少数派に較べると、オヤの見いだされる可能性がより高いと思われる多数派ではなく、少数派に属していた。これらの点で、オヤにあたる製品が皆無または僅少であることについて、資料上の偶然とは別の理由が考えられなければならないだろう。

もとより、製品同士が同型でなく、同笵の関係によって結ばれている場合、オヤは存在しなくてもさしつかえないから、オヤにあたる製品が皆無または僅少であるといえば、同笵関係で結ばれていた疑いがまず念頭に浮かぶかもしれない。しかし、ことごとくとまではいえないが大半の製品が、踏み返し品であることは、すでに傷の様子から立証を重ねたところであり、したがって、同笵関係で結ばれる可能性はこの点で否定されることになる。

こうして鋳造方法に原鏡不足の理由を求めることができないとなると、どのような理由が考えられるであろうか。

そこでいま、同型鏡が副葬されるまでを、原鏡の製作—踏み返しの実行—副葬という三段階に分けて、その道程を辿りながら説明すると、まず原鏡Ｉの製作地について、これが中国本土であることは疑いない。それでは踏み返しを

実行したのはどこか。これが日本でないことも、断定してほぼさしつかえないであろう。もし日本で実行に移されたのなら、われわれの眼前にある同型鏡群のなかに、原鏡Ⅰにせよ、原鏡Ⅰからの派生品にせよ、オヤにあたる製品がもう少し多く含まれていなければならないからである。また、朝鮮半島である可能性も、たとえ朝鮮半島出土品に限ったとしても、原鏡が見いだされていないことによって、これを否定することができる。その意味で、画文帯周列式仏獣鏡Aにとどまるにせよ、オヤの候補が中国で知られていることは[15]、踏み返しの実行地を示唆しているとみてよいと思う。

ところが、踏み返しを実行した時期は、あとで詳しく述べるが南北朝期であったとみられる。南北朝期というと、中国における鑑鏡製作が質量ともに著しく停滞していた時期である。この点で、たとえ踏み返しにせよ一〇〇面に達するほど多量の鏡の製作を、この時期に実行に移したとみるのは、難しいようにも思われる。しかし、停滞してもなお華中においては、鏡の副葬が存続しており、副葬鏡中に、文様の便化した小型品とならんで、踏み返したと覚しい製品が見いだされる点に、注意を促したい[16]。つまり、原鏡を後代に伝え、踏み返しを行ったと考えてさしつかえない証拠を、華中ならばわれわれは手にすることができるのである。

また、踏み返しの地を華中方面とみてよいなら、同型鏡群にオヤが皆無または僅少である点については、輸出のさいに、オヤを対象から外そうとしたことが想像される。原鏡Ⅰにせよ、原鏡Ⅰからの派生品にせよ、オヤとして使われたほどの製品であるから、必ずや鋳上りは優れていたにちがいない。踏み返しに携わった工房の側としても、優品の乏しい時代であったので、これを輸出品に加えて手離してしまうことを惜しんだとしても不思議ではない。輸出の管掌者もそれをあえて強制しなかったし、図像の意味を理解していなかった輸入側の倭人も鋳上りの良否にこだわらなかったにちがいない。

さて、輸入された鏡は、やがて副葬に供されることになった。副葬された年代は、中期後半から後期末までの長期にまたがっており、しかも年代の差は鋳造の序列を反映していない。鋳造の序列のうえで、オヤコ間やオジオイ間は異世代、キョウダイ間やイトコ間は同世代にあたるが、副葬年代の新古は世代のこのような序列に従っていないのである。面数が図抜けて多い点で画文帯重列式神獣鏡Cに例を求めていうと、オジオイの関係を想定した場合、一六面のオジと八面のオイとはともに、埴輪編年でいうⅣ期後半から副葬品に加わり始め、埴輪の樹立が下火になる時まで、それぞれ副葬が続いている。これはオジオイのあいだで副葬が並行した例であるが、他方、神人歌舞画像鏡の場合、オジにあたる大阪府郡川西塚古墳や東京都亀塚古墳の出土鏡よりも、オイにあたる福井県西塚古墳出土鏡の方が、明らかに副葬年代が古い。つまり、鋳造上の序列とは逆転しているのである。

このように、副葬が長期にわたり、しかも、その新古が鋳造上の序列を反映していない点について、これは、鋳造が長期にわたって続き、かつ、その序列通りには進まなかったことに、原因があるのであろうか。すなわち、オヤが手元にある限りは、それを踏み返して製品を追加することが可能である。したがって、オヤを手元において、踏み返し品の製作を続けた場合、キョウダイ同士やイトコ同士という同世代製品の追加が長期にわたることにもなり、さらに、オヤの選択次第では、オイの鋳造の方がオジよりも先行することにもなる。

華中における同型品の製作が、このようにもし長期にわたって続いたのであれば、輸入もまた長期に及んだことになる。しかし、倭の五王による遣使を伝える五世紀のうちならばともかく、六世紀にも輸入が継続したかどうかは疑わしい。ましてや、副葬年代が示しているような六世紀後葉にまで、輸入が続いたことは、とうてい考えられない。それは文献史料に六世紀の遣使が見あたらないことにもよるが、五世紀後半ないし六世紀に、南朝がめまぐるしく交替したことを考慮するならば、親族関係にある製品が時を隔てて製作され輸出されたことを推定できるほど、工房や王朝が安定していたとは思えないからでもある。

以上述べたところから、輸入と副葬とを年代のうえで分離して考察を進める自由が得られることになる。そこで、副葬が長期に及んだ点については、これを輸入終了後の国内の問題として扱う途が開かれるが、その論述は次節に譲ることにしたい。また輸入の年代について、詳しくはこれもまた後述するが、ともかくその年代は五世紀に遡らせてさしつかえないことを確認しておこう。

なお、中国との関係に焦点をおいて話を進めてきたが、同型鏡は朝鮮半島からも出土している。半肉刻獣文鏡Bが武寧王陵から出土したことをとりあげ、文献史料に依拠しながら、同型鏡群が南朝－百済－倭という経路で朝鮮半島と日本に伝来したことを推定した樋口隆康の所説が、朝鮮半島からの出土品に関連して想起されるかもしれない(17)。しかし、出土数が格段に勝り、かつ副葬年代がより古いこと、さらには、輸入年代を五世紀に遡らせてさしつかえないことによって、百済－倭という経路は否定されるであろう。そこで、朝鮮半島への経路として、中国から、日本から、双方からという三つの可能性が考えられることになるが、武寧王陵の出土品に南朝との交渉を示す陶磁器があることを念頭においてもなお、同型鏡については日本から渡った可能性を残しておくべきであると思う。

**図 24**　和歌山県隅田八幡神社蔵癸未年銘仿製画像鏡(面径 19.9 cm)

**癸未年**　輸入された同型鏡群は、一部が模作の対象となったことが、仿製鏡の遺品の図文から推定されている。本項でとりあげる和歌山県橋本市隅田八幡神社蔵鏡（図24）は、こうした例の数少ないひとつであり、かつ神人歌舞画像鏡を模作した製品であることが知られている。銘文をそなえ、この銘文を多くの研究者がそれぞれの論点からとりあげているが、筆者としては、製作年を表す「癸未年」に注目したい。「癸未年」までに輸入されていたことを、少なくとも神人歌舞画像鏡については推測することができるからである。

ところが、大正期の高橋健自以来、考古学者や文献史学者が論議を費してきたこの「癸未年」の暦年代について、現在もなお意見の一致をみていない。考古学者のあいだではこれを西暦四四三年にあてる説が、おおよそ定着しており、他方、文献史学者のなかでは、福山敏男の提唱した西暦五〇三年説に支持が多いのである。(18)そこで、西暦四四三年説が考古学者のあいだで定着するようになったきっかけを、同学としていうと、これを唱えた水野祐の意見が浸透していったというよりも、小林行雄の影響によるところが大きいと思う。(19)すなわち、「問題の仿製鏡の製作年代も倭の五王の遣使によって、中国鏡輸入の機会が多かった五世紀のうちにおいて考える方が、古く輸入された鏡を手本としたことにせねばならぬ六世紀にさげて考えるよりは、可能性が強いことは認めてよいであろう」と述べ、西暦四四三年説に考古学上の妥当性を見いだすことができるとする姿勢を、小林行雄は崩さなかった。この小林の所説と姿勢が、共鳴を得たのである。

しかし、西暦四四三年説を表明した昭和四〇年当時、同型鏡群を小林が「同笵鏡」と呼んでいたことに注目すると、この当時の小林の「同笵鏡」とは、非青銅製の原型から踏み返した製品としてなら「同型品」が含まれる可能性を学理上でみとめるいっぽう、鋳型を同じくする文字通りの同笵品をさしていた。つまり、同型鏡群が原鏡から派生した踏み返し品揃いである、とまでは考えていなかったのである。それならば、「同笵鏡」の製作から輸入までの時間は、短い方がのぞましいので、小林が、製作の年代を新しく下げ、あわせて輸入の年代を古く遡らせ、双方を接近させようとしているのは、このように「同笵鏡」とみなしたことによると考えてさしつかえないであろう。しかし、原鏡から派生した同型品でよいということになると、原鏡の製作と同型品の鋳造とを接近させる根拠が失われる。すなわち、原鏡の製作年代については、前節ですでに実行したように、彼地の鑑鏡史の脈絡に則り、他方、同型品の鋳造年代については、出土地側の事情を加味し、こうして分離して考える自由が、与えられるのである。

この点で、考古学者の多くが同意している「癸未年」の暦年代には、なお再考の余地がある。「癸未年」鏡以外にも同型鏡の仿製品が見いだされているので、それらを問題にすると、奈良県北葛城郡当麻町兵家平林古墳出土の一鏡が注意される[20]（図25）。その理由は順を追って述べていくことにして、まずこの鏡が、画文帯周列式仏獣鏡を手本とし、仏獣鏡Aから寸法を、仏獣鏡Bから図文をそれぞれ借用している点を指摘したい。すなわち、二一・五センチをはかる面径と、内部を区画する各同心円の直径が、仏獣鏡Aにほぼ等しく、これに対して図文は、画文帯の車駕に仏像を描き、内区主像の間隙を珠文や短弧線文で充たしてある点が、仏獣鏡Bに連なるのである。このような模作ぶりからすると、二種の画文帯周列式仏獣鏡が模作者のかたわらにあったことは疑いない。そこで中国鏡を直接模作したことが知られる仿製品を、直模鏡と仮称すると、平林古墳出土鏡はこの直模鏡にあたり、「癸未年」鏡もまた、手本の神人歌舞画像鏡と面径や同心円径が一致するので、直模鏡とみてよい。

**図 25**　奈良県平林古墳出土仿製画文帯仏獣鏡（面径 21.5 cm）

ところが、「癸未年」鏡の場合、作者が模倣に終始することに飽きたらなかったのか、注文主の好みを容れたのか、いずれにせよ、内区外周を半円方形帯にかえ、内区主像の間隙を珠文や短弧線文で充たして、改変を試みてもいる。改変にあたって想を借りた鏡として、半円方形帯をそなえた鏡種のいくつかがひとまず候補にのぼるが、半円方形帯鏡でさえあればどれでもさしつかえないということではない。半円方形帯をそなえ、かつ、内区主像の間隙を珠文や短弧線文で充たした鏡が、ここではふさわしいわけであり、しかもそれが、五・六世紀の古墳の出土鏡であることが

のぞましい。これらの条件にかなう鏡があるとすれば、画文帯周列式仏獣鏡Bをおいてほかに見あたらない。つまり、

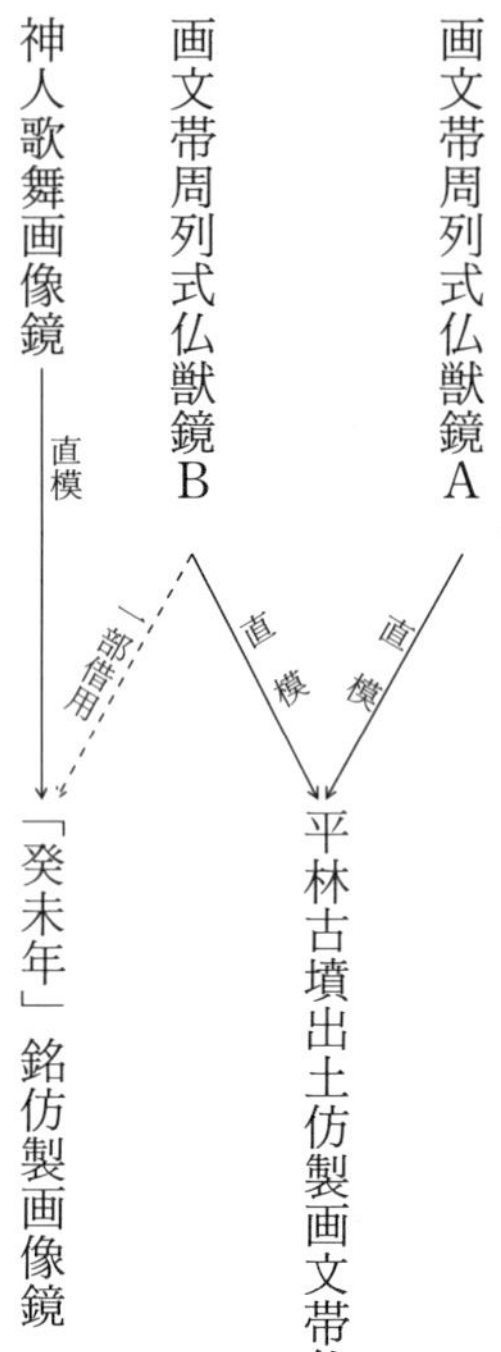


として、論述の結果を示すことができるわけである。

　さて、同型鏡の直模品であることが知られる例は、「癸未年」鏡と奈良県平林古墳出土鏡にとどまる。この点でも両鏡の親しさが察せられる。画文帯周列式仏獣鏡は、あとで例示するように、これらの二鏡以外にも仿製品が少なからず存在しているので、仿製鏡の図柄にとりわけ強い影響を与えたらしいことがわかるが、そうはいっても、これらの仿製鏡にみる寸法の乱れや図像の変形ぶりからすると、直模鏡とまでは断定できない。

　直模二鏡のあいだにこのような親しい関係が成立するためには、作者が同一人であるとまではいえないとしても、作鏡工房が同じであった可能性は大いに考えられる。また、前期の仿製鏡にせよ、中・後期の馬具や飾大刀にせよ、輸入品を忠実に写そうとするところから、国産品の製作は出発するのが、模作の通例であることを思うと、直模二鏡はともに、同型鏡の模作に踏み切った頃の製品であるとみてさしつかえない。

これらのうち、「癸未年」鏡の副葬年代は推測の手がかりが失われているが、奈良県平林古墳出土の直模鏡の副葬年代は、すで推定されている古墳の営造年代からみて、六世紀中葉ないし後半を遡らない。知られている直模品の例はこれらの二鏡にとどまり、さらに、二次的とみざるをえない仿製品の例として、福岡県嘉穂郡桂川町寿命王塚古墳[21]、奈良県生駒郡斑鳩町法隆寺藤ノ木古墳[22]、静岡県掛川市下俣宇洞ケ谷横穴[23]（図26）などからの出土品があげられる。これらの例の副葬年代もまた、六世紀中葉ないし後葉にあたり、五世紀に遡る副葬例は見あたらないことは、古墳の営造年代が示しているところである。

以上、「癸未年」鏡と奈良県平林古墳出土鏡が同型鏡の直模品であること、同じ工房の製作であると推定しうるほど両鏡は親しい関係にあること、ともに同型鏡の模作に踏み切った頃の製品であること、例数の多い仿製鏡の副葬年代は、直模品も二次品も、六世紀中葉を遡らないことを指摘した。「癸未年」をもし西暦四四三年とするならば、製作から副葬までに一世紀ほどの時間が経過したことになる。製作から副葬までが長期にわたる例が、前期の仿製鏡の一部でたしかにみとめられるので、副葬が遅れることのみによって西暦四四三年説を否定するのであれば、それは一部の例を無視していることになる。しかし、こうした伝世の例があることを考慮にいれたとしてもなお、西暦五〇三年説の方が妥当性が高いことは、上記の諸点が指し示すところとしてみとめてもさしつかえないようである。

「癸未年」の問題はまた、須恵器の暦年代とも触れるところがある。すなわち、同型鏡の副葬は後述するようにON四六型式期

**図 26**　静岡県宇洞ヶ谷横穴出土仿製画文帯仏獣鏡（面径 15.0 cm）

から始まったことがわかっているので、ON四六型式に与えるべき暦年代は、西暦四四三年説なら、同年の頃ないしそれ以前に限るのが妥当であり、他方、西暦五〇三年説にたてば、西暦四四三年よりも新しくする自由を得ることになるからである。また逆に、ON四六型式の暦年代をどうしても五世紀後半に下げざるをえないということなら、「癸未年」はおのずから西暦五〇三年ということになるであろう。つまり、「癸未年」次第で須恵器の暦年代が揺れ、須恵器の暦年代によって「癸未年」が定まるのである。

ところが、埼玉県行田市埼玉稲荷山古墳出土鉄剣銘の「辛亥年」が西暦四七一年にあてられて以降、墳丘から出土したTK四七型式古段階という須恵器の年代を、西暦四七一年に近づける意見が出て少なからず賛同を得るようになったので[24]、TK四七型式を六世紀に入れていたそれまでの説とのあいだで、須恵器の暦年代はいま揺らいでいる。また、近年に長足の進歩を遂げた古年輪学の分析結果によって、弥生時代後期の開始が一世紀に遡ることになり、これを契機として、古墳時代の開始を三世紀、須恵器生産の創業を四世紀に遡らせる年代観が、既存の年代観を押しのけて、抵抗なく受けいれられるようにもなりつつある。この意見を尊重するならば、ON四六型式が五世紀前半に遡り、したがって「癸未年」も西暦四四三年説に傾く結果になる。

そこで、須恵器の暦年代を遡らせる意見に一石を投じておくと、同じく古年輪学の分析結果によれば、大阪府堺市浜寺南町経塚古墳の木棺は、辺材部がすべて失われたCタイプで、残存する最外年輪が西暦四六一年にあたるという[25]。この古墳に伴っていた須恵器はTK二〇八・TK二三両型式の交であるから、出土須恵器の年代は西暦四六一＋α年ということになる。そうなると、TK二三・TK四七両型式のあいだに西暦五〇〇年をおいて、TK四七型式を六世紀に下げる従来の説に従えば、αとして二〇年程度は見込むことができるのに対し、TK四七・MT一五両型式のあいだに西暦五〇〇年をおいて、TK四七型式を五世紀に遡らせた場合、αの数値は最大でも一〇年を出ない。そう推算しなければ、TK二三・TK四七両型式をあわせた継続期間は、三〇年を割ってしまうからである。つまり、αが零に近い場合にのみ、TK四七型式は五世紀に遡ることができるのである。Cタイプということであるから、これではいささか苦しいのではなかろうか。また、TK四七型式に後続するMT一五型式の須恵器が、大阪府高槻市土室町新池遺跡で、継体の奥つ城と推定される今城塚古墳に使った円筒埴輪と共伴していた。暦年代の推定にあたっては、これも定点のひとつに加えておくべきであろうし、白井克也が行った「日韓交差編年」の結果とも整合性がある。(26)

文献史学の研究成果によってもまた、「癸未年」がまちがいなく西暦四四三年にあたるというのであれば、遺跡や遺物の暦年代の精確さになお自信がもてない古墳時代研究の水準では、もちろんその成果を尊重せざるを得ない。しかし、山尾幸久が西暦五〇三年説を採るなど、(27)文献史学の分野では西暦五〇三年説に傾き、しかもなお揺らぎがあるということなら、考古学上の検討によってもまた、西暦五〇三年説の方が理にかなっていることを、付言しておきたいのである。

## (三) 同型鏡群の行跡

**集積と拡散** 第一・第二両節で行った考察によって、原鏡の製作年代が少なくとも七言句銘鏡の大半および画文帯仏獣鏡については、西晋代を中心とする三世紀後半ないし四世紀初頭にあたること、原鏡が華中で製作され踏み返しもまた同地で実行されたらしいこと、日本への輸入の年代は五世紀に遡らせてさしつかえないこと、「癸未年」は西暦五〇三年にあたること、この当時、神人歌舞画像鏡ならびに画文帯周列式仏獣鏡二種が作鏡工房にあり、同型鏡の模作がこれらの直模から始まったことを推定した。かくして、同型鏡群が副葬されるまでに辿った経過が少しずつ見えはじめてきたが、なお論議されるべき問題は多い。

そのひとつとして、輸入の実行者のことがあげられる。輸入の実行者について小林行雄は、すでに政治秩序の中核を占め、南朝へ使いを出していた畿内の最高政治勢力つまり畿内政権とこれをみたが[28]、他方、九州地方の五・六世紀の古墳から出土している画文帯神獣鏡をとりあげ、その地の雄族が独力で江南から輸入したとする樋口隆康の所説は、同型鏡の独自輸入説に途を開く点で、小林の見方とは対極にある[29]。また、この説はのちに樋口自身が撤回したので避けるとしても[30]、海を隔てた江南の地から製品を輸入しうるほどの力をたくわえた、たとえば環有明海域連合や有明首長連合の呼称が与えられているような政治上の結合体が存在し[31]、この政治勢力が、江南商人の仲介を経たにせよ、みずからの力をたのんで同型鏡の輸入を実現したということなら、検討の余地があるかもしれない。しかし、同型鏡の分布はいずれも、推定されているような地域文化圏の範囲をはるかに越えており、この事実によって独自輸入説は退けることができる。つまり、「癸未年」鏡の製作工房で模作の対象となった神人歌舞画像鏡と画文帯周列式仏獣鏡二種は、畿内政権のもとに集積された同型鏡の一部であったのである。

なお、「癸未年」鏡の銘文が作鏡の由来を語っており、それによれば、「斯麻」が「開中費直穢人今州利」二人らを遣わして、これを作らせたという。文献史学者のなかに異見があるが、「斯麻」を百済武寧王、「開中費直穢人今州利」を百済の廷臣とみて、この鏡が百済製であることを推定しようとする山尾幸久の所説が[32]、本論に触れる点で注意される。しかし、百済製とみるこの山尾説に対して、神人歌舞画像鏡ならびに画文帯周列式仏獣鏡が朝鮮半島で見いだされていない点で、さらには、踏み返し時に半肉刻の図像を付加した武寧王陵出土の方格規矩鏡は中国製であり[33]、百済の地で作鏡が行われた明証が得られていない点で、考古学上からは受けいれがたいことを指摘しておきたい。

さて、論議の俎上にのぼる次の懸案は、輸入の契機についてである。五世紀に倭が中国に送った朝献の使いは、讃が東晋に方物を献じた義熙九年（四一三）に始まり、武が劉宋に方物を献じて除正を求めた昇明二年（四七八）まで、九ないし一〇度に及んだことが、中国の正史の記事から知られる[34]。「癸未年」が西暦四四三年であるということなら、「癸未年」鏡の手本とされた一部の同型鏡については、その輸入年代が五世紀前半に限定されることになったが、西暦五〇三年説の採用によって、必要ならば五世紀後半に下げる自由も得られたので、江南商人の活動をしいて想像しなくても、朝献によって同型鏡を輸入する契機は、充分にあったわけである。

しかも、同型鏡の副葬がON四六型式期に始まり、TK二〇八型式期からMT一五型式期にかけて盛行する点からみて、輸入の年代を副葬の開始からはなはだしく遡らせるのは、この場合はふさわしくないし、須恵器の年代を古くする意見に一石を投じておいた先述の結果を生かすと、ON四六型式の暦年代は五世紀後半のうちに入る。それならば、このような条件を満たす輸入の契機として、珍による元嘉一五年（四三八）の朝献、済による元嘉二〇年（四四三）ならびに元嘉二八年（四五一）の朝献、王名が記されていないが済によるらしい大明四年（四六〇）の朝献、さらに加えるなら興による大明六年（四六二）の朝献が、候補にのぼるであろう。考古学上の可能性からいうと、これらのいずれであってもさしつかえはないし、輸入の契機が一度であったのかどうかも問題であるが、『宋書』倭国伝の記述からすると、珍による元嘉一五年の朝献と、済による元嘉二八年の朝献が注意されてよい。

すなわち、元嘉一五年の朝献では、高位を望んだ珍の思いはかなわなかったがはじめて安東将軍・倭国王に叙せられ、同時に倭隋ら一三人が珍の要請通りの将軍号を与えられた。また、元嘉二八年の朝献では、軍号が安東大将軍に進み、百済が外されたけれども朝鮮半島南部に対する軍事権が承認を受け、こうして宿願がひとまず達成され、しかも要請していた二三名の軍郡号まで許された[35]。これらの点で、それぞれの朝献は、特別な意味をもっていたとみられるからである。つまり、同型鏡を輸入した契機として、外交に特別な進展をみたおりの方が、他の朝献時よりも可能性が高いことを、正史の記述によってみとめたいと思うのである[36]。

さて、輸入された同型鏡は、畿内政権のもとにおさまったのち、各地に拡散していった。一部が朝鮮半島に達したとまではなお断定しえないとしても、拡散の範囲は広く、九州南部から関東北部に及んでいる。そうして、拡散した鏡が副葬に供され、まれには神祀りのためにも役立てられ、このようにして姿を消してしまうまでに、ON四六型式期からTK二〇九型式期に至る、一世紀半ほどの時間を閲したことを、三重県神前山一号・千葉県祇園大塚山両古墳と、岡山県王墓山・千葉県鶴巻塚両古墳との営造年代の隔たりとして、推知することができる。

同型鏡が姿を消してしまうまでに、これほどの長い時間を要したことについて、これは畿内政権からの拡散が長期に及んだせいであろうか。そうではなくて、拡散は短期間で終了したが、地域ごとのさまざまな事情によって、姿を消すまでの時間に差が生じた、ということであろうか。つまり、拡散した年代について、これを同型鏡それぞれの副葬年代に近づける考え方と、輸入年代の方に近づける考え方とがありうるのである。

そこでふたたび、「癸未年」鏡にかえると、「癸未年」を西暦五〇三年にあてた私見で誤りがないとすると、この当時畿内政権のもとに、神人歌舞画像鏡と画文帯周列式仏獣鏡二種とが存在していたはずであるから、輸入後ほどなく始まった同型鏡の拡散は、約半世紀を閲してもなお、終了していなかったことが知られる。それでは西暦五〇三年当時、畿内政権のもとに、どれほどの種類の同型鏡が、どの程度残っていたのであろうか。これについてもまた、二様の見解がありうる。

まずひとつとして、同型鏡の拡散が大いに進み、西暦五〇三年の頃にはもうほとんど尽きていた、という見解である。つまり、拡散が短期に終了したとみるわけである。神人歌舞画像鏡と画文帯周列式仏獣鏡二種とがかろうじて残っていたので、これらを出庫して模作品の製作にあてた。しかしほどなく、手本に用いたこれらの鏡もまた拡散し、同型鏡がいよいよ尽きてしまった。模作品の追加にあたって画文帯周列式仏獣鏡に範を求めたが、もうすでに手本がなかったために、二次的な模作に終始せざるをえなかった、ということになる。

もうひとつとして、同型鏡の拡散は、西暦五〇三年当時においてなお途上にあり、多種多量の同型鏡が畿内政権のもとに残っていたという見解がありうる。拡散の終了までに時間を要したとするこの見解を採ると、残っている製品のなかから、神人歌舞画像鏡と画文帯周列式仏獣鏡二種とを特に選び出し、模作の用にあてた。しかし、これを限りに直模用の出庫を抑えたので、画文帯周列式仏獣鏡に範を求めても、二次的な模作にならざるをえなかった。あるいは、手本を出庫して工人に示したけれども、それを再現しようとする意欲や技倆が、工人の側に乏しかったし、注文側もそこまでは要求しなかった、ということになろう。

結論を急ぐと、以上示した二様の見解のうちから、どちらかを選ぶことが、もし求められているのであれば、筆者としては、拡散が短期で終了し、西暦五〇三年当時、同型鏡の在庫が尽きかかっていた、という先に示した見解の方を採りたい。神人歌舞画像鏡と画文帯周列式仏獣鏡二種とが特に直模の手本として選ばれたことも、また、直模以降、画文帯周列式仏獣鏡の二次的な模作に終始するようになったことも、この見解ならば容易に説明がつくからでもあるが、同時に、同型鏡のような南朝からの輸入品は、冊封下にあって朝献に赴いていた五世紀においてこそ、拡散が意義をもっていたと考えるからでもある。

このようにいえば、とりわけ馬具に関心をもっている識者から、異論が出るにちがいない。すなわち、同型鏡に伴う馬具を代表するｆ字形鏡板と剣菱形杏葉が、副葬年代の新古に従った形態変化をみせており、たとえば剣菱形杏葉は、岡山県築山古墳例を最古として、三重県井田川茶臼山古墳例や群馬県恵下古墳例に至る変化を、副葬年代の新古に即して円滑に辿ることができる。つまり、馬具については、伝世のあったことを推定することが難しいらしいのである。したがって、これらの馬具が畿内から畿外へ拡散したとみる、同調者が少なくない見解に従っていうと、畿外へのこの馬具の拡散は西暦五〇三年以降も継続したことになり、同型鏡もまたこのさいに、拡散の対象に選ばれたことは、ありえたようにみえる。

しかし、四世紀の副葬鏡が五世紀の古墳から出土した、京都府城陽市平川車塚古墳の三角縁神獣鏡(37)や岡山県赤磐郡山陽町正崎二号墳出土の仿製画像鏡(38)の例はさておくとしても、島根県松江市大草町岡田山一号墳の内行花文鏡(39)、鳥取県西伯郡淀江町中西尾六号墳の画文帯環状乳神獣鏡[40]、大阪府茨木市福井海北塚古墳の細線獣文鏡[41]など、鏡には、六世紀後半の古墳から出土して、伝世の介在をどうしても推定せざるをえない例が、同型鏡の一部以外にも見いだされる。つまり、伝世を肯定しうる点で、馬具とのあいだに一線を設けることができるのである。

**西指向と東指向**　同型鏡群の拡散状況を、あらためて鏡種ごとに辿ってみると、傾向上の相違が見いだされ、その相違に基づいて一五種は、次にあげるところの三群に分離される（表18）。すなわち、

　　畿内および周辺とその以西に主に拡散した西指向の一群
　　畿内および周辺とその以東に主に拡散した東指向の一群
　　畿内および周辺と東西の各方面とに、偏ることなく拡散した一群

である。

もとより出土数には、鏡種ごとで多寡の差がみられる。出土地が判明している例に限るとしても、画文帯重列式神獣鏡Cの二三面から画文帯重列式神獣鏡A・Bの各二面まで、その差はまことに著しい。したがって、出土数の少ない少数派の鏡種であるほど、資料のわずかな追加によっても、拡散状況の変容する確率が高いことは、あらかじめ念頭においておかなければならないであろう。しかしそうではあっても、本書の第二部第四章で詳述するように、短型垂飾付耳飾や蛇行剣などの分布にみる西指向、鈴鏡や鈴釧などの分布から知られる東指向、横矧板鋲留短甲の分布によって代表される東西指向があり、同型鏡と近い時期に副葬品に加わった他の器物の分布傾向の差とも、こうして同調を示していることは、表18にみる拡散状況の相違が偶然の所産でないことを示している。

さて、表18の結果をさらに辿ると、西指向の一群は、畿内のなかでは大和に分布が集中していることがわかる。他方、東西指向の一群は、河内に多い。西指向でみた大和ほどは分布が集中していないが、それでも河内が大和を凌いでいる点に注目しておこう。つまり、西指向と東西指向とのあいだで、畿内における分布の中心が違っているのであ

る。

ところが、大和に分布の中心をおく西指向の一群はさらに、二つの小群に分離される。小群のひとつは、大和を主座にして畿内に分布の中心をおく、画文帯環状乳神獣鏡Cと、神人龍虎画像鏡、細線獣文鏡で、これらの西方への拡散は、細線獣文鏡の筑後にとどまっている。もうひとつは、畿内を分布の中心としていない、画文帯環状乳神獣鏡A、画文帯周列式神獣鏡、神人車馬画像鏡、半肉刻獣文鏡Aで、これらの西方への拡散はいずれも肥後に達している。

このように小群に分離することが可能であるのは、西指向の一群のみであり、東指向や東西指向の各群は等しく、畿外分散色を帯びている。それではなぜ、西指向の一群にのみ、畿内中心の小群が含まれるのであろうか。

同型鏡の拡散が五世紀中葉に始まったことはすでに指摘したが、これは同時に、副葬品としてわれわれの眼に触れる横矧板鋲留短甲などの器物が、畿内から畿外へと分布上の比重を移した点で、畿内を中心に器物の充足をはかってきた伝統的な方針に、重大な変更が加わった時期でもあったことが推測されている。そうして、この変更が軍事動員の広域化に伴うものであったことも、すでに指摘されているところである[42]。西指向のうち、畿内集中の小群をa群、畿外分散の小群をb群とそれぞれ仮称して一括りにすると、要するに、西指向a群は伝統的な方針通りに、西指向b、東指向、東西指向の各群は新方針に基づいて、拡散したことになるわけである。

拡散というと、畿内から各地へ器物の所在が移ることを、三角縁神獣鏡の移動については、分与や配布と表現していることが想起される。三角縁神獣鏡でいう分与や配布とは、京都府相楽郡山城町椿井大塚山古墳の被葬者の活動としてすでに復原されているように[43]、畿内政権の意向を受けて特定の人物が畿外へ赴き、政権の意向を伝え、携えてきた器物を手渡す意味である。そうして、三角縁神獣鏡の移動について復原された、器物移動のこのようなかたちが、ありえたのなら、畿内から器物が移動するもうひとつの拡散として、大王のもとに出仕していた人物が、下番のさい

| 摂津 | 河内 | 大和 | 山城 | 近江 | 若狭 | 伊勢 | 志摩 | 尾張 | 三河 | 遠江 | 信濃 | 加賀 | 武蔵 | 上野 | 下野 | 上総 | 出土地不詳 | 鏡種別 出土面数 |
|---|---|---|---|---|---|---|---|---|---|---|---|---|---|---|---|---|---|---|
| | | 藤ノ木<br>都　祁 | 内里 | | | | | | | | | | | | | | | 4 |
| | 高井田 | 米山 | 鏡塚 | | | | | | | | | | | | | | | 5 |
| 桜塚<br>石塚 | | 大安寺<br>今　井 | | | | | | | | | | | | | | | | 6 |
| | | 吉備塚 | | | | | | | | | | | | | 野木 | | | 9 |
| | | | | | | | | | | | | | | | | | ※1 | 4 |
| | | | トヅカ | | | | | | | | | | | | | | | 3 |
| | | 藤ノ木 | | | | 木ノ下 | | 笹原 | | | | | | | | | | 10 |
| | | | | | | | | ※二子山 | | | | ※狐山 | | | | | 1 | 3 |
| | | | | | | | | 二子山 | | | | | | | | 鶴巻塚 | | 4 |
| | 駒ケ谷 | | | | 国分 | | | | | | 御猿堂 | | | | | ※大塚山 | 1<br>※1 | 6 |
| | | | | | | | 塚原 | | | | | | 稲荷山 | 観音塚 | | 大多喜 | | 6 |
| | | | | | | | | | | | | | | ※恵下 | | | | 2 |
| 勝福寺 | 東塚 | 新沢 | | | 丸山塚 | (2)<br>茶臼山<br>神前山<br>(3) | 神島 | | 亀山 | 奥の原 | 下川路 | | | 原前 | 牛塚 | | 3 | 26 |
| | 西　塚<br>郡　川<br>長持山 | | トヅカ | | 西塚 | | | | | | | | 亀塚<br>秋山 | | | | 3 | 12 |
| | | | | 甲山<br>(2) | | | | | | | | | | 観音山 | | | | 4 |
| 3 | 6 | 8 | 4 | 2 | 3 | 6 | 2 | 3 | 1 | 1 | 2 | 1 | 3 | 4 | 2 | 3 | 10 | 104 |

※改造品　平成8年2月29日作成，同11年10月7日補訂

**表 18**　同型鏡の分布一覧

| 出土地名 / 鏡式名 | 中国 | 朝鮮 | 肥後 | 筑後 | 筑前 | 豊前 | 豊後 | 日向 | 備後 | 備中 | 備前 | 伊予 | 讃岐 | 丹波 | 播磨 |
|---|---|---|---|---|---|---|---|---|---|---|---|---|---|---|---|
| 画文帯環状乳神獣鏡C | | | | | | | | 油津 | | | | | | | |
| 神人龍虎画像鏡 | | | | | | 馬ケ岳 | | | | | 築山 | | | | |
| 細線獣文鏡 | | | | 1 | | | 日隈 | | | | | | | | |
| 画文帯環状乳神獣鏡A | | | 船山<br>迎平<br>国越 | | 山ノ神 | | | 持田 20 | | | 西郷免 | | 津頭西 | | |
| 画文帯周列式神獣鏡 | | | 船山 | | | | | | | | | 金子山※ | | ※ヨセワ | |
| 神人車馬画像鏡 | | | 船山 | | | 京都 | | | | | | | | | |
| 半肉刻獣文鏡A | | 慶南 | 国越 | | 沖島 21<br>(2) | | | 持田 1<br>山ノ坊<br>(2) | | | | | | | |
| 画文帯重列式神獣鏡B | | | | | | | | | | | | | | | |
| 画文帯周列式仏獣鏡A | 1 | | | | | | | | | 王墓山 | | | | | |
| 画文帯周列式仏獣鏡B | | | | | | | | | | | | | | | |
| 画文帯環状乳神獣鏡B | | | | | | 京都 | | 山ノ坊 | | | | | | | |
| 画文帯重列式神獣鏡A | | ※1 | | | | | | | | | | | | | |
| 画文帯重列式神獣鏡C | | | 船山 | | 勝浦<br>沖島 21 | | | 持田 24<br>持田 25 | 高塚 | | 茶臼山 | | | | 里 |
| 神人歌舞画像鏡 | | | | | | 番塚 | | | | | 朱千駄 | | | | |
| 半肉刻獣文鏡B | | 武寧 | | | | | | | | | | | | | |
| 地域別出土面数 | 1 | 3 | 7 | 1 | 5 | 4 | 1 | 8 | 1 | 1 | 4 | 1 | 1 | 1 | 1 |

に、有銘鉄剣を持ち帰るという、埼玉県埼玉稲荷山古墳出土鉄剣の銘から推察されるようなかたちもまた、あってよい。むろん、たとえば手渡し式に拡散するというような、他のかたちも理屈のうえではありうるが、畿内から各地へ向かう器物の、政権の意志に基づく広域移動のかたちを問題にするのなら、生硬な用語であるが、政権側が携えて行く下向型と、政権のもとへ出向いて行く参向型とに限るべきであろう。

器物の移動に歴史的意義を付与する考古学の立場からみた場合、下向型よりも参向型の方が、律令体制に繋がる点で、畿内政権の影響力ないし支配力がよりいっそう強化されたかたちであったことは疑いない。それならば、畿内集中から畿外分散へと転じた、五世紀中葉における重要な変更は、器物の移動の仕方の改革であり、この改革を参向型の推進として内容を説明したとしても、はなはだしく的を逸したことにはならないであろう。なお、この点については本書の後半で再論したので、あわせ参照願いたい。

それでは、畿内を中心に器物の充足をはかる伝統的な方針に則した拡散の状況が、西指向の一群のなかにのみとめられたことは、参向型の推進として説明した新方針へ移るまえに、まず西方へ向かって、同型鏡の拡散が始まり、途中で方針が変わったことを示しているのであろうか。そうではなく、新方針が実行に移されてもなお、旧方針が大和に関しては貫かれていたことを、表しているのであろうか。つまり、西指向の一群については、旧方針から新方針へと転じたのか、新旧両方針があいならんで出発したのか、この点が問われなければならないのである。

解決に近づく手だては一様でないであろうが、さしあたっては副葬の開始時期の差を検討するのが捷径であろう。西指向a群については岡山県築山古墳出土鏡、東指向群については千葉県祇園大塚山古墳出土鏡、東西指向群については三重県神前山一号墳出土鏡や福井県西塚古墳出土鏡などによって、それぞれ開始の上限を画することができる。したがって、開始の年代はほぼ近接しており、須恵器編年のＯＮ四六型式ないしＴＫ二〇八型式の時期にあたる。また、西指向ｂ群については、熊本県国越古墳出土鏡、熊本県江田船山古墳出土鏡、香川県津頭西古墳出土鏡、三重県木ノ下古墳出土鏡がそれぞれ、須恵器によって副葬年代を推定することができる確例であり、TK四七型式ないしMT一五型式の時期にあたることがその型式から知られる。須恵器の二型式分ほどは副葬開始の年代が他群よりも新しいことになるが、副葬年代の推定しがたい例がこの西指向b群に多い点を考慮すると、半肉刻獣文鏡Aが出土している福岡県沖ノ島二一号址の年代が注意される。すなわち出土品中に、金銅装の鋲留冑のように五世紀に限られる器物があり、他方六世紀に流行する捩り環頭の大刀装具があるから、この祭祀址の年代は、両者が併存することが許された五世紀後半に求めることができるからである。

つまるところ、既知の資料に基づく考古学上の手続きによってしては、各群のあいだで、拡散の発起の年代に明らかな差異をみとめることが難しいといわざるをえないのである。

しかしこの結果については、さらに別の可能性を容れる余地がある。年代や時期や新古を器物の形態などによって推定する考古学の手法では、年代に微妙な差異がもしあったとしても、識別するのが容易でないからである。また、副葬年代とは、被葬者が身罷り、奥つ城の造営が完成した年代のことである。したがって、被葬者の死亡年齢がわかっておればまだしも、生前の特定の活動の年代を、副葬年代から割りだすことには、おのずと限界がある。これらの点を考慮に入れてよければ、西指向a群の扱いをめぐって、もう少し推考を進めていくことが可能である。

同型鏡群が日本に輸入される契機を求めるとすれば、珍による元嘉一五年（四三八）ならびに済による元嘉二八年（四五一）の朝献が注意されるべきことを、前項で述べておいたが、文献史学者の所説によれば、仁徳崩御から雄略即位に至る五世紀中葉は、履中・反正・允恭・安康と治世年数の短い大王が続いたことになる。応神から雄略に至るあいだに、葛城氏出身の后妃を迎えた大王と、そうでない大王との対立があったことを、神田秀夫(44)や小林行雄(45)が説いているが、五世紀中葉は、このような血脈上の暗闘がことに激しかったということになるのであろう。

このように王位に安定を欠く状態であれば、地方経営が停滞の色をみせ、輸入した同型鏡群の扱いが定まらなかったとしても、不思議ではないし、雄略のもとで地方経営が著しく進捗したことを、多くの文献史学者が指摘してもいる。つまり、西指向a群について、市辺押羽皇子のような葛城系の王位予定者の存在が、あるいは大伴氏の抬頭が、大和への集中をもたらしたのかどうかはともかく、雄略即位の直前か、または直後の、経営の新方針が定まるまでに、他群に先立ってその拡散が実行されたのであれば、副葬年代からそれを導き出すことは、ほとんど不可能に近いのである。

副葬年代に基づく両案を採るべきか、文献史学で補われた案の方が当を得ているのか、ここまで推測を進めてくると、もう筆者としては手がかりが尽きた。そこで、西指向a群の存在が五世紀中葉における微妙な政治状勢を反映しているらしいこと、また、西指向、東指向、東西指向という三群が、五世紀後半における地方経営の進捗ぶりを表しているらしいことを、あらためて指摘するにとどめて、論を次に進めていこう。

**同型鏡の伝世**　同型鏡の拡散が、私見通り、五世紀代でほぼ終了していたとすると、それではなぜ副葬が、六世紀末に及ぶほど長い時間を要することになったのであろうか。同型鏡の副葬年代をふたたび洗い直すと、六世紀後半に降ることが確実視される、言いかえると、まぎれもなく伝世したことになる、須恵器のTK四三型式期以降の例として、

岡山県王墓山古墳例（画文帯周列式仏獣鏡A）
奈良県藤ノ木古墳例（画文帯環状乳神獣鏡C、半肉刻獣文鏡A）
福井県丸山塚古墳例（画文帯重列式神獣鏡C）
千葉県鶴巻塚古墳例（画文帯周列式仏獣鏡A）
群馬県観音塚古墳例（画文帯環状乳神獣鏡B）
群馬県観音山古墳例（半肉刻獣文鏡B）

をあげることができる。また、これらよりも年代がやや古く遡る可能性がある確例として、

三重県井田川茶臼山古墳例（画文帯重列式神獣鏡C）

愛知県亀山二号墳例（画文帯重列式神獣鏡C）

長野県御猿堂古墳例（画文帯周列式仏獣鏡B）

群馬県恵下古墳例（画文帯重列式神獣鏡A）

を加えることができる。こうして例示してみると、中部と関東において、副葬年代の新しく降る例の多いことが知られるが、さらに、同型鏡の出土数がそれぞれ、備前以東および四国で三四例、畿内およびその周辺で三六例、尾張・越前以東で二〇例を数える点から、降る例の占める比率を求めると、中部と関東での多さはいっそうきわだってみえる。つまり、中部と関東におけるこれらの例さえなければ、拡散から副葬に至る過程は、鏡の伝世をかりに肯定したとしても短い時間で、おおむね終了したことになるのである。

そこでこの、副葬のひときわ遅れる例が中部と関東で目立つ点について、もし原因の所在を求めるのであれば、そのひとつとして、分散を実行した畿内政権との関係があげられるであろう。すなわち、「杖刀人」という埼玉県埼玉稲荷山古墳出土鉄剣の銘から知られるように、また六世紀において挂甲分布が関東で高揚する現象が物語っているように(46)、さらには、東国に舎人が多いことを問題にしたかつての井上光貞や直木孝次郎の論述から察せられるように(47)、軍事動員のうえで東国の重視される状況が長く続いた。大王の除正を示す劉宋伝来の同型鏡は、中国王朝の権威を背景に、軍事動員上の関係を畿内政権とのあいだでとり結んだ、眼に見えるあかしであったから、関係が存続すると、これを後代に伝え示す必要があった。したがって副葬が遅れた、ということであろうか。

この、政治関係に力点をおいた説明とならんで、同型鏡を受けとった中部と関東側の事情を考慮した説明もまたありうる。鈴鏡や鈴釧に代表される鳴音の祭器が、とりわけ中部と関東で好まれたこと、巫女埴輪の像容の相違から復

原されているように、中部の一部や関東で巫女の働きが躍動的であったらしいこと、[48]また、滑石祭器を副葬する慣行や、奥つ城に伝統的な前方後円形を採用する風儀が、関東で長く存続したこと、これらの点で、西の各地方と区別されるからである。それならば、西方において鏡はもうすでに祭祀上の役割を果たし終えていたのに対し、中部と関東では、鏡に霊威の働きをみる心性がなお色濃く残存しており、それゆえに鏡への執着が強くて、彼岸に赴こうとする近親者に添えることとさえも惜しんだ、ということなのであろうか。

こうして、政治関係を強調するにせよ、心的風景に帰せしめるにせよ、考古学の方面からは一定の傍証が得られるので、どちらに説明の力点をおくことも、おそらくは可能であろう。しかし、政治関係を現出し、同時に心的風景をも醸成した根源が見いだされ、これこそが同型鏡の副葬の遅れをもたらした素因として評価されるとすれば、筆者としては、中部と関東の社会で族的結合が強かったことをあげ、根源たる理由を次のように説明しておこうと思う。

すなわち、畿内政権のもとを離れた同型鏡が、西方ではそれを受けとった個人の財物として扱われたが、中部と関東においては、族的結合の強固さのゆえに、しばしば、個人よりも一族の地位や出自を語りつぐ表章として扱われた。そうしてこの社会的特質が、内においては、旧習の滓をとどめて鳴音祭器や滑石祭器や前方後円墳を好む心性を育み、巫女の働きに躍動を与え、外に向かっては、軍事動員で重用される結果を招いたのである。

## 注

（1）梁上椿（田中琢・岡村秀典共訳）『巌窟蔵鏡』（平成元年）No.三八九龍虎鏡、銘「李見作竟佳且好、明而日月世之保、所見竟者不知老」。

（2）笠野毅「中国古鏡の内包する規範」（国分直一博士古稀記念論集編纂委員会編『日本民族文化とその周辺』考古篇　昭和五五年）によれば、「桼言」とは五行説の金徳に相当する「七言」であるという。

(3) 岡崎敬「漢・魏・晋の『尚方』とその新資料」(『東方学』第三一輯　昭和四〇年)。
(4) 樋口隆康『古鏡』(昭和五四年)図版七二上段No.一四二。湖北省博物館・鄂州市博物館編『鄂城漢三国六朝銅鏡』(一九八六年)No.一一〇　三四頁。『金索』六　張氏竟三。洛陽博物館編『洛陽出土銅鏡』(一九八八年)No.三六　六頁。
(5) 末永雅雄・杉本憲司編『徐乃昌中国古鏡　拓影』(昭和五九年)No.二八　五八頁。
(6) 郭玉海『故宮蔵鏡』(一九九六年)No.三二　三二頁。
(7) 「千秋万年受大福」例は、岐阜県美濃市横越観音山古墳出土鏡。「長保二親受大福」例は、劉體智編『小校経閣金石文字』第六冊(民国六八年)巻一六　七〇丁裏　三三二六頁所載鏡。
(8) 一〇五頁参照。
(9) 銘「劉氏作竟四夷服、多賀国家人民息、胡虜殄滅天下復、風雨時節五穀孰、長保二親得天力、大吉利兮」。入江英親「鑑堂古墳出土の劉氏作画像鏡」(『大分県文化財調査報告』第一輯　昭和二八年)。
(10) 銘「尚方乍《(作)》竟真大巧、上又《(有)》山人不知老、渴飲玉泉飢食来《(棗)》、長保二亲《(親)》宜孫子、壽若東王父西王母兮」。奈良県立橿原考古学研究所編『新沢千塚古墳群』(『奈良県史跡名勝天然記念物調査報告』第三九冊　昭和五六年)図版第一四五。
(11) 伝仁徳陵出土鏡銘「青盖作竟大毋傷、巧工刻之成文章、左龍右虎辟不羊、朱鳥玄武順陰陽、長保二親楽富昌」。城塚古墳出土鏡銘「尚方作竟大毋傷、巧工刻之成文章、左龍右虎辟不羊、朱鳥玄武順陰陽、子孫備具居中央、長保二親楽富昌、壽敝金石如侯王、青盖為志回巨央」。注4樋口　図版四九上段。
(12) 水野清一「中国における仏像のはじまり」(『佛教藝術』第七号　昭和二五年)、水野清一『中国の仏教美術』(昭和四一年)に載録。
(13) 後漢の永康元年(一六七)銘環状乳神獣鏡では、東王父西王母とも龍虎座で、表現上の差異がみとめられないのに対し、同型鏡群では、龍虎座が東王父に付き、西王母に伴うのは鳥であり、あるいは鳥や龍である。四川省の画像石や画像磚の図柄にしばしば見られるように、さらには、『山海経』などの文献にその痕跡をとどめているように、そもそも龍虎座は西王母にこそふさわしい。したがって、龍虎座が西王母から東王父へ移ることは、百獣の女主人で、半人半獣の姿をした女神という西王母の原像が忘れ去られ、東王父の皇后で、道教における女神中の第一人者へとその地位が変化したことを、物語っているように思われる。

(14) 何堂坤『中国古代銅鏡的技術研究』(一九九二年)。
(15) 郭玉海『故宮蔵鏡』(一九九六年) No.七一　七一頁。
(16) 川西宏幸「古墳時代前史考―原畿内政権の提唱」(『古文化談叢』第二一集　平成元年)。
(17) 樋口隆康「武寧王陵出土鏡と七子鏡」(『史林』第五五巻第四号　昭和四七年)。
(18) 福山敏男「江田発掘大刀及び隅田八幡神社鏡の製作年代について」(『考古学雑誌』第二四巻第一号　昭和九年)、福山敏男『日本建築史研究』(昭和四三年)に載録。
(19) 水野祐「隅田八幡神社所蔵鏡銘文の一解釈」(『古代』第一三号　昭和二九年)。小林行雄『古鏡』(昭和四〇年)、小林行雄「倭の五王の時代」(三品彰英編『日本書紀研究』第二冊　昭和四一年)。なお、近年では、増田一裕が考古学と文献史学との両方面の検討を行って、西暦四四三年説を採り、高口啓三が銘文を再吟味して、西暦五〇三年説を妥当としており、帰趨がまだ定まっていないようである。増田一裕「古墳時代中期の暦年代論」(『土曜考古』第一八号　平成六年)。高口啓三「隅田八幡画像鏡銘文の解釈」(『古代学研究』第一三五号　平成八年)。また、「癸未年」と釈することについて、疑問が出ている。付記して後考をまちたい。笠野毅「隅田八幡宮画像鏡の銘文」(『考古学ジャーナル』第三二八号　平成三年)。
(20) 北野耕平・小島俊次「北葛城郡当麻村平林古墳」(『奈良県文化財調査報告書(埋蔵文化財編)』第三集　昭和三五年)。千賀久編『大和の古墳の鏡』(『橿原考古学研究所附属博物館　考古資料集』第一冊　平成四年)四八頁。
(21) 梅原末治・小林行雄『筑前国嘉穂郡王塚装飾古墳』(『京都帝国大学文学部考古学研究報告』第一五冊　昭和一五年)。
(22) 奈良県立橿原考古学研究所編『斑鳩藤ノ木古墳　第二・三次調査報告書』(平成七年)。
(23) 静岡県教育委員会編『掛川市宇洞ケ谷横穴墳発掘調査報告』(『静岡県文化財調査報告書』第一〇集　昭和四六年)。
(24) 白石太一郎「年代決定論(二)」(近藤義郎ほか編『岩波講座日本考古学』第一巻　研究の方法　昭和六〇年)。高橋徹・

小林昭彦「九州須恵器研究の課題―岩戸山古墳出土須恵器の再検討」(『古代文化』第四二巻第四号　平成二年)。

(25) 奈良国立文化財研究所編『年輪に歴史を読む―日本における古年輪学の成立』(平成二年)。

(26) 森田克行編『新池』(『高槻市文化財調査報告書』第一七冊　平成五年)。白井克也「馬具と短甲による日韓交差編年」(『土曜考古』第二七号　平成一五年)。

(27) 山尾幸久『日本古代王権形成史論』(昭和五八年)。

(28) 小林行雄「倭の五王の時代」(三品彰英編『日本書紀研究』第二冊　昭和四一年)。

(29) 樋口隆康「画文帯神獣鏡と古墳文化」(『史林』第四三巻第五号　昭和三五年)。

(30) 樋口隆康「埼玉稲荷山古墳出土鏡をめぐって」(『考古学メモワール　一九八〇』昭和五六年)。

(31) 柳沢一男「九州古墳文化の展開」(下條信行ほか編『新版古代の日本』第三巻　平成三年)。柳沢一男「岩戸山古墳と磐井の乱」(宇治市教育委員会編『継体王朝の謎』平成七年)。

(32) 山尾幸久『日本古代王権形成史論』(昭和五八年)。

(33) 踏み返すさいに、獣像四体とともに、槍を構えて疾駆する半裸体の男子像一体を、加えている。この付加像は、古く遡れば、湖南省長沙市馬王堆三号墓出土の漆奩に描かれた狩猟文(図27)に、淵源を辿ることができる、中国の伝統的な図柄であり、しかも、その表現は、たとえば浙江省慈渓市杜湖水庫太康元年墓出土の魂瓶の胴部を飾る半肉刻の同種文など、西晋代の華中の半肉刻文に通じるところがある。図柄の点でも、表現法の点でも、この方格規矩鏡の製作地を朝鮮半島に求めるのは難しく、華中とみるのが妥当である。何介鈞・張維明『馬王堆漢墓』(一九八二年)。賀雲翺ほか編『仏教初伝南方之路文物図録』(一九九三年)。

(34) 王朝の樹立に伴う進号授爵記事を加えると、梁の天監元年(五〇二)まで、一三度に達する。

(35) この元嘉二八年の加号・進号について、『宋書』は朝献があったことを伝えていない。この

**図 27**　馬王堆 3 号墓出土漆奩の狩猟文

点を坂元義種が問題にして、この年に倭国王だけが特別に進号される理由が見あたらない点、また、二三人の軍郡号の除正が遣使上表を推察させる点で、実際には朝献があった、と述べている。従うべき見解であろうと思う。坂元義種『古代東アジアの日本と朝鮮』（昭和五三年）。

(36)　武田幸男「平西将軍・倭隋の解釈」（『朝鮮学報』第七七輯　昭和五〇年）。なお、済が朝献を行った元嘉二〇年（四四三）が癸未年にあたるところから、隅田八幡神社蔵鏡銘の「癸未年」を四四三年とみて、また、安東将軍・倭国王を叙授されたこの済による朝献時に、神人歌舞画像鏡を下賜されたとして、重視する見解がある（注19増田に同じ）。増田は、清水康二「倭の五王の鏡」（『季刊考古学』第四三号　平成五年）の論述を根拠にしているが、埼玉県埼玉稲荷山古墳などで同型品が出土している画文帯環状乳神獣鏡Bを、京都府城陽市平川車塚古墳出土の仿製環状乳神獣鏡の模作上の原鏡と認めた点など、清水の論述には強引さが目立つ。

(37)　梅原末治『久津川古墳研究』大正九年。

(38)　則武忠直・国安敏樹『正崎二・四号墳』（『岡山県山陽町埋蔵文化財発掘調査概報』平成元年）。川西宏幸「仿製鏡再考」（『古文化談叢』第二四集　平成三年）、川西宏幸『古墳時代の比較考古学』（平成一一年）に補訂載録。

(39)　松本岩雄編『出雲岡田山古墳』島根県教育委員会　昭和六二年。

(40)　梅原末治『因伯二国に於ける古墳の調査』（『島根県史蹟勝地調査報告』第一二冊　大正一二年）。

(41)　梅原末治「塚原の群集墳と福井の海北塚」（『考古学雑誌』第八巻第二号　大正六年）。

(42)　川西宏幸「中期畿内政権論」（『考古学雑誌』第六九巻第二号　昭和五八年）、川西宏幸『古墳時代政治史序説』（昭和六三年）に補訂載録。

(43)　小林行雄『古墳時代の研究』（昭和三六年）。

(44)　神田秀夫『古事記の構造』（昭和三四年）。注28に同じ。

(45)　注28に同じ。

(46)　川西宏幸「後期畿内政権論」（『考古学雑誌』第七一巻第二号　昭和六一年）、注42川西（昭和六三年）に補訂載録。

（47）井上光貞『新版日本古代史の諸問題』（昭和四七年）。直木孝次郎『日本古代兵制史の研究』（昭和四三年）。

（48）川西宏幸・辻村純代「古墳時代の巫女」（『博古研究』第二号　平成三年）。なお川西執筆分は、川西宏幸『古墳時代の比較考古学』（平成一一年）に補訂載録。

# 第二部　論攷篇

## ―ワカタケルの時代―

# 第一章　はじめに―鉄剣銘の発見―

埼玉県行田市埼玉稲荷山古墳で出土した鉄剣に、金象嵌銘のあることが見いだされたのは昭和五三年のことであるから、爾来もうすでに四半世紀を閲したことになる。けっして短くはないその歳月のなかで、銘文の釈読や歴史的意義をめぐってさまざまな意見が出され、論議が交されてきたが、銘文の発見はいったい何を、古墳時代研究にもたらしたのであろうか。

そのひとつは、五・六世紀の器物に与えていた暦年代を再考しようとする積極的な試みが、この発見を契機にして始まったことである。すなわち、銘文中の「辛亥年」を西暦四七一年にあてる文献史学者の大勢が、器物の年代決定に自信をもてなかった古墳研究者に勇気を与え、白石太一郎が口火を切って、須恵器の年代に変更を加えようとした(1)。そうして、稲荷山古墳出土須恵器の年代を「辛亥年」に近づけ、西暦五〇〇年前後とみられていたその型式を四半世紀ほど古く遡らせようとした白石案は、須恵器生産の創業年代や古墳時代の開始年代に改変を求める研究者に迎えいれられ、多くの影響を与えた点で、特筆にあたいする。

また、稲荷山古墳鉄剣銘で「獲加多支鹵大王」と読まれたことが契機になって、既存の熊本県玉名郡菊水町江田船山古墳出土鉄刀銘が注目をあつめ、見直しが行われた(2)。その結果、昭和九年の公表以来定説化した観のあった「獲□□□歯大王」という福山敏男の釈読は(3)、「獲加多支鹵大王」と改めるべきことが提唱され、これがほぼみとめられた。これによって、船山古墳の副葬品の年代についてもまた、再考の気運が生まれたのである。

もうひとつは、稲荷山古墳の被葬者像をめぐって、五・六世紀の東国政治史上の論議に拍車が掛かったことである。かねがね「地方国家毛野」を提唱し、西川宏とならんで「地方国家」論を力説していた甘粕健が、稲荷山古墳の副葬品をとりあげてその被葬者像を、「上毛野政権」と畿内勢力とのあいだで揺れた「武蔵政権」の首座として描いたのは、まだ鉄剣銘が発見される以前のことであった(4)。そうして、「杖刀人首」として「獲加多支鹵大王」に仕えたことを誇示した銘文の内容は、甘粕の描いた「武蔵国造」像とは隔たっていたから、沸騰した銘文論議のなかで甘粕説は、支持を失ってしまった。しかしそうではあっても、関東地方の政治構造を大胆に論じた甘粕の試みと主旨は共感を得た。さらに鉄剣銘が被葬者に存在感を与えたことも加わって、「武蔵国造」をめぐる考古学上の論説がその後も長く続いたのである(5)。

四半世紀後のこんにちの眼で、鉄剣銘の発見が古墳時代研究に残した足跡を、こうして辿ってみると、その道程は文献史学者の場合と明らかに違っていた。文献史学の方面では、銘文の内容に触発されて、岸俊男や井上光貞や山尾幸久らの手であらためて、「獲加多支鹵大王」の時代について、さらにはその古代史上の意義について、それぞれに考証を重ねた蓄積がみられるからである(6)。文献史学者に伍して「獲加多支鹵大王」の時代を論じる意欲が、考古学者の側になかったとは思えないし、そうかといって、考古学者にありがちな「慎重さ」が、積極的な発言を思いとどまらせたともいえない。文献史学との学問土壌の差異によるのか、銘文論議の加熱ぶりに辟易したのか、理由はともかく、この点に沈黙を守り、器物の年代や東国の政治構造に論議が向かったことが、その後の古墳時代研究にさいわいしたのかどうか、銘文の発見が風化し去るまえに、あらためて考えてみなければならないであろう。

それはさておくとして、考古学の立場から「獲加多支鹵大王」の時代のことを論議するさいに、資料に与えるべき暦年代の問題が、どうしても避けて通ることができない関門であることは、同学ならばよく理解できる。したがって鉄剣銘の「辛亥年」をすぐさま迎えいれたのは、資料の年代観にかねがね不安を懐いていた考古学者としては当然であったが、それでもなお、白石案に代表される年代の改変が定着したとまではいいきれない現状は、この問題の難しさをよく物語っているのである。(7) ちなみに、文献史学の方面においても、「獲加多支鹵」すなわち雄略の治世年について異見があり、『日本書紀』に従えば西暦四五七〜四七九年に、『古事記』によれば西暦四六七〜四八九年にそれぞれあたるという。書紀紀年を採る論者が多いようであるが、それでもなお問題を残していることは、『宋書』の通交記事をとりあげてすでに指摘されているところである。(8)

文献史学上の異見はさておき、考古学の場合、資料の年代に精確さを求めるとすると、古年輪学などの理化学的分析が結果を得て、こんにちの苦慮や混乱が懐旧談となる日を待たざるをえないということなのであろうか。むろんそれが理想的ではあるけれども、しかし、須恵器編年でいうTK二〇八型式の存続期が「獲加多支鹵大王」の時代とたとえ一部にせよ重なることは、推断してさしつかえないと思う。

すなわち、同型鏡を輸入した機会として、元嘉一五年（四三八）の珍による朝献時か、または元嘉二八年（四五一）の済による朝献時の方が、他の朝献時よりも可能性が高いことを第一部第六章で指摘した。同型鏡の副葬が始まるON四六型式期の年代を、四三八年に近づけるにせよ、四五一年の方に傾斜させるにせよ、次のTK二〇八型式期の年代は、四五七年即位説が多い雄略の治世年とたとえ一部にせよ重なる、というわけである。

それでは、考古学資料によって描きだすことができる「獲加多支鹵大王」の時代つまり五世紀中・後葉とは、いったいどのような時代であったのか。この五世紀中・後葉について、文献史学者は古代国家史上の画期であるといい、考古学者の一部もまたそう説く。しかし、そもそも画期であったのかどうか。もし画期だとすれば、考古学資料に映されたそれは、はたしてどのような内容をもち、どのような意味で画期であったのか。これらの点についてまだ究明が足らず、全体像が見えていない。

俎上にのせる資料は多様で、論は多岐にわたる。時代の諸相を吟味することが欠かせないからである。

**注**

（1）白石太一郎「年代決定論(2)」（近藤義郎ほか編『岩波講座日本考古学』第一巻　研究の方法　昭和六〇年）。
（2）東京国立博物館編『江田船山古墳出土国宝銀象嵌銘大刀』平成五年。
（3）福山敏男「江田発掘大刀及び隅田八幡神社鏡の製作年代について」（『考古学雑誌』第二四巻第一号　昭和九年）。
（4）甘粕健「武蔵国造の反乱」（杉原荘介・竹内理三編『古代の日本』第七巻　関東）。
（5）たとえば、増田逸朗『古代王権と武蔵国の考古学』（平成一四年）や、小川良祐ほか編『ワカタケル大王とその時代』（平成一五年）に収載された論説の一部が、近年の「武蔵国造」論にあたる。
（6）山尾幸久『日本古代王権形成史論』（昭和五八年）。井上光貞『古代の日本と東アジア』井上光貞著作集　第五巻（昭和六一年）。岸俊男『日本古代文物の研究』（昭和六三年）。
（7）埋蔵文化財研究会第四〇回記念研究集会実行委員会編『考古学と実年代』（平成八年）の発表要旨に、その非定着ぶりがよく示されており、また、尾野善裕「中・後期古墳時代暦年代観の再検討」（東海考古学フォーラム岐阜大会実行委員会編『土器・墓が語る美濃の独自性』（平成一〇年）や、同「中・後期古墳時代暦年代再論」（久保和士君追悼考古論文集刊行会編『久保和士君追悼考古論文集』平成一三年）によって、六世紀代とみていた須恵器型式の実年代が一部にせよ揺らぎつつある。
（8）坂元義種『古代東アジアの日本と朝鮮』（昭和五三年）。興の在位が四七七年まで続いたとする坂元説は、稲荷山剣銘の「辛亥年」を四七一年、「獲加多支鹵大王」を雄略とみる限り、否定されることになる。

# 第二章　造墓の変動

## (一)　畿内の大型古墳

**大和**　畿内の大型古墳をとりあげて、小地域ごとに営造の隆替があることを積極的に主張したのは、白石太一郎「畿内における大型古墳群の消長」(昭和四四年)をもって嚆矢する。[1] それから現在に至る三五年ほどの間に、主に墳丘や埴輪に関して編年研究が重ねられて、いっそう精緻さが加わったことにより、大型古墳の編年が長足の進捗をみたことは、よく知られているところである。

そこで、これらの多年にわたる成果に導かれながら、畿内における大型古墳営造の隆替をあらためて辿っていこうと思うが、その場合、前期から中期への移行、いいかえると埴輪編年私案のII期からIII期に至る営造の推移に、なお問題を残している点が惜しまれる。II期において大型古墳が急増し、これらの数多い古墳の編年案の違いによって、描かれた推移の状況に差異が生じているからである。すなわち、白石が周濠形態などから導いた編年案によれば、最有力であることによって区別される特定勢力の奥つ城の営造地が、大和盆地の東部からいったん北部に移ったのちに、河内や和泉に至ることになるが、賛同者の多いこの説には疑義をさしはさむ余地があるのである。私見の詳細は別稿に譲り、その当否は識者の判断に委ねることにして、いずれにせよ、III期の成立をまって大型古墳の営造の中心

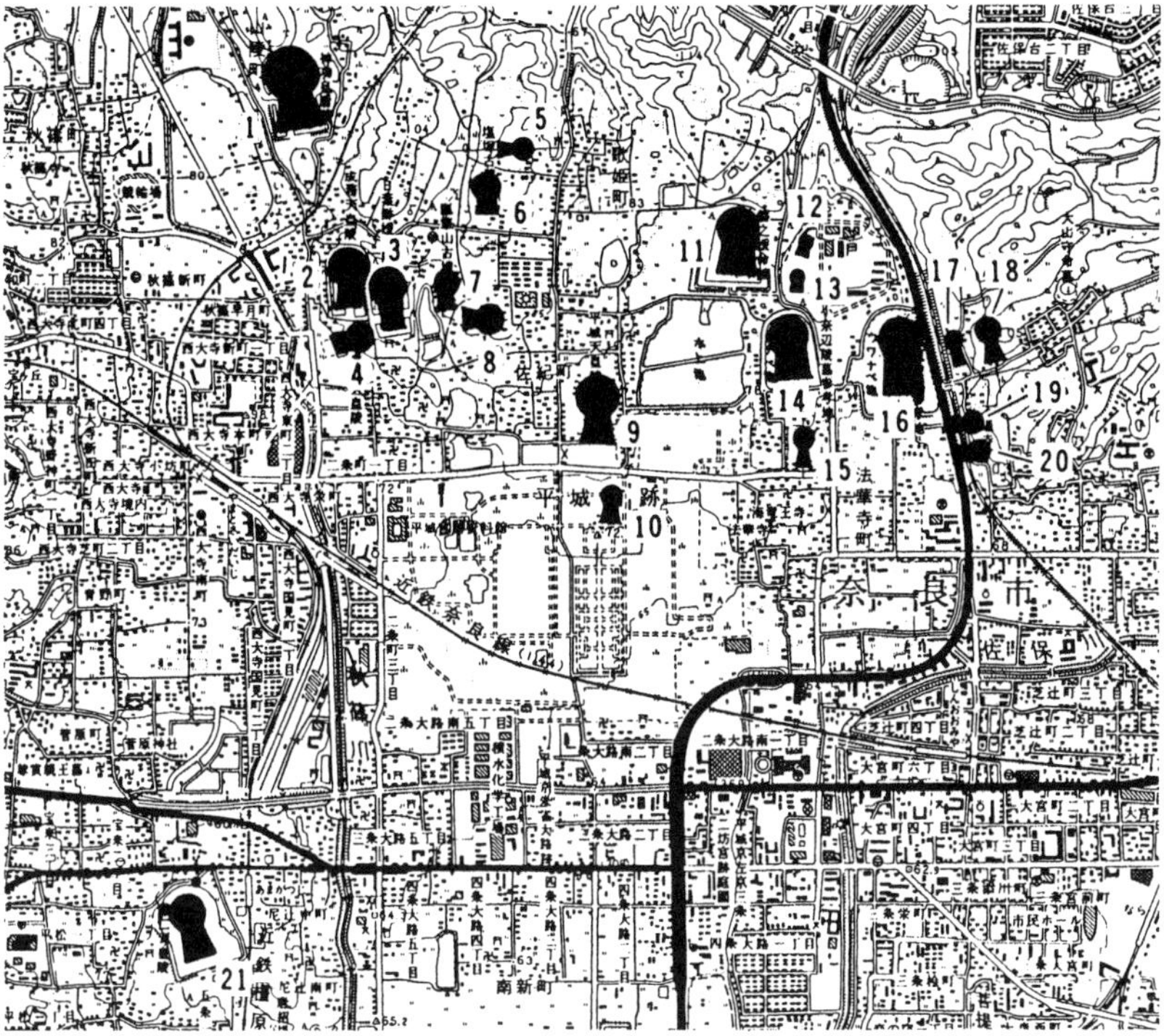


**図 28**　大和盆地北部の主要古墳
1：神功皇后陵　2：日葉酢媛陵　3：成務陵　4：孝謙陵　5：オセ山古墳
6：塩塚古墳　7：瓢箪山古墳　8：猫塚古墳　9：市庭古墳　10：神明野古墳
11：磐之媛陵　12：大和 11・12 号墳　13：大和 14 号墳　14：コナベ古墳
15：木取山古墳　16：ウワナベ古墳　17：大和 2 号噴　18：不退寺裏山古墳
19：平塚 1 号噴　20：平塚 2 号噴　21：垂仁陵

が河内や和泉に移り、墳丘の壮大化がいっそう進んだことは疑いないところであろう[2]。

それでは、III期およびそれ以降はもう、大和盆地で大型古墳の営造が途絶えたのかというと、そうではない。まず盆地北部をみると、III期の例として、奈良市佐紀町市庭古墳（全長二五〇メートル）と奈良市法華寺町コナベ古墳（全長二〇四メートル）が、さらにIV期の例として、奈良市佐紀町磐之媛陵（全長二一九メートル）と奈良市法華寺町ウワナベ古墳（全長二八〇メートル）がそれぞれあげられる（図28）。V期の例が知られていないので、大型古墳の営造の掉尾にあたるのがウワナベ古墳であったとすると、造出しで採集されている須恵器がＴＫ二一六型式であることによって、その営造の途絶した年代を限定することができるであろう。もっとも、円筒埴輪の微細な特徴の差を強調するなら、磐之媛陵の方が新しいが、その年代差はわずかである。いずれにしても、ＴＫ二〇八型式期に入れば、大和北部でもう大型古墳の営造が絶えていたとみてさしつかえない。

盆地の西部に眼を転じると、南北にのびる馬見丘陵の周辺に大型古墳が営まれており、その分布の様態によって、北・中央・南の三群が抽出される。中央群として北葛城郡広陵町巣山古墳（全長二一〇メートル）と同町新木山古墳（全長二〇〇メートル）がある。巣山古墳は埴輪の特徴からII期にあたり、新木山古墳は、埴輪の詳細が知られていないけれども、後円部の方が三メートル高く、二メートルをはかる巣山古墳よりも比高差が大きい点を重視するならば、II期に入る。ただし、前方部の開きが巣山古墳よりもやや大きいところからすると、III期に降ることも考えられる。南群としては、大和高田市築山築山古墳（全長二一〇メートル）がある。埴輪の特徴によってII期に編年されており、しかも巣山古墳よりも古いという(3)。後円部の方が五メートル高いので、この編年観は比高差と矛盾しない。

北群としては、北葛城郡河合町大塚山古墳（全長一九七メートル）がある。出土埴輪の特徴からみて、IV期にあたる。なお、墳形の規格が仁徳陵と相似であるという(4)。この指摘に従うなら、営造時期は、IV期のなかで新しく、しかしV期の開始までになお時間の経過があったことになる。この編年観は円筒埴輪による所見と合致する。北群に近い盆地中央部に、磯城郡川西町島の山古墳（全長一九〇メートル）がある。埴輪はIII期の特徴をそなえており、前方部の粘土槨出土の副葬品に多数の碧玉腕飾類が含まれていた。III期の埴輪が成立し、しかも碧玉腕飾類の存続が許された頃に、この古墳が営まれたのであろう。

つまるところ、盆地西部における大型古墳の営造は、中央部や南部から北部へ移る点でIIないしIII期とIV期との間に、また営造の途絶という点でIV期のなかに、それぞれ画期のあったことが知られるのである。この画期のひとつは、盆地中央部とも合致する。

なお、馬見丘陵から南下した盆地南西部の大型古墳として、御所市室大墓古墳（全長二三八メートル）があげられる。埴輪の特徴や副葬品の組成からみて、Ⅲ期であることは動かない。この地には他に、大墓古墳に匹敵する規模のものは見あたらないが、次ぐ規模の例ということなら、御所市柏原鑵子塚古墳（全長一四九メートル）と北葛城郡新庄町屋敷山古墳（全長一四五メートル）がある。両古墳ともに、埴輪の特徴からみるとⅣ期にあたり、かつ、長持形石棺の存在などからⅣ期のなかで古く位置づけられる。Ⅳ期のなかで大型古墳の営造が途絶した盆地の北部や西部と同じ動向を、この南西部においてもまたみてとることができそうである。

**河内・和泉**　大阪平野に移ると、河内南部の古市古墳群（図29）ならびに和泉北部の百舌鳥古墳群（図30）で、墳丘形状の比較や円筒埴輪編年の細分が進み、これらの結果を手がかりにして、大型古墳の営造の序列を復原する試みが、すでに実行に移されている。ほぼ動かないところまできたその成果によると、古市古墳群では、藤井寺市沢田仲津媛陵（全長二八八メートル）、羽曳野市白鳥墓山古墳（全長二二三メートル）がⅢ期に、羽曳野市誉田応神陵（全長四一九メートル）、藤井寺市国府允恭陵（全長二二七メートル）、羽曳野市軽里白鳥陵（全長一九〇メートル）がⅣ期にそれぞれ編年される。そうして、これらの新古の序列について、Ⅲ期では仲津媛陵→墓山古墳の順に、Ⅳ期では、応神陵→白鳥陵→允恭陵、または、応神陵→允恭陵→白鳥陵の順に辿ることが可能であり、さらに、Ⅴ期の藤井寺市岡仲哀陵（全長二四〇メートル）は、円筒埴輪になおⅣ期の特徴をとどめている点で、允恭陵または白鳥陵の直後にあたるという(5)。

他方、百舌鳥古墳群ではそれぞれ、堺市石津町履中陵（全長三六〇メートル）がⅢ期に、堺市大仙町仁徳陵（全長四八六メートル）、堺市百舌鳥西之町ニサンザイ古墳（全長二九〇メートル）、堺市百舌鳥本町御廟山古墳（全長一九五メートル）がⅣ期に編年されている。そうしてⅣ期における新古の序列について、御廟山古墳→仁徳陵→ニサンザ

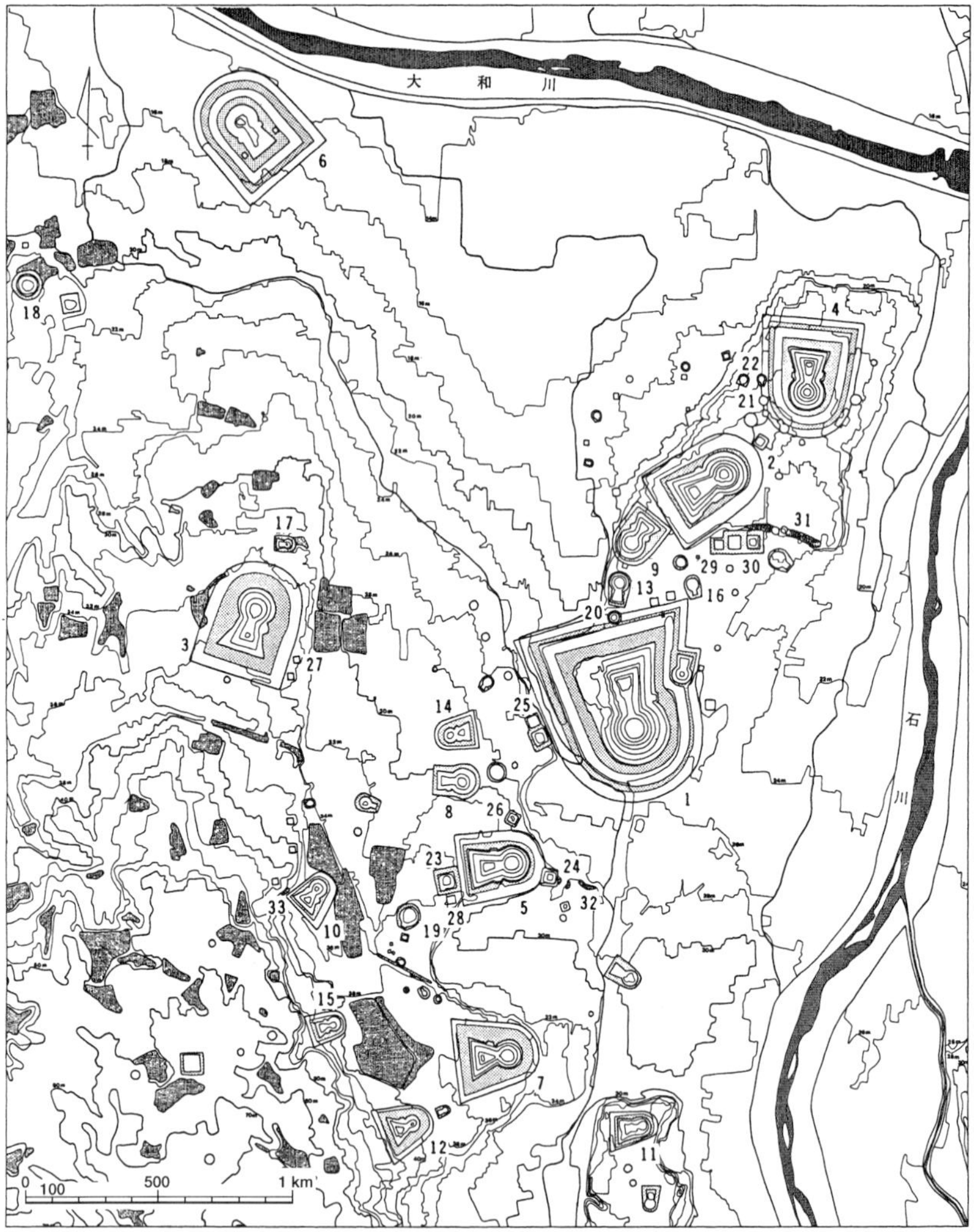


**図 29**　古市古墳群の分布

1：応神陵　2：仲津媛陵　3：仲哀陵　4：允恭陵　5：墓山　6：津堂城山
7：白鳥陵　8：野中宮山　9：古室山　10：仁賢陵　11：安閑陵　12：清寧陵
13：大鳥塚　14：はざみ山　15：峯ケ塚　16：盾塚　17：鉢塚　18：雄略陵
19：青山　20：誉田丸山　21：長持山　22：赤子塚　23：浄元寺山　24：向墓
25：アリ山　26：野中　27：岡　28：西墓山　29：土師の里８号噴　30：三ツ塚
31：土師の里埴輪窯跡群　32：誉田白鳥埴輪窯跡群　33：野々上埴輪窯跡群

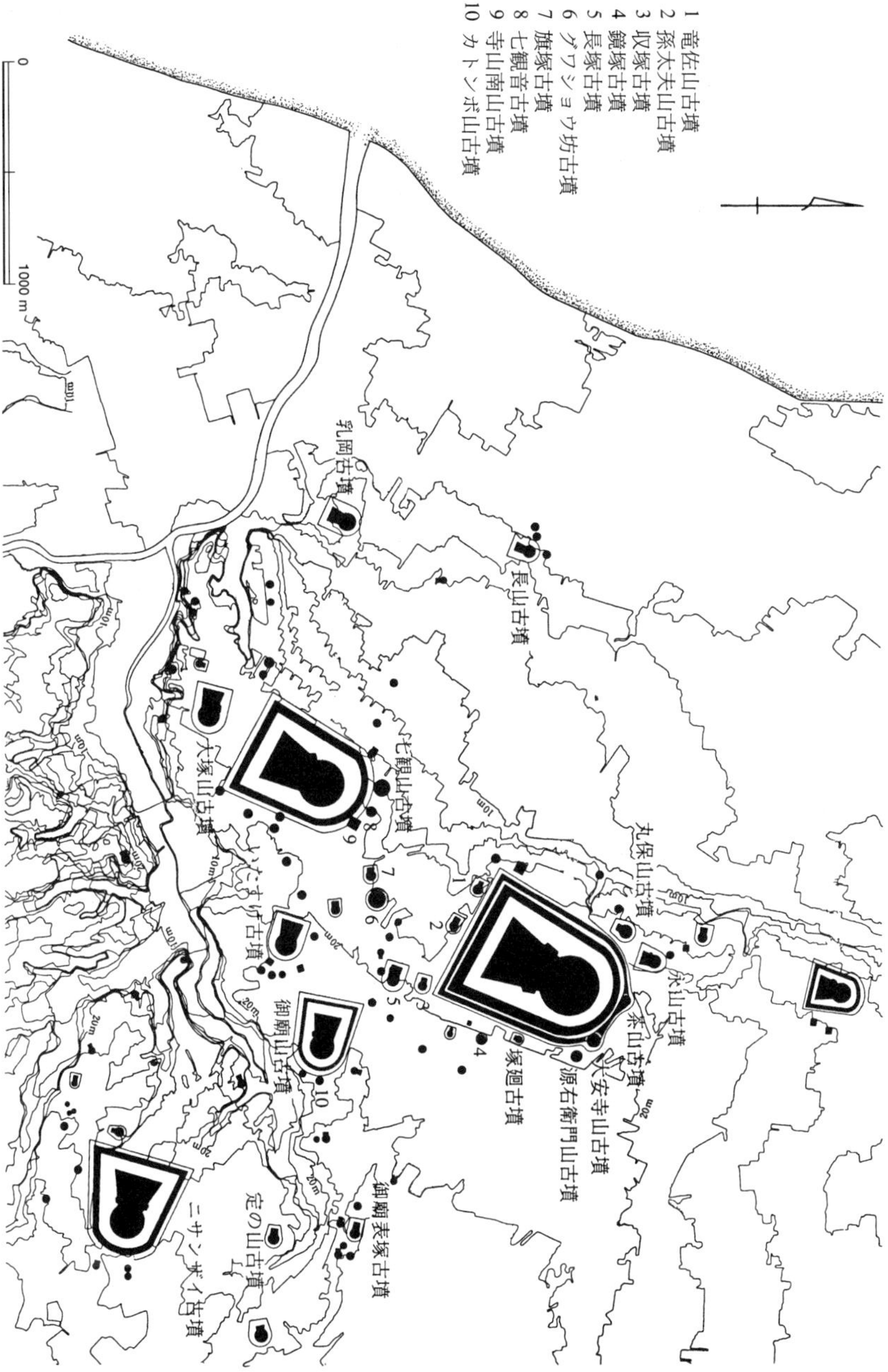


図30　百舌鳥古墳群の分布

イの順に推移したという。[6] 仁徳陵出土の須恵器がＯＮ四六型式にあたるということなので、[7] これを定点にして須恵器編年をこの序列に対応させるならば、それぞれの営造は、御廟山古墳が須恵器生産開始期からＴＫ二一六型式期に至る間に、ニサンザイ古墳はＴＫ二〇八型式期にあたるとみても、大きな誤りはないであろう。

さらにまた、古市古墳群中の大型古墳との新古についても説かれており、それによると、仁徳陵は応神陵よりも新しく、允恭・白鳥両陵よりも古いという。[8] そうすると、各営造時期は、応神陵が須恵器生産開始期からＴＫ二一六型式期に至る間に、允恭・白鳥両陵がＴＫ二〇八型式期に、仲哀陵がＴＫ二三型式期にそれぞれあたることが推定されるし、これに近い見解がすでに示されている点も付記しておこう。[9]

和泉では、大阪湾の南西端に位置する泉南郡岬町淡輪の地にも、大型古墳が知られている。西陵古墳（全長二一〇メートル）と宇度墓古墳（全長一九五メートル）がそれであり、ともにⅣ期に編年される。西陵古墳の方が古く、その営造時期を須恵器編年にあてると生産開始期ないしＴＫ七三型式期に、後出の宇度墓古墳はＴＫ七三型式期ないしＴＫ二一六型式期におくことができるであろう。[10]

**摂津・山城**　中期の大型古墳としてはそれぞれ、山城の東部に城陽市平川車塚古墳（全長一八三メートル）、摂津の東部に茨木市太田継体陵（全長二二六メートル）がある。車塚古墳は、埴輪によるとⅢ期にあたるが、小札鋲留衝角付冑などのⅣ期にふさわしい器物が副葬品の一部を構成している点で、畿内の一部ですでにⅣ期の埴輪の製作が始まっていてもさしつかえない、須恵器生産の草創期に営造時期を求めるのがふさわしい。また継体陵については、高槻市土室町新池遺跡の埴輪窯址群でこの古墳に供給した埴輪とともに須恵器が出土し、その型式がＯＮ四六型式であることによって、営造時期を限定することができる。

なお、この新池遺跡では、Ｖ期の高槻市郡家新町今城塚古墳（全長一九〇メートル）の埴輪も生産したことが知られており、ＭＴ一五型式の須恵器がこれに伴っていた。このことは、間接的にせよ今城塚古墳の精確な営造時期を示唆するとともに、継体陵から今城塚古墳に至る、須恵器編年の三型式に相当する時間のあいだ、摂津の東部において大型古墳の営造が途絶していたことを物語っている。

**大型化の動態**　畿内各地について概観した中期大型古墳の営造の動態を要約すると、Ⅲ・Ⅳ両期を通じて営造が継続したのは、大和盆地の北部と、河内南部と、和泉北部であった。大和盆地の西部もまた、占地上の隔たりを問わなければ、継続したとみることは可能である。これに対して、大和盆地の中央部ならびに南西部と、山城東部では、Ⅲ期で営造が絶え、大和盆地の北・西部と、和泉南西部ならびに摂津東部では、営造がⅣ期のなかで絶えたことが知られた。そうして、畿内各地が中期に大型古墳を盛んに営造し、その大型化をいっそう進めたのは、Ⅲ期からⅣ期のON四六型式期までであり、同期を境にして、その営造地が河内南部と和泉北部とに限られるようになり、かつ、大型古墳の規模も相対的に縮小する傾向がみとめられた。

つまり、河内南部ならびに和泉北部はそれぞれ、応神陵、仁徳陵という大型化の頂点に位置する古墳を擁することに加えて、営造の継続という点においても、他地域を凌いでいるのである。とりわけ河内南部は、後期のⅤ期に及んでもなお営造が継続しており、Ⅴ期の成立をまたずにその途絶をみた和泉北部とは、この点できわだった違いがある。したがって、和泉北部で営造が絶えたTK二〇八型式期から、摂津東部に今城塚古墳が現れるMT一五型式期に至るあいだは、大型古墳の営造が河内南部に限られていたことになる。

## (二)　畿外の大型古墳

**中期の大型古墳**　中期に営まれた畿外の大型古墳をまずあげると、宮崎県西都市三宅女狭穂塚古墳（全長一七七メートル）、岡山市新庄下造山古墳（全長三六〇メートル）、岡山県総社市三須作山古墳（全長二八六メートル）、三重県上野市佐那具御墓山古墳（全長一八八メートル）、群馬県太田市内ケ島町天神山古墳（全長二一〇メートル）が、営造時期を確定することができる例である。そうして埴輪の特徴から、女狭穂塚、造山、御墓山、天神山の各古墳はIII期に、作山古墳はIV期にそれぞれ編年される。これらの他にも、中期に入る可能性が高い例として、岡山県赤磐郡山陽町両宮山古墳（全長一九二メートル）と、茨城県石岡市北根本舟塚山古墳（全長一八二メートル）がある。両宮山古墳は、墳丘の形態や陪冢の埴輪の特徴からみてIV期にあたるようであり、舟塚山古墳については、円筒埴輪は前期の特徴をそなえているが、同墳の位置する常陸南部の埴輪編年の結果や、墳丘の形態および陪冢の副葬品からすると、III期に併行するとみてよかろう(11)。

畿外で見いだされる中期の大型古墳は、全長二〇〇メートル以上という抽出条件をやや緩和したとしても、これらの七例にとどまる。畿内の場合、直径六〇キロメートルほどの範囲に、大型古墳の大半が位置しており、この密集ぶりを畿外の場合と較べると、大型化への指向の強さがきわだつが、逆に畿外については、吉備における三古墳の存在を考慮に入れたとしても、大型古墳の営造が一過性の行為であったといえるであろう。そこで次に、畿外におけるこれらの大型古墳の営造時期を、III期とIV期とに分離して列挙すると、

| III　期 | IV　期 |
|---|---|
| 日向・女狭穂塚古墳 | |
| 備中・造山古墳 | 備中・作山古墳 |
| 伊賀・御墓山古墳 | 備前・両宮山古墳 |
| 上野・天神山古墳 | |
| 常陸・舟塚山古墳 | |

のような結果が得られ、III期に編年される例数の多いことが注意を引く。

この点にちなんで、埴輪編年でIII期からIV期を区分する窖窯焼成法への転換年代が、問題になるであろう。実のところ、日向、伊賀、上野については、窖窯焼成法への転換が畿内よりも遅れたことを示唆する証左があり、他方、筑前や備中や備前や播磨などのように、この転換が畿内の場合とほとんど遅速のない地もある。したがって、この転換の年代しだいでは、III期に編年される古墳であっても営造年代は新しく下がることになる。しかし、関東のようにその転換が滞ったらしい地であっても、遅くともTK二〇八型式期の開始までには窖窯焼成法が広く普及していたことは、IV期埴輪の広汎な存在と樹立古墳の副葬品の内容から知られるところである。つまり、畿外における大型古墳の営造は、畿内で大型化への指向がひときわ強かった時期の範囲におさまり、畿内で大型化が休止し営造地が大幅に減少するのと軌を同じくするかのように途絶するのである。この点でも、河内南部ならびに和泉北部の存在、わけても、V期まで営造を続けた河内南部の存在が、よりいっそうきわだつことになる。

上記の点に加えてもう一つ特筆しておきたいのは、古墳の大型化が、畿内では窖窯焼成法への転換後にいっそう進むのに対し、畿外ではその転換とともに退潮を示している点である。三基の大型古墳を残した吉備においてさえ、その傾向がみとめられることは、畿内との鮮やかな違いといえるであろう。これは、畿外における窖窯焼成法への転換が、単なる技術上の変革というだけにとどまらなかったことを示唆している。

**大型化の動態**　畿外における中期の大型古墳をとりあげたが、畿外の古墳の大型化は、中期に入ってようやく盛期を迎え達成をみたということではない。規模の点で中期に劣る傾向はあるけれども、前期に遡って大型化がみられるのである。そこで、前期の例を検索してみると、

岡山市沢田金蔵山古墳（全長一六五メートル）II期
京都府竹野郡網野町銚子山古墳（全長二〇〇メートル）II期
丹後町神明山古墳（全長一九三メートル）II期

山梨県東八代郡中道町銚子塚古墳（全長一六九メートル）II期
群馬県高崎市倉賀野町浅間山古墳（全長一七二メートル）II期
宮城県名取市植松雷神山古墳（全長一六八メートル）II期

のような結果になる。中期の大型古墳例が、どちらかというと、畿外でも西方に多いのに対して、これらの前期の例は明らかに東方に偏っている。この点で、中期例との分布上の相違がみとめられる。また営造時期については、II期すなわち前期後葉に集中している点が注意を引く。ちなみに、これらに次ぐ規模の古墳として、宮崎市跡江生目三号墳（全長一四三メートル）、岐阜県大垣市昼飯町大塚古墳（全長一四〇メートル）、茨城県下館市徳持葦間山古墳（全長推定一四〇メートル）、茨城県常陸太田市島町梵天山古墳（全長一五一メートル）がある。畿内よりも東方に多く、II期に集中する傾向は、これらの例からもみてとることができる。

中期例との分布傾向の違いについては、当面の論旨からは外れるのでさておいて、営造時期がII期に集中している点をとりあげると、この点に関連して、同期が畿内においても大型古墳の急増期にあたっていたことが想起される。すなわち、畿外における大型化の高進が畿内と時期を同じくするという、中期の場合と同じ動態を、前期でもまた見いだすことができるのである。

ところが、畿内にあいついで営まれたII期の大型古墳をとりあげて、可能な限り、新古の序列をつけてみると、奈良県天理市渋谷町景行陵（全長三一〇メートル）、奈良県桜井市高田メスリ山古墳（全長二五〇メートル）、奈良県天理市柳本町崇神陵（全長二四〇メートル）、奈良市宝来町垂仁陵（全長二二七メートル）は、II期の古墳のなかで古い一群に属する。そうして、奈良市山陵町神功陵（全長二七八メートル）、奈良市山陵町成務陵（全長二一九メートル）、奈良県築山古墳（全長二一〇メートル）、奈良市山陵町日葉酢媛陵（全長二〇七メートル）、奈良県巣山古墳（全長二〇四メートル）、大阪府藤井寺市津堂城山古墳（全長二〇〇メートル）、大阪府岸和田市摩湯町摩湯山古墳

（全長二〇〇メートル）は、その新しい一群に入ることが、円筒埴輪の特徴などから推測しうる。[12] つまり、営造数が増し、営造地も多くなる反面、規模のうえでは縮小する事実を、II期の変化として指摘しうるのである。

そこで、先に示した畿外の前期の大型古墳についても、その新古を問題にすると、少なくとも金蔵山、神明山、銚子塚、浅間山の各古墳では、II期の新しい一群に営造が併行するとみてよい証左が得られている。雷神山古墳もまた、そうみてさしつかえないようである。[13] すなわち、営造数や営造地が畿外においても増加し、しかも、畿内の大型古墳とのあいだで存在していた規模のはなはだしい較差が消失するという変化を、II期のなかで見いだすことができるのである。

**図 31**　岡山県造山・作山古墳と周辺の遺跡
1：井手天原遺跡　2：井手見延遺跡
3：三須畠田遺跡　4：三須河原遺跡
5：三須今溝遺跡　6：岡谷大溝散布地
7：作山古墳　8：造山古墳
9：窪木薬師遺跡　10：奥ケ谷窯跡

中期の大型古墳では、吉備の造山・作山両古墳が畿外例のなかで図抜けた規模をそなえ、畿内の例と較べても遜色ない（図31）。わけても全長三六〇メートルをはかる造山古墳の規模は、履中陵とほぼ同じで、応神陵に近いので、たとえ一部にせよ畿内の大型古墳の規模に匹敵する例が畿外に現れたことを、中期についても指摘しうるであろう。しかし中期の場合、畿外において大型古墳が出現した時期は、畿内で大型化を指向していた時期でもあった。したがって、吉備の造山古墳の存在を高く評価するとしても、畿内で規模が縮小したことによって畿内との差が接近した前期の場合とは、この点で相違があるといえる。

## （三）　陪冢と群集墳

**陪冢の変化**　主墳の外囲に或る意図をもって配され、かつ、主墳と同時か、いくぶん遅れて営まれた古墳のことを、一般の呼称に従って陪冢と呼ぶことにする。この条件にかなえば陪冢は前方後円形でもさしつかえないが、同形で陪冢の例というと、崇神陵に近接するアンド山・南アンド山両古墳がわずかに候補としてあげられる。前期には、陪冢を主墳と同じ墳形にすることが、一部で行われていたのかもしれない。また、景行陵や神功陵の場合には、主墳と墳形の異なる小規模墳が外囲に存在しており、これらは陪冢の可能性がある。さらに、日葉酢媛陵や津堂城山古墳のように、陪冢が見いだされていない場合もある。II期の大型古墳をこうして通覧すると、陪冢の萌芽はII期に遡るようであるが、主墳の外囲を墳形の異なる陪冢がめぐる定式化された姿が実現するまでには、曲折のあったことが想像される。この意味で、中期の開始と期を同じくする陪冢の定式化は、突然であったようにみえる。(14)

さて、中期の陪冢例を列挙すると、まず河内南部の古市古墳群内では左記のようになる。

仲津媛陵（全長二九〇メートル）III期

鍋塚古墳（方墳　辺長五〇メートル）III期、高塚山古墳（円墳か　直径五〇メートル）III期。

墓山古墳（全長二二五メートル）III期
　向墓山古墳（方墳　辺長六七メートル）III期、浄元寺山古墳（方墳　辺長六〇メートル）IV期、野中古墳（方墳　辺長六〇メートル）IV期、西墓山古墳（方墳　辺長一九メートル）III・IV期。
応神陵（全長四二五メートル）IV期
　東山古墳（方墳　辺長五〇メートル）IV期、アリ山古墳（方墳　辺長四五メートル）IV期、栗塚古墳（方墳　辺長四三メートル）IV期、珠金塚古墳（方墳　辺長三〇メートル）IV期、珠金塚西古墳（方墳　辺長三〇メートル）IV期、東馬塚古墳（方墳　辺長三〇メートル）IV期。
　狼塚古墳（帆立貝形墳　全長三四メートル）IV期。
　丸山古墳（円墳　直径五〇メートル）IV期。
允恭陵（全長二三〇メートル）IV期
　小具足塚古墳（方墳　辺長二〇メートル）IV期。
　唐櫃山古墳（帆立貝形墳　全長五三メートル）IV期、赤子塚古墳（帆立貝形墳　全長三四メートル）V期。
　長持山古墳（円墳　直径四〇メートル）IV期、御曹子塚古墳（円墳　直径三〇メートル）IV期。
ちなみに、允恭陵に後続する仲哀陵の陪冢例を同様な体裁で添えると、
仲哀陵（全長二四二メートル）V期
　落塚古墳（円墳　直径二〇メートル）V期か。
となる。旧陸地測量部の実測図によれば、陪冢としてさらに二古墳が加わる可能性がある（図33）。なお、IV期の白鳥陵では、陪冢の条件を満たす古墳が外周に見あたらない。
　つぎに、百舌鳥古墳群内の陪冢をとりあげよう(15)。

**履中陵**（全長三六五メートル）Ⅲ期
寺山南山古墳（方墳　辺長三八メートル）。
七観古墳（円墳　直径五五メートル）Ⅳ期、七観音古墳（円墳　直径二五メートル）不明、石塚古墳（円墳不明）不明、狐塚古墳（円墳　不明）不明、黄金塚古墳（円墳　不明）不明。
**御廟山古墳**（全長一八六メートル）Ⅳ期
カトンボ山古墳（円墳　直径五〇メートル）Ⅳ期、万代山古墳（円墳　直径二五メートル）不明、百舌鳥赤畑町一号墳（不明）不明。
**仁徳陵**（全長四八六メートル）Ⅳ期
銅亀山古墳（方墳　辺長二六メートル）不明、狐山古墳（方墳　辺長二三メートル）不明、夕雲一丁目南古墳（方墳　辺長二〇メートル）不明。
丸保山古墳（帆立貝形墳　全長八七メートル）Ⅳ期、竜佐山古墳（帆立貝形墳　全長六七メートル）Ⅳ期、収塚古墳（帆立貝形墳　全長六五メートル）Ⅳ期、孫太夫山古墳（帆立貝形墳　全長五六メートル）不明、無名墳（帆立貝形墳　全長四六メートル）不明、菰山古墳（帆立貝形墳　全長三六メートル）不明、鏡塚古墳（帆立貝形墳　墳径一五メートル）不明。
大安寺山古墳（円墳　直径六〇メートル）不明、茶山古墳（円墳　直径五五メートル）不明、樋の谷古墳（円墳　直径四七メートル）不明、源右衛門山古墳（円墳　直径四〇メートル）Ⅳ期、塚廻古墳（円墳　直径三五メートル）Ⅳ期。
**ニサンザイ古墳**（全長二九〇メートル）Ⅳ期
コウジ山古墳（帆立貝形墳　全長五一メートル）Ⅳ期。

聖塚古墳（円墳　直径一五メートル）不明、聖の塚古墳（円墳　不明）不明、経塚古墳（不明）不明。

中期に大型古墳の営造の中心を占めた古市古墳群と百舌鳥古墳群とをとりあげて、それぞれの陪冢を主墳別に列挙したが、これらの陪冢のなかには、精確な営造時期がわかっていない例が、とりわけ百舌鳥古墳群に数多く含まれている。したがって、将来その営造時期が判明すれば、列挙の対象から外れる例が現れるかもしれない。また、陪冢という用語の定義次第では、外すべき例が出てくるにちがいない(16)。さらには、発展調査で新たな例が加わることもあろうし、墳形や規模の訂正も避けられないであろう。それらは将来の補訂をまつことにして、列挙の結果から導かれるところとして、いまは次の二点を指摘しておきたい。

まず第一に、中期のなかで陪冢の墳形に変化がみとめられる点である。この点はすでにもう知られているので(17)、新しい所見ということではないが、しかしなお、若干の補足を加えて検討をするべき問題が残っている。

すなわち、古市古墳群の場合、Ⅲ期の仲津媛陵と墓山古墳の陪冢は方墳に限られ、Ⅳ期の応神陵の陪冢も方墳が多い。これに対し、Ⅳ期のなかで応神陵より後出の允恭陵では、方墳よりも帆立貝形墳や円墳の占める比率が高く、かつ規模も優っている。つまり、応神陵の営造から允恭陵の営造へ至る間に、陪冢の墳形の大勢が方墳から円墳系へと変化したことになるわけである。ところが百舌鳥古墳群をみると、Ⅲ期の履中陵だけにとどまらずそれ以降の大型古墳の例でも、方墳は陪冢の主座を占めていない。御廟山古墳では円墳に限られ、仁徳陵では主に帆立貝形墳と円墳が、陪冢を構成しており、規模も方墳に優っている。古市古墳群で指摘されているような、方墳から円墳系への変化が百舌鳥古墳群に見あたらない点について、履中陵やニサンザイ古墳の陪冢の墳形の多くが、発掘調査を経て方墳に変更されることになれば、現状での相違は理想的に解消する。しかし、墳形にもし変更が加わらなかった場合には、古市古墳群では方墳に、百舌鳥古墳群では円墳にそれぞれ傾斜したことを、中期前半についてはみとめなければならないであろう。

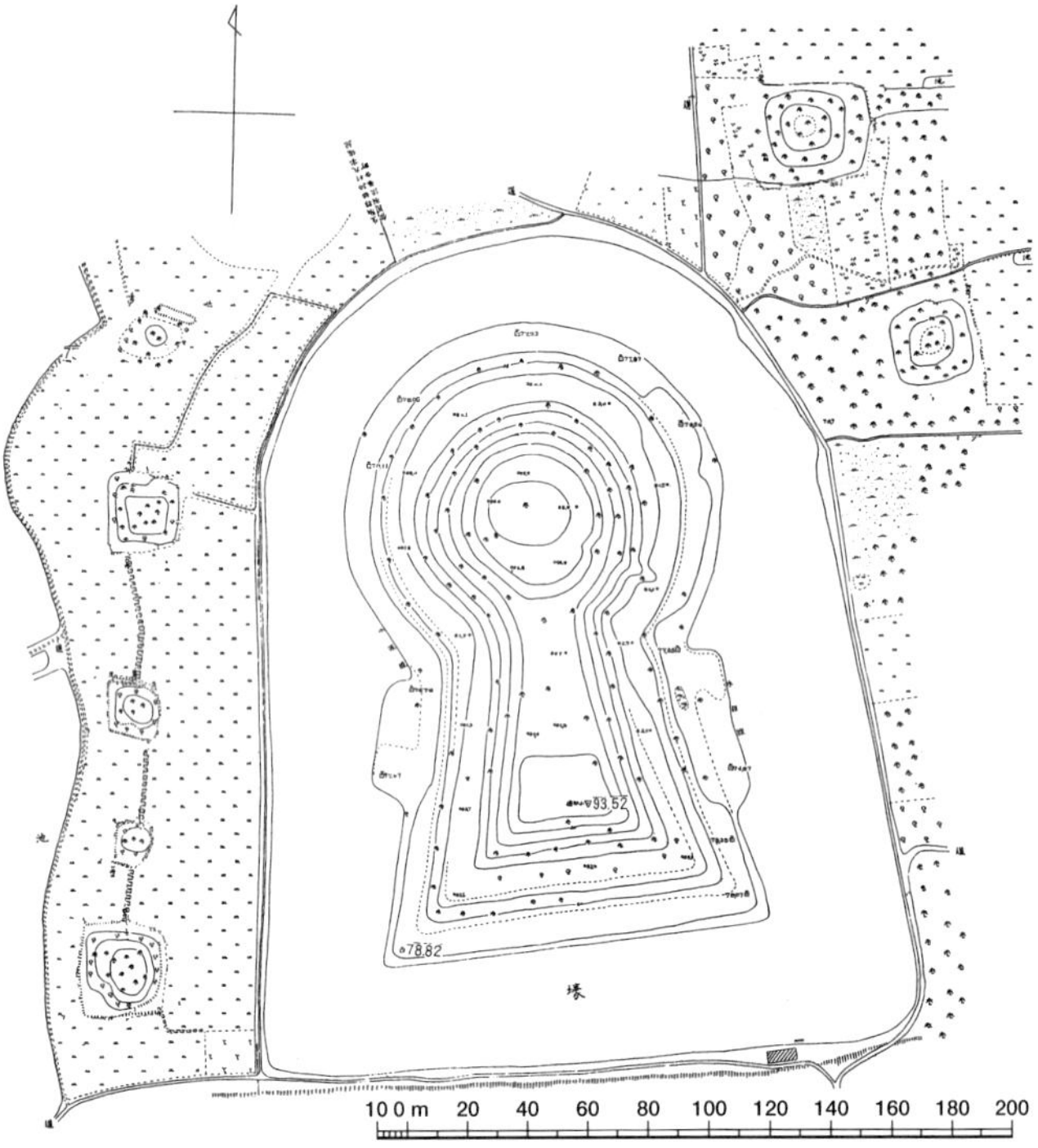


図32　コナベ古墳とその周辺

この問題に関連して、前・中期に大型古墳の営造が続いた大和盆地北部に眼を向けると、II期と覚しい成務陵の陪冢三基はいずれも方墳で、III期のコナベ古墳の陪冢九基もまた方墳であることを、旧帝室林野局の測量図からみてとることができる（図32）。そうしてIV期のウワナベ古墳の陪冢四基は、円墳三基、方墳一基から成り、同期の磐之媛陵の陪冢四ないし五基は、方墳と円墳とがほぼ半ばしていることも知られる。出土須恵器がTK二一六型式であることによって営造時期を限定しうるウワナベ古墳で、円墳の方が多い点については、同墳の墳丘が仁徳陵と同型である点を重視すれば、百舌鳥古墳群の現況と関連づけて説明することができるであろうし、円墳系が卓越する新しい風をいちはやく採用したともみられる。いずれにせよ、III期ではことごとく方墳であるので、方墳から円墳への変化を、古市古墳群の場合ほどの鮮やかさはないにせよ窺い知ることができそうである。

そこで、百舌鳥古墳群については陪冢が円墳系で終始した可能性を残したうえで、方墳から円墳系への変化の方を、さしあたっては重視しておこう。

そうすると、古市古墳群内の陪冢が円墳系に転じた時期については、応神陵—仁徳陵—允恭陵という妥当な編年案に則してこれを推定するなら、応神陵から仁徳陵へ移る間であるとも、仁徳陵から允恭陵へ移る間であるともみることができるであろう。またさらに、仁徳陵の営造時期を決定すると思われる出土須恵器がＯＮ四六型式であったことを定点にすると、この移行期はＴＫ二一六型式期かまたはＴＫ二〇八型式期にあたることになるであろう。

さて、陪冢変化に関する第二点として、これを営造する風が中・後期の交で衰滅することをあげたい。これもまたすでに指摘されているので、新しい事実ではない。[18]ただ、衰滅の時期については、二様の見解が成立する。すなわち、仲哀陵に伴う陪冢の数が、旧陸地測量部の実測図通りであるとすれば、陪冢付設の風が絶えたとはいえないにせよ允恭陵との間に、衰退の傾向はみとめられる（図33）。他方、実測図が示しているよりも陪冢の数が増えるならば、仲哀陵から今城塚古墳に至る間に、その風が衰え絶えたことになる。発掘調査の結果によると、前者の可能性の方が高いようなので、[19]仲哀陵営造期と覚しいＴＫ二三型式期には陪冢営造の衰退が始まっていたと推定しておく。

**群集墳の変遷**　主に畿内中期の大型古墳とそれぞれの陪冢をとりあげ、営造上の動向について述べてきたが、中期における墳墓のもうひとつの動向として、群集墳の形成が盛んになる点をあげることができる。なお、群集墳というと、後期後半に隆盛をみる横穴式石室の群集墳が、研究対象として早くから注目を集め、それよりも形成が古く遡る群集墳についてては、初期あるいは古式の名を冠して呼ばれることが多い。しかし、いわゆる初期群集墳の発見例が増加し、群を構成する古墳の数もまた、後期後半の大規模な例に匹敵するとまではいえないにせよ、一〇〇基を超えるものが知られるようになっている。この点で、後期後半の群集墳の形成を社会変動の面で重視してきた学史上の経緯が、もし初期あるいは古式という名称にからみついているのであれば、誤解を生むこのような形容語は捨てた方がよい。

それはさておいて、中期に群形成が始まって興隆する、構成古墳数の多い例を、畿内のなかで検索するならば、大

図 33　仲哀陵とその周辺

和盆地の橿原市一町新沢古墳群（六〇〇基）ならびに御所市元町石光山古墳群（一〇〇余基）を、河内の大阪市平野区長原古墳群（二一二基）を、摂津の茨木市総持寺古墳群（四一基）を代表格としてあげることができる。また、同じく摂津の神戸市東灘区住吉宮町古墳群も、群の全容はまだ判明していないが構成数が一〇〇基に達するらしいので、代表格に加えてよかろう（図34）。ところが、これらの例には、群ごとで墳形の差異がある。新沢・石光山両古墳群は円墳に、長原古墳群は方墳にほぼ限られている。そうして、総持寺古墳群はことごとく方墳であり、住吉宮町古墳群もほとんどが方墳であるとみてよいようである。

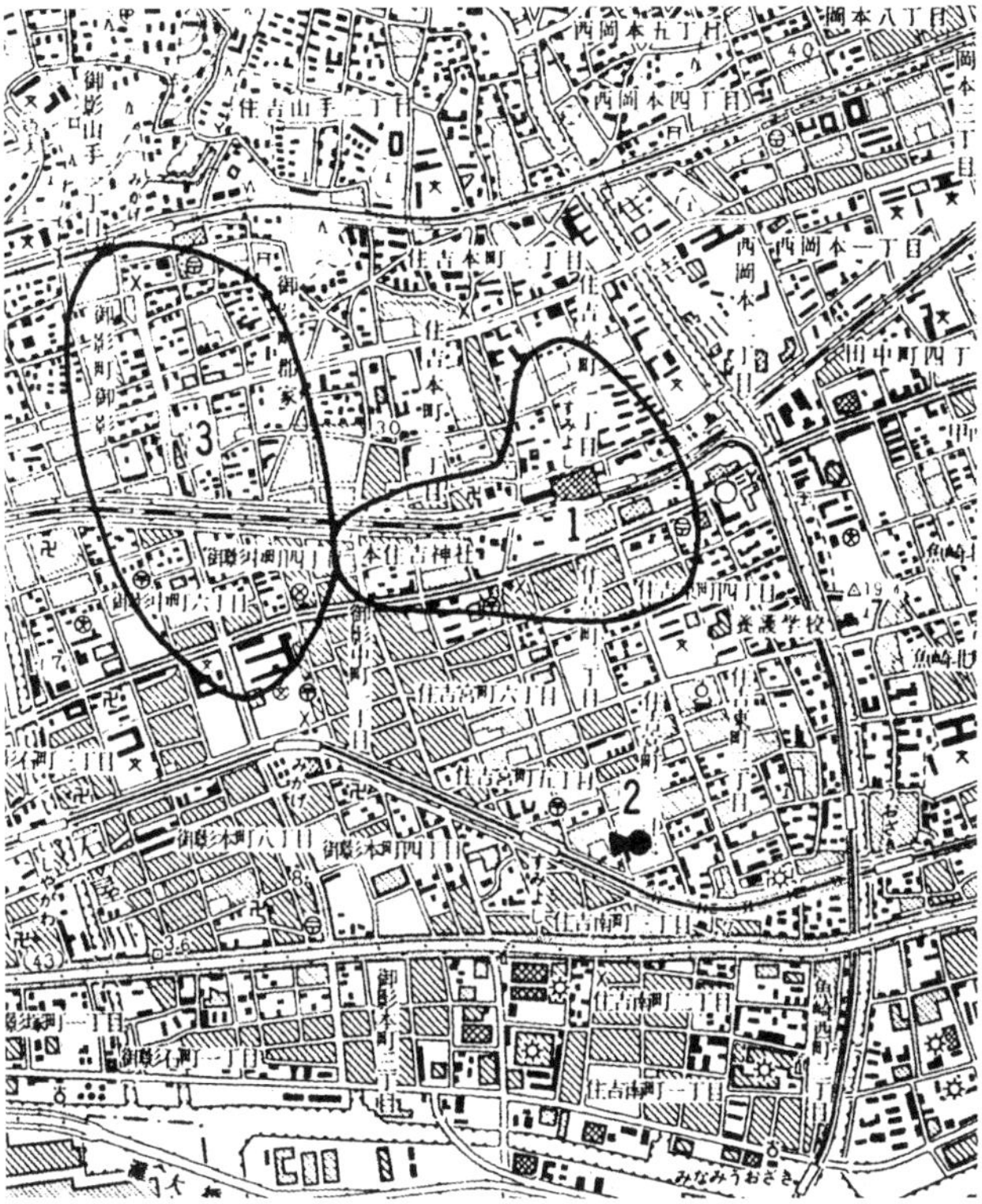


**図 34**　兵庫県住吉宮町古墳群とその周辺
1：住吉宮町古墳群　2：群家遺跡　3：東求女塚古墳

そこで、このように顕然とした墳形の差異に基づいて、これらを円墳型と方墳型とそれぞれ名付けて分別すると、円墳型の例が大和に、方墳型の例が河内と摂津にあって、墳形によって所在地が異なっている。また群形成の時期にも差がみられ、円墳型の新沢・石光山両古墳群の場合、群形成の盛期が中・後期の交にあり、かつ、古墳時代の終焉近くまではなはだしい衰退をみせずに形成が続いている。これに較べて、方墳型に入れた他の古墳群の場合は、群形成の期間が相対的に短く、長原古墳群は中期後葉ないし後期前葉に盛期を迎えて、後期中葉でほぼ形成を終えており、総持寺古墳群は中期後葉に形成の盛期があるようである。そうして住吉宮町古墳群については、既掘分の営造時期が中・後期の交に集中しており、これが群形成の大勢を示しているように見うけられる。

さて、円墳型と方墳型との間でそれぞれ、実例の所在地が大和と摂津河内とに分かれていた点について、大和には構成数の多い、摂津河内に匹敵するような方墳型の例が見いだされておらず、他方、摂津河内において、形成時期の点でも構成数のうえでも、大和の例に肩を並べるような円墳型の例は知られていない。したがって墳形上の差異は、地域差とみてさしつかえない。さらに、円墳型例の形成期間の方が長く、方墳型例ではそれが相対的に短い点についても、また、群形成の盛期の古い例が方墳型である点についても、これらをそれぞれ事実としてみとめてよいことは、他の小規模な群集墳例によって検証しうる[20]。

なお、河内南部に所在し、九二基を数えるという南河内郡河南町寛弘寺古墳群は、群形成の盛期が後期後半にあたるので、例示の対象から外したが、中期後葉にも隆盛の跡を残しており、しかも、円墳と方墳とが群形成の開始から終焉まで併存しているらしい。方円併存型と呼んで、類例の増加をまつことにする。

さらに、畿外における群集墳の動向を概観しておくと、畿外にもまた方墳型と円墳型との別がある。さらに、同群内で方墳型から円墳型へ転じる、方円転換型と呼ぶべき例も知られている。たとえば伊勢南部の、松阪市八重田町八重田古墳群や伊勢市前山町落合古墳群（図35）などでは、ＴＫ二〇八型式期から方墳型で群形成が始まり、ＴＫ二三型式期で円墳型に転じる。このような転換型の例は、肥後や美作や但馬や丹波にもあるが[21]、方墳型による群形成の開始が畿内や伊勢南部の場合よりも古く、遡れば方形周溝墓や方形台状墓のような弥生時代の墓制に連なる。この点で、いま問題にしている方墳型群集墳の形成とは、ひとまず区別しておいた方がよい。

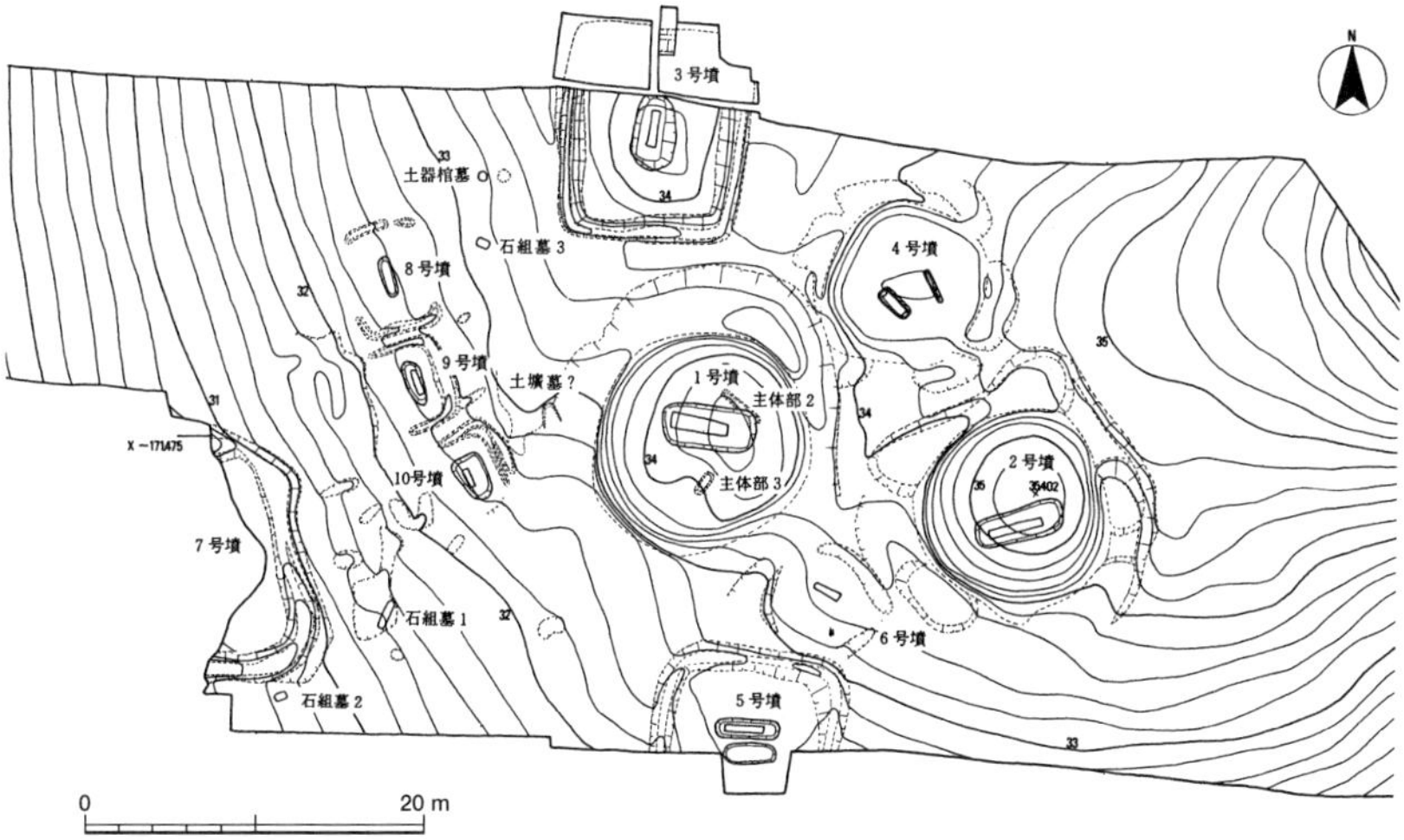


**図 35**　三重県落合古墳群

これに対して、円墳型へ転換せず方墳型として終始した群集墳の例が、西方は出雲や美作に、東方は遠江や上野の一部にもみとめられる。[22] 他方、円墳型の例は、九州から東北に至る広い範囲で知られており、円墳型例の方が分布が広い。[23]

なお、日向に分布する地下式横穴について、墳丘の存在がさらに判明すれば、これもまた円墳型の一例に加えることができるのかもしれないが、いずれにせよ、中期中葉を境にして隆盛の色をみせるので、これもまた畿外における群集墳の形成と軌を同じくすると考えられる。

**方墳と円墳**　方墳というと、前方後円墳の営造停止と交代して流行する墓制ではあるが、古墳時代のなかにもむろんその例はある。陪冢として先にあげた幾つかがそれにあたるが、単独墳としても存在する。そこで、辺長が五〇メートル前後ないしそれ以上の規模をそなえた大型の例を、まず畿内のなかで検索してみよう。

大和　橿原市鳥屋町桝山古墳（八五メートル　III期）
　　　御所市室ネコ塚古墳（七〇メートル　III期）室大墓古墳陪冢
　　　五条市近内町つじの山古墳（五〇メートル　IV期）

河内　藤井寺市青山浄元寺山古墳（七〇メートル　Ⅳ期）墓山古墳陪冢
　　　羽曳野市誉田向墓山古墳（六七メートル　Ⅲ期）墓山古墳陪冢
　　　藤井寺市野中古墳（六〇メートル　Ⅳ期）墓山古墳陪冢
　　　羽曳野市島泉平塚古墳（六〇メートル　Ⅴ期か）
　　　藤井寺市沢田鍋塚古墳（五〇メートル　Ⅲ期）仲津媛陵陪冢
　　　藤井寺市野中東山古墳（五〇メートル　Ⅳ期）応神陵陪冢
　　　藤井寺市野中アリ山古墳（四五メートル　Ⅳ期）応神陵陪冢
和泉　堺市浜寺元町塔塚古墳（四五メートル　Ⅳ期）
山城　八幡市美濃山ヒル塚古墳（五二メートル　Ⅱ期）
　　　城陽市平川梶塚古墳（五〇メートル　Ⅳ期）平川車塚古墳陪冢

ついで、畿内周辺をみると、

播磨　姫路市御国野町山の越古墳（五五メートル　Ⅲ期）
丹波　綾部市多田町聖塚古墳（五四メートル　Ⅲ期）
　　　福知山市大門妙見一号墳（五二メートル　Ⅳ期）
近江　蒲生郡蒲生町天乞山古墳（六五メートル　Ⅲ期）
伊賀　名張市新田冑塚古墳（推五〇メートル　Ⅳ期か）
伊勢　安芸郡安濃町明合古墳（六〇メートル　Ⅲ期）
　　　一志郡嬉野町西野三号墳（四七メートル　Ⅱ期）
　　　多気郡多気町土羽権現山二号墳（四六×三九メートル　Ⅲ期）

があり、さらに畿外遠隔地に眼を向けると、

出雲　松江市古曽志町丹花庵古墳（四七メートル　中期）

　　松江市西尾町廟所古墳（五〇メートル　中期）

　　安来市荒島町造山一号墳（六〇メートル　前期）

　　安来市荒島町大成古墳（四五メートル　前期）

信濃　小県郡東部町和親王塚古墳（五二メートル　中期）

甲斐　東八代郡八代町竜塚古墳（五二メートル　III期）

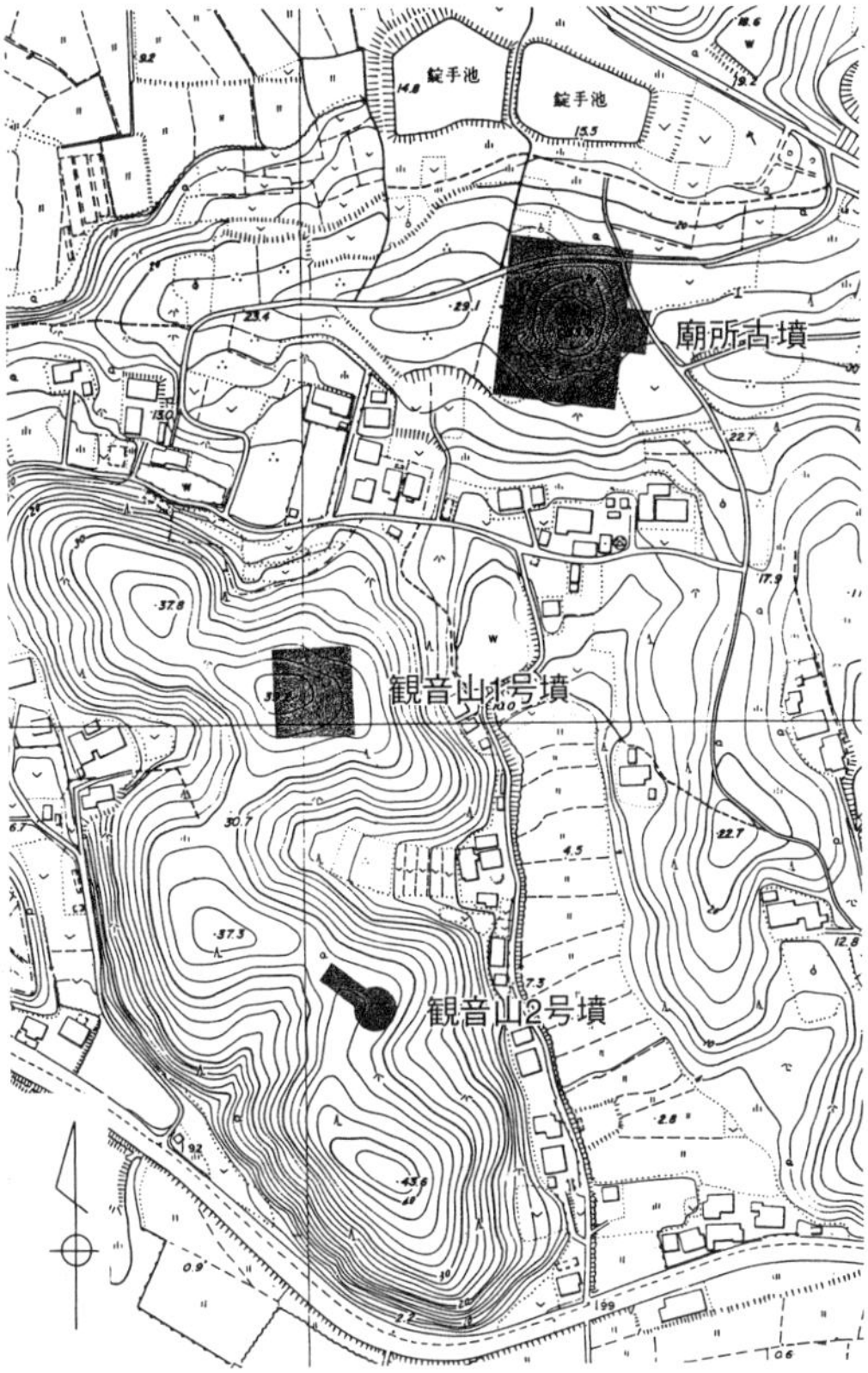


**図 36**　島根県廟所古墳とその周辺（縮尺 1：6000）

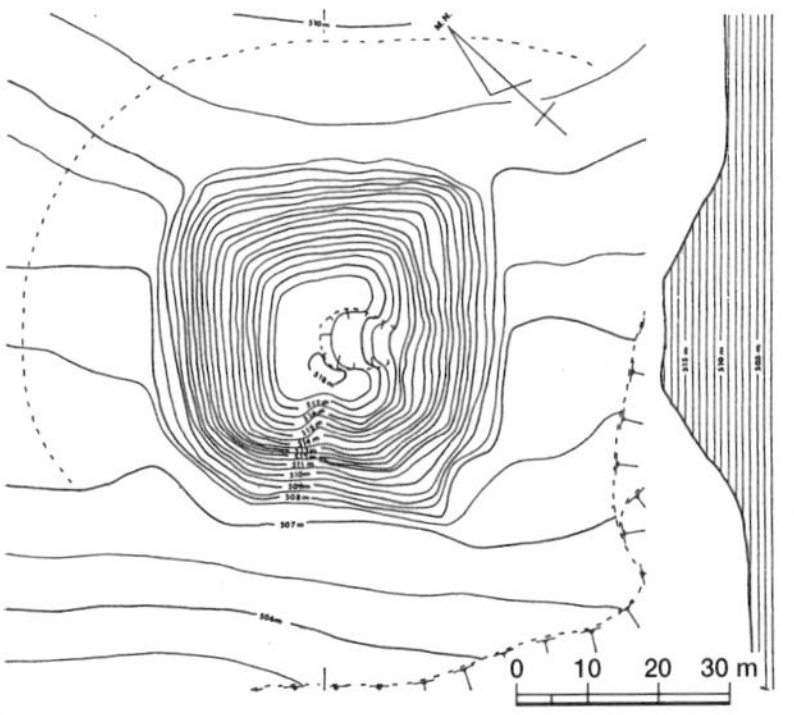


**図 37**　長野県親王塚古墳

が知られる（図36・37）。

こうして列挙して概観すると、かりに単独墳に限ったとしても、大型古墳は畿内を筆頭にしてその周辺に集中している。また、Ⅲ期ないしⅣ期前半に営造数と規模が最大に達することを、埴輪や主墳などの編年から察することができる。さらに畿内のなかで分布の偏りがみられ、もっとも営造数が多い河内の場合は、後期にあたるⅤ期に入ってもなお、大型方墳の営造が続いている可能性がある。先述の寛弘寺古墳群の動向と考えあわせると、河内の特質が浮かびあがってくる。

河内で大型方墳の営造が続き、墳丘を方形に営む風が長く残った理由については、あらためて考えてみなければならない問題であるが、方墳の大型化の消長という点からみると、それがⅣ期のなかで下火になったことはみとめてさしつかえない。陪冢の主座が方墳から円墳系に移ったことを例示し、その移行時期はＴＫ二一六型式期かＴＫ二〇八型式期のいずれかであることを先に推測しておいたが、方墳の大型化が下火になる時期は、この、方墳が陪冢の主座を円墳系に譲る時期でもある。したがってその時期は、Ⅳ期の前半と後半との境すなわちＯＮ四六型式期とみるのが妥当なところであろう。

## （四）　造墓の軌跡

以上論述した結果をやや単純化して辿ると、畿内で古墳の大型化が極端に進むのは、仲津媛陵（Ⅲ期）から仁徳陵（Ⅳ期・ＯＮ四六型式期）に至る間であり、これはまた、畿外の幾つかの地でも、一過性にせよ大型化が著しい時期であった。もし大型古墳の時代という表現を使うのなら、この時期こそがそれにふさわしい。そうして、大型古墳が威容を増すのと呼応するかのように陪冢群は形制をととのえ、やがてⅣ期のなかで、方墳中心から円墳系中心へと転換をとげる。河内南部の古市古墳群においてとりわけ鮮やかに、この転換の跡をみることができる。これに対して和泉北部の百舌鳥古墳群では終始、円墳系が陪冢の主座を占めていたようにみえる。

陪冢の墳形が方墳に傾斜していたⅢ期ないしⅣ期前半はまた、方墳が大型化した時期でもあった。そうして、陪冢の主流が円墳系へ転じるのと時を同じくして、方墳の大型化は止み、すでに一部で始まっていた方墳による群集墳の形成が隆盛の色をみせる。やがて、仁徳陵の営造を最後に前方後円墳の大型化の波が退き、大型古墳の営造地が減ってTK二三型式期には古市古墳群に限られるようになる。それとともに陪冢を付設する風が衰える。畿内で円墳型群集墳の形成が盛況を呈するのは、この頃である。つまり、陪冢と群集墳との間に、

陪冢　方墳の脱落
　　円墳系への移行　⟹　陪冢付設の衰滅
群集墳　方墳型の隆盛　⟹　円墳系の隆盛

という相関が導かれるのである。

畿内における群集墳形成のこのような変化は、畿外と無関係ではない。すなわち、畿外の群集墳形成もまたこの頃に興隆する。方墳型、円墳型、方円併存型の区別があり、さらに、方円転換型が加わる。これらのうちでは、円墳型が九州から東北に及ぶもっとも広い分布域を擁しており、他方、方墳型は、弥生時代以来の墓制の伝統との区別がつきにくいが、主として、出雲や美作から遠江へ至る地域に分布し、一部は関東にも例がある。そうして、肥後や美作や但馬や丹波や伊勢ですでにその例が知られている方円転換型は、方墳型が先行する点で、また円墳型への転換が中・後期の交に集中する点で、畿内の群集墳形成の動向と通じるところがある。

## 注

(1) 白石太一郎「畿内における大型古墳群の消長」(『考古学研究』第一六巻第一号　昭和四四年)。
(2) 川西宏幸「河内への道」(『古代文化』第四四巻第九号　平成四年)。
(3) 一瀬和夫「奈良県築山古墳の調査」(『古代学研究』第一三八号　平成九年)。
(4) 岸本直文「前方後円墳築造規格の系列」(『考古学研究』第三九巻第二号　平成四年)。相似墳を見いだして系列を辿ろうとするこの種の試みには、形態上の類似を指摘するだけにとどまらず、相似形を達成しえた当時の土木技術を復原することが望まれる。このような指向をそなえている点で、西村淳の一連の仕事が注目される。西村淳「墳丘の構築方法と規格性(中国と日本の比較)」(『史境』第二四号　平成四年)など。
(5) 上田睦「出土埴輪から見た古市古墳群の構成」(竪田直先生古希記念論文集刊行会編『竪田直先生古希記念論文集』平成九年)。上田睦「大阪府藤井寺市岡ミサンザイ古墳(仲哀陵)」(『古代学研究』第一三八号　平成九年)。
(6) 十河良和「百舌鳥古墳群出土円筒埴輪の様相」(網干善教先生古稀記念論文集刊行会編『網干善教先生古稀記念考古学論集』上巻　平成一〇年)。十河の設定したC種は、「A種ヨコハケのように断続的に残されてストロークが長い〔Ca種〕、川西氏がC種ヨコハケとされる回転台を用いるものを〔Cb種〕に細分される」という。これでは私がC種として独立させた意味が失われる。
(7) 陵墓調査室「仁徳天皇　百舌鳥耳原中陵の墳丘外形調査及び出土品」(『書陵部紀要』第五二号　平成一三年)。
(8) 注6に同じ。
(9) 山田幸弘「古墳時代中期の様相―古市古墳群を中心として―」(第四四回埋蔵文化財研究集会実行委員会編『中期古墳の展開と変革』平成一〇年)。
(10) 川西宏幸「淡輪の首長と埴輪生産」(『大阪文化誌』第二巻第四号　昭和五二年)、川西宏幸『古墳時代政治史序説』(昭和六三年)に補訂載録。
(11) 山内昭二ほか『舟塚山古墳周濠調査報告書』(昭和四七年)。車崎正彦「常陸舟塚山古墳の埴輪」(『古代』第五九・六

○合併号　昭和五一年)。橋本博文「『王賜』銘鉄剣と五世紀の東国」(原島礼二・金井塚良一編『古代を考える　東国と大和王権』平成六年)参照。
(12)　垂仁陵と神功陵との先後関係について、立地の差異を重視するなら、神功陵の方が古いことになる。しかし、断片的に知られた円筒埴輪の特徴によると、垂仁陵の方が古いようである。本論では、埴輪の示すところに従って編年した。宮内庁書陵部陵墓課編『出土品展示目録　埴輪Ⅳ』(平成一五年)。
(13)　藤沢敦「仙台平野における古墳の変遷」(甘粕健先生退官記念論集刊行会編『考古学と遺跡の保護』平成八年)。
(14)　注5・9文献、藤井寺市史編さん委員会編『藤井寺市史』第三巻　史料編一(昭和六一年)。羽曳野市史編纂委員会編『羽曳野市史』第三巻　史料編1(平成六年)参照。
(15)　注6文献、一瀬和夫「百舌鳥古墳群」(『季刊考古学』第七一号　平成一二年)参照。
(16)　たとえば、山田幸弘ほか『西墓山古墳』(『藤井寺市文化財報告』第一六集　平成九年)所載の山田の論考では、応神陵の陪冢として珠金塚古墳と珠金塚西古墳が除かれている。
(17)　藤井寺市教育委員会事務局編『倭の五王の時代』(平成八年)。注16に同じ。
(18)　川西宏幸「後期畿内政権論」(『考古学雑誌』第七一巻第二号　昭和六一年)、川西宏幸『古墳時代政治史序説』(昭和六三年)に補訂載録。
(19)　ウィリアム・ゴーランドの記録によれば、仲哀陵の近傍に七基の小型墳があったという。その後の発掘調査によって、岡古墳、野々上古墳でII期の埴輪の樹立が確かめられ、前期後葉に遡る小型墳が仲哀陵の近傍で検出された。この点を考慮に入れるならば、ゴーランドの記した小型墳のことごとくを陪冢とみることはできない。W・ゴーランド(上田宏範校注監修)『日本古墳文化論』(昭和五六年)。
(20)　大阪府文化財調査研究センター『大阪府埋蔵文化財研究会(第四三回)資料』(平成一三年)。
(21)　肥後で下益城郡城南町塚原古墳群、美作で津山市押入飯綱神社古墳群、但馬で朝来郡和田山町中山古墳群、丹後で綾部市豊里町福垣北古墳群などがそれぞれ管見にのぼる。また、方墳から円墳への転換は、一群内だけにとどまらず、地域の群集墳形成の一般的動向でもあることが、美作、但馬、但馬中部について指摘されている。野田拓治ほか『塚原』（『熊本県文化財調査報告』第一六集　昭和五〇年）。安川豊史「古墳時代における美作の特質」（近藤義郎編『吉備の考古学的研究』㈦　平成四年）。田端基「墳形からみた前半期古墳の画期について」（『但馬考古学』第六集　平成三年）。小山雅人「野崎古墳群」（『京都府遺跡調査報告書』第一七冊　平成四年）。なお、千葉県市原市草刈古墳群についても、方墳から円墳への転換が説かれているが、転換の時期は前・中期の交のあたりにあるらしい。田中裕「房総半島の中期古墳」（第一〇回東海考古学フォーラム浜北大会・静岡県考古学会シンポジウム実行委員会編『古墳時代中期の大型墳と小型墳』平成一四年）参照。

(22)　松尾充晶「山陰における墓制・生産・集落の変革」（第四六回埋蔵文化財研究集会実行委員会編『渡来人の受容と展開』平成一一年）。注21安川。遠江の例である浜北市内野二本ケ谷古墳群は、積石塚によって構成される点で、特異なようにみえるが、積石塚による方墳構成は、高崎市剣崎町長瀞西古墳群の一部など、上野にも例が知られる。東国における方墳構成は、この点で注意を引く。森泰通「東海地方における五世紀後半の諸相」（第四六回埋蔵文化財研究集会実行委員会編前掲書）。山本美野里「関東における渡来文化の受容と展開」（同上）。高崎市教育委員会編『剣崎長瀞西遺跡』Ⅰ　高崎市埋蔵文化財調査報告書　第一七九集　平成一三年）。

(23)　東北における営造は、宮城県域北部や米沢・山形盆地に及んでいるようである。藤沢敦「中期古墳の展開と変革――東北――」（注9に同じ）。

# 第三章　生産の変革

## (一)　生産の消長

**窯業**　窯業と呼んでもさしつかえない生産は、須恵器と埴輪から始まった。ところが、開窯時の事情は両生産の間で異なっており、須恵器生産は、採土から焼成に至る一貫した技術体系として、新しく朝鮮半島から伝来した。これに対して埴輪生産は、須恵器生産に伴う諸技術のなかから主として窖窯による焼成法を、ときには整形技法なども加えて、既存の技術体系のなかに採り入れることによって、窯業たりえたのである。

須恵器生産の開始は、長く説かれてきたTK七三型式期よりも、さらに古く遡る可能性の高いことが、大阪府堺市大庭寺遺跡などの陶邑窯址群の発掘によって、また大阪府岸和田市池尻町持ノ木古墳出土品の分析や兵庫県神戸市西区玉津町出合遺跡出土品の再評価によって、指摘されている(1)。そうして、畿内においては、大阪府吹田市朝日ケ丘町吹田三二号窯址や同府南河内郡河南町一須賀窯址群、畿外においては、福岡県筑紫野市の隈・西小田両窯址、同県朝倉郡の三輪町山隈・夜須町小隈・夜須町八並各窯址（図38）、同県京都郡豊津町居屋敷窯址、岡山県総社市福井奥ケ谷窯址（図31）、香川県高松市三谷町三郎池西岸窯址の発見によって、陶邑窯址群を擁する泉北丘陵での開窯と隔たらない頃に、畿内外の各地で窯煙のあがったことが、次第に明らかになりつつある。主として、筑紫の内陸部や、瀬

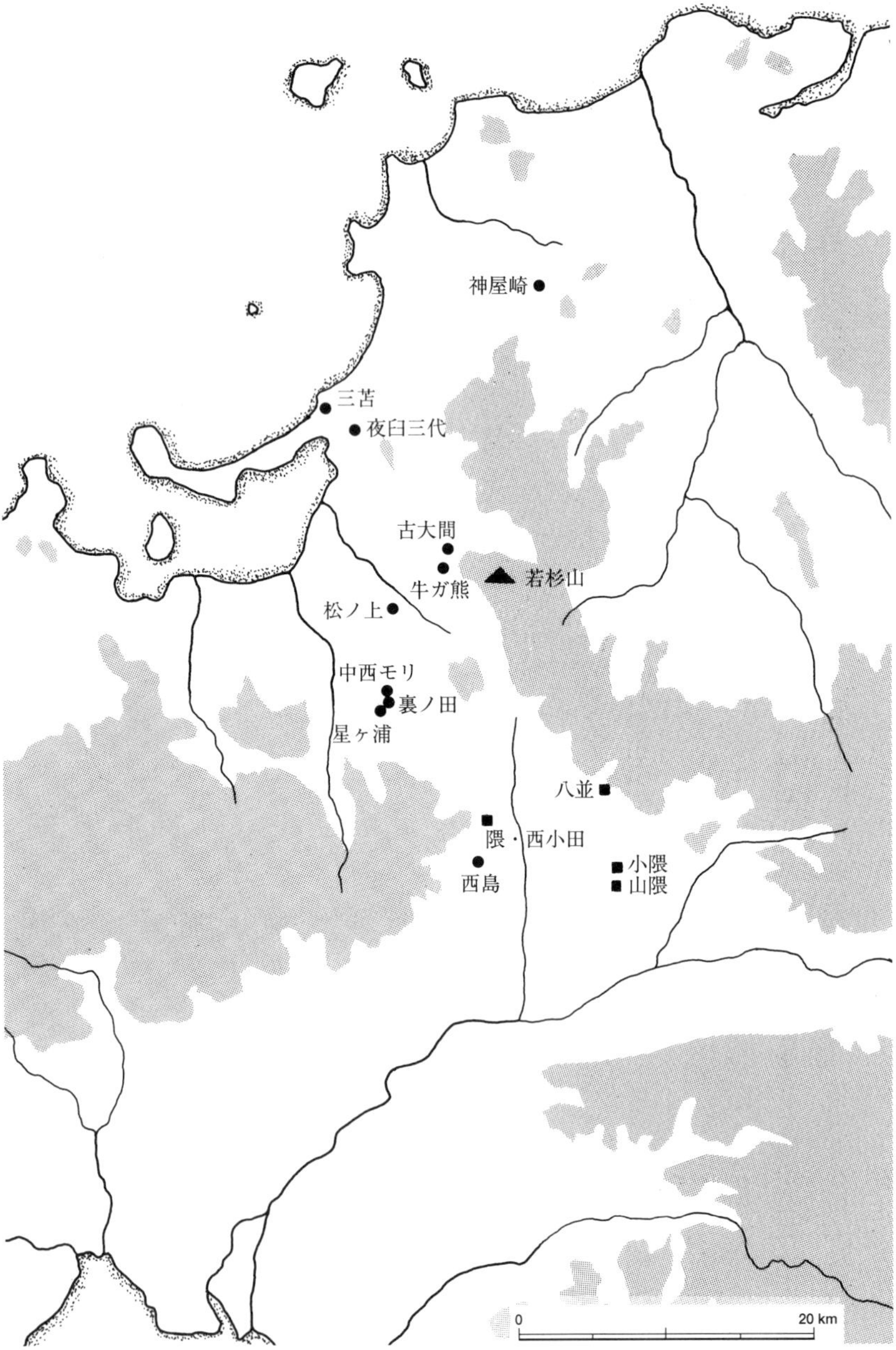


**図 38**　九州における初期須恵器窯と滑石工房の分布

戸内から大阪湾岸にかけて点在するこれらの須恵器生産は、それぞれに洛東江下流域の金官伽耶などから技術を導入し、分立して操業したことがすでに説かれている。(2) 肥前、筑前、筑後の一帯に製品を供給したことが判明している朝倉窯址群は、このような分立操業の代表格といえるであろう。

しかし、これらの初現期の操業地の多くは、隆盛を迎えずに短期で窯を閉じる。そうしてON四六型式期に至り、器形の定型化を進めつつ操業規模を拡大してすでに畿外へも広く製品を供給していた陶邑窯群から、あらためて各地へ生産が波及していく。宮城県仙台市宮城野区大蓮寺窯址の例が示すように、その範囲が仙台平野の一画にまで達していることは、波及の広域ぶりをよく物語っている。また、分立生産の代表格であった朝倉窯群では、ON四六型式期を境に生産が衰退するというから、(3) 陶邑窯群からのこの波及は、生産量の多寡や製品の優劣によるというよりも、既存の生産を衰退に導く動きでもあったことが考えられる。

ところが、ON四六型式期に興隆した各地の須恵器生産のなかに、陶邑窯群から波及したということでは説明のできない例がみられる。その一例が愛媛県伊予市市場南組一号窯であり、その製品は松山平野の範囲にとどまらず、摂津の一部にも及んでいたことが兵庫県神戸市東灘区西岡本遺跡の出土品から知られるようである（図39）。また畿内より東方の例として、尾張があげられる。名古屋市千種区東山一一一号窯址の出土品で代表される尾張系の製品は、地元はもとより、関東においても散見されるので、主に東方へ波及していったようである。なお、同期の尾張系でも陶邑系でもない製品が、関東に分布している。(4) 生産址はまだ確認されていないが、関東でもこの頃に窯煙が上がった可能性がある。陶邑窯群の生産の系譜について、若干の百済系を含みつつ伽耶系色の強かった開窯期を経て、ON四六型式期の頃に百済系に傾斜したことが説かれているが、(5) この時期の地方窯の成立にあたって、たとえ一部にせよ、朝鮮半島からの影響が陶邑を経由せずに直接に及んだことが推測されてよい。

いずれにせよ、畿内においても、また畿外にあっても、ON四六型式期は生産の高揚という意味で、画期であった

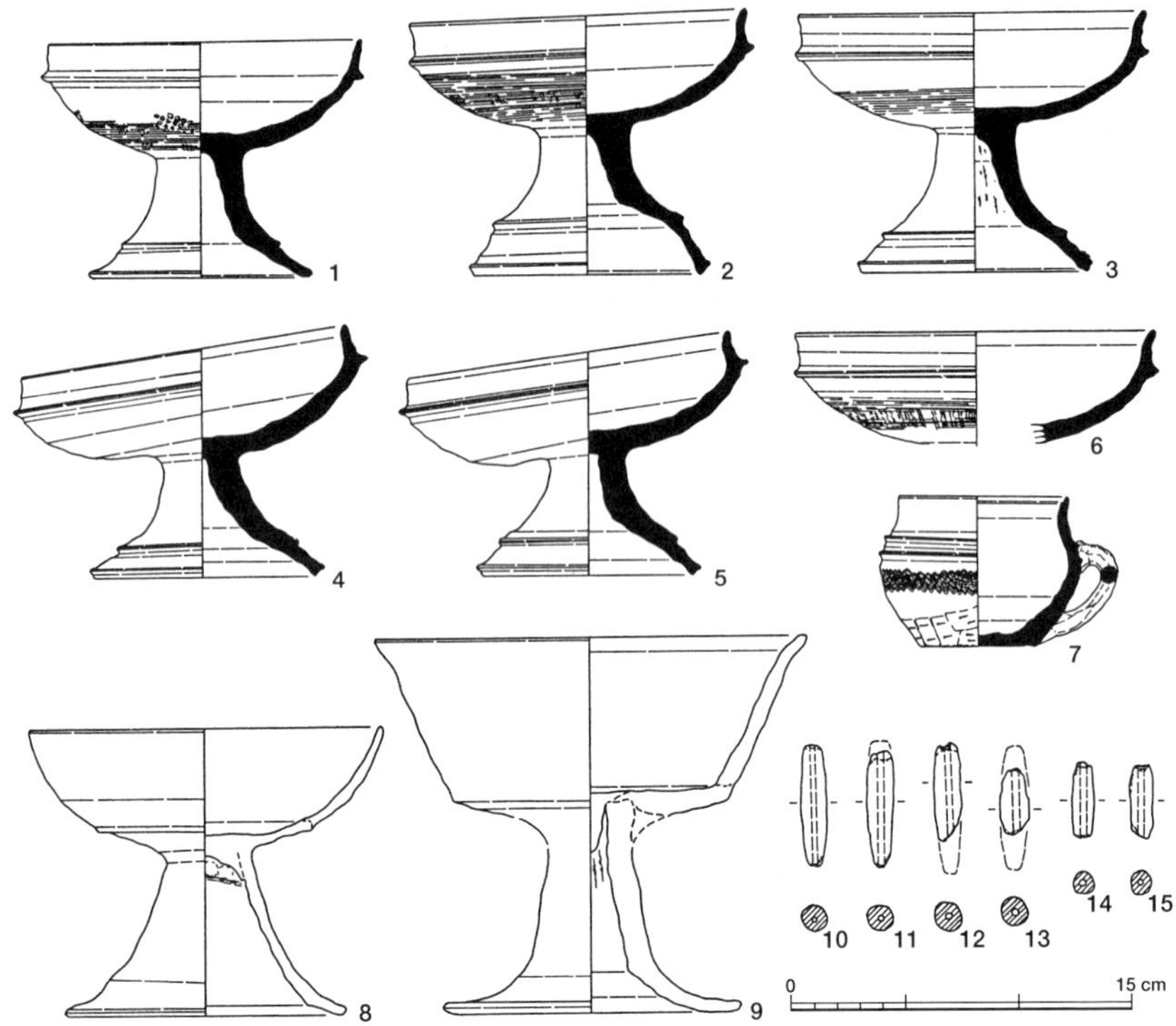


**図 39**　兵庫県西岡本遺跡の出土品
1〜6：愛媛県南組1号窯系　7：大阪府陶邑系

とみられる。また、地方窯の成立時に朝鮮半島からの直接の影響があった可能性を容れるとしても、陶邑窯群を中核に据えた広域の伝播網が形成されたことはみとめてよい。その後の生産の展開ぶりを考慮すると、ON四六型式期はこの点でも画期であったといえる。すなわち、TK二三・四七両型式期に再度、須恵器生産が陶邑窯群から拡散して、畿外の生産はさらに高揚の度を強めるのである。

さて、西日本を中心とする畿外各地で独自に創業された須恵器生産の例を先にあげたが、このような例が増加するにつれて、埴輪生産への窖窯焼成法の導入、つまりⅣ期埴輪の成立を、畿内からの一元的波及によって説明しようとしてきた従来の見解は、再考を促されている。Ⅲ期埴輪の製作伝統をすでにそなえ、しかも半島直伝の須恵器生産を独自に創業しえた地域ならば、畿内からの伝習をまたなくても、Ⅳ期埴輪の製作は可能であったからである。その意味で吉備は、このような条件を満たしていることに加え、押圧技法の流行という畿内にはみられない地域色を、Ⅳ期埴輪の成立と同時に発現せしめた点でもまた、窖窯焼成法を独自に埴輪生産に導入したと推測してもさしつかえない。これに対して、近傍に朝倉窯址群があり、被葬者がその須恵器生産を管掌していたとまで説かれている福岡県甘木市堤当正寺古墳の場合、たしかに朝倉郡方面の最古のⅣ期埴輪の例ではあるけれども、その焼成に同窯の技術が導入されたのかどうか、もう少し結論をまつべきであろう。Ⅲ期埴輪を製作していた伝統がこの地にみとめられないからである。

他方、焼成法だけにとどまらず、成形や調整もまた須恵器技法から転用した例が知られている。それは主として円筒埴輪であり、それぞれ初現地の名を冠して一つは淡輪系、もう一つは尾張系と呼ばれているたぐいである。両系の差異は底部付近の形状や技法にもっとも鮮やかにあらわれている。すなわち、淡輪系例は、自重による底部付近の変形を防ぐ目的で、あらかじめ植物製の円環を据えおいたために、底部付近の外周がくぼんでいる。(6) これに対して尾張系例の底部付近は、内外面やときに底面にまで及んで、余分な部分を削りとってある。事前にせよ事後にせよ、底部付近の変形に注意を払うこのような技法は、製作に携わった須恵器工人の発案であろうが、とりわけ淡輪系についてはは須恵器技法のなかにその淵源を見いだすことが難しい。

尾張系の成立は、ON四六型式期に併行するという東山一一一号窯期の頃であろうといわれている。(7) またその分布域は、拡散が始まるTK四七型式期までは、尾張の範囲をほとんど出ていない。(8) 他方、尾張系よりも成立が古い淡輪系は、ON四六型式期の頃に伝播が始まる。淡輪で大型古墳の営造が途絶した時期にあたるかどうかはともかく、九州北部に三例、伊賀に一例、遠江に三例の出土地が知られており、伝播は面的広がりがなく、定着性に欠ける。(9) 尾張系と淡輪系によって代表される須恵器技法の円筒埴輪は、TK二三・四七両型式期以降、東海や北陸一帯に拡散し定着するが、その広汎な展開ぶりと較べると、尾張系の分布域は狭く、淡輪系の伝播は点的である。しかし、円筒埴輪に限られるにせよ、畿内通有の例とはまったく技法の異なるものが畿外で発現し、また伝播していったことは、後代のその広汎な展開ぶりの先駆けをなす点で注目してよい。

それはさておき、畿内の埴輪生産は、このON四六型式期以降、量的に下降に転じた。中小古墳への供給量は増大したかもしれないが、応神陵や仁徳陵のようなきわだって大きい古墳だけでなく、畿内各地で大型古墳の営造が衰滅したことによって、埴輪の生産量は急激に下降したにちがいない。これとともに、もっとも使用量の多い円筒埴輪の製作が、いっそう粗雑化し、簡略化する。需要の増大が製品の粗雑化や簡略化を招くことは珍しくないが、この場合はそうではない。それに対して畿外では、地域ごとの差異はあっても全体的にみれば、窖窯焼成法の採用以降、生産量が増大の方向に転じたことを、埴輪樹立古墳の増加や埴輪生産の在地化によって推測することができる。ON四六型式期以降、須恵器生産の場合には畿内、畿外ともに、生産量を増大させていったが、樹立古墳の数や規模の変動によって大きく左右される埴輪生産の場合には、明らかにこれと違った動きをみせているのである。

**鍛冶**　鉄製錬の存否に関する問題は、確実な操業址の発見や鉄滓などの理化学分析の結果をまたなければ解決が難しいから、本来、立証する手がかりに恵まれていない。現在もなお、日本における鉄製錬の開始時期の確定が、帰趨を得ていないのは、このような立証の難しさによるところが大きい。これに較べると鍛冶の場合、精錬と鍛錬との区別は実際上容易でないようであるが、それでも操業を立証する手がかりが多いとはいえるであろう。その結果によれば畿内では、TK二三・四七両型式期にあたる鍛冶址や羽口や滓の発見例が多く、その前後の時期に較べるときわだった差異を示している(10)。そうして、この急増の内実を探ると、遺跡のほとんどは、すでに炉煙をあげて精錬と鍛錬とをあわせ行っていたらしい、大阪府柏原市大県遺跡群にみるような大規模な操業を物語る例ではない。精錬を行っていたとしても規模が小さいか、または鍛錬のみにとどまる、兵庫県神戸市西区玉津町吉田南遺跡のような例である。したがって、遺跡数のうえではTK二三・四七両型式期に畿内の鍛冶操業がにわかに活況を呈したように見えるけれども、鉄器の生産量が急増したことになるのかどうか、問題を残している。生産量の増大という点ではむしろ、鍛冶址に加えて鍛冶具副葬古墳や鉄滓出土古墳の例が多くなりはじめる、ON四六型式期の頃に注目すべきであろうと思う。TK二三・四七両型式期に急増した短期で小規模な操業はまた、摂河泉域に集中する結果になっている。大和に乏しいことが当時の実状を表しているのかどうか、資料の増加をまって検証する必要があるであろう。さらに、小規模な操業がこの時期に急増した理由についても、問われなければならない。

いずれにせよ、小規模操業のこの急増期は、大型古墳の営造が河内南部の古市古墳群に限られ、和泉北部の百舌鳥古墳群においてさえ絶えてしまった時期にあたり、また群集墳形成の盛期でもあったことを考えると、この急増は、これらの動向と関連していたことが推測される。

ついで畿外に眼を向けると、近江について中期ないし後期前半に、加賀や能登について中期中葉ないし後期前葉に、それぞれ鍛冶操業の例の増加することが指摘されている。(11) また、尾張でも、関東一円や東北南部でも、中期後葉に増加する傾向がみとめられる。(12) そうしておしなべていうと、畿内西方よりも東方において、増加の傾向が著しいようである。

この増加がことにきわだつ代表格は、関東である。埦や坏が確実に様式の一部を構成する和泉式新段階、すなわちON四六型式期ないしTK二〇八型式期を中心にして、鍛冶址の発見例が急増し、しかもTK二三・四七両型式期を最後に大きく減少して、古墳時代のなかでは回復しない。鍛冶址の発見例が急増のきざしをみせるON四六型式期は、埴輪の窖窯焼成法が関東全域に行きわたり、一部にせよ須恵器生産の存在さえ想到される時期であるから、同じく高熱を駆使する鍛冶操業の流布には頷けるところがある。

この時期の関東でみられるような、集落内の小規模操業の従事者について、農工具類の生産や修理を主体とする社会的色彩の濃い「村方鍛冶」とみられている。(13) 高坏脚部を転用した羽口や、石槌や台石を使う点で、畿内や瀬戸内や九州の専用鍛冶具に較べれば、たしかに技術的には低位にあるので、この評価は当たっているようにみえる。しかし、転用羽口で精錬を行った形跡を残す栃木県下都賀郡国分寺町西裏遺跡のような例もあり、その評価だけでは、関東における増減ぶりは説明できない。農工具の生産や修理というならば、これは時代の変転を超えて必要とされるからである。この点については後述する。

他方、九州では、南部の日向を中心に、圭頭式鉄鏃の一種が濃密に分布している点が注意される。同種の鉄鏃は、濃密な分布地において型式上の組列を辿ることができる点で、同地で作られたことが推測される。武器の畿外生産という点では、鉄刀の木製装具もまた注意を引く。奈良県天理市布留町布留遺跡や同県御所市名柄遺跡などからの畿内の出土例とならんで、佐賀県神崎郡神崎町尾崎土生遺跡、福岡県北九州市小倉南区長野A遺跡、静岡県浜松市恒武町山ノ花遺跡、同県藤枝市下藪田遺跡などのような、畿内から遠く離れた九州や東海東部からも出土例が知られている(図40)。土生遺跡例の直弧文の乱れがはなはだしいことや、山ノ花遺跡例中に未製品が含まれている点で、これらの木製装具はそれぞれの地で製作されたとみるのが穏当であろう。そうみると、装具のみを各地で調達したというよりも、鉄刀もまた製作した可能性が考えられることになる。ちなみに、長野A遺跡で鉱石系という鍛冶滓が出土していることを、付記しておこう。

畿外における鍛冶操業の問題はまた、鉄製鍛冶具の分布とも関連する。圭頭式鉄鏃の地域色がいっそう鮮明になり、木製刀装具の製作が目立つ中期後葉に、鉄製鍛冶具の副葬例が増加し、その分布域は畿内だけにとどまらず、主として西方に広がっている。専用羽口を使用する高度な鍛冶技術圏と重なるので、鉄製鍛冶具は、外来の珍貴な器物として副葬に供されたというよりも、実用にあてられた可能性の方が高い。鉄製鍛冶具とそれを駆使する鉄工技術は、おびただしい数の農工具の製作にも威力を振ったであろうが、武器や武具の製作および補修のような高度で細密な技術を要する場合に、よりいっそう有用性を発揮したにちがいない。

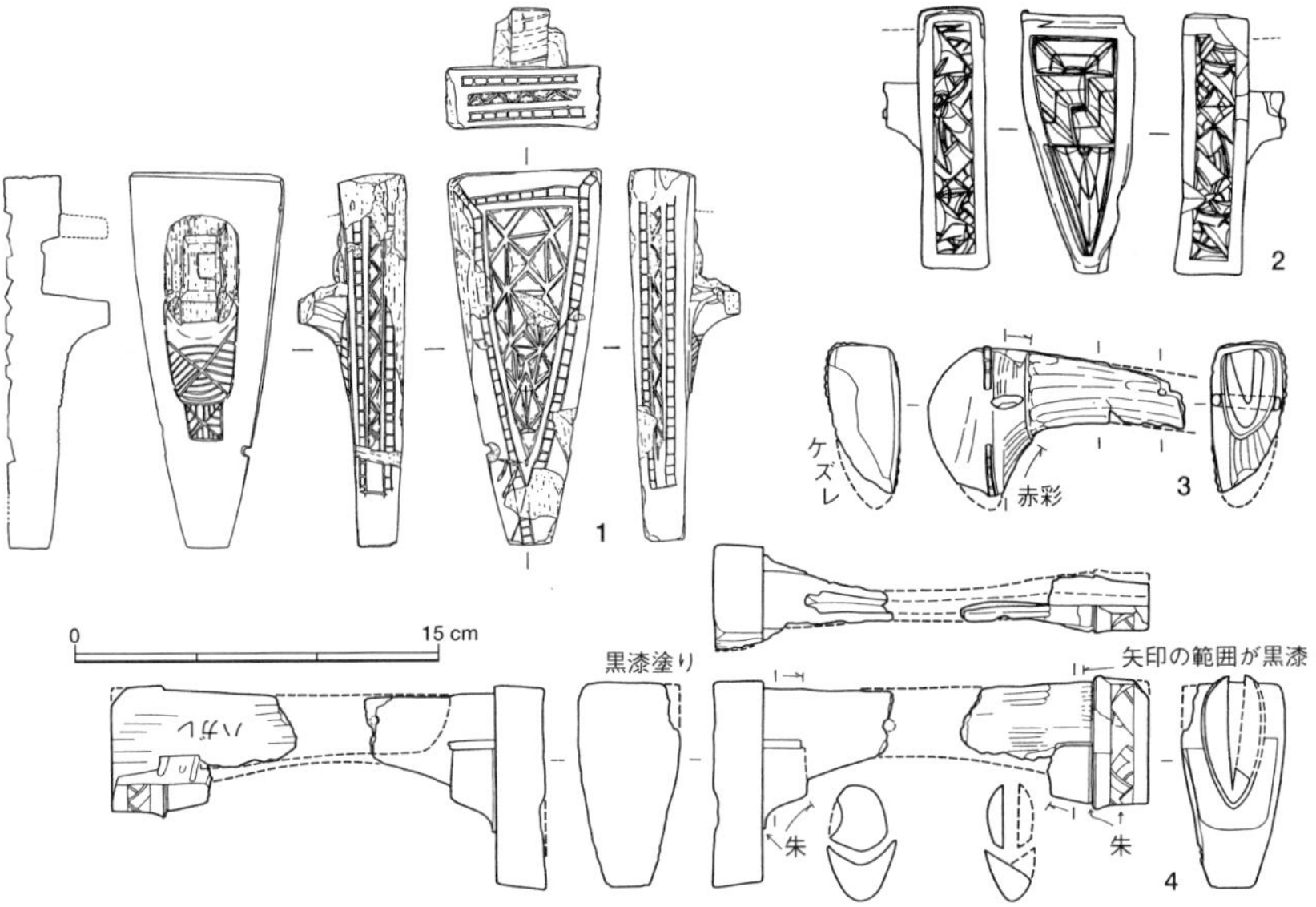


**図 40**　木製刀装具
1：佐賀県土生遺跡　2：静岡県川合遺跡　3・4：静岡県山ノ花遺跡

なお、低位の技術段階にとどまった関東でも、ＯＮ四六型式の須恵器や片刃箭式の鉄鏃とともに、専用羽口を伴う鍛冶址が出土した神奈川県横浜市都筑区荏田東矢崎山遺跡のような例が見いだされることは、畿内ないし西方の技術がＯＮ四六型式期にすでに達していたことを示している。

以上、中期後葉において、低位の技術段階にとどまったことを鍛冶址が示している関東だけにとどまらず、畿内西方でも鍛冶操業が高揚し、武器や武具の製作にまで及んでいたらしい形跡を、圭頭式鉄鏃や木製刀装具や鉄製鍛冶具の分布の様態によって推知することができるのである。これは、畿外で大型古墳の営造が止み、群集墳の形成が盛んになる時期でもある。

**土器製塩**　弥生時代に端を発する備讃瀬戸の土器製塩は、布留式期に頂点に達したのち、脚台を失って丸底化するＴＫ二〇八型式期の成立を境に衰退することが、遺跡数の増減によってすでに推測されている。(15) ところが畿内の場合、ＯＮ四六型式期前後に遡る丸底化と時を同じくして、製塩址および製塩土器出土遺跡の数が、大阪湾や河内平野を中心に激増しており、備讃瀬戸の衰退ぶりと較べて対照をみせている。そうして、製塩址のなかに、大阪湾の南西端に位置する泉南郡岬町小島東遺跡や、和泉山脈を越えた和歌浦湾に面する和歌山市西庄遺跡のような、操業規模を著しく拡大させた例や、いきなり大規模な操業を始めた例が含まれていることもまた、この対照に鮮やかさを添えている。

さらにまた、内陸にあって製塩を行うことがかなわない大和や山城の数多くの遺跡から製塩土器が出土して、塩が大量に搬入された形跡を残していることも、備讃瀬戸の場合との差異であり、大阪湾岸を中心とした土器製塩の生産量が、前代とは比較にならないほど多くなったことを物語っている。おそらく、食用だけにとどまらず、馬の飼育用や、『天工開物』の叙述を参照するならば鍛冶炉の構築のような手工業生産にも利用されたことが、この内陸への大量搬入を促したのであろう。

さて、畿内とほぼ近い時期に土器製塩が隆盛をみせた地域として、若狭、能登、尾張、三河をあげることができる。また、出土資料はまだ断片的であるがその候補として、丹波、但馬、因幡、出雲、さらには九州北部を、加えることができるようである(16)。こうして概観すると、能登と三河を結ぶ線よりも東方、わけても三河以東の太平洋岸の諸地域に、古墳時代の製塩址が見いだされておらず、製塩土器の出土さえ報告されていない点が、いかにも奇異に映る。日常生活はもとより馬の飼育などにも欠かせない塩を、どのような方法で入手したのか、三浦半島の洞穴遺跡の一部で確認されている灰層の厚い堆積をとりあげて、藻塩の存在をかりに想像したとしても(17)、なおこの問題の解決には遠い。

それはさておき、土器製塩が隆盛をみせた諸地域のなかで、若狭では、TK二〇八型式期に製塩土器が丸底化し、その浜禰IIA式の成立とともに、製塩址の発見数が急増する（図41）。ところが、製塩土器の形態のうえでもこのように畿内と歩調を同じくする若狭に対して、尾張や三河では、比較的実態の知られている脚台を長く円筒形に伸ばし

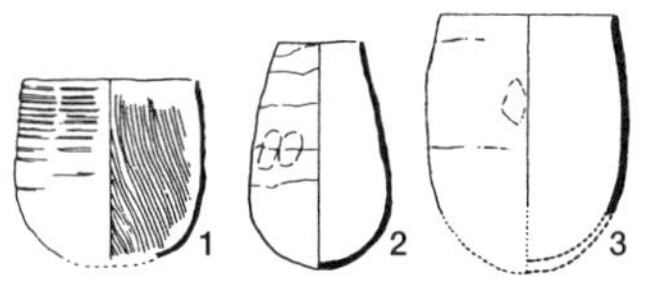

**図41**　丸底の製塩土器（縮尺1：6）
1：岡山県喜兵衛島南東浜遺跡
2：和歌山県西庄遺跡
3：福井県浜禰遺跡

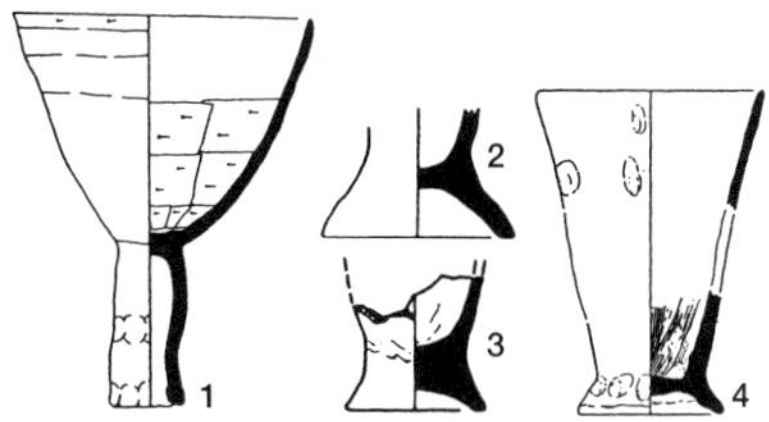

**図42**　脚台付の製塩土器（縮尺1：6）
1：愛知県松崎貝塚
2：石川県前波丸山遺跡
3：石川県長崎古屋敷遺跡
4：京都府平遺跡

た知多式Ia類が、能登では、倒坏形の脚台をつけた能登式IVa類が、それぞれ丸底化と離反する動きをみせている[18]（図42）。そうして、候補としてあげた増産地のうちで、丹後の宇川型は能登式IVa類の影響下にあり[19]、因幡は但馬とならんで平底、出雲は低高台、筑前は筒形脚台であり、いずれも丸底化の動きと連動していない。

つまり、ON四六型式ないしTK二〇八型式期の増産に呼応する製塩土器の変化として、畿内や若狭に代表される丸底化と、尾張三河や能登でそれぞれ個性がきわだつ反丸底化との二つの動きがあるのである。製塩工程のなかで煎熬と焼塩とが分離し、丸底の製塩土器は焼塩用であったことが推測されているが[20]、丸底化と反丸底化という二つの動きは、煎熬と焼塩との分離の有無に対応し、ひいては増産を可能にした技術上の差異に根ざしている可能性がある。

備讃瀬戸における土器製塩は、MT一五型式ないしTK一〇型式期からふたたび増産に転じ、また、若狭、尾張、三河、能登では、奈良時代の頂点に向かって増産の方向を辿ったことが知られている[21]。他方、畿内において、備讃瀬戸での復興と入れかわるように著しく減産したことは、玉や鉄器の生産動向と軌を同じくする畿外生産への転換として、評価される。この点については後期畿内政権下の生産の問題に関連して論じたことがあるのでさておき[22]、ここであらためて確認しておきたいのは、ON四六型式期から増産に転じた畿内の土器製塩が、TK二三・四七両型式においてもなお、隆盛を保っていた点である。

すなわち、土器製塩の隆盛は、百舌鳥古墳群の仁徳陵を頂点とする大型古墳の営造が衰退のきざしをみせるのと前後して始まり、また、淡輪の地で大型古墳の営造が絶えるのと入れかわって、近傍の紀淡海峡付近で土器製塩の操業規模が大きくなったようにみえる。あるいは、大型古墳のこのような動向と連動せずに、隆盛に転じたことも考えられる。いずれにせよ、土器製塩の中期におけるこの動きは、陶邑の須恵器生産の様相とも通じる点で、注意しておきたい。

**玉・滑石製品生産**　腕飾類をもあわせ製作していた北陸の玉生産は、前・中期の交に急速に衰滅に至ったことが知られている。また、石釧や紡錘車を製作品目の一部に加えていた形跡をとどめる関東の玉生産は、従来説かれていたのと違って、中期に入るとほどなく衰退したことが、土器編年の精細化に伴って明らかになっている。なお、近江で行われていた小規模な玉生産の場合は、操業が前期に遡り、しかも中期に継続するようである(23)。

ところが、北陸とならんで弥生時代以来の盛んな玉生産の伝統を擁していた出雲では、中期の開始とともに、工房の数が増え、分布が東西に拡大して、生産は隆盛のきざしをみせるという(24)。また畿内では、出雲よりもいくぶん遅れるようであるが大規模な操業が始まったことを、奈良県橿原市曽我町曽我遺跡の発掘結果が物語っている。さらに、新潟・富山両県境付近の姫川周辺の玉生産もまた、中期に入ると隆盛を示すという(25)。生産規模の点でも、流通圏の広さのうえでも、これらの地域が北陸にかわって、中期の玉生産の主柱となったのである。出雲と姫川周辺はともに、玉材の産地の近傍に位置する、玉生産の長い伝統を擁する地であり、他方、曽我遺跡の場合は、玉材の搬入を前提として成立した生産地であることを考慮すると、なかんずく、同遺跡に痕跡を残す玉生産の成立は、画期的であったといえるであろう(26)。

さて、前・中期の交ないし中期前半における変化は、主要な生産地が移っただけにとどまらず、使用素材にも及んだ。碧玉はなお素材の主座を占めたし、前期以来の瑪瑙は、玉色の好みの変化を反映して、いっそう使用頻度を増しながら存続し、硬玉や水晶もまた継続する。その意味で、前期後葉に加わって中期に流行をみる滑石が、注目される。すなわち、中期の主要な玉生産地である出雲や姫川周辺や曽我ではいずれも、滑石を原材とする小玉などの玉類や有孔円板が、玉材による玉類とならんで製作品目のなかに加わっており、さらに、以下例示するように、滑石のみを原材とする生産地が、各地で成立するのである。

九州では、福岡平野東方の若杉山山系に滑石の露頭があり、その近隣を中心にして南北三〇キロメートルほどの範囲に、滑石製品の工房址が発見されている（図38）。これらのなかで最古が福岡県小郡市三沢西島遺跡で、中期前葉ないし中葉にあたるというから、同県糟屋郡志免町七夕池古墳の三三〇〇個で代表されるように、九州北部で小玉の副葬が急増する時期と、大きな隔たりはみられない。そうして、中期後葉に生産の隆盛をみたことが副葬例の増加から察せられ、後期に入ってもなおその隆盛を失わなかったことが、同県糟屋郡須恵町牛ガ熊遺跡などの様子から知られるのである。生産品目としては、小玉、有孔円板、紡錘車などがあげられる。これらのなかで図抜けて数が多い小玉の生産を容易にしたのは、板状に整えた素材に格子状に溝を切って割りとる、という無駄の少ない効率的な独自の技術をそなえていたせいであろう。

なお、西日本では瀬戸内地方に滑石工房址が散在している。山口市黒川西遺跡、岡山市藤原光町原尾島遺跡、愛媛県伊予郡松前町出作遺跡が管見にのぼり、いずれもＴＫ二〇八型式期ないしその前後にあたる。筑前の場合と比較すると、操業の開始が新しく、その規模も劣っている。また、模造品として盾・剣・鏃・鑿形が出土している西遺跡の滑石生産は、品目の点で、西日本のなかでは異色である。

他方、畿内およびその周辺において、前期後葉に遡る工房の存在が、大和と近江で確認されているが[27]、隆盛に向かうためには、中期の成立をまたなければならなかった。そうして、検出されている数多くの工房址をみると、近江での生産はＯＮ四六型式期の頃から増加し、ＴＫ二三・四七両型式期に頂点に達して、ＴＫ一〇型式期をもって衰滅したことが知られ、これに対して畿内では、このような顕著な隆替まで抽出することは難しいようである。もっとも、畿内における生産の衰滅が近江の場合とほぼ期を同じくしていることは指摘してよいし、副葬品から滑石製品が脱落を始める中期中葉以降においても、衰微した形跡はみとめられない。

なお、畿内の古墳の副葬品の一部を構成する刀子形などの模造品と、既存の工房址で知られている小玉や剣形品などとの間に、品目上のはなはだしい隔たりがある。この隔たりについて、祭祀にも使われる大量生産品の方が、工房址で遺存する機会が多かったせいである、と説明することも可能であろう。しかし、刃物で削る工程が欠かせない模造品の製作は、穿孔や研磨を得意とする玉製作と技術体系が違っており、小玉の場合はむしろ玉製作に近いことを考えると、小玉の出土例が多い既知の工房の品目のうえに失われた模造品を加えて解決をはかることには問題がある。

畿内より東に眼を向けると、滑石製品の出土が図抜けて多いのは、関東である。同地方における滑石製品の出現は、古墳の副葬品のうえでも、工房址の出土品としても、前期後葉に遡り、畿内や以西の各地とほとんど期を同じくしている。そうして中期に入ると、古霞ケ浦南岸を中心にして滑石製石枕が数多く分布しており、また後期に至ると、刀子形や斧形が出土した群馬県安中市簗瀬二子塚古墳の例のように、とりわけ上野で模造品が副葬品の一部を構成している。これらは他地方の同期にはみられない様相であり、関東の文化的特質が滑石製品に表出したことを推測させる。

関東において滑石製品の生産が隆盛の色をみせるのは、工房址の出土数からいうと、和泉式期後半ないし鬼高式前半である。下総や上野で知られている、五領・和泉両式期の交ないし和泉式期前半の工房址よりも、数のうえで大きく凌いでいるのである。たとえば、埼玉県域で発見されている一一の工房址は、和泉式期終末を上限としてほとんどが鬼高式期前半にあたる。(28)また、下野と常陸の境に位置する栃木県小山市田間西裏遺跡や茨城県結城市小田林善長寺遺跡では、原石の打割から仕上げまでを集落内で行う大規模な生産が跡をとどめ、霞ケ浦南岸の茨城県稲敷郡東町幸田遺跡でも同様な跡を残している。このような大規模な一貫生産工房が登場したのは、和泉式期の後半ないし末すなわちＴＫ二〇八型式期であり、盛んに稼働していたのはＴＫ二三・四七両型式期ないしＴＫ一〇型式期にあたる鬼高前半期である。

これは近江で指摘されている隆盛と時期を同じくするとともに、隆盛の端緒がＴＫ二〇八型式期に遡る点で、筑前や瀬戸内と同じではないが通じるところがある。したがって、関東における隆盛は、ひとり同地だけにとどまらず、他の地方とも連動していたことが推測される。ちなみに、東北においても、同時期に盛期を迎えるらしいことが、宮城県仙台市若林区南小泉遺跡などの例から知られる。この動きが東北にも連なっていたことを付記しておこう。

また、盛期における生産品目にも言及しておくと、小玉や有孔円板は九州から東北に至る広い地域にわたって、主要品目の一部をなしている。子持勾玉や紡錘車も、数のうえで劣っているので主要品目とまではいえないが、それでもこのような広い地域が共有した品目に加えてよいであろう。さらに、列島を東西に分けるなら、関東・東北両地方を中心とする東日本一円で、剣形品が主要品目の座を占めていることが指摘される。器物を模造していたかつての風を色濃くとどめる上野や長門、石枕という独自の品目をなお残す下総のような地域色の存在を念頭に入れるとしても、滑石製品生産の盛期は、品目の選別がいっそう進み、少数の品目が広域で共有されるに至った時期でもあったといえるであろう。

## (二)　生産体制の諸相

**集落内生産**　工房址の出土例に恵まれている点で関東をとりあげると、窯業生産の実態を示す証拠はなお乏しいけれども、鉄器や滑石製品の生産については、竪穴住居で構成される集落のなかでそれらが営まれていたことを、数多

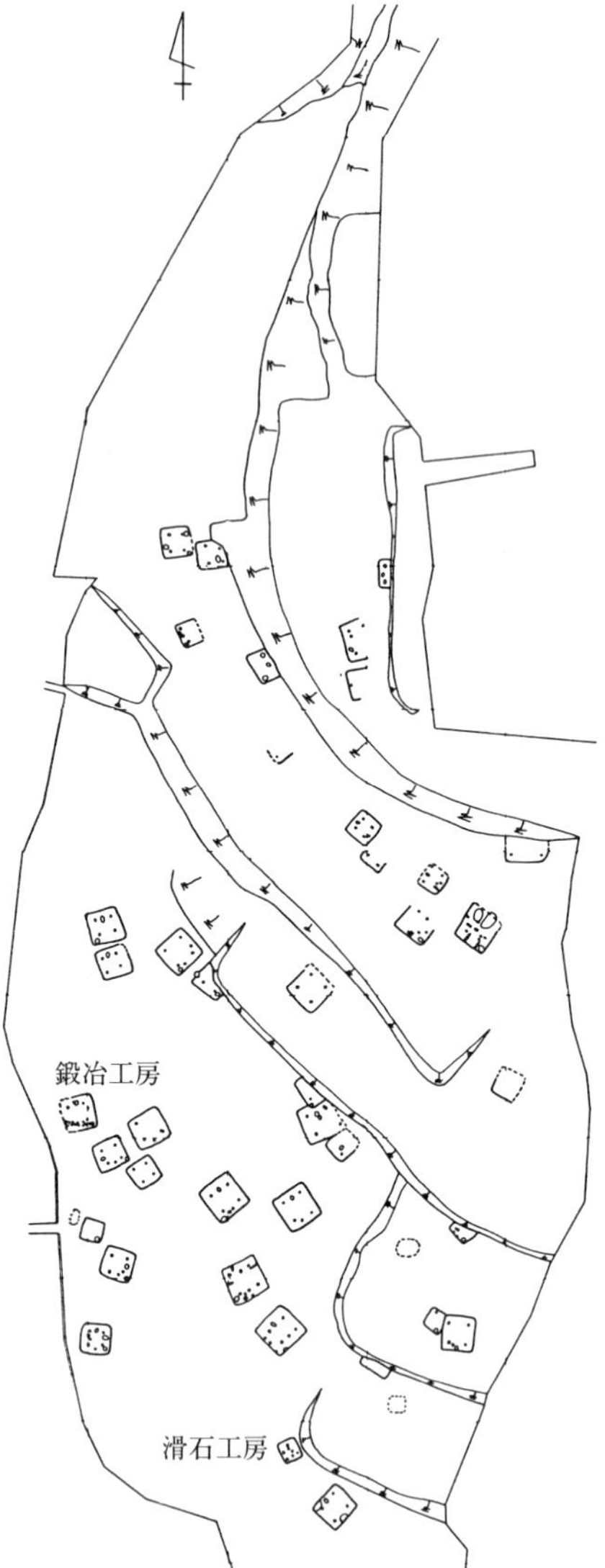


図43　千葉県マミヤク遺跡の古墳時代中期住居址

くの工房址の例が物語っている。しかし、子細にみると、その実態は一様でない。そこで、例をあげてその差異を示すことにしよう。

千葉県木更津市小浜マミヤク遺跡は丘陵斜面にあり、古墳時代中期前・中葉にいったん廃絶した形跡をとどめているが、弥生時代後期から奈良時代にわたって営まれた継続性のきわめて強い集落址である。発掘によってその全容が判明しており、鍛冶工房址二棟と滑石工房址一棟がそれぞれ出土している（図43）。鍛冶工房址の一棟はＴＫ二〇八型式期に、唯一の滑石工房址もほぼ同時期に属し、ともに、この集落が再興した時期に近く、鍛冶や滑石製品生産が関東などで高揚をみせはじめた時期にあたっている。

この集落の同時期の住居址のなかで、一辺五・九メートルの方形を呈するこの鍛冶工房址はやや大きな部類に、また、一辺四・一メートルのいくぶん不整形な滑石工房址は小さい部類に入り、いずれもきわだつような規模ではないが、大型住居址が立地する丘陵頂部に位置する点で、これらの工房は他の住居と区別されていたようである。鍛冶工房址の可能性があるもう一棟は後期後葉にあたり、他の一棟との間に一世紀ほどの時間の隔たりがみとめられる。したがって、長期に及ぶ集落の存続のなかで、鉄器や滑石製品が生産されていた期間はごく短く、その規模は小さい。

これがマミヤク遺跡でみた生産の様態であるとすると、千葉県緑区鎌取町鎌取遺跡の場合は、台地上に営まれた中期後葉の集落址で、鍛冶工房址一〜二棟がその縁辺部に位置している。規模は一辺五〜六メートルをはかり、中心部を占める一辺一〇メートル級の大型住居址に較べると、かなり較差がある。存続期間が半世紀足らずの短期で、鍛冶操業も短期で終焉したことが知られる例である。栃木県小山市喜沢海道間遺跡は、中・後両期の交にあたるので鎌取遺跡よりもやや新しい同じ短期型の集落址である。縁辺部の小住居で小規模な鍛冶操業を行った例に加えられる。

以上示した例は生業諸活動のなかで占める鍛冶操業の比重が軽いが、これに較べてその比重が重い例もみられる。埼玉県川越市笠幡御伊勢原遺跡は、和泉期新ないし鬼高期初という中・後期の交に台地上に営まれた短期型の集落で、台地の高所に位置する大小九棟の住居址の床面や覆土から、鍛冶操業の存在を示す遺物が検出されている。最大の住居址は九・五×九・一メートルで、最小例は五・五×五・〇メートルをはかり、これらの規模は同期の住居址のなかで最大級ないし中程度に属する。九棟のことごとくが操業を行っていたとは考えにくいが、いずれにせよ、短期型ではあっても集落のなかで鍛冶が重視されていた例である。さらに、埼玉県さいたま市見沼区御蔵山中遺跡をあげ、短期でしかも比重の重い例の存在を強調することもできる。

ところが、茨城県ひたちなか市三反田下高井遺跡の場合、弥生時代から奈良時代に至る長期型の集落址で、しかも中期後葉にあたる和泉式期新に、鍛冶工房が集中している。操業は短期であったことになるが、鍛冶関係の遺物が出土した住居址は一八棟を数え、これらのなかには一辺一〇メートル余りの大型のものが含まれている。注目したいのは、住工併用の既述例と異なり、専用の工房が三ないし四棟存在することである。竪穴の規模は最大で七・六×五・

四メートルをはかり、集落のなかで中級およびそれ以下にとどまる点や、集落の縁辺を占め、一部は大型住居の外囲に位置する点もまた、専用工房にふさわしい。

以上要するに、集落の継続の長短にかかわらず、操業はいずれも短期にとどまること、集落の全生業に占める鉄器生産の比重に軽重の差異のあることが知られたかと思う。操業が短期にとどまることは関東一円の工房に共通しており、これは渡り工人の存在を想像させる。さらに、鉄器生産の比重に軽重の差異がある点を考えあわせると、中期後葉のＴＫ二〇八型式期を中心に高揚をみせた関東の鉄器生産を、「村方鍛冶」という概念で一括りにすることは難しいといえる。

また、滑石工房をとりあげると、すでに千葉県マミヤク遺跡でみた小規模の例とならんで、栃木県西裏遺跡で代表されるような、住居の規模にかかわりなく多くが生産に従事して、品目による分業の形跡さえ残し、かつ粗割りから仕上げまでの一貫生産を行っていた例がある。操業の実態がこのように一様ではなく、鉄器生産の場合よりも専業度が高く操業規模が大きい例を含んでいる。しかも、集落の大小や継続の長短にかかわらず操業期間は、滑石製品と終始を共にした群馬県甘楽郡甘楽町甘楽条里遺跡のような極端に長い例があり、半世紀を超す例も若干みられるので、鉄器生産に較べれば定着的であるとはいえるが、それでもそのような遺跡は一部にとどまる。

以上関東の鉄器・滑石製品生産の操業の実態について瞥見してきたが、共通して導かれた短期操業という集落内の形態は、関東だけにとどまらず広範囲に見いだすことができる。滑石製品や玉の工房址として、たとえば福岡県西島遺跡、出雲の島根県松江市乃木福富町福富Ｉ遺跡など、岡山市原尾島遺跡、滋賀県守山市吉身北・南遺跡などが管見にのぼる該当例である。また鍛冶工房址についても、短期操業を推測させる例は、関東以外にも福岡県宗像市野坂一町間遺跡、広島県庄原市三日市町大成遺跡、愛知県知多市八幡法海寺遺跡、静岡市川合遺跡などがあり、関東以外でも広くみとめられる。さらに、生業面に占める比重に軽重の差異があることも関東と同様であり、鉄器生産では、たとえば広島県大成遺跡や兵庫県三原郡西淡町雨流遺跡の場合は重い例であろうし、兵庫県吉田南遺跡や近江で第三類として一括りにされている諸遺跡の場合は、軽い例とみてよいようである[29]。そうして、滑石製品や玉の生産においても、土器製塩においても、広くこのような軽重の差異を抽出することができる。

なお、岡山県総社市窪木薬師遺跡や滋賀県栗東市高野岩畑遺跡で検出された鍛冶工房址のように、操業が長期に及んだ例が、関東を離れると見いだされ、さらに土器製塩址の一部からも同様な例が知られている。長期といってもその間に隆替はあるが、また、滑石工房の一部に長期操業の例が関東でみられることも無視はできないが、それでも、関東との間で工房の定着度にいくぶんにせよ傾向の差異があることはみとめてもさしつかえないようである。

**拠点生産—単一業種—**　以上とりあげた手工業生産は、渡り工人が関与したことを想像した場合、その工人は専業者ということになるけれども、集落内で行われた生産活動のすべてではない。これらの手工業生産の他方で、季節的操業であったにせよ、集落内や家族内の分業であったにせよ、食料獲得のための農耕などをあわせ営んでいた。これは、滑石工房を営んだ栃木県西裏遺跡で鉄鎌が、鍛冶操業に携った広島県大成遺跡でも鉄鎌が、土器製塩を行っていた和歌山県西庄遺跡では漁具が出土し、それぞれ手工業生産の比重が高かったこれらの遺跡の例でさえ、他の生産活動の形跡が見いだされていることからも察せられる。

これに対して、本項でとりあげる拠点生産とは、操業が長期にわたり定着的である点でも、操業規模の大きさのうえでも、さらに、専業度の面でも、集落内生産として例示したさまざまな様態とは一線を画している。そうして、後述する拠点生産とは、業種が単一である点において、したがって生産量が段違いに多い点で、明らかに差異があるのである。

このような拠点生産の例のひとつとして、奈良県曽我遺跡をまずとりあげると、同遺跡に痕跡を残す滑石製品生産の原材は、紀ノ川南岸の貴志川下流域産というところまで限定しうるかどうかは化学分析をまつとしても[30]、紀伊には滑石鉱床があるので、ここからも運ばれたことは大いにありうる。ところが他の玉材については近隣に鉱床が見あたらず、硬玉は姫川周辺から、碧玉の一部は出雲から、琥珀は岩手県久慈または千葉県銚子方面から、それぞれ搬入したことが判明しており、瑪瑙は出雲産であろうという(31)。そうして、工人もまた出雲や姫川方面から来て、それぞれの地の玉材を使って生産に従事したことが、技法の分析から指摘されている(32)。

ただし、曽我遺跡の出土品中にいわゆる出雲石の勾玉は皆無で、瑪瑙や水晶の勾玉も乏しいらしい。これらの勾玉は、その製作に長じた出雲に委ねられていたというが、曽我遺跡と同時期にあたる出雲の玉作り遺跡の出土品からみても、この説は頷ける(33)。なお、大阪府八尾市大竹遺跡群から、滑石製品に加えて、碧玉の管玉未成品や瑪瑙片が採集されている。大規模な玉作り工房がひとり曽我遺跡にとどまるのかどうか、大竹遺跡群の発掘結果が注意される。

次に窯業生産址として陶邑をとりあげると、中期の生産について、窯の使用頻度が後期よりも高いことから、工人は専業集団であったと指摘されている点が留意される(34)。また、生産、選別、流通、居住が有機的に相関していた生産の場の姿が大阪府大庭寺遺跡の発掘結果によって復原され、さらに近傍の集落址やその出土品を手がかりにして、渡来工人を中核とする専業体制が拡大と充実の度を加えるとともに、工人が倭系に移っていくことも説かれている(35)。そうして、拡大と充実にともなって、九州から東北に及ぶ各地に陶邑の製品が運ばれ、畿外での開窯に陶邑の工人が関与したことまで推測されている(36)。

これらの見解をみとめたうえで論を進めるならば、陶邑における中期の須恵器生産は、同じ拠点生産ではあっても、曽我遺跡でみた滑石製品・玉生産の場合とは、その基盤が大いに異なっていたことになる。すなわち、曽我遺跡の場合は、近隣であれ遠隔であれ、原材を畿外に依存し、工人さえも畿外に求め、しかも出雲との間に品目別分業が成立していた。これに対して陶邑の場合、開窯時はむろんのことその後も半島工人の若干の関与はあったであろうが、原材のことごとくをこの地で調達し、製品にせよ工人にせよ、つねに畿外へ向かって起動している。つまり、拠点生産として、操業の基盤を畿外に依拠した生産と、畿内で自存しうる生産との二様があったわけである。

大阪府大県遺跡の鉄器生産の実態は、まだよくわかっていないけれども、成立には半島工人の渡来をまたなければならなかったであろうし、操業を続けるうえで、素材は半島に求める必要があったようである。操業の基盤を畿外に依拠しているという点では、曽我遺跡でみた滑石製品・玉生産の場合に近いが、実態がさらに判明すれば、区別して扱わなければならないかもしれない。

**拠点生産―複数業種―**　集落内生産は弥生時代およびそれ以前に遠い淵源があり、単一業種による拠点生産は、原初的なかたちであったにせよ、九州地方の一部ではすでに弥生時代に始まっていた。そうして、複数の業種の生産を一個所で行うこともまた、その祖型は弥生時代に遡ってみとめられる。ただし、弥生時代にとどまるうちはなお集落内の生産であり、奈良県布留遺跡や同県御所市南郷遺跡などのような古墳時代の例との間には、大きな隔たりがある。すなわち、共同体の存続や利害にかかわるさまざまな器物を、その内部で生産するのが、弥生時代の形態であり、他方、古墳時代においては、少数の有力者の用に供する多様な器物の生産を、その本貫地や居館で集約的に行う形態をとっていたのである（表19）。

そこで、令制下の生産組織にも眼を向けると、織部司や木工寮のような単一業種の組織と、造兵司によって代表される、鍛冶や木工や革工などの複数の業種にまたがる組織とがあることに気づく。令制下の生産組織にこれらの二態があり、しかも兵器生産が多様な業種を包摂していることは、令制以前の状況を復原するうえでも示唆的である。先学の指摘にあるように[37]、造兵司での生産は、各業種の分業のうえに成立しているからである。

ひるがえって、奈良県磯城郡田原本町唐古遺跡などの弥生時代中期の出土品から説きおこすと、材質の異なった素材を組みあわせた製品として、短剣や矢や工具があり、これらはともに刃をつけた器物つまり利器にあたる。各種の農具や容器や玉や織編物は、原材や素材に物理的な加工を加えれば足りる製品であり、また銅器は、製作工程が複雑

**表19**　拠点生産の諸例

| 遺跡名 | 玉作 | 鍛冶 | 木工 | 漆工 | 紡織 | 編物 | 自余 | 時期 |
|---|---|---|---|---|---|---|---|---|
| 布留 | ○碧滑 | ○ | ○ | ○ | ○ | ○ | | 中期 |
| 山ノ花 | ○滑 | ○ | ○ | ○ | ○ | ○ | | 中期 |
| 六大A | (○)滑 | (○) | ○ | ○ | ○ | ○ | (革工) | 中期 |
| 三ツ寺 | (○)滑 | (○) | ○刀剣装なし | ○ | ○ | ○ | 鋳銅 | 中期 |
| 石川条里 | ? | ○ | ○ | ○ | ○紡のみ | ○ | 骨角器 | 中期 |
| 唐古 | ○碧 | | ○ | ○ | ○ | ○ | 石器 鋳銅 骨角器 | 弥生中期 |

で完成までに燃料や多種の原材を費すけれども、鋳型から外して仕上げを加えれば製品として通用する点で、利器とは一線を画している。

複数の素材と技術を組みあわせる方式が、利器生産に頻用された弥生時代中期の傾向は、古墳時代に入って、鉄・銅鏃や、鉄製甲冑や、長刀剣や槍、さらには加飾に富んだ靫や盾の生産が始まると、いっそう鮮明になってくる。そうして古墳時代中期に入ると、この傾向は著しく進展をみせ、方式は複雑さを加えるのである。

これを如実に示すのは、飾大刀や馬具の生産の開始である。たとえば護拳帯を金銅製の三輪玉で飾った飾大刀の場合、刀身製作の鍛冶、把や鞘を作る木工、それらを巻く布帯を織る紡織のうえに、鹿角装用の骨角器製作、護拳帯を作る革工、金銅製三輪玉を作る金工が加わる。また金銅装馬具の場合には、鏡板や杏葉に鍛冶と金工を、鞍に鍛冶と金工と木工を、鐙に鍛冶と木工を、さらに帯や敷物に革工や紡織の技術をそれぞれ駆使し、瞥見しただけでも鍛冶、金工、木工、革工、紡織という多岐にまたがる業種を、それぞれの技術や素材とともに集約している。(38)

金銅製の三輪玉で護拳帯を飾る大刀は、大阪府藤井寺市沢田長持山古墳の例を初現とし、また、金銅装馬具は、長持山古墳や岡山県邑久郡長船町築山古墳の例を国産品の嚆矢とみてよければ、このように多様な業種を集約した、大刀や馬具によって代表される器物の生産が可能になった時期は、ＴＫ二〇八型式期の頃に求められるであろう。したがってまた、複数業種による拠点生産の完整形ともいうべき令制下の造兵司の生産体制は、遠い淵源が弥生時代の集落内生産のなかに胚胎しているけれども、完整に至る重要な画期がこのＴＫ二〇八型式期の頃にあったことは疑いない。

## 注

（1）　定森秀夫「陶質土器からみた近畿と朝鮮」（荒木敏夫編『ヤマト王権と交流の諸相』古代王権と交流5　平成六年）。田中清美「播磨出合遺跡と瓦質土器」（『漢武土器研究』Ⅶ　平成一三年）。酒井清治「須恵器生産のはじまり」（第五回歴博国際シンポジウム事務局編『古代東アジアにおける倭と加耶の交流』平成一四年）。

（2）　注1酒井。田中清美「須恵器定型化への過程」（田辺昭三先生古稀記念の会編『田辺昭三先生古稀記念論文集』平成一四年）。

（3）　吉武孝礼・松尾宏「北部九州における渡来文化の様相」（第四六回埋蔵文化財研究集会実行委員会編『渡来人の受容と展開』平成一一年）。

（4）　酒井清治「関東地方」（楢崎彰一監修『日本陶磁の源流』昭和五九年）。酒井清治「関東・東北地域」（大谷女子大学資料館編『陶質土器の国際交流』平成元年）。

（5）　申敬澈「伽耶地域の陶質土器」（注4大谷女子大学資料館編）。酒井清治「日韓の甑の系譜から見た渡来人」（楢崎彰一先生古希記念論文集刊行会編『楢崎彰一先生古希記念論文集』平成一〇年）。なお、ＴＫ七三型式に倭人が関与したことを強調する見解もある。田中清美「須恵器定型化への過程」（注2田辺昭三先生古稀記念の会編）。

（6）　底部付近の外周がくぼんでいる理由について、筆者とは違った見解が示されている。その有力なひとつとして、植物質の円環を据えて底径を規格化したことによる、とする説があり、また、回転台から、取りはずしを容易にするためという説もある。中森成行『鈴鹿市国分町富士山一〇号墳調査概要』（鈴鹿市教育委員会『概要報告』七　昭和五三年）。鈴木敏則「星川古窯跡出土遺物」（『静岡県考古学研究』一三　昭和五七年）。坂靖・穂積裕昌「『淡輪技法』の伝播とその問題」（同志社大学考古学研究室編『木ノ本釜山（木ノ本Ⅲ）遺跡発掘調査報告』平成元年）。鈴木敏則「遠江の淡輪系円筒埴輪」（『転機』三号　平成二年）。なお、尾張系と呼ばれている円筒埴輪にも、淡輪系と同様に「底部設定」がなされていたというが、これには批判がある。樋上昇編『池下古墳』（『愛知県埋蔵文化財センター調査報告書』第二四集　平成三年）。犬塚康博「『味美技法』批判」（『名古屋市博物館研究紀要』第一七巻　平成六年）。

（7）注6樋上編。

（8）伝播例として、福井県遠敷郡上中町向山一号墳の円筒埴輪があげられるようである。

（9）中期の伝播例として、九州で福岡県朝倉郡三輪町山隈窯址、同県遠賀郡芦屋町大塚古墳、大分県西国東郡真玉町大塚古墳、伊賀で上野市丸の内伊予丸古墳、遠江で天竜市山東光明山古墳、浜松市有玉西町千人塚古墳、磐田市国府台京見塚古墳の出土品が管見にのぼる。

（10）花田勝広『古代の鉄生産と渡来人』（平成一四年）。

（11）大道和人「滋賀県内の古墳時代の鍛冶について」（西田弘先生米寿記念論集刊行会編『近江の考古と歴史』平成一三年）。

（12）野島永「弥生・古墳時代の鉄器生産の一様相」（『たたら研究』第三八号　平成九年）。

（13）古瀬清秀「鉄器の生産」（石野博信ほか編『古墳時代の研究』第五巻　生産と流通Ⅱ　平成三年）。

（14）高木恭二「圭頭斧箭鏃再考」（『肥後考古』第二号　昭和五七年）。杉山秀宏「古墳時代の鉄鏃について」（橿原考古学研究所編『橿原考古学研究所論集』第八　昭和六三年）。

（15）大久保徹也「岡山県」（近藤義郎編『日本土器製塩研究』平成六年）。

（16）注15近藤編参照。

(17)　赤星直忠『穴の考古学』(昭和四五年)。
(18)　立松彰「愛知県」(注15近藤編)。赤塚次郎「断夫山古墳と伊勢の海」(梅村喬編『伊勢湾と古代の東海』王権と交流第四巻　平成八年)。坂野俊哉「遺跡と神話のはざま」(『伊勢灣考古』第一一号　平成九年)。
(19)　河野一隆「丹後半島最古の製塩土器の発見」(『京都府埋蔵文化財情報』第六三号　平成九年)。
(20)　下澤公明「製塩土器の画期について」(『古文化談叢』第三七集　平成九年)。
(21)　注18立松、橋本澄夫・戸潤幹夫「石川県」(注15近藤編)。岸本雅敏「古代の塩の社会的意味」(田中琢・金関恕編『都市と工業と流通』古代史の論点　第三巻　平成一〇年)。
(22)　川西宏幸「後期畿内政権論」(『考古学雑誌』第七一巻第二号　昭和六一年)、川西宏幸『古墳時代政治史序説』(昭和六三年)に補訂載録。
(23)　大岡由記子「南近江における滑石製玉生産」(『古代学研究』第一五四号　平成一三年)。
(24)　米田克彦「出雲における古墳時代の玉生産」(『島根県考古学会誌』第一五号　平成一〇年)。
(25)　河村好光「姫川・出雲・玉つくり」(金沢大学日本史学研究室四十周年記念事業発起人会編『北陸社会の歴史的展開』平成四年)。
(26)　注25。河村好光「攻玉技術の革新と出雲玉つくり」(『島根考古学会誌』平成四年)。
(27)　清水真一「メスリ山古墳前方部出土の土器群」(『庄内式土器研究』XXIII　平成一二年)によれば、大和高田市磯野磯野北遺跡と桜井市上之庄遺跡で、滑石使用の玉作り工房が見いだされているという。
(28)　磯野治司編『庚塚遺跡』(『北本市埋蔵文化財調査報告書』第八集　平成一一年)。
(29)　注11に同じ。
(30)　山岡邦章「古代紀伊国における滑石鉱床開発についての予察」(花園大学考古学研究室二〇周年記念論集編集委員会編『花園大学考古学研究論叢』平成一三年)。
(31)　関川尚功「古墳時代における畿内の玉生産」(末永先生米寿記念会編『末永先生米壽記念獻呈論文集』乾　昭和六〇

年）。
(32) 注25に同じ。
(33) 注24・25に同じ。
(34) 中村浩「陶邑窯跡群における工人集団と遺跡」（『古文化談叢』第二〇集上　昭和六三年）。
(35) 岡戸哲紀「揺籃期の陶邑」（文化財学論集刊行会編『文化財学論集』平成六年）。
(36) 植野浩三「日本における初期須恵器生産の開始と展開」（『奈良大学紀要』第二一号　平成五年）。
(37) 石母田正「古代における分業の意義」（石母田正ほか編『古代史講座』第九巻　昭和三八年）、石母田正『日本古代国家論』第一部（昭和四八年）に載録。
(38) 注22で同じ主旨のことを述べているので、参照願いたい（川西　昭和六三年　二一八頁）。

# 第四章　伝播体系の変容

## (一)　畿内から畿外へ

**東西指向**　第一部第六章で同型鏡の分布をとりあげ、それが畿外の広域を占めていることを示し、畿内政権のもとに南朝から輸入されたそれらが拡散した結果であることを推論した。そうして、その拡散の主たる方向によって、西・東・東西指向に同型鏡群を分離し、西指向の一群をさらに、畿内にとどまる小群と西指向の小群とに細分した。それぞれの拡散の歴史的意義にも論及しておいたが、なお充分ではない。

さて、図44として掲げたのは、京都府相楽郡山城町椿井大塚山古墳ならびに奈良県天理市柳本町黒塚古墳のそれぞれから出土した三角縁神獣鏡の同笵鏡を網羅し、その分有関係を分布地方別にまとめたものである。この結果をみると、分布の中心は畿内にあること、西指向や東指向の例が多く、九州から関東にまで広域に拡がっている例は大塚山古墳出土の一例にとどまることが知られる。したがって、同型鏡の分布をこの結果と較べるならば、西指向と東指向とは、すでに古墳時代の開始を画する活動のなかに同じ動きをみてとることができるとともに、畿外拡散の傾向が強い点と、東西指向が著しい点に明らかな差異があるといえる（表18参照）。

それでは、同型鏡の分布が示しているような、畿外拡散や東西指向の傾向は、はたして同型鏡の場合だけにとどま

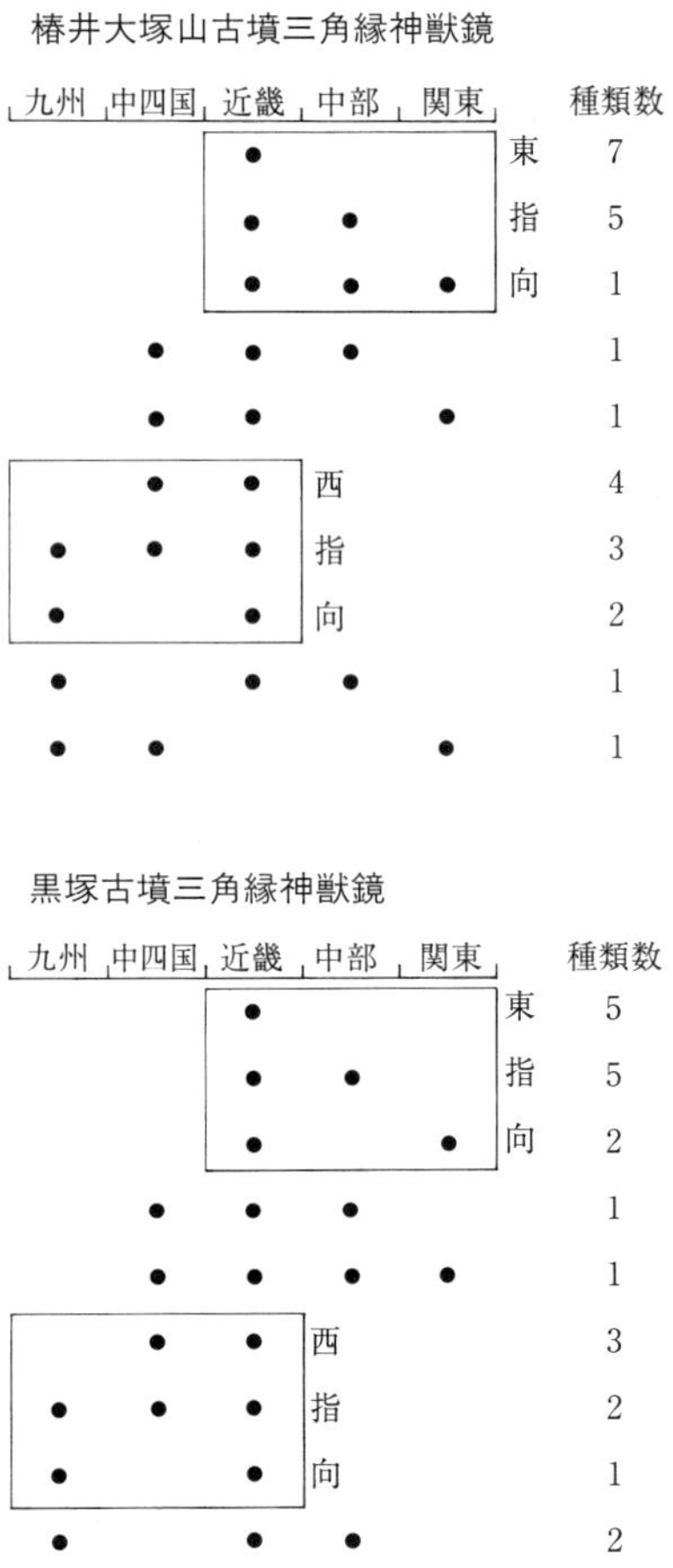


**図44**　同笵三角縁神獣鏡の分布

るのであろうか。もしとどまらないとすれば、いつからその傾向がはなはだしくなるのであろうか。

甲冑の分布を俎上にのせてこれらの点にあらためて検討を加えると、短甲のなかで前期の型式にあたる方形板革綴式は、近畿が出土数の半ばを占め、やがて長方板革綴式、中期の三角板革綴式、三角板鋲留式と経てもなお、近畿が卓越するこの傾向に大きな変動はみとめられない。なお、近畿がこうして卓越する他方で、三角板革綴式と三角板鋲留式は、やや西指向の傾きをもち、この点で、東西間の差があまりみられない方形板革綴式や長方板革綴式と違っている（図45)。ところが、もっとも数が多い横矧板鋲留式は、九州の占める比率が近畿に匹敵するほど高く、また関東でも一〇％未満にとどまる他型式の場合とは比較にならない高率を示している。つまり、畿外拡散の傾向が著しいわけである。ちなみに、三角板鋲留短甲一〇領、横矧板鋲留短甲一二領が出土した大阪府南河内郡美原町黒姫山古墳は、それぞれの出土数が群を抜いて多い。したがって出土古墳数を基準にすると、近畿の占める比率は低下し、とりわけ横矧板鋲留短甲における低下が著しい。

短甲型式の変遷について、革綴式と鋲留式との間には、横矧板革綴式という少数型式を別にすれば、明らかに副葬時期に新古の差がみとめられるので、製作時期に新古があったことは疑いないが、鋲留の二型式の新古には問題を残

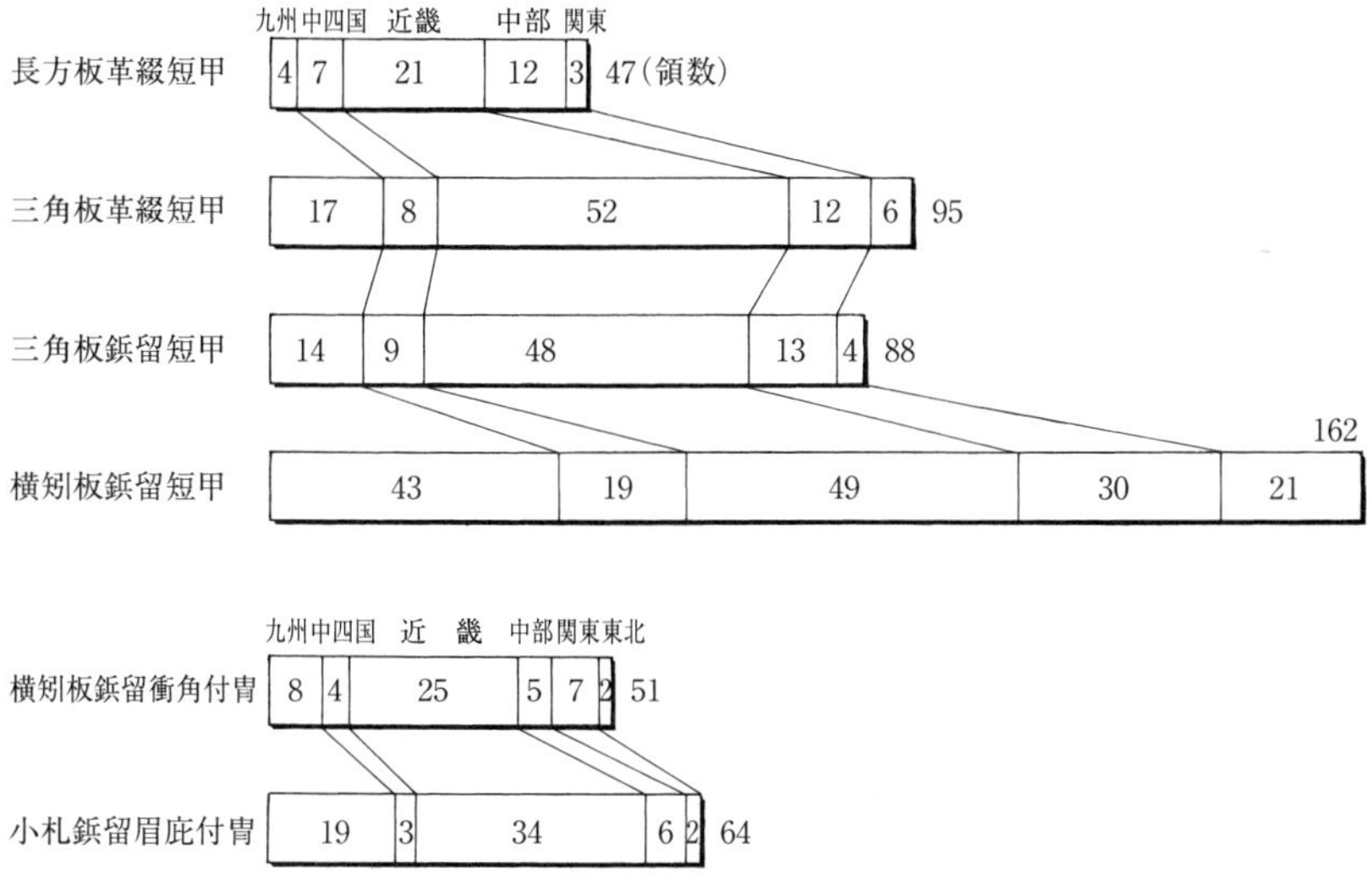


**図 45**　甲冑の地方別出土数

している。地板構成上の連続性からいえば、三角板式の製作の方が古く遡るように思われるけれども、横矧板式が出土した大阪府藤井寺市野中古墳や福岡県甘木市小田茶臼塚古墳の営造時期を考慮すると、両式は副葬の開始がかなり接近していたとみられるからである。

そもそも物品の副葬時期というのは、かりに伝世を考慮外におくとしても、その物品が作られてから被葬者の手元にわたるまでの時間の長短によって、さらには、それを生前に入手してから死に至るまでの時間の経過によって左右される。したがって副葬時期は、物品の製作時期との間にずれがあってよいし、入手時期と一致しなくても不思議でない。この点を念頭におくならば、鋲留短甲で三角板式と横矧板式との間にこのように著しい分布上の差異が発現した原因について、ひとつは、両型式間で製作の盛期にずれがあり、これが拡散の仕方の差異に結びついたこと、もうひとつは、盛期にはずれがなくて、拡散の仕方が両型式間で違ったこと、の二つの場合が考えられる。

そこで材料を変えて衝角付冑の分布に注目してみると、主要型式を構成する三角板革綴式、小札鋲留式、横矧板鋲留式はいずれにおいても、近畿が分布上の主座を占めている。また、眉庇付冑の主要型式である小札鋲留式の分布でも、近畿はその座を譲っていない。つまり、中期におけるこれらの鉄製冑の分布は、横矧板鋲留短甲でみたそれと、明らかに差異があるのである。もっとも、鉄製冑の型式間に分布上の細差がみられ、最古型式にあたる三角板革綴式衝角付冑は、近畿への集中度が高い点で、三角縁神獣鏡や碧玉腕飾類などの前期の主要副葬品と、分布上の傾向を同じくしている。これに較べると、後続型式である小札鋲留眉庇付冑で九州の分布が、衝角付冑の小札鋲留式と横矧板鋲留式で九州ならびに関東の分布が、それぞれ高揚しているのである。したがって、鋲留冑がいずれの型式においても畿外拡散の傾向を強めている点を強調するならば、三角板革綴衝角付冑と分布上も区別するべきであるし、他方、それでもなお近畿が分布上の主座を保っている点を重視するならば、横矧板鋲留短甲の分布があらためて問題になるであろう。

鋲留短甲をとりあげて、三角板式と横矧板式との間に分布上の差異が発現した原因を問うたが、鋲留冑で近畿がなお分布の主座を保っている点を考えあわせると、製作の盛期のずれを穿鑿するよりも、横矧板鋲留短甲の特色ある分布から出発し、そこに歴史的意義を見いだしていくべきであろう。すなわち、横矧鋲留短甲は、同型鏡と同じ分布上の特色を共有し、畿内からのその拡散時期もまた、第一部第六章で論じた同型鏡のそれとほぼ等しい。こうして横矧板鋲留甲が加わったことにより、畿内を中心にして物品の充足をはかってきた方針に重要な変更が生じたことが、いっそう推知される。

ちなみに、同期の鉄鏃は、様《ためし》による製作が行われた可能性まで考慮に入れるならば、ことごとくを畿内で製作したとまではいえない。ただ、中期中葉あるいはそれ以前に祖型を辿ることのできる片刃箭式が、長頸化を遂げて主要型式の地位にのぼる。そうして、九州から東北にわたる広い分布域を得て、さらに朝鮮半島の一部までを含んでいることは、製作地のいかんにかかわらず、東西指向という点で、横矧板鋲留短甲や同型鏡の拡散と相関する可能性が高い。

なお、項をあらためるにあたって、付記しておきたいことがある。それは、分布には遺品を対象にする場合と、その出土古墳による場合とがあり、以上述べてきた分布が、遺品の分布に則していた点である。一古墳あたりの出土数が相対的に少ない遺品を扱ってきたから、出土古墳に基づいたとしても、既述の結果に変更が加わらないことは、旧稿でも示しておいた。(1) ところが次項からは、一古墳の出土数が多い遺品を含み、盗掘などによって数の算定に精確さを求めがたい場合が少なくない。この点で、数の多寡までは問わないことにして、出土古墳の分布の方を議論の対象にしようと思う。

**西指向**　西指向をよく示す中期の遺品として、まず蛇行剣をあげよう。蛇行剣についてはすでに集成が行われ、考察が加えられてきた若干の蓄積がみられる。(2) しかし、出土地の多くを占める日向の地下式横穴の営造時期が、鉄鏃などの編年によって変更をせまられて、中期にさかんに営まれていたことが知られるようになり、(3) いきおい蛇行剣の副葬時期にも改変が必要になってきた。すなわち、短甲ならば、三角板革綴・三角板鋲留・横矧板鋲留各式の副葬時期が、鉄鏃ならば主として、圭頭・短茎三角・長頸各式の副葬時期が、それぞれ蛇行剣の副葬時期に相当することになる。これを須恵器編年に直せば、TK七三型式ないしTK四七型式の時期にあたり、埴輪編年でいうとⅣ期ないしⅤ期初頭に併行する。つまり副葬の開始は、ON四六型式期とみた同型鏡の場合よりも、古く遡ることになるのである。

そこで、鉄鏃型式などに基づいて、ON四六型式期よりも古く遡る可能性がある古墳の例を、全蛇行剣出土古墳のなかから抽出すると、

鹿児島県伊佐郡菱刈町灰塚三号地下式横穴
宮崎県西都市穂北児屋根塚古墳（茶臼原一号墳）、児湯郡新富町鐙古墳、都城市菓子野町菓子野二号地下式横穴、
　西諸県郡高原町日守二三号地下式横穴
島根県安来市門生町五反田三号墳
和歌山県和歌山市森小手穂寺内六三号墳

大阪府豊中市中桜塚大塚古墳、堺市旭ケ丘中町七観古墳
奈良県宇陀郡大宇陀町北原古墳
京都府綾部市上杉町奥大石二号墳
静岡県磐田郡浅羽町五ケ山B２号墳
長野県諏訪市豊田フネ古墳

をあげることができるであろう。他方、蛇行剣が出土した古墳などの例数を地方別に示すと、

関東一、中部六、近畿一一、中四国六、九州三〇、朝鮮半島一

となり[4]、さらに、ON四六型式期以前の列挙例をここから外して副葬時期の新しい例に限定してみると、

関東一、中部四、近畿六、中四国五、九州二五

という結果が得られる[5]。すなわち、ON四六型式期以前において分布の中心のひとつを占めていた近畿は、その主座を退き、日向をはじめとする九州東南部への集中が、いっそうきわだつことになる。つまり、西指向がさらに強まるのである。蛇行剣の一部とりわけ小型品については、日向で製作された可能性をみとめるとしても、その形制が畿内からもたらされたことは動かないと思う。

ちなみに、応神記の「品陀の　日の御子　大雀　大雀　佩かせる太刀　本つるき　末ふゆ　冬木の　素幹が下木のさやさや」という歌に土橋寛が評釈を加え[6]、「これは大雀命が腰に吊下げている太刀の鞘の先がゆらゆらと揺れている、それは冬木の下の灌木が揺れているようだ、という意味で、太刀の揺れ動く姿を、大雀命の霊威の活動する姿として讃めているのである」と記している。生命力としてのタマが揺れ動く物の姿においてしばしば表徴されていると考える土橋のこの評釈は、意見の一致をみていない蛇行剣の成立事情を解くうえで示唆的であると思う。

それはさておき、西指向を示す遺品としてとりあげたいもうひとつは、垂飾付耳飾である。この遺品についてもま

た、研究上の蓄積が残されているので、それらに導かれながら稿を進めると、まずその副葬時期は、中・後両期にまたがり、中期前葉から後期中葉にまで及んでいることがわかる。そうして、長期にわたるこの間で垂飾付耳飾の形態に差異があるために、比較的早くから形態上の分類が試みられてきたが、それらのなかで、長短に大別した小林行雄(7)、短型を有鎖と無鎖とに分けた石本淳子(8)、そして長短それぞれを細分した有井宏子(9)の各分類案が、副葬時期の新古や出土古墳の分布の様態からみたときには評価される。

すなわち、小林分類によると、主として中期の遺品である長型の出土古墳は、

九州四、中四国二、近畿一〇、中部四、関東五

のように、近畿を主座として東西がほぼ等しく(10)、他方、主として後期の遺品である短型の出土古墳は、

九州一三、中四国三、近畿九、中部〇、関東〇

のように、明らかに近畿ならびに西方に偏り(11)、わずかにせよ現状では九州が近畿を凌いでいる。したがって、小林分類に則した場合、中・後期の間を境にして、にわかに西指向が強くなったといえる。

加えて、大型の宝珠形垂下飾をそなえた一群を分離して、長型を二分した有井分類によると、この一群は長型品のなかで副葬時期が新しい。そうして、出土古墳は、近畿一、西方三、東方二を数えるので(12)、西指向への転換は小林分類に依拠した場合よりももう少し古く遡る可能性が高くなる。この点で、蛇行剣で説いた西指向の高進と近い時期にこの転換を求めたとしても、はなはだしく的を逸したことにはならないであろう。

なお、垂飾付耳飾で朝鮮半島製品との比較が試みられているけれども、製作地の特定と、副葬に至るまでの経路の復原とに、問題を残している。ただ、長型品のなかで近畿が出土古墳分布の主座を占める一群は、製作地が彼我のいずれであっても畿内から拡散したことを、その分布の様態が示している。また、有井が分離して国産と認定した、大型の宝珠形垂下飾のつく一群も、国産ということならば、畿内から拡散したと考えたいところである。他方、短型品

については、西指向が強い点で、一部にせよ朝鮮半島出土品に類似する点で、朝鮮半島から直接に西方各地へ伝来したことが想像されてよい。しかし、かりにそうであったとしても、伝来を促す契機を西方各地が共有し、畿内からの活動がその契機をもたらしたとみる方が、各地がそれぞれ独自に朝鮮半島から輸入した事態を想像するよりも、妥当性が高いことは、おそらくみとめてもさしつかえないであろう(13)。

**東指向**　東指向を示す遺品の代表格として、鈴付の鋳造品があり、環鈴と鈴鏡と鈴釧があげられる。環鈴をまず俎上にのせると、これが副葬品に加わるのは、横矧板鋲留短甲の副葬の開始とほぼ同じ頃であり、滋賀県栗東市安養寺新開一号墳南遺構で出土していることを考慮するならば、同型鏡の副葬の開始よりもいくぶんにせよ確実に遡ることが知られる。そうして、群馬県高崎市綿貫町観音山古墳のような後期後葉にその副葬を行った例が一部に含まれるけれども、概して後期中葉のうちに副葬が終了したとみてよい。

中期中葉から後期中葉に至る約一世紀の間に副葬品として集積された環鈴の出土古墳の地方別の内訳は、

九州一四、中四国三、近畿一二、中部一六、関東一〇

であり(14)、九州、近畿、中部、関東の各地にほぼ満遍なく分散している様子が窺える。ところが環鈴には、すでに先学の指摘にみるように新古の別があり、鈴が小型で環体から離れた形態のものは古式品として分離されている(15)。そこで、鈴の直径が三センチ未満の例や鈴が環体から離れた例を、管見の範囲で抽出して集成から外すと、残る例の出土古墳の地方別内訳は、

九州一〇、中四国三、近畿九、中部一四、関東九

という結果になる(16)。すなわち、近畿よりも東方に分布の比重をいくぶん移したことが、この結果によってみてとれるわけである。この比重の移動は後期の成立をまたず、中期後葉のうちにある。

なお、九州で残った九古墳の所在地は、ことごとく肥前、筑後、筑前、豊前という北半部にあり、西指向の強かっ

た蛇行剣の出土古墳が九州南東部に位置するのと、対照的な分布の様態をみせている。この点で、九州の南北にまたがり、しかも西の肥後をも含む同型鏡出土古墳の分布の様態は、興味深い。

鈴付の鋳造品として次にとりあげたいのは、鈴鏡である。鈴鏡出土古墳は管見で一四〇基を数え、その地方別の内訳を示すと、

九州六、中四国一二、近畿二九、中部四四、関東四〇、東北九

である[17]（図46）。その副葬時期は、TK二〇八型式期と覚しい東京都世田谷区玉川等々力町御岳山古墳を確例の最古とするので、中期後葉に遡る。そうして、後期後葉の群馬県高崎市八幡町観音塚古墳が、副葬時期の下限を示すひとつの例ではあるが、概して後期後葉をまたずに副葬が終わるようである。したがって、副葬の中心は後期前・中葉にあり、環鈴の副葬時期よりもおしなべて新しい。近畿および以東に集中し、東北にも拡がる分布の様態は、その新しさを反映している。

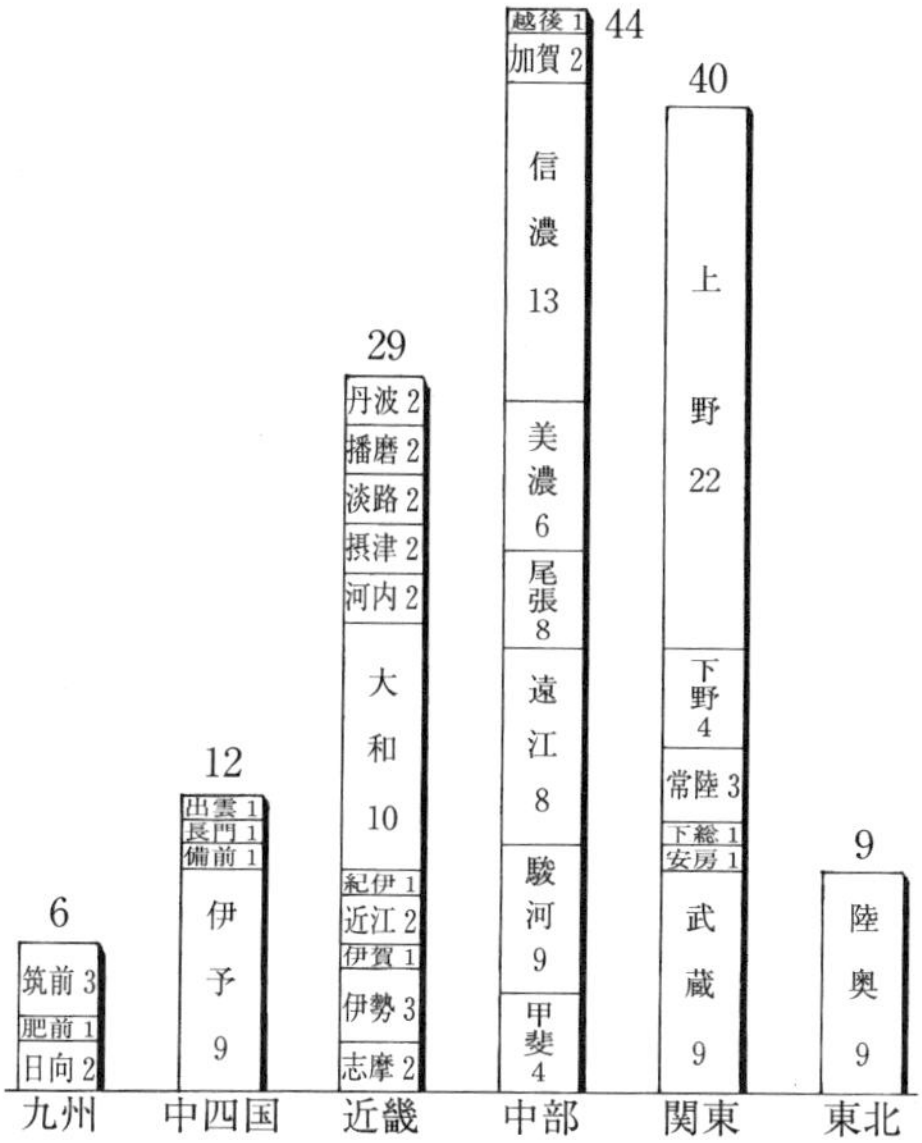


**図 46**　鈴鏡出土古墳の地方別内訳

鈴付の鋳造品として、さらに鈴釧を添えておこう。管見による出土古墳は七二基を数え、その地方別の内訳を示すと、

九州七、中四国六、近畿一(伝)、中部二一、関東二八、東北九

となる[18]（図47）。環鈴と鈴鏡で分布の中心の一画を占めていた近畿が外れて、東方にいっそう傾斜していることが、ここからみてとれる。副葬古墳のなかで、静岡県袋井市国

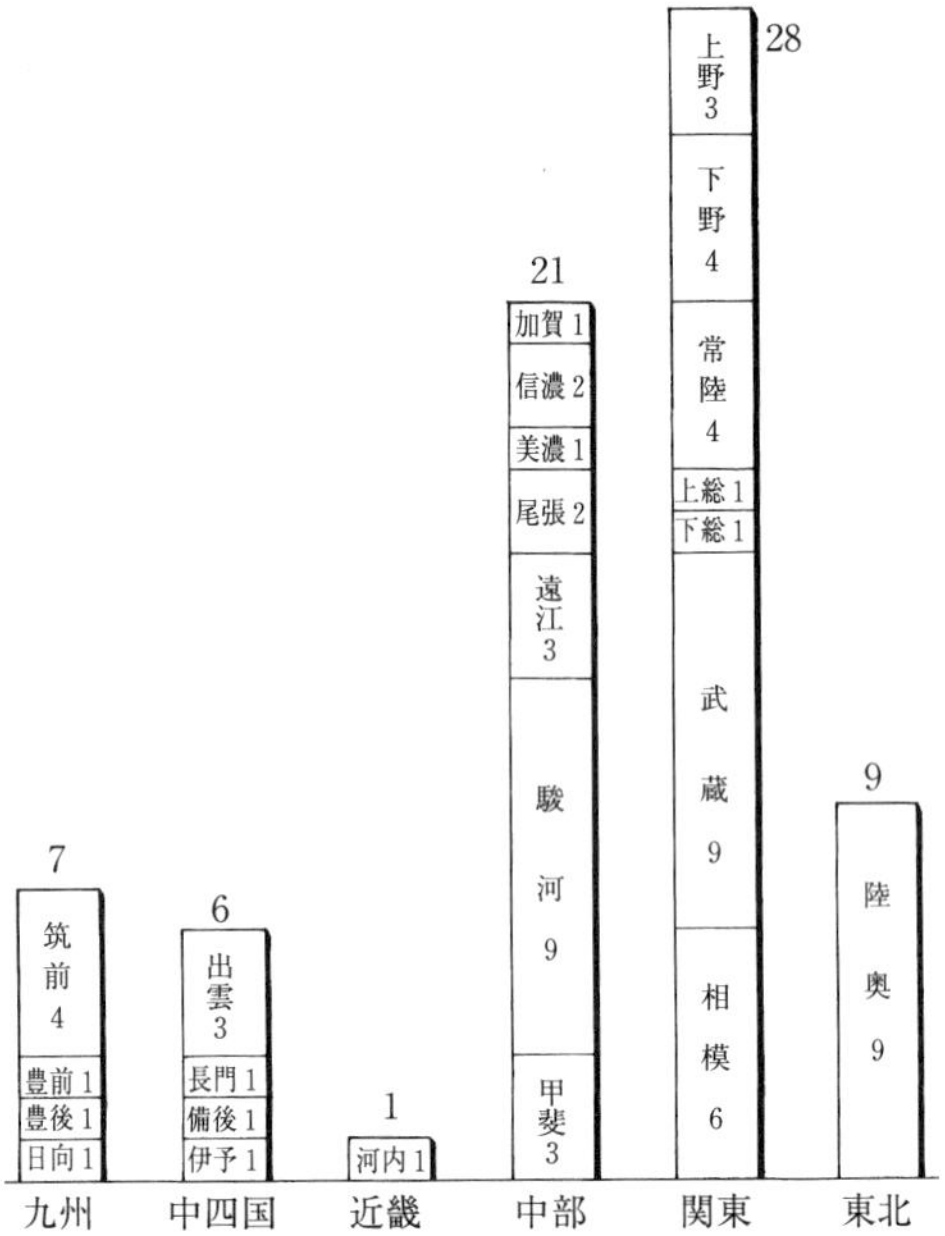


**図47**　鈴釧出土古墳の地方別内訳

本石ノ形古墳や山梨県西八代郡三珠町大塚古墳が、伴出品によって営造時期を推定しうる最古の一群に属する。ともに埴輪はⅣ期にあたり、しかし、馬具などのようにＴＫ二三型式期ないしそれよりもいくぶん新しい遺品がみとめられる点で、鈴釧の副葬の開始はＴＫ二三型式期頃に求めておくのが無難であろう。またその終焉については、横穴からの出土例が関東や東北で散見されるので、古墳時代のうちにはおさまらない可能性が強い。鈴鏡よりもやや遅れて副葬が始まり、その終焉もまた遅れるわけである。したがってその強い東指向が中期のうちで発起したとまではいえないが、鈴付鋳造品の東指向が、後期に入っていっそう著しくなったことを、鈴釧の分布によって知ることができるのである。

なお、鈴釧と一括りにされている遺品には各種があり、環体の形状によって三分することができる。その多くを占めるのは環体が円形の例である。この円形品の鈴の数には地域差がみとめられるようであり、近畿より西方ではことごとく五鈴で、東方では六鈴が多い。六例を数える涙滴形の帯状環体品や、二例にとどまる空豆形環体品は東方に限られ、中部と関東に分布がまたがる。近畿の分布がきわめて乏しい点をあわせ考えるならば、鈴釧の製作が一部にせよ畿外で行われていた可能性が検討されてよい。しかし、畿外製作が将来立証されたとしても、素材の入手経路の問題が残る。素材は畿内から提供され、とりわけ東方では、鈴釧に対する強い渇望を満たしていた、と考えたいところである。

## (二)　地域文化の顕在化

**墓制**　中期中葉を境に後葉に至って、墓制に独自色を濃くする地域が増加する。その代表格が九州であり、複数埋葬用の墓制が流行した点をもって特色とする。九州でしかも複数埋葬というと、同じ棺または施設に複数の遺骸を埋葬してはばからない風が、すでに弥生時代にこの地で一部にせよ醸成されていたことが注意を引く。[19] 関東などの再葬墓の例を除けば他地方にほとんど見あたらないこの風習が、もし胚胎していなければ、他地方にさきがけて複数埋葬用の墓制が着床し流行する結果にはならなかったであろう。古墳時代の九州について、同棺複数埋葬時の遺骸の配置から親族構造上の特色が復原され、[20] 女性被葬者に対する矢の副葬が指摘され、[21] 文献上に表れた女性首長の多さが論じられているが、[22] 女性の地位の差異を暗示するこれらの点とも、複数埋葬指向は通底していたにちがいない。

九州にこうして前期後葉ないし中期前葉に発現した複数埋葬用の墓制は、朝鮮半島との関係や在地の伝統の差異を反映しているのであろうか、横穴式石室、地下式横穴、石棺の別があり、さらに、横穴式石室は竪穴系と石障系に、石棺は刳抜式と組合式にそれぞれ区分しうる。そうして、すでに説かれているところからすると、[23] 各墓制は中期後葉の隆盛に向かって分布を拡げて、竪穴系横口式石室は筑後、筑前、豊前に、石障系横穴式石室は肥後中・南部に、地下式横穴は日向南部にそれぞれ分布の中心をおくに至る（図48）。また石棺は、この頃に刳抜式から組合式に交替し、主に筑後ないし肥後中部に分布を拡げる。

なお、九州の石棺は家の形態を指向することが述べられている。[24] 地下式横穴の墓室の形態にも家形への指向がみとめられるし、石障系のような正方形で天井が持送りの横穴式石室にも同じ指向をみてとることが不可能ではない。竪

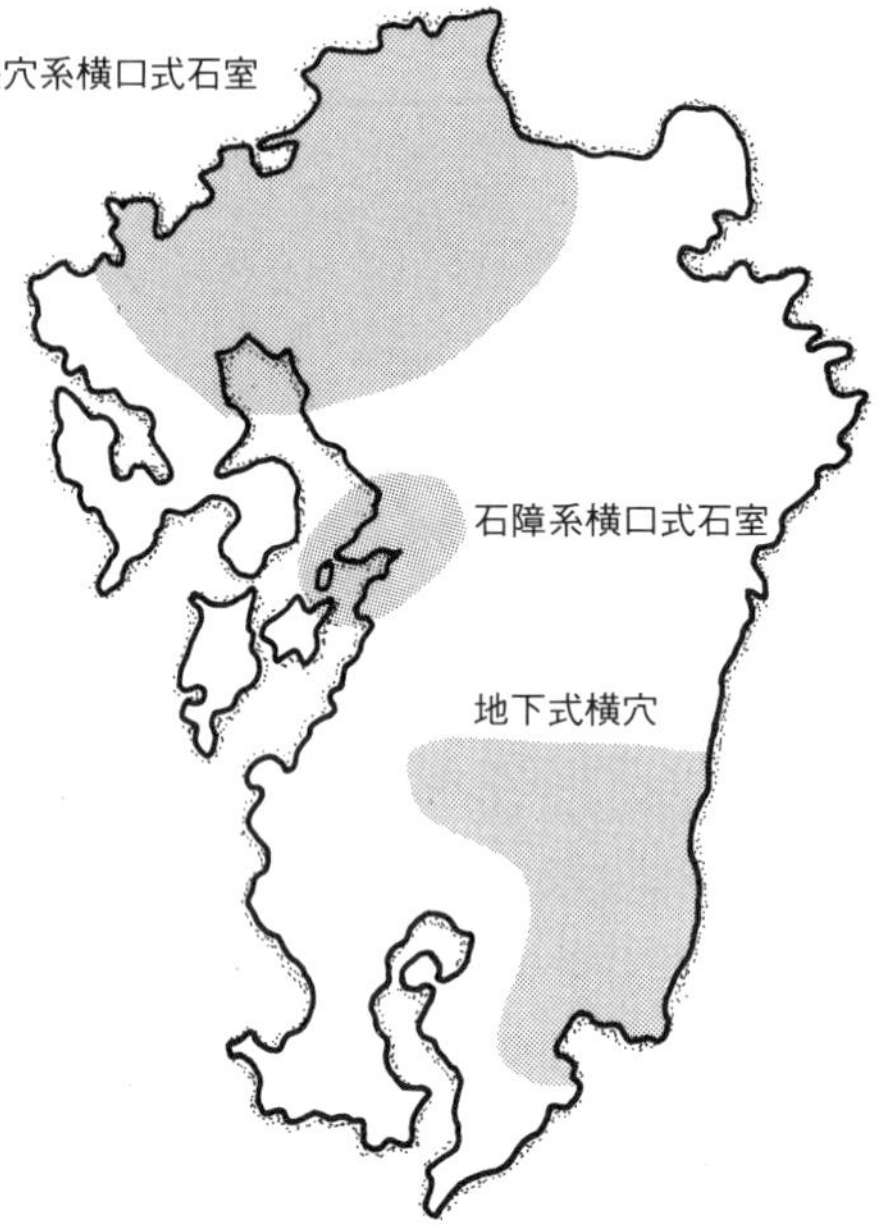


**図48**　九州における墓制の地域色

穴系横口式石室まで同列視するのは難しいけれども、家指向は石棺だけにとどまらず、九州の広域で共有された特色であったといえよう。これがまた前述の女性の地位と関連するのかどうか、検討を要する問題である。

それはともかくとして、九州に対比するとそれ以東の墓制は、九州から受容した少数の例を除けば、単数埋葬用であることによって、中期を一括りにすることができる。もとよりこの一括りにしたなかには、九州ほど個性的ではないが類別があり、また、輪郭の鮮やかさでは劣るが分布圏がみられる。

そのひとつの例が竪穴式石室であり、瀬戸内一帯に分布する。信濃北部や甲斐も分布地に加えられてよい。中期の竪穴式石室について、これを前期の退化型とする見解があるけれども、壁石の間隙を白色粘土で充填して化粧を施した例があるところから知られるように、朝鮮半島から伝来したと考えるべきである[25]。竪穴系横口式石室が洛東江下流東岸に連なるのに対し、この墓制は西岸に淵源が求められるという。そうして、ＴＫ七三型式の須恵器が出土している兵庫県姫路市四郷町宮山古墳の例を重視するならば、その伝来は同型式期かそれよりやや古く遡る須恵器生産の創業期にあたることになるが、流布という点からいうと、ＴＫ二〇八型式期の頃をまたなければならなかったようである。讃岐の横矧板鋲留短甲出土古墳五基のうち、四基の埋葬施設が竪穴式石室であることからも察せられるように[26]、これは瀬戸内で同式短甲が流布する時期でもある。

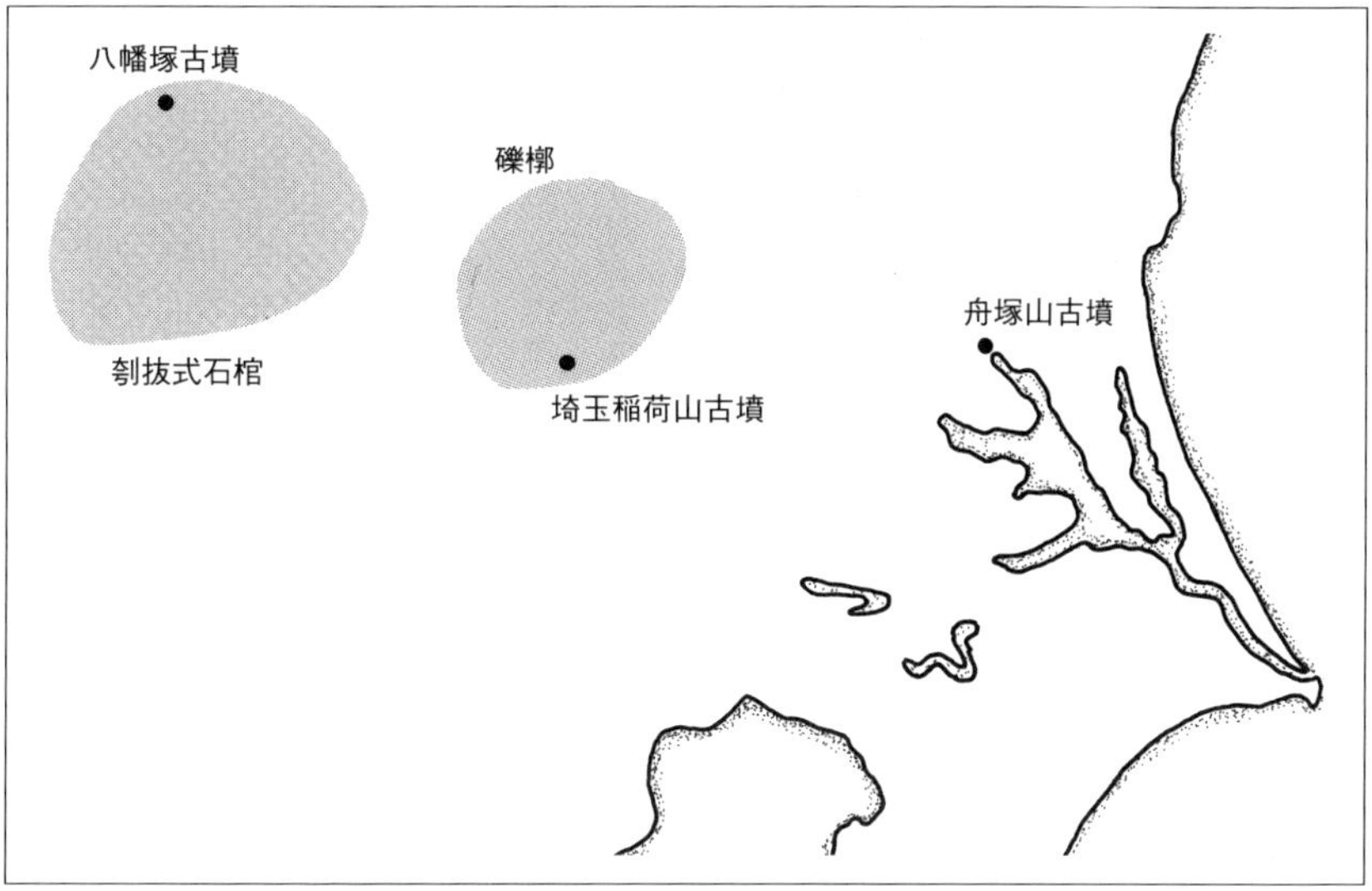


**図 49**　関東における墓制の地域色

次にあげられるのは礫槨であり、上野東部ないし武蔵北部に分布している[27]（図49）。その最古は群馬県藤岡市白石稲荷山古墳の例に遡るので、上野西部にあって分布の中心から外れ、しかも同地でIII期埴輪が流行する中期中葉にあたる。他方、分布の中心では、群馬県太田市高林南町中原古墳の埴輪がIV期で、群馬県邑楽郡大泉町原前一号墳や埼玉県行田市埼玉稲荷山古墳の出土須恵器が、TK二三型式ないしTK四七型式を出ない。分布の中心における礫槨営造の盛期を、時期の判明したこれらの古墳の例によって推測したとしても、はなはだしく的を逸したことにはならないようである。なお礫槨の淵源は、関東で自生したとも、新羅に範をとったとも考えられる。

また上野のなかで、舟形と呼ばれている刳抜式石棺が西部に分布しており、この点も墓制上の地域色として注意をひく。埴輪編年のIV期ないしV期初頭にあたり、III期の大型古墳で長持形石棺を内蔵する太田市内ケ島天神山古墳の次代に編年されるから、石棺の流行は礫槨の分布の形成とほぼ時を同じくする。東北と関東で他にも刳抜式石棺の存在が知られているが、中期に遡る例は上野西部に限られるのである。また、常陸などの後期の同式石棺に較べると、長辺に突起の有無があるなど、形態上の変異の幅が大きい。印籠蓋のように九州に出自する特徴をそなえた例も含まれるが、家形への指向はみとめられない。年代の点でも、形態のうえでも、さらには製作数の多さの面でも、東日本では特異な一群である。(28)

なお、関東におけるもうひとつの地域色として、箱式石棺があげられてもよい。関東東部で長持形石棺の模倣から出発したこの墓制が隆盛をみせるのは、旧霞ケ浦沿岸を中心に広い分布を形成した後期後葉のことであり、この点で、中期を盛期として後期中葉をまたずに衰滅する関東西部の礫槨や刳抜式石棺と一線を画している。ただし、盛期が後期後葉にあることは動かないにせよ、茨城県石岡市北根本舟塚山古墳においてその規模を極めた大小の前方後円墳の営造が、関東東部で終止するのと前後して、この墓制がいくぶんにせよ隆盛をみせることを、茨城県石岡市北根本舟塚山古墳の陪冢や同県西茨城郡岩瀬町青柳一号墳などの例から察することができる。群馬県天神山古墳の次代に、礫槨や刳抜式石棺が隆盛を始める関東西部の推移の状況と、この点で通じるところがあり、ひいては日向や瀬戸内とも軌を同じくする。

以上、埋葬施設に表れた地域色の例をとりあげたが、さらに墳形を問題にするならば、出雲東部における前方後方墳の営造が注目される。出雲における前方後方墳の営造は飯石郡三刀屋町松本一号墳などの例からみて前期に遡り、中期に入ると退潮をみせる。この点では全国的な趨勢と通じるところがあるようである。ところが、TK二〇八型式の須恵器が出土している島根県松江市西川津町金崎一号墳を確例とするから、中期後葉には出雲東部で復活した形跡をとどめている。そうして後期には、全長九四メートルの松江市山代町二子塚古墳を最大とする規模の大きさだけにとどまらず、営造数の多さの点でも、この墳形が過去の遺制になった状況のなかで異彩を放っている。

**生産**　生産上の地域色について記述を進めようとすると、一部にせよ前章の内容に触れざるをえない。煩瑣を避けるために、重出部分に断り書きは添えないので、必要に応じて前章を参照願いたい。さて、須恵器・鉄器生産は、中期後葉ないし後期前葉に、畿外においても隆盛をみせるが、須恵器生産の場合、伊予の伊予市市場南組一号窯や尾張の名古屋市千種区東山窯群の製品のような個性の強い例が一部に混じるにせよ、おしなべて陶邑の強い影響下にある。これに対して鉄器生産の方は、工房が急増した証左を数多く残す関東を例にとると、出土羽口の大半が高坏脚部の転用または模倣形で、筒形や軽い八の字形を呈する肉厚の畿内例と、明らかに相違しており、したがって畿内からの技術的影響が強かったとまではいえない。羽口のこの差異は、送風方法の差だけにとどまらず炉構造の違いに由来し、高坏系を使う地床炉の方が機能上劣っていたことを推測させる。

土器製塩もまた隆盛をみたようである。この隆盛を支えた製塩土器には、丸底系と脚台系との差異があり、新出の丸底系は大阪湾ないし紀淡海峡の周辺と若狭などに分布している。これらの地域での興隆と前後して生産が衰退した備讃瀬戸の製塩土器は丸底系に属し、外面にタタキを加える点でナデを施す紀淡海峡域や若狭の例と相違する。他方、伝統的な脚台系は、地域色をみせながら、尾張三河や能登に分布し、さらに西方の日本海沿岸一帯を覆っているようである。このように地域を違えて分布する製塩土器の丸底と脚台との差異は、煎熬と焼塩との分化の有無に対応している可能性がある。そこでこの対応をもしみとめてよければ、焼塩用の丸底土器を用いた製塩の方が、生産効率はもちろん、運搬や使用上の便宜の点でも優っていたことになる。逆にいうと、畿外における塩生産になお技術上の後進性が伴っていたことを、尾張三河や能登などの例が示していることにもなるのである。(29) これは鉄器生産で例示した関東の場合と通じる点でもあることを注意しておこう。

玉・滑石製品生産は中期に入ると、越前加賀にかわって畿外各地で高揚する。これらの地域のなかで筑前は、滑石板に碁盤目の筋を入れて割る、小玉の独特な製作技法によって、出雲は、碧玉管玉の片面穿孔によって特色づけることができる。また、長門や上野は刀子形のような滑石模造品を、下総は石枕をそれぞれ製作の対象としている点で、品目上に個性がみられる。(30) 滑石小玉の独特の製作技法は、筑前において中期前葉には保持されていたものであろうし、水晶のような硬い玉材にすでに片面穿孔を加えていた出雲ならば、碧玉管玉に片面から貫通孔を穿つのは、難しいことではなかったであろう。さらに、上野における模造品生産が前代から継続したものであることを考えあわせると、中期後葉における玉・滑石製品生産の隆盛は、既存の技術や品目の範囲を出なかったといってよい。

次に窯業生産に移ると、須恵器生産が朝鮮半島から伝来し、この窖窯焼成法を埴輪生産が採用して以降、埴輪の衰滅に至るまで、窯業生産の主たる対象は須恵器と埴輪であった。そうして、焼成法を同じくするこれらの両生産は、一部の例を除いて、技術体系が異なっていたから、須恵器技法の埴輪によって構成されるこの一部の例の存在が、きわだってみえるのである。その中期における代表格がそれぞれ、畿内では淡輪、畿外ならば尾張の円筒埴輪である。すなわち、これらの円筒埴輪は、有軸回転運動を利用した、須恵器でカキメと呼んでいるC種ヨコハケを有し、またしばしばタタキの痕跡をとどめている。さらに尾張では、ON四六型式併行という東山一一一号窯址や、TK二〇八型式併行という東山二一八号窯址で円筒埴輪も出土しており、須恵器窯を円筒埴輪の焼成にも使ったことが知られている。

淡輪と尾張とで、円筒埴輪の底部付近の処理の仕方に相違があるが、ともに、須恵器工人がその生産に関与していたことは疑いない。その関与が形象埴輪にも及んだかどうかはなお検討を要するが、いずれにせよ、技術体系が異なり須恵器・埴輪生産が分立していた他地域と較べると、分業度において劣っていたといわざるをえない。このような生産体制が組まれた原因について、それぞれの生産を独立して維持しうる農業生産力に欠けていたとみることができるかもしれない。しかし、中期においてすでに、淡輪系が九州の一部や遠江に拡散し、尾張系もまた若狭に伝播している状況をみると、農業生産力が低位にとどまる地で好まれたとはいえない。

なお、日向に数多い圭頭式鉄鏃は、その集中度の著しさに加え、中期前葉から後期に至る型式上の変化を辿ることができる点で、同地で製作されたと考えた。そこで、畿外生産品にあらわれた地域色の一例にこれを加えるならば、同式の鉄鏃の出現は中期前葉に遡るので、この地域色が後葉を境に発生したとまではいえない。しかし、同式の頭部が鋭角的になって刺突力を増す傾向が、後葉を境に著しくなる点に注目するならば、[31]剣の長身化や直刀の参入、さらには横矧板鋲留短甲の出現とあいまって、同地の武装が威力を増したことは確言してよい。このような武力の強化は、この地で自主的に達成されたというよりも、畿内の動きに連なっていたことによるのであろう。

**地域色の特質**　関東を例にあげて、鉄器生産における技術上の後進性を説き、尾張三河や能登などの土器製塩についても、その可能性があることを示した。また、筑前の滑石小玉や出雲の碧玉管玉や上野の滑石模造品に例を求めて、玉・滑石製品生産の隆盛が既存の技術や品目の範囲を出なかったと指摘し、淡輪や尾張の埴輪生産をとりあげ、分業度の点で劣っていることを略述した。

これを生産体制の面から検討するならば、集落内生産の域にとどまる関東の鉄器生産や畿外各地の玉・滑石製品生産は、集中生産の例としてあげた大阪府大県遺跡での鉄器生産や奈良県曽我遺跡での玉・滑石製品生産と、専業度や専業を支える体制の点で、それぞれ大きな隔たりがあったことが推測される。また、ＯＮ四六型式期に陶邑からの派生を受けて成立した畿外各地の須恵器生産も、専業度を推測することは難しいとしても定着度という点では、母体の陶邑にははるかに及ばない。そうして、陶邑と系譜を違えて開窯した可能性があり、しかも生産の定着度が高い尾張の須恵器生産は、埴輪生産との分業関係が成立していなかったのである。

こうして概観すると、中期後葉に畿内外で隆盛をみた各種の生産活動は、品目や技術水準や専業度や体制上に差異があり、地域色を鮮明にさせた原因は、増産にともなってこれらの差異が顕在化した点にあったと思われる。つまり、海外からの影響ではなく各地の後進性や保守性が、増産時に地域色を顕現させる素因として働いたというわけである。

他方、墓制上の地域色については、九州内で展開をみせた複数埋葬用の、竪穴系と石障系の横穴式石室、地下式横穴、組合式石棺による例をあげ、さらに東方の単数埋葬用を加えて、瀬戸内の竪穴式石室、上野西部の刳抜式石棺、上野東部ないし武蔵北部の礫槨、常陸ないし下総の箱式石棺による例をそれぞれ示し、墳形上にあらわれた出雲東部の前方後方墳による例を添えておいた。これらのうち、九州の例は、それぞれの埋葬施設の初現が前期後葉ないし中期前葉に遡り、この複数埋葬の風は、弥生時代に淵源を発する。また、東方の例では、瀬戸内の竪穴式石室は初現がＴＫ七三型式期またはそれ以前にあり、上野東部ないし武蔵北部の礫槨や常陸ないし下総の箱式石棺は、埴輪編年のⅢ期にその初出例がみられる。さらに出雲東部の前方後方墳は、出雲のなかで前期にその例が知られている。

地域色が鮮明になる中期後葉に期を同じくして発現した墓制の例は、こうして吟味を重ねると、上野西部の刳抜式石棺にとどまることになる。つまり、地域色が鮮明の度を加えた原因はほとんどの場合、新たな墓制が成立したことではなく、造墓数が増加し分布域が拡大するという意味での、既存の墓制の展開にあったのである。そうして中期における畿外の大型古墳の造営は、この展開に向かう転換点に位置している。

以上、畿外で地域色が鮮明になった原因として、生産については、その隆盛が各地で後進性や保守性を顕現せしめたと説き、墓制については、既存の墓制の展開を強調した。そこで、活発化した畿内政権の活動が生産の隆盛と墓制の展開をもたらし、しかも、各地の有力者や社会の状況がそこに影をおとしていた、と鮮明化の原因を説明しておきたい。

## （三）　地域文化の伝播

**畿外から畿内へ**　奈良県曽我遺跡の玉生産について、玉材に加え工人までも畿外に求めたことが指摘されているが、このように、畿外から畿内へ人と物が移動したことを立証しうる理想的な例は、中期においては稀有に属する。

また、宇田型の名で呼ばれている尾張の台付甕の末裔や、[32] 非陶邑系の愛媛県南組一号窯産の須恵器など、畿内から出土している畿外産または畿外系の器物を例にあげることができるが、このような例は、前期の畿外系遺品に較べても、同期の外来系遺品と並べても少ないし、それぞれの例数も乏しい。鉄剣にもし銘文がなかったならば、埼玉県行田市埼玉稲荷山古墳の被葬者が畿内へ赴いたことまでは判明していなかったであろう。このことに想到するならば、軍事や造墓に携るために数多くの畿外人が、いっときにせよ畿内に居住していたことは充分に想像される。しかし、それを遺品によって語らせるのは難しいのである。

ところが墓制に関しては、畿外から伝播した例を少なからずみることができる。墓制の伝播がただちに人の移動を示すことにはならないであろうから、地域文化の伝播という言葉でこれを表現しておくと、このような例のひとつとして、粘土槨で棺床に礫を敷きつめる墓制をあげることができる（図50）。すなわち、出雲では、島根県安来市荒島町造山一号墳の例をはじめ、竪穴式石室と粘土槨の別なく、床に礫を敷く風が前期ないし中期に継続することがすでに注目されており、また丹後では、中

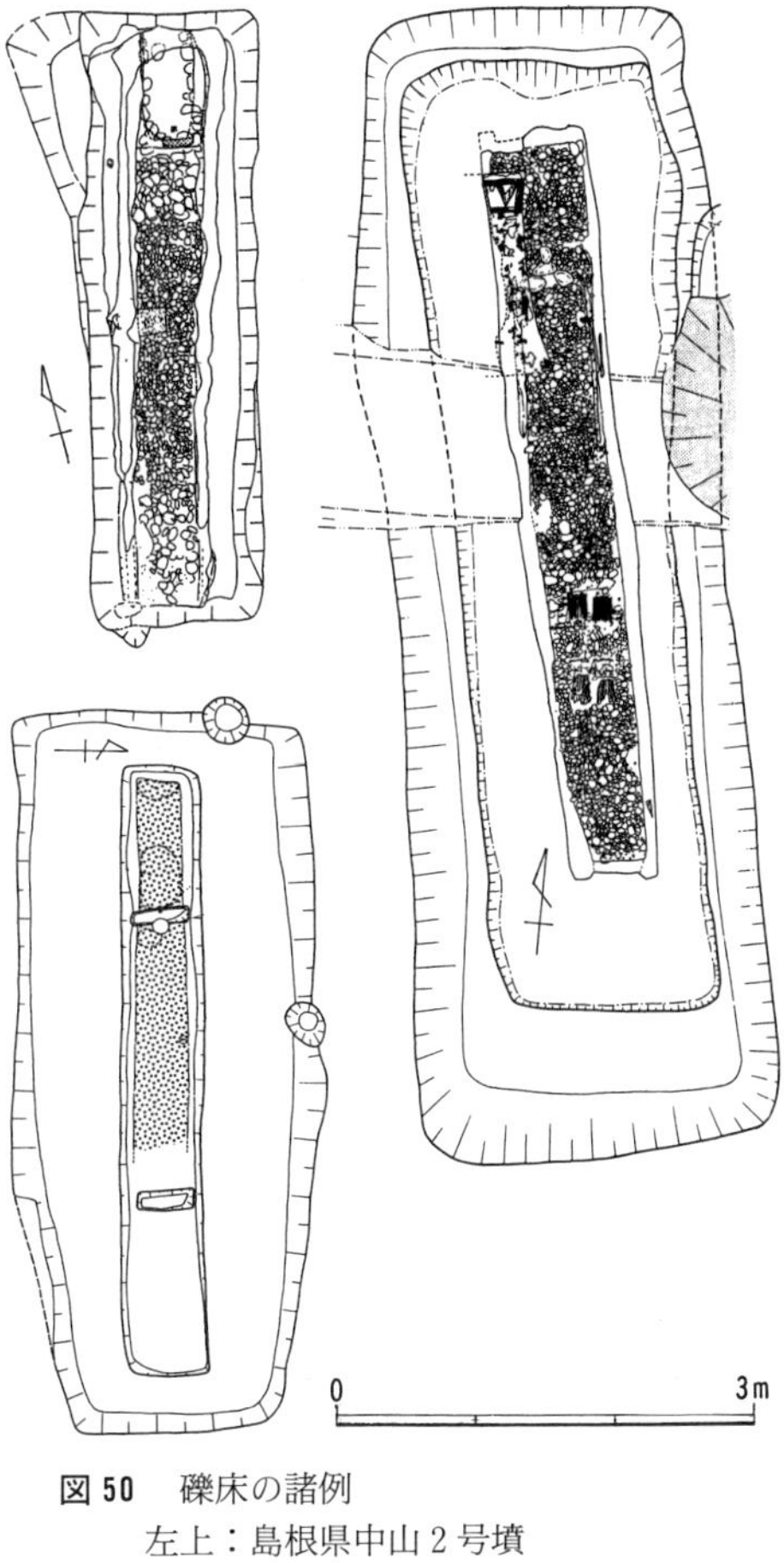


**図 50**　礫床の諸例
左上：島根県中山２号墳
左下：京都府（丹波）スクモ塚２号墳
右：京都府（山城）西山塚古墳

期前葉ないし中葉にこうした風の例が数多く知られている。(33)

そうして、この出雲や丹後に連なると覚しい礫床の例は畿内にもあり、京都府城陽市久世下大谷二号墳、同府相楽郡木津町市坂西山塚古墳、大阪府高槻市南平台墓谷三号墳、兵庫県尼崎市南清水大塚山古墳の諸例が管見にのぼる。また、大阪府堺市浜寺船尾町高月古墳も礫床であったというから、諸例に添えられるかもしれない。埴輪がⅣ期で出土鉄鏃が長頸式に限られる西山塚古墳は中期後葉に、埴輪がⅤ期で出土須恵器がＭＴ一五型式ないしＴＫ一〇型式にあたる大塚山古墳は後期中葉に、それぞれ編年される。また、墓谷三号墳は埴輪や出土須恵器のかろうじて知られる特徴からみて、西山塚古墳よりもいくぶん古く編年されるが、それでも「中期後半」という報告者の見解を出ない。なお、下大谷二号墳は造営時期を推定する資料を欠く。

礫床の系譜に関連して、墓谷三号墳に近接する墓谷二号墳の存在が注意される。前方後円墳や円墳から成るこの墓谷古墳群のなかで、二号墳のみ前方後方形を呈するからである。埴輪がⅣ期で、追葬時の副葬品にせよ鉄鏃が長頸式に限られており、営造時期は三号墳とあい前後するので、畿内では前方後方墳が廃絶して久しい。前方部が短いのは、畿内でもうその完好なモデルを求めることができなかったせいであろうか。礫床の系譜と考えあわせるならば、この墓谷二号墳の墳形は出雲に連なることが想像される。

畿外系の墓制として次にあげたいのは、横穴式石室であり、大阪府堺市浜寺元町塔塚古墳や同府藤井寺市野中藤の森古墳が、畿内におけるその出現期の確例にあたる。埴輪がⅣ期に編年される藤の森古墳は、藤井寺市国府唐櫃山古墳や同市沢田長持山古墳の出土例を嚆矢とする金銅製三輪玉が副葬品目に加わっている点を重視するならば、中期後葉を動かず、他方、「革綴と思われる短甲」や「古い型式の鉄鏃」という報告書の記述によるならば、それよりも古くなる。新古の器物が併存することが許された時期に求めてよければ、中期中葉のあたりが穏当なところであろう。また塔塚古墳は、出土した鐙が木心鉄板張で、鞍金具が金銅製であるという。埴輪や短甲や鉄鏃は型式が知られていない。石室に並んで営まれた木棺直葬から、双頭龍文鏡や方格八乳鏡が出土しているという。これらの小型鏡は中期前葉ないし後葉に副葬の中心がある。石室の時期を確定することは難しいので、中期中葉ないし後葉とみておこう。

両古墳が造られた頃に畿内で流布していた埋葬施設というと、これらと同じ中小古墳では、大半が粘土槨や木棺直葬であったから、横穴式石室の出現は伝統的な墓制に変革が加わる予兆にあたる。藤の森古墳の石室は、羨道閉塞の方法などに差異はあるものの、玄室の平面形が長い長方形を呈する点に、九州北部との共通性がみられるらしい[34]。また塔塚古墳の石室については、北部九州型と肥後型とを折衷した、筑後川流域から肥前にかけて分布する筑肥型に属することが指摘されている[35]。そうして後期に入って、奈良県北葛城郡新庄町寺口忍海古墳群などの竪穴系横口式石室の例が物語っているように、九州の石室構造の影響がなお継続し、しかも、後期前葉のＴＫ二三型式期にはその影響から脱しつつあったことが、大阪府柏原市高井田高井田山古墳の石室の例から知られる。

九州から畿内への影響は、横穴式石室の構造だけにとどまらない。石棺の石材や形態を子細に分析した研究成果によると、九州から畿内へ石棺がもたらされたという[36]（表20）。中期において、最古の例は唐櫃山古墳にあってその形態が北肥後型にあたり、さらにこれに次いで古い例は長持山古墳の二基で、初葬棺が北肥後型、追葬棺が中肥後型の特徴をそれぞれそなえているという[37]。唐櫃山の営造時期はⅣ期後半という埴輪が示しているところであり、また長持山古墳の営造時期もそれに近いので、ともにＴＫ二〇八型式期にあたる。そうして、これ以後も九州から石棺の搬送は続き、ＭＴ一五型式ないしＴＫ一〇型式の時期まで及んでおり、これらのことごとくは形態が中肥後型であるらしい[38]。したがって、長持山古墳への埋葬が続いていたＴＫ二〇八型式ないしＴＫ二三型式の時期の間に、先学の指摘にもあるように、北肥後型から中肥後型へ転換したことになる[39]。

以上、畿外から畿内への伝播は、墓制により多くその例をみることができるとともに、中期中葉を境にして頻繁になったことを、それぞれの時期推定の結果から、導くことができるのである。

| TK 23 | TK 47 | MT 15〜TK 10 | TK 43 | TK 209 | TK 217 |
|---|---|---|---|---|---|
| ●築山古墳 | | | | | |
| | | | | | |
| | | | | | |
| | | | | | |
| | | | | | |
| | ▲大谷古墳 | | | | |
| ■長持山古墳<br>１号棺 | ○長持山古墳<br>２号石棺<br>●峯ケ塚石棺 | | | | |
| | | ●野神古墳<br>●？ミロク谷<br>石棺<br>●兜塚古墳<br>●？慶運寺石棺<br>●鑵子塚古墳<br>●東乗鞍古墳 | | ●植山古墳<br>東石棺 | ○植山古墳<br>西石棺 |
| | | ●今城塚古墳 | | ●(四天王寺) | |
| | | ●円山古墳<br>●甲山古墳 | | | |
| 灰黒色・ピンク石 | 同一石棺に灰黒色・ピンク | ピンク石 | | ピンク石 | ピンク石 |
| 菊池川下流域産・宇土半島産阿蘇石 | 宇土半島産・氷川産阿蘇石 | 宇土半島産阿蘇石 | | 宇土半島産阿蘇石 | 宇土半島産阿蘇石 |

●宇土半島産阿蘇石初葬　▲氷川産阿蘇石初葬
○宇土半島産阿蘇石追葬　△氷川産阿蘇石追葬

**表 20**　阿蘇凝灰岩製石棺の変遷と東行

| | 埴輪II期 | | 埴輪III期 | TK 73 | TK 216～TK 208 |
|---|---|---|---|---|---|
| 吉　備 | | | | ○造山古墳 | |
| 伊　予 | | | | | ■？蓮華寺石棺 |
| 讃　岐 | | | ■長崎鼻古墳 | ■観音寺丸山古墳<br>■？青塚古墳 | |
| 山　城 | ▲八幡茶臼山古墳 | | | | |
| 播　磨 | | ▲？御津朝臣石棺 | | | |
| 紀　伊 | | | | | |
| 河　内 | | | | | ■唐櫃山古墳 |
| 大　和 | | | | | |
| 摂　津 | | | | | |
| 近　江 | | | | | |
| 石棺色調 | 灰黒色 | 灰黒色 | 灰黒色 | 灰黒色 | 灰黒色 |
| 石棺産地 | 氷川産阿蘇石 | 氷川産阿蘇石 | 菊池川下流域産阿蘇石 | 菊池川下流域産・宇土半島産阿蘇石 | 菊池川下流域産阿蘇石 |

■菊池川産阿蘇石初葬
□菊池川産阿蘇石追葬

**畿外間の伝播**　中期における伝播活動は、畿外間でもまた惹起したようであり、これを示す考古学上の証左が残っている。遠隔地同士の例を主にとりあげると、物品の面では、形態や胎土から尾張産と推定される須恵器が、関東で少なからず出土している事実をあげることができる。陶邑産品が圧倒的に多い東京湾岸と対照的に、関東北部に多いことがすでに指摘されているが(40)、常陸でも散見されるので、この分布域は拡がる可能性がある。その伝播が始まるのは、関東で須恵器が増加する和泉式期新段階であり、TK二一六型式ないしTK二〇八型式の時期にあたる。

他方、生産面では、特色ある円筒埴輪技法の伝播にその痕跡をみることができる。吉備で流行した技法にまず注目すると、押圧技法と名付けた、最下段タガの先端を板状工具で押さえるこの技法は、熊本県山鹿市石金屋塚古墳、福岡県筑後市前津欠塚古墳、広島県三次市西酒屋町高塚古墳、福井県遠敷郡上中町西塚古墳などで例が知られている。これらのなかで、欠塚古墳と西塚古墳の例がⅣ期後半にあたり、金屋塚古墳の例はⅣ期後半かまたはⅤ期で、残る諸例はⅤ期に入る。そうして出土須恵器によると、西塚古墳はTK二〇八型式期に、欠塚古墳はTK二〇八型式またはTK二三型式期に編年されるので、Ⅴ期埴輪が出土した諸例は、TK二三型式期かそれ以降ということになる。なお、Ⅴ期に入ると、九州では分布が肥前に拡がり、例数が増して同技法の定着したことが察せられるのに対し、備後や若狭では一過性にとどまったようである。

また畿内以東の例として、尾張からの影響をうけた福井県遠敷郡上中町向山一号墳の円筒埴輪があげられる。出土須恵器がTK二〇八型式であるので、後期に活発の度を加える尾張から北陸への伝播活動の嚆矢にあたり、かつ、西方における押圧技法の伝播と期を同じくする。関東・東北方面では、福島県安達郡本宮町天王壇古墳などの、内陸部に位置する中通りの古墳のⅣ期の円筒埴輪に、形態などの点で、下野からの影響の強いことが指摘されている(41)。出土古墳の時期からみて、この伝播時期もまたTK二〇八型式期からほとんど隔たらないようである。

さらに墓制に眼を向けると、九州を発動地として横穴式石室と石棺の東行することが、遠地に及ぶ点で特筆される。まず横穴式石室では、中期において、島根県金崎一号墳、福井県西塚古墳、愛知県岡崎市丸山町経ケ峰一号墳の例が竪穴系横口式に、岡山市新庄下千足古墳、福井県向山一号墳、三重県志摩郡阿児町おじょか古墳の例が筑肥型にそれぞれ連なり、前者は九州北部に、後者は筑後と肥前に分布の中心をおくことが説かれている(42)。金崎一号、西塚、向山一号の各古墳の出土須恵器はTK二〇八型式であり、東山窯系と覚しい経ケ峰一号墳の須恵器もまた同型式併行とみられる。千足古墳は、石室出土鉄鏃が柳葉形であったという報告に誤りがないとすると、長頸鏃が流行を始めるTK二〇八型式期よりも営造が古く、しかし、石室の形態からみると、それは難しいようである。もし千足古墳の営造が中期中葉またはそれ以前に遡ることがあったとしても、ともに九州に淵源を有する横穴式石室二態の東行が、中期後葉に頻繁の度を加え、いっそう遠地に及ぶに至ったことは、他古墳の例からみて疑いない。

ついで石棺について、伴出品によって中期であることが知られる例として、岡山県邑久郡長船町築山古墳、香川県観音寺市室本町丸山古墳の石棺があげられる（表20参照）。それぞれ築山古墳例は中肥後型に、丸山古墳例は北肥後型にあたるという(43)。円筒埴輪が示す古墳の営造時期は、ともにⅣ期新で、これは副葬品の内容と矛盾しない。北肥後型にあたるという石棺例が香川・愛媛両県域で他にも見いだされているが、いずれも古墳の営造時期を推定する手がかりが乏しい。石棺の形態が丸山古墳や先述した大阪府唐櫃山古墳の例に似ているので、石棺の時期はたがいに近接しているとみて大過ないだろう。

ところで、九州製石棺の東行は後期中葉まで続くが、これらの中期から後期にかけて東へ運ばれた石棺の大半は、刳抜・組合両式とも、蓋と身の合せ口が印籠形になっている。印籠蓋というと、福井市小山谷町小山谷古墳の舟形石棺が、前期に遡る可能性を有する、おそらく最古の例であろうし、島根県松江市古曽志町大塚荒神古墳の舟形石棺も、讃岐で流布した例に近い外形から推測すると、前期にとどめておきたい製品である。九州では、熊本県玉名郡岱明町院塚古墳の舟形石棺に合せ口の痕跡があるというが、もしそうだとすると、中期前葉には遡ることになろう。

そうして中期に入り、出雲では長持形石棺を真似て長辺に縄掛突起をそなえるようになってもなお、印籠蓋の伝統が持続している。九州ではこの例が刳抜・組合両式にまたがるが、例数は五指に満たない。したがって、石棺の数の多さに較べると一部にとどまっており、比率の高い出雲とこの点で差異がある。しかしそうではあっても、九州から搬出した石棺に印籠蓋の例が多い理由については、九州のなかで説明せざるをえないであろう。また上野の石棺の一部に例がみられる点についても、在地生産に終始した出雲が影響を与えたとみるよりも、数多くの石棺を搬出した九州の影響が及んだと推測する方が穏当であることは、みとめてよいであろう。

## (四)　国際関係の展開

**中国との通交**　中・後期の古墳に副葬された中国製の鏡は、前期の副葬鏡に劣らないほど種類が多く、また、この時期に固有な鏡種や鏡式も存在していて、彼地で製作された時期や地域、さらには副葬に至るまでの道程が一様でなかったことを示唆している。作鏡時期が確かな例をとりあげてその複雑さの一端を示すと、山梨県西八代郡三珠町狐塚古墳の半円方形帯神獣鏡は、「赤烏」銘によって呉鏡であることが、福井県吉田郡松岡町泰遠寺古墳の半円方形帯神獣鏡は、「晋世寧」という銘によって、兵庫県姫路市奥山大塚古墳の仏像虁鳳鏡はその図文などによってそれぞれ西晋鏡であることが(44)、さらに愛媛県松山市天山町天山一号墳の半円方形帯神獣鏡も、泰遠寺古墳鏡との類似ぶりから西晋鏡であることが判明している(45)。そうして、狐塚古墳と泰遠寺古墳が中期中葉ないし後葉に、奥山大塚古墳が中期後葉に、天山一号墳が後期中葉に編年されることは、中・後期に副葬された中国鏡のなかに、一世紀以上隔たる呉や西晋の鏡が含まれていてもさしつかえないことを推測させるのである。

三国代や西晋の鏡は、すでに古墳時代前期に副葬鏡の一部を構成しているので、これらの副葬が中期に継続することはありうるし、後期に及んでいたとしても不思議ではない。また後漢の鏡も同様に、中・後期に副葬が続いたことを否定する理由はない。したがって、一仙五獣鏡や三角縁神獣鏡や斜縁二神二獣鏡のような、副葬時期の中心を前期におく鏡については、中・後期の副葬例を倭で伝世したと説明することが可能であろう。しかし、すでに詳述した同型鏡群のように、また、これから俎上にのせようとする諸例のように、倭での伝世品としては説明しがたいものが、中・後期の副葬鏡のなかにあって中国鏡の大半を占めている。

これらの例のひとつが、双頭龍文鏡である。すでに西村俊範の指摘があるように、この双頭龍文鏡は、中国では華北や東北地方からの出土例が多く、北方系に属する(46)。そうして、副葬品として日本の古墳から出土している二〇例は、一例を除いて、もっとも便化の著しい類にあたる。位至三公鏡と通称されているこの類をⅢ式として一括りにした西村によると、二世紀後半から三世紀前半に製作上の盛期があるというから、後漢末ないし三国代に求められる。他方、古墳の副葬時期をみると、佐賀県東松浦郡浜玉町谷口古墳（図51）と三重県一志郡嬉野町筒野古墳の例がもっとも古くて前期後葉に遡り、唯一のⅡ式である福岡市西区今宿鋤崎古墳例もこの時期と隔たらない。後期に降ることが知られる確例として、大阪府高月古墳例があげられるので、副葬が長期にわたったことが知られるが、しかしその中心は中期前葉ないし中葉であったとみてよいようである。また出土地は、約半数を九州北部が占めており、畿内に較べてもその多さがきわだっている(47)。

図51　佐賀県谷口古墳出土双頭龍文鏡（面径8.2㎝）

なお、双頭龍文Ⅲ式鏡にちなんで、方格T字文鏡が注意を引く。祖鏡からの便化が著しい小型品であるという鏡式上の類似だけにとどまらず、副葬時期が概ね中期で、分布の中心が九州にある点でも通じるからである。この方格T字文鏡の製作地について、これを九州に求める説が提起されて(48)、中国鏡として扱ってきた従来の見解に一石が投じられ、さらに、韓国の慶尚南道金海市酒村面良洞里四四一号墓から福岡県前原市東真方一号墳例と同型または同笵の方格T字文鏡が出土して、九州説は補強されたように思われる。しかし、分布の中心が九州にあることは、双頭龍文Ⅲ式鏡の類例があるので、製作地を推定する根拠とまではいえないし、遼寧省大連市沙崗子二号墓出土品のように便化した例が、中国東北部で知られている。これらの点で、中国製説はなお消えていないし、もしそうみてよいのであれば、双頭龍文Ⅲ式鏡とならんで北方系に入れたいところである。このような九州における分布の増加は、三角板革綴短甲の分布の増加や横穴式石室の出現と相関する可能性が考えられる。

それはともかくとしても双頭龍文鏡については、これが倭に伝来した時期と契機が、通交上の問題として、あらためて検討されなければならない。すなわち、中国では北方系にあたること、そして、黄海南道や慶尚北道出土と伝える出土例があって朝鮮半島にも分布するらしいことは、この鏡が伝来した経路を物語っている。また、副葬が前期後葉に始まり、中期前葉ないし中葉を中心とすることは、前期後葉およびそれ以降もしばらくの間、南朝への朝献を行っていても鏡を輸入する機会には、恵まれなかったことを示唆しているのである。そこで、中・後期の例をさらにとりあげてみよう。

その例のひとつが、虺龍文鏡である。福岡県北九州市小倉南区南方浦山古墳、島根県八束郡八雲村小屋谷三号墳(図52)、兵庫県宝塚市切畑万籟山古墳（伝）などの前期の古墳の副葬例に加え、

兵庫県姫路市四郷町宮山古墳第二石室
和歌山県有田市初島町椒浜古墳
千葉県市原市姉崎二子塚古墳

が、中・後期の確例として管見にのぼる。

またもうひとつが、細線獣文鏡である。前期の古墳の副葬例がほとんど見あたらず、中・後期の例として、

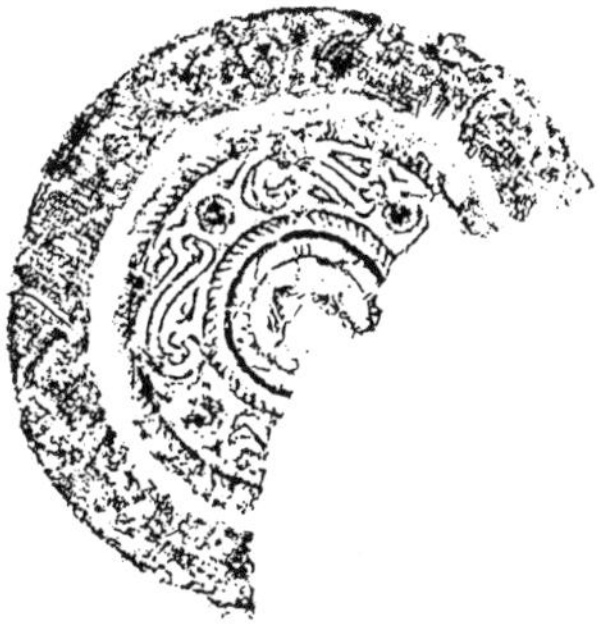

**図 52**　島根県小屋谷 3 号墳出土虺龍文鏡（面径 9.4 ㎝）

**図 53**　大阪府海北塚古墳出土細線獣文鏡（面径 16.0 ㎝）

愛媛県越智郡朝倉村樹ノ本古墳
大阪府堺市大仙町仁徳陵（伝）
　茨木市福井海北塚古墳（図53）
滋賀県東浅井郡虎姫町北山古墳
岐阜県揖斐郡大野町南屋敷西古墳

があげられる。

　虺龍文鏡副葬古墳のうち、宮山古墳で伴出した須恵器はTK二一六型式で、須恵器を伴っていない残る二古墳は、埴輪の特徴や副葬品の組みあわせからみて、それを遡らない。つまり、前期との間に副葬時期の空白がみとめられるわけである。そうして前期とのこのような断絶は、鉛同位体比による産地分析結果の差異によっても裏付けられるようである。[49] 他方、細線獣文鏡副葬古墳の場合、副葬時期は、仁徳陵出土が正しいならON四六型式期が上限にあたり、海北塚古墳のTK四三型式期が下限を画する。そうして、城塚古墳がMT一五型式期併行とされるなど、残る三古墳での副葬時期もこの新古の間から外れないようである。

　それぞれの副葬時期をこうして瞥見してみると、細線獣文鏡の方が遅くまで続いたことが知られるが、いずれにせよ、中期のなかでは後葉から副葬が始まり、前期の終焉に後続しない点で共通し、双頭龍文鏡の副葬時期との間に差異がみられることは、分布上の相違とともに指摘してさしつかえないであろう。このことは、中期に入ってしばらくしてから、虺龍文鏡や細線獣文鏡があらためて伝来したことを示唆する。

中・後期の古墳に副葬された中国鏡として他に、半円方形帯神獣鏡、龍虎鏡、半肉刻獣文鏡、内行花文鏡などがあげられる。ところが、中国本土をみると、五・六世紀に半円方形帯神獣鏡、龍虎鏡、半肉刻獣文鏡などの存在していたことが、壙墓の副葬品によって知られており、これらのなかには、山西省太原市南郊辛祥夫婦墓や広西省融安県安寧四号墓の龍虎鏡のように、彼我に共通する鏡種の例がみとめられる。しかし依然として、鏡種上の隔たりは大きく、この点で、中・後期の古墳の中国鏡のことごとくを、前期からの遺存分と中期の輸入分とに分離することは容易でないであろう。したがっておおまかな記述にとどめざるをえないが、同型鏡が比較的大型である点を参考にして、面径一五センチ以上の鏡に注目し、中期の輸入鏡の抽出を試みよう。

半円方形帯神獣鏡例の副葬古墳として、

熊本県玉名郡岱明町院塚古墳
山口県防府市桑山塔ノ尾古墳
愛媛県松山市天山町天山一号墳
香川県仲多度郡多度津町盛土山古墳
奈良県生駒郡斑鳩町藤ノ木古墳
京都府京都市西京区松尾穀塚古墳
城陽市平川車塚古墳
福井県吉田郡松岡町泰遠寺古墳

神獣鏡例の副葬古墳として、

京都府宇治市広野町金比羅山古墳
画像鏡例の副葬古墳として、
　大分県豊後高田市草地鑑堂古墳
　千葉県佐原市大戸禅昌寺山古墳
半肉刻獣文鏡例の副葬古墳として、
　熊本県玉名郡菊水町船山古墳（図54）
　兵庫県姫路市御国野町山之越古墳
　奈良県橿原市川西町新沢一七三号墳

図 54　熊本県江田船山古墳出土半肉刻獣文鏡（面径 17.6 cm）

虁鳳鏡例の副葬古墳として、
　兵庫県姫路市奥山大塚古墳
　大阪府八尾市大竹心合寺山古墳
方格規矩鏡例の副葬古墳として、
　佐賀県唐津市鏡島田塚古墳
内行花文鏡例の副葬古墳として、
　静岡県磐田市東貝塚堂山古墳
がそれぞれあげられる。また、細線獣文鏡例の副葬古墳としては、先述の五古墳から北山古墳を除く四古墳がこれに該当する。
　以上あげた古墳のなかで、埴輪編年のIII期にあたる中期前葉または前半に編年されるのは、院塚、平川車塚、金比羅山、山之越、心合寺山の五古墳である。残る一七古墳は、それぞれの時期を検討した結果だけを記すと、中期中葉または後半か、それ以降にあたる。また、鏡種や鏡式の点からみると、金比羅山古墳の神獣鏡ならびに心合寺山古墳の虁鳳鏡はともに、前期に副葬の中心をおく。古墳の営造時期の古さとも考えあわせると、これらは前期の副葬鏡が遺存したとみて誤りあるまい。そもそも中国鏡の大型品を好む風は、内行花文精白鏡で示されるように弥生時代中期に胚胎し、三角縁神獣鏡に代表されるように古墳時代前期に頂点に達する。したがって、前期後葉を境にこの風がいったん衰退し、中期中葉あたりから、かつての隆盛には及ばないまでも再び復活の気配をみせたことが、以上述べた結果によって推測されるのである。中国の南朝から鏡を輸入する機会に恵まれたことが、この復活を可能にしたのであろう。

ちなみに、石上神宮蔵の七支刀の製作年代について、劉宋の泰始四年（四六八）説が唱えられ[50]、また埼玉県埼玉稲荷山古墳の有銘鉄剣の素材について、中国の華中産説が示されている[51]。南朝からの輸入品が鏡だけにとどまらなかった可能性を窺わせる。

**半島との通交**　朝鮮半島における資料の増加や研究の進展によって、彼地で系譜や故地を辿ることができる遺品が増え、半島との通交の実態が判明しつつある。双頭龍文Ⅲ式鏡が前期後葉ないし中期前葉に、中国北方から半島経由で伝来した、と推測したのはこの一例であり、さらに、須恵器生産について、主に伽耶系として出発した生産は、次段階の中期後葉に、百済や半島南西部栄山江方面からの影響の目立つことが指摘されている[52]。また馬具について、形態の多様な倭の出現期の遺品は、洛東江下流域の釜山や金海方面に類例を求めることができる鮮卑系の伝来品であり、中期後葉に新しく登場して後に主流となるf字形鏡板や剣菱形杏葉は、高霊方面の大伽耶や百済からの影響をうけた国産品であることが説かれている[53]。また、初現例にあたる中期後葉の福井県吉田郡松岡町二本松山古墳の額飾式冠は、慶尚北道高霊郡池山洞三二号墓出土品の形態に連なり、中期中葉ないし後葉に集中する長鎖式耳飾は、大伽耶に故地を求めることができるという[54]。

したがって、中期中葉を境に、北方系が後退して、大伽耶や百済に系譜をもつ例が増加したこと、そうして、伝来の内容にも変化があり、製品から技術に重点が移ったことを、上記の点によって推知しうるであろう。

さて、朝鮮半島から短甲などの倭系遺物が出土していることもまた、彼我の接触を示す点で忘れてはならない。その集成研究によると、前期ないし中期前葉にあたる遺物は、半島南部の海岸部に集中しており、これに対し、中期中葉を境にしてそれ以降は、分布が内陸部にも拡がり、大伽耶や百済方面に及んでいる(55)。すなわち、短甲でいうと三角板・横矧板鋲留式期、須恵器ならばＴＫ二〇八型式期が、内陸への拡大期にあたるのである。また倭系遺物は、新羅の地にも痕跡を残している。慶尚北道慶州市皇吾洞月城路カ二九号墓出土の石釧などが古墳時代の前期に遡る例であり、さらに、前期以降の例として南海産貝があげられる(56)。半島から倭への伝来品からみると、中期における新羅の存在は稀薄であるけれども、この南海産貝によって考古学上の射程に入ったわけである。

この点で、長頸鏃の一種である片刃箭式鉄鏃も重要な遺物である。半島南半の鉄鏃は、鋒の断面が三角形を呈する一種の定角式や、これから派生した各種の長頸式、さらには片丸式が主流を占めており(57)、片刃箭式はこの系譜から外れて、倭で祖型が見いだされるからである。ＯＮ四六型式期の開始とともに流行するこの片刃箭式鉄鏃は、半島南端の海岸部だけにとどまらず、南原・清州市域などの内陸部にも分布している。そうして慶州市域では、五世紀中葉という皇南洞皇南大塚南墳から、流行初期の形態をもつ片刃箭式鉄鏃が、高句麗系の方頭式鉄鏃と伴出している。これを最古の確例として、その後も同市域で、方頭式の流行には及ばないにせよ存続し、六世紀前半にあたるという皇南洞天馬塚の遺品に至っているのである（図55）。そこで、片刃箭式鉄鏃もまた、倭と新羅との接触を示す遺物に加えてよければ、この慶州方面への波及は、南海産貝のそれと時期を同じくすることになるようである。南海産貝によって九州との接触が強調されているけれども、彼我の通交がその範囲にとどまらなかったことを、片刃箭式鉄鏃の分布は物語っている。

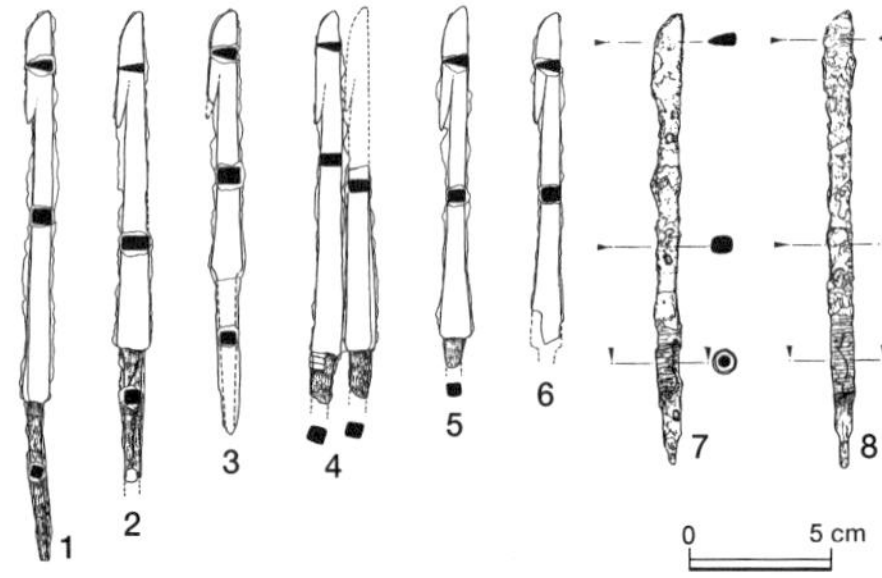


**図 55**　新羅出土の片刃箭式鉄鏃
1～6：皇南大塚南墳　7・8：天馬塚

以上、朝鮮半島との通交や接触を示す証左として、製品や技術をとりあげたが、素材もまた海を渡ったにちがいない。鉄や銅や金銀の製錬が、古墳時代においては、後期後半にようやく隆盛をみた製鉄を除けば、なお難しかったので、これらの素材は彼地に仰がざるをえなかったのである。そこで、分析化学の成果を援用しながら、素材の故地について推測を進めていくと、まず鉄素材については、半島南部の洛東江下流域や栄山江方面から輸入していたことが、製品や鉄鋌の成分分析の結果などから指摘されている(58)。埼玉県埼玉稲荷山古墳の有銘鉄剣の素材について、華中産説があることは先に触れたが、これに関連して、古代末ないし中世の鉄製品のなかに同じく銅の多い例があり、華中産の鉱石を使ったと示唆されている点が注意される(59)。日宋貿易の存在を考えると、この説は充分頷けるので、有銘鉄剣の素材についても華中産説は説得力があると思う。鉄素材の多くが半島南部からもたらされたことは動かないとしても、華中からの輸入素材があったことは認めておこう。

ついで銅については、青銅合金中の鉛の同位体比分析の結果が、産地に関する唯一の手がかりを提供している。ただし、産地の推定結果には批判が出ているし(60)、古墳時代中・後期の青銅製品の分析数は、弥生時代や古墳時代前期の例に較べると、はなはだしく劣っている。そこで、結果に対する批判や資料数の少なさを考慮に入れつつ、分析結果をなぞっていくと、大阪府羽曳野市軽里峯ケ塚古墳出土品の一部や栃木県下都賀郡石橋町星の宮神社古墳の馬鐸の一部などが、B域で下半を占め、華中製の鏡と同じ領域に入る(61)。また、長野県須坂市上八町鎧塚古墳の獣面帯金具や群馬県群馬郡群馬町薬師塚古墳の鋳造鏡板などがB域で上半を占め、三角縁神獣鏡と同じ領域に入る(62)。このB域の上半に入る素材を華中産とすることには疑問が出ており(63)、帰趨が定まるまでに時間の経過を要するようである。さらに、峯ケ塚古墳の出土品や星の宮神社古墳の馬鐸のなかには、中国北部産鉛ないし半島北部産鉛というA域を占めるものと、半島南部産鉛というD域を占めるものとがみられる。

ところが、古墳時代前期の国産青銅器を代表する仿製鏡と銅鏃の分析値をみると、大半がB域で上半に位置している。華中の鏡がB域で下半を占めるのに対して、三角縁神獣鏡と領域を同じくしており、きわめて斉一的な、同じ素材が使われているのである。したがって、中・後期においてこれと同じ領域に入る製品については、残存していた前期の素材を用い、他領域に属する製品については、新たに輸入したものを素材に使ったことが想像されてよい。

この点で、岡山県久米郡柵原町月の輪古墳や岐阜県大垣市赤坂町遊塚古墳などの銅鏃のように、古墳時代の例としては珍しくA域に入る青銅製品が前期後葉に散見されることは、弥生時代の素材が残存していたというよりも、あらためてこの時期に、中国北部ないし半島北部から素材の伝来する機会があったことを示しているかのようである。この素材は、双頭龍文Ⅲ式鏡のような北方系の舶載鏡であってもさしつかえない。また、兵庫県宮山古墳の虺龍文鏡がB域で下半を占めることは、鋳潰すのをいとわなければ、華中産の素材を中期中葉には入手するのが可能であったことを物語っている。中期後葉に青銅の鋳造製品生産が復活のきざしをみせることは、鈴鏡などの出現によって知られるが、これらの素材の分析は進んでいない。その意味で、薬師塚古墳の鋳造鏡板の素材が華中産で、星の宮神社古墳の馬鐸の素材が非華中産で複数の産地にまたがっていることは、示唆的である。

なお、金銀については、素材の産地分析が着手されていない。倭と通交や接触が密であった半島南半、わけても、記紀で「金銀之国」などと称えられた慶尚北道の新羅の地が、そこで念頭に浮かぶ。しかし、半島南半で金銀鉱山が分布しているのは、主に江原道と忠清南道であり、慶尚北道や慶尚南道にはその数が乏しい(64)。倭の金銀は百済に素材を求めたのであろうか。

**中期の通交**　以上遺品や技術や素材をとりあげて述べた結果を集約すると、対大陸関係については、伝来する鏡が北方系から南方系へ変わり、華中から同型鏡を含む大型の鏡がもたらされるようになった点で、中期の中・後葉の交が注目される。三世紀の卑弥呼の朝献時には、除正に加えて多数の下賜品を得ることが欠かせなかったが、五世紀の倭の五王の朝献になると、下賜品の獲得よりも、除正の地位の向上の方に重点が移ったことを、文献史料から読みとることができる。したがって、中期後葉に華中系の鏡が増えることは、魏からの下賜品である三角縁神獣鏡の数には遠く及ばないとしても、物品の輸入を伴う朝献が復活したことを示している。この点では、南朝への依存度が強くなったとも、倭の存在が重視されるようになったともいうことができるであろう。

また、対半島関係については、洛東江下流域から、内陸部や西海岸方面へと関係の拡大したことが、半島系器物の変化や倭系器物の分布の拡大によって察せられる。さらに、新羅との接触が密になったことも、南海産貝や片刃箭式鉄鏃の存在によって推測される。これらの変化が生じたのもまた、中期の中・後葉の交にあたるところをみると、南朝への依存度が強くなり、あるいは重視されるようになったことと分かちがたく結ばれた、通交上の一連の変化であった、と考えられるかもしれない。この変化の内容については、第六章で詳述する。

**注**

（1）川西宏幸「中期畿内政権論」（『考古学雑誌』第六九巻第二号　昭和五八年）、川西宏幸『古墳時代政治史序説』（昭和六三年）に補訂載録。

（2）前坂尚志「蛇行剣小考」（『考古学と信仰』同志社大学考古学シリーズⅥ　平成六年）。北山峰生「副葬された蛇行剣」（白澤崇ほか編『石ノ形古墳』袋井市教育委員会　平成一一年）。

（3）和田理啓「日向の地下式横穴」（第四回九州前方後円墳研究会実行委員会編『九州の横穴墓と地下式横穴墓』第一分

冊　平成一三年)。

(4)　注2北山のうえに宮崎県えびの市島内地下式横穴からの出土例を加えた。

(5)　注4の集成から、朝鮮半島側の例と以下にあげる例を除いた結果である。佐賀県三養基郡上峰町船石二号墳、宮崎県西都市穂北児屋根塚古墳、児湯郡新富町鐙古墳、西諸県郡高原町日守二三号地下式横穴、鹿児島県伊佐郡菱刈町灰塚三号地下式横穴、島根県安来市門生町五反田三号墳、大阪府豊中市中桜塚大塚古墳、堺市旭ケ丘中町七観古墳、奈良県宇陀郡大宇陀町北原古墳、和歌山市森小手穂寺内六三号墳、三重県伊勢市津村町落合三号墳、静岡県磐田郡浅羽町五ケ山B2号墳、長野県諏訪市豊田フネ古墳。

(6)　土橋寛『古代歌謡と儀礼の研究』(昭和四〇年)。なお、この歌に関する土橋の釈読は、岩波日本古典文学大系本と異なっている。

(7)　小林行雄「倭の五王の時代」(三品彰英編『日本書紀研究』第二冊　昭和四一年)、小林行雄『古墳文化論考』に補訂載録。

(8)　石本淳子「日韓の垂飾付耳飾についての一考察」(今里幾次先生古稀記念論文集刊行会編『播磨考古学論叢』平成二年)。

(9)　有井宏子「日本出土垂飾付耳飾の系譜」(埋蔵文化財研究会二五周年記念論文集編集委員会編『究班』II　平成一四年)。

(10)　注8石本の集成に、群馬県高崎市剣崎町長瀞西一〇号墳の例を加えた。

(11)　同右。

(12)　佐賀県唐津市鏡島田塚古墳、福岡県田川市伊田セスドノ古墳、愛媛県新居浜市金子丙金子山古墳、三重県一志郡一志町井関三号墳、長野県飯田市座光寺畦地一号墳、茨木県行方郡玉造町三昧塚古墳。

(13)　高田貫太「垂飾付耳飾をめぐる地域間交渉」(『古文化談叢』第四一集　平成一〇年)は、日本出土の垂飾付耳飾を半島製とする点で、その一部を倭製とみる注9有井と対峙し、畿内政権を経由しない輸入を説く点で、筆者の立場と違っている。

（14）黒田恭正「綾部市沢三号墳出土の環鈴」（『京都考古』第二七号　昭和五七年）。高崎光司「環鈴研究の一視座」（岩崎卓也先生退官記念論文集編集委員会編『日本と世界の考古学』平成六年）所収の集成に、岡山県赤磐郡山陽町正崎二号墳、和歌山県橋本市古佐田陵山古墳の例を加えた。

（15）石山勲「九州出土の環鈴について」（滝口宏先生古稀記念考古学論集編集委員会編『古代探叢』昭和五五年）。

（16）注14黒田・高崎参照。黒田の集成は、森本六爾『全鐙山古墳の研究』（大正一五年）や関西大学文学部編『考古学資料図鑑』（昭和四八年）などを踏襲しており、この結果、関東地方で五例が加わっている。出土の有無などに疑念があり、遺品が伝わってもいないので、筆者の算定対象からは除外した。したがって、これらを含めてもさしつかえないということになれば、東方への比重がさらに増す可能性がある。

（17）西岡巧「鈴鏡論序説」（中山修一先生古稀記念事業会編『長岡京古文化論叢』昭和六一年）、矢野淳一・山本哲也「千葉県君津市戸崎出土の五鈴鏡」（『国学院大学考古学資料館紀要』第一二輯　平成八年）、大川磨希「鈴鏡とその性格」（『考古学ジャーナル』第四二一号　平成九年）など参照。

（18）注16関西大学文学部編、沢田康夫ほか『井河古墳群』（『那珂川町文化財調査報告書』第一〇集　昭和五八年）、注2白澤崇ほか編など参照。

（19）本間元樹「弥生時代の合葬人骨」（広島大学文学部考古学研究室編『考古論集』平成五年）。

（20）辻村純代「古墳時代の親族構造について」（『考古学研究』第三五巻第一号　昭和六三年）。

（21）川西宏幸・辻村純代「古墳時代の巫女」（『博古研究』第二号　平成三年）、川西執筆分に補訂を加えて、川西宏幸『古墳時代の比較考古学』（平成一一年）に載録。

（22）洞富雄『天皇不親政の起源』（昭和五四年）。

（23）柳沢一男「竪穴系横口式石室再考」（森貞次郎博士古稀記念論文集刊行会編『古文化論集』昭和五七年）。高木恭二「石障系横穴式石室の成立と展開」（『宮嶋クリエイト』第六号　平成六年）。若杉竜太「九州石棺考」（龍田考古会編『先

史学・考古学論究』II　平成九年）。重藤輝行「北部九州における横穴式石室の展開」（第二回九州前方後円墳研究会実行委員会編『九州における横穴式石室の導入と展開』第II分冊　平成一一年）。注3。高木恭二「九州の装飾古墳」（後藤直・茂木雅博編『東アジアと日本の考古学』II　平成一四年）。

（24）小林行雄「家形石棺」（『古代学研究』第四・第五号　昭和二六年）、小林行雄『古墳文化論考』（昭和五一年）に補訂載録。

（25）注1。高田貫太「瀬戸内における渡来系文化の受容と展開」（第四六回埋蔵文化財研究集会実行委員会編『渡来人の受容と展開』平成一一年）。

（26）綾歌郡綾南町岡の御堂一号墳、同町津頭西古墳、さぬき市昭和川上古墳、同市大川町大井七ツ塚四号墳が竪穴式石室で、綾南町岡の御堂二号墳が木棺直葬である。大阪府泉南郡岬町西小山古墳が竪穴式石室であることからすると、大阪湾を望む畿内の一部もその分布圏に入る。

（27）梅沢重昭「上毛野国の一地域として」（太田市編『太田市史』通史編　原始古代　平成八年）。

（28）徳江秀夫「関東・東北地方の刳抜式石棺」（『古代文化』第四六巻第五号　平成六年）。

（29）岸本雅敏「古代国家と塩の流通」（田中琢・金関恕編『都市と工業と流通』古代史の論点　第三巻　平成一〇年）が、尾張三河の律令期の製塩まで見通して、同じ指摘をしている。

（30）陣内高志「集落からみた石製模造品の地域性」（『祭祀考古学』第二号　平成一二年）。白井久美子「石製立花と石枕の出現」（滝口宏編『古代探叢』III　平成三年）、白井久美子『古墳から見た列島東縁世界の形成』（『千葉大学考古学研究叢書』二　平成一四年）に載録。

（31）注3に同じ。

（32）赤塚次郎・早野浩二「松河戸・宇田様式の再編」（『愛知県埋蔵文化財センター研究紀要』第二号　平成一三年）。

（33）赤澤秀則「中海沿岸・島根半島」（第三〇回山陰考古学研究集会事務局編『山陰の前期古墳』平成一四年）。石崎善久「京都府下における礫床をもつ木棺について」（両丹考古学研究会編『太邇波考古学論集』平成九年）。

(34) 森下浩行「日本における横穴式石室の出現とその系譜」(『古代学研究』第一一一号　昭和六一年)。柳沢一男「横穴式石室の導入と系譜」(『季刊考古学』第四五号　平成五年)。
(35) 柳沢一男「肥後型横穴式石室考」(鏡山猛先生古稀論文集刊行会編『古文化論攷』昭和五五年)では、肥後型の例に入れていたが、その後に北部九州型と肥後型との折衷形式である筑肥型を設定し、さらにそれをA・Bの二類に分離して、塔塚古墳の石室をB類に入れる。柳沢一男「横穴式石室からみた地域間動向(1)近畿と九州」(帝塚山考古学研究所編『横穴式石室を考える』平成二年)。柳沢一男「若狭の横穴式石室の源流を探る」(福井県立若狭歴史民俗資料館「躍動する若狭の王者たち」展図録　平成三年)。注34柳沢。
(36) 高木恭二「九州の刳抜式石棺について」(『古代文化』第四六巻第五号　平成六年)。
(37) 注35に同じ。
(38) 高木恭二「熊本の古墳からみた船山古墳」(玉名歴史研究会編『東アジアと江田船山古墳』平成一四年)。
(39) 注35に同じ。
(40) 酒井清治「関東地方」(楢崎彰一監修『日本陶磁の源流』昭和五九年)。
(41) 川西宏幸『古墳時代政治史序説』(昭和六三年)所載の「円筒埴輪総論」(第四章)、ならびに、福島県立博物館「東国のはにわ」展図録(昭和六三年)。
(42) 柳沢一男「岩戸山古墳と磐井の反乱」(宇治市教育委員会編『継体王朝の謎』平成七年)。
(43) 注35に同じ。
(44) 小林行雄「半円方形帯神獣鏡について」(中司照世編『泰遠寺山古墳』松岡町埋蔵文化財調査報告書　第一集　昭和五九年)。西田守夫「姫路市奥山大塚古墳出土の呉代の仏像夔鳳鏡とその『同笵鏡』をめぐって」(『考古学雑誌』第七三巻第一号　昭和六二年)。
(45) 注44小林に同じ。
(46) 西村俊範「双頭龍文鏡(位至三公鏡)の系譜」(『史林』第六六巻第一号　昭和五八年)。西村の公表以降、管見にの

ぼった出土地を以下にあげる。Ⅰ式として、河南省新郷県五陵村（学報九〇－一）、山東省鉅野県紅土山（学報八三－四）、Ⅱ式として、広西壮族自治区照平県（学報八九－二）、Ⅲ式として、フェルナガール（考古与文物九八－三）、内蒙古科左中旗六家子（考古八九－五）、陝西省宝鶏市（文物九一－七）、陝西省宝鶏県上馬営東興村（考古与文物九五－二）、陝西省西安市中華小区（文物〇二－一二）、陝西省長安県（考古与文物八九－五）、山西省太原市尖草坪（文物〇三－三）、河北省玉田県大李庄村（文物春秋九四－三）、河北省邯鄲市（文物春秋九四－三）、遼寧省北票市喇嘛洞（三燕文物精粋二〇〇二）、山東省済寧市（文物九〇－一）、河南省洛陽市谷水（文物九七－九）、河南省孟津県（文物九一－八）、河南省洛陽市東郊（考古与文物九三－一）、河南省洛陽市（考古学集刊七）、湖北省漢川県（考古八九－九）がある。追加例が見いだされるであろうが、分布の傾向は変わらないと思われる。

(47)　西村による集成以降、日本でも若干の例が加わった。佐賀県佐賀郡大和町男女神社南西古墳、福岡県前原市瑞梅寺正恵古墳群（伝）、福岡市西区今宿鋤崎古墳、福岡県田川市伊田経塚三号墳である。こうして、九州北部における分布は、いっそう濃密になった。

(48)　松浦宥一郎「日本出土の方格T字文鏡」（『東京国立博物館紀要』第二九号　平成六年）。なお、松浦宥一郎「方格T字文鏡の国外出土資料」（大塚初重先生喜寿記念論文集刊行会編『新世紀の考古学』平成一五年）によれば、自説を撤回しようとしている。

(49)　平尾良光・鈴木浩子「虺龍文鏡および福岡県北九州市近郊から出土した弥生～古墳時代の青銅製遺物の鉛同位体比」（『北九州市立考古博物館研究紀要』第三号　平成八年）。

(50)　宮崎市定『謎の七支刀』（昭和五八年）。

(51)　新日本製鉄基礎研究所製鉄史研究会「〝稲荷山鉄剣〟表面錆の解析」（『ＭＵＳＥＵＭ』第三七八号　昭和五七年）。

(52)　廣瀬雄一「倭国と加耶諸国」（佐賀県立名護屋城博物館「倭国と加耶」展図録　平成一一年）。

(53)　桃崎祐輔「日本列島における騎馬文化の受容と拡散」（注25第四六回埋蔵文化財研究集会実行委員会編）。金斗喆「馬具と地域間交流」（第五回歴博国際シンポジウム事務局編『古代東アジアにおける倭と加耶の交流』平成一四年）。千賀久

「加耶と倭の馬文化」(同前)。国産説には異論もみられる。京都大学総合博物館編『王者の武装』(平成九年)。
(54) 川西宏幸「後期畿内政権論」(『考古学雑誌』第七一巻第二号　昭和六一年)、川西宏幸『古墳時代政治史序説』(昭和六三年)に補訂載録。注8。
(55) 高久健二「韓国の倭系遺物」(注53第五回歴博国際シンポジウム事務局編)。
(56) 木下尚子「韓半島の琉球列島産貝製品」(西谷正編『韓半島考古学論叢』平成一四年)。
(57) 古墳時代の開始の頃に登場して、弥生時代に祖型を辿ることができない定角式鉄鏃の出現については、朝鮮半島からの影響を考えた方がよい。古墳時代の開始の契機をめぐって、中国との関係が鏡をとりあげて論じられているが、半島への目配りも求められよう。
(58) 東潮『古代東アジアの鉄と倭』(平成一一年)。
(59) 赤沼英男・佐々木稔「金属学的解析結果からみた九州北部地域における中世出土鉄器の製法と流通」(『古文化談叢』第三〇集(下)　平成五年)。
(60) 新井宏「鉛同位体比による青銅器の鉛産地推定をめぐって」(『考古学雑誌』第八五巻第二号　平成一二年)。
(61) 馬淵久夫「青銅器の鉛同位体比測定」(大金宣亮ほか『星の宮神社古墳・米山古墳』『栃木県埋蔵文化財調査報告書』第七六集　昭和六一年)。平尾良光編『古代青銅の流通と鋳造』(平成一一年)。平尾良光・瀬川富美子「銀製品および銅製品に関する自然科学的研究」(下山恵子・吉澤則男編『史跡古市古墳群　峯ケ塚古墳後円部発掘調査報告書』羽曳野市教育委員会　平成一四年)。
(62) 注61平尾良光編。
(63) 注59に同じ。
(64) 土田定次郎『朝鮮鉱床論』(昭和一九年)。

# 第五章　思念と生活の変化

## (一)　歴史意識の顕現

**奥つ城への接近**　古代世界のなかで、死者を葬って大型の墳丘を築く風習が存在した地域は、エジプトと中国であり、北西ユーラシアと倭である。メソポタミアやインダスは除かれるから、文明の興隆が大型墳墓の出現を促したということではなく、ある種の葬送観が介在しなければ、その出現は難しかったのである。ユーラシアの例と較べても遜色ない規模をそなえた倭の墳墓はしかし、営造後に被葬者を供養した跡をとどめていない。エジプトなら葬祭殿に、中国なら廟や寝にあたる施設を欠き、奈良県天理市二階堂星塚古墳周溝の花粉分析の結果が示しているように、営造後は放置されていたのである。大型墳墓を出現せしめた葬送観が、エジプトや中国とは異なっていたことを、これは示唆している(1)。

ところが、こうして出発した前期の古墳のなかに、墳丘から須恵器の出土している例がある。奈良県渋谷町景行陵の前方部墳頂で、前縁中央のやや南寄りに樹てた円筒埴輪の内部から、TK二三型式の須恵器が(2)、奈良県桜井市箸中箸墓古墳も前方部墳頂で、中央のやや後円部寄りから、TK一〇型式またはTK四三型式の須恵器が(3)、それぞれ出土している。両例ともに、後円部を仰ぐのにふさわしい出土地点といえるから、ある意図をもって置いたことが察せら

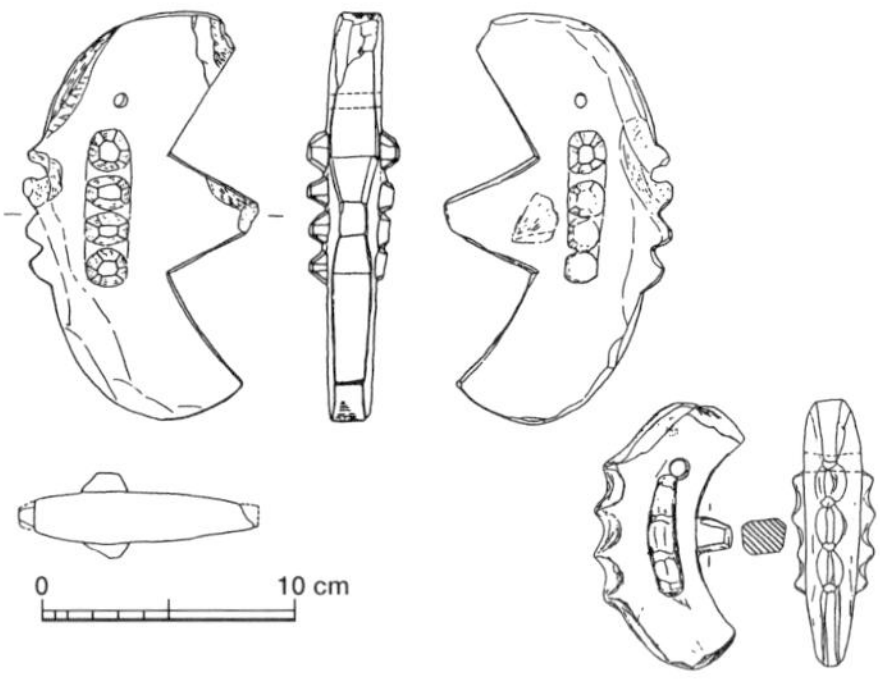


**図 56**　奈良県外山茶臼山古墳西方出土子持勾玉

れる。また、方墳の京都府八幡市美濃山ヒル塚古墳では、墳頂をめぐる西側の円筒埴輪列中から、ＴＫ二三型式の有蓋高坏が検出されている。これもまた混入品ではないだろう。

なお、滋賀県長浜市加納町越前塚古墳は、埴輪がⅠ期にあたり、出土須恵器がＴＫ二三型式ないしＴＫ二〇九型式に編年されるという。埴輪が営造時期を示すとすると、この古墳もまた上記の例に加えられよう[4]。また、奈良県天理市柳本町崇神陵で、外堤の裾から出土したというＴＫ二〇八型式の䃜が知られ、京都府相楽郡山城町椿井大塚山古墳の後円部東側裾で、ＴＫ四七型式の須恵器坏が出土している。これらは出土位置に問題があるので、除外した方がよいだろう。

前期の奥つ城への接近を物語る遺物は、須恵器だけにとどまらない。兵庫県神戸市垂水区五色塚古墳では、前方部西側括れ部上段の平坦面付近から、また奈良県桜井市外山茶臼山古墳では西側の括れ部付近の、周濠と推定されているところから、子持勾玉がそれぞれ出土している[5]（図56）。中期に入れば造り出しを付設して祭祀を実修する括れ部付近から出土している点で、いずれも単なる偶然とは考えにくい。出土した子持勾玉は、ともにその形態からみて後期に降るというから、ＴＫ二三型式期よりも新しい[6]。なお、景行陵や箸墓古墳で須恵器が出土した前方部は、後円部の西方に位置し、ヒル塚古墳での墳頂の出土地点もまた西側であった。そうして、子持勾玉の出土地点も西側にあたるので、これだけ重なればもはや偶然とはいいがたい。

造墓活動の面からも、前期の古墳への接近を垣間見ることができる。第二章で方墳型群集墳の一例として兵庫県東灘区住吉宮町古墳群をあげたが、ＴＫ二〇八型式期から造墓が隆盛に向かうこの古墳群の営まれた住吉川西岸には、東求女塚古墳が占地する（図34参照）。三角縁神獣鏡など前期の副葬品が出土しているこの古墳との距離は、最短で五〇〇メートルをはかり、同古墳群を営んだ人びとの集落址と覚しい郡家遺跡が近傍にある。また、出雲東部の荒島丘陵に営まれた安来市荒島町造山古墳群では、一・三号の両方墳が前期にまず営まれたのち、一世紀ほど営造が絶える。そうして、ともにV期の埴輪をそなえた、前方後方墳の二号墳と方墳の四号墳とが後期前葉にあいついで営まれている。前期の古墳の存在が充分に意識されていたことを窺わせる例である。

さらに例を加えると、山梨県東八代郡中道町曽根丘陵では、全長一六九メートルの前方後円墳である銚子塚古墳を主座として、前方後円墳の大丸山古墳と円墳の丸山塚古墳が、前期に営まれた。そうして前・中期の交に古墳の営造が止んだのち、円墳のかんかん塚古墳や岩清水古墳群の営造をもって、この地に再び造墓が再開される。出土須恵器によって岩清水古墳群の形成はTK二三型式期にあてられており、新式の木心鉄板張輪鐙などが出土したかんかん塚古墳の営造時期もこの頃とみて大過ない。また、同丘陵上に東山古墳群の名で呼ばれている円墳群が出現するのも近い頃ではあるが、厳密にいうとON四六型式期にあたるらしいので、もう少し古く遡る。

ちなみに、前期の前方後円墳である長野県千曲市森将軍塚古墳の前方部や裾部に、二基の竪穴式石室、一二基の埴輪棺、六〇基余りの箱式石棺が営まれている。主墳の営造後ただちにこれらの営造が始まり、後期に至るまで継続された、というのが報告書の見解であるが、ただ副葬品が乏しいので、確証に欠けるらしい。もし見解通りだとすると、前期の古墳の兆域内や外囲にこのように一世紀を超えるほどの長期にわたって造墓が続いた例は、稀有に属する。

以上、器物の奉献と墳墓の営造とを例にとりあげて、前期の古墳への接近を推測した。それらの例によれば、物品奉献はTK二三型式期から、造墓はON四六型式ないしTK二〇八型式の時期から、それぞれ接近が始まったことになるが、双方の間の時期の差を強調するよりも、中期後葉から接近が始まることの方を重視したい。すなわち、前期から神の鎮もりたもう山とみられていた形跡を残す奈良県桜井市三輪山に対する物品の奉献が、中期後葉に興隆したことを、出土須恵器の時期から推定しており、前期の古墳への接近は、三輪山祭祀のこの変化と通じるのである。(7)

**事績の鏤刻**　文字というものが現れた背景について、それぞれメソポタミアでは交易上の要請をうけたことが、エジプトでは宗儀上の理由によることが一般に説かれている。文字の出現背景をこのように二元に分離して説明する通説に対して、交易のみを強調する異説が新しく提示されているが、しかしなお臆測の域を出ないようである。(8) 他方、倭の場合には、三重県安芸郡安濃町大城遺跡出土の弥生時代後期の高坏に刻んだ「奉」例を最古として、福岡県前原市三雲遺跡出土の弥生時代終末ないし古墳時代初頭の甕形土器に刻んだ「竟」例などが知られている。そうして、弥生時代から古墳時代前期に至る間に物品に書き残してある文字は、それぞれ一字にとどまり、文章を成していない。この点で、文字を記して情報を伝達するというよりも、祭儀的な一種の印として扱っていたかのようにみえる。

もっとも、奴国の王が後漢へ、邪馬台国の女王が魏へ朝献したさいに、上表文を携えていった、と想像をめぐらすことは可能である。したがって、倭人がみずからそれを起草したかどうかはともかく、文字に情報を伝達する機能があることは、一部の者の間では、おそらく知られていたであろう。

いま眼にすることができる考古学上の資料によると、複数の文字を連ねた例が現れるのは、古墳時代中期をまたなければならない。その比較的早い例は、「夫火竟」や「火竟」を後刻した三例の仿製鏡で、これらの鏡は図文の類似からみて同じ工房の作品であろうという。(9) したがって、出土古墳で営造時期を推定することが可能な京都市左京区岩倉幡枝古墳によると、同古墳が営まれた中期前葉または中葉には、鏡という物品の効能を複数の文字で表現しうるまでになっていたことがわかる。

さらに、中期後葉に入ると、熊本県玉名郡菊水町江田船山古墳の鉄刀銘や埼玉県行田市埼玉稲荷山古墳の鉄剣銘にみるような、筋立てをもって文章を構成した例が現れる。そうして、この出現は、物品の製作時に銘文を入れることをあらかじめ予定していた点でも、画期的である。[10] そこで、銘文の内容についても検討を重ねてみよう。

(1) 江田船山古墳鉄刀銘

台（治）天下獲□□□鹵大王世　奉事典曹人名无利弖　八月中　用大鐵釜并四尺廷刀　八十練□十振　三寸上好□
刀　服此刀者　長壽子孫洋々　得□恩也　不失其所統　作刀者名伊太□　書者張安也

(2) 埼玉稲荷山古墳鉄剣銘

辛亥年七月中記　乎獲居臣　上祖名意富比垝　其児多加利足尼　其児名弖已加利獲居　其児名多加披次獲居
其児名多沙鬼獲居　其児名半弖比（表）
其児名加差披余　其児名乎獲居臣　世々為杖刀人首　奉事来至今　獲加多支鹵大王寺　在斯鬼宮時　吾左治天
下　令作此百練利刀　記吾奉事根原也（裏）

さて、文章の構成を辿ると、船山刀銘では、

治世名＋職掌＋所持者名＋作刀月＋作刀法＋刀の効用＋作刀者＋作銘者

の順となり、稲荷山剣銘では、

刻銘年＋所持者名＋出自＋来歴＋治世名＋職掌＋造剣理由

となる。相互に比較をして気づくのは、銘文の内容や構成にかなりの差異がみとめられる点である。すなわち、船山刀銘の場合、作刀法の記述があって、これが全体の三割ほどを占めている。さらに、作刀月や刀の効能や作刀・作銘者名を加えると、この刀本体に関する内容が、銘全体の大半を占めていることになる。他方、稲荷山剣銘の場合は、出自や来歴の記述があって、これが全体の五割強にのぼる。そうして、これに治世名と職掌を続け、その職掌を称える目的で造剣したことを述べているから、銘の大半は所持者の出自と職掌を誇る内容が独占していることになる。また、治世名が、船山刀銘では冒頭にくるのに対し、稲荷山剣銘では出自や来歴に後続している。つまり、単純化して

いうと、船山刀銘は刀本体を、稲荷山剣銘は所持者をそれぞれ主題にしているのである。

東アジアの刀剣銘を検討した岸俊男によれば、後漢代に入って刀剣に効能を説いた銘が現れ、六朝時代に刀剣は、道教思想や占星術と結合して神秘性を帯び、その霊威性を銘文や文様で表すようになる。そうしてこれからみると、船山刀銘は同じ範疇に入るのに対して、稲荷山剣銘は特異ではなかろうかという。[11] たしかに、刀剣銘としては岸がいうように特異な例にあたるが、しかし、関東の古代碑文史の脈絡のなかに据えてみると、頷けるところがある。すなわち、群馬県高崎市山名町山ノ上碑銘が、奉建者である僧長利の出自を精細に述べ、また、栃木県那須郡湯津上村那須国造碑が、逝去した意斯麻呂のことを「広氏尊胤国家棟梁」と称えて、子等の忠誠と孝養と団結を力説している。七世紀後葉のこれらの碑銘は、出自や血脈を重視する点で、また事績を誇る点で、淵源を辿れば稲荷山剣銘に逢着するのである。

関東の社会が伝統的に族的結合が強かったことは、同型鏡の伝世現象などをとりあげてすでに指摘したところであり、[12] 東国武士団のエートスとしてこの族的結合を恩給的結合とならんで掲げた丸山真男の論説と、[13] これは契合する点でもある。また、稲荷山剣が作られた中期後葉は、軍事動員の面で、関東が重要度を高めた時期でもあった。したがって、所持者の出自や事績で満たされたこの剣銘は、関東のこのような事情を映しているといえるであろう。

そもそも、物品上の銘文というと、その代表格のひとつは鏡銘である。鏡銘の構成には一定の約束があり、時代による変転もある。たとえば、七言句を完整に導いた、漢中期を代表する方格規矩鏡銘の場合、詳細は第一部第六章に譲るが、

作鏡者＋作鏡法＋図文の説明（仙界の記述）＋効能

という構成をとるのが原則である。ところが、三国・西晋代に入ると、作鏡法や図文の説明に関する叙述が減り、効能を説いた部分が増す。これが中国における変化の大勢である。そこで、倭で作られた隅田八幡神社蔵の仿製画像鏡

の銘を思い返すと、作鏡理由と作鏡者と作鏡法は具体的に記述してあり、しかし効能の部分を欠いていた。「癸未年」を五〇三年に求めた私見が容れられるとすると、稲荷山剣の製作年代より新しいことになるが、それでも、効能部分の欠落という点で、同剣銘と通じるところがある。

刀剣にせよ、鏡にせよ、漢ないし六朝代の器物の銘は、効能に関しては強調しても、所持者の出自や来歴や事績や製作理由を、具体的に述べるようなことはしない。この点で、稲荷山剣銘の異例ぶりはもちろんのこと、隅田八幡神社蔵の仿製画像鏡銘にも、さらには、船山刀銘にさえ、中国の銘文例と較べれば異例な部分が伴っている。それは、千葉県市原市山田稲荷台一号墳の「王賜」で始まる鉄剣銘も例外ではない。その異例さを一言でいうと、中国ならば墓誌などに記して永く残す歴史上の記録を、ここに盛りこもうとした点に尽きるのである。

前項において、前期の古墳への接近を説き、いままた、出自などの具体的な記録を金属に鏤刻して残す風の出現を指摘した。前期の古墳への接近は、それが祖霊に対する祭儀によったにせよ、かつて葬られた人物との擬制上の同族意識に支えられていたにせよ、みずからの過去に対する関心が高くなったことを示している。他方、出自などを鏤刻する風は、物品を副葬するので後世に伝え示すことまでは意図していなかったとしても、過去を尋ねて現在を認識し、その記録をとどめ残そうとする指向から発している。このような指向が生まれたことを推測させる例が、中期後葉にあいならんで得られることについて、過去からつながった時間のなかにみずからの今を位置づける歴史意識が、たとえ大陸や朝鮮半島に学んだにせよ、倭人のなかで育まれるようになったことを、これは示唆している。祖先の功業を書きつらねて「踐臣下愚忝胤先緒」と続けた武の上表文は、この点で、孤立してはいないのである(14)。

**葬送と祭儀**　中期に現れた副葬品の変化として、前・中葉で隆盛をみせていた同一品目による多量化の現象が、中・後葉のなかで、沈静することがあげられる。翻って副葬品の変化を通覧すると、この同種多量化という現象は、京都府椿井大塚山古墳の三角縁神獣鏡の例で知られるように、前期前葉まで遡る。そうして前期後葉でも、大阪府羽曳野市壷井御旅山古墳の小型仿製鏡などにより、中期に入ると、奈良県磯城郡川西町島の山古墳の碧玉腕飾類や、大阪府藤井寺市岡西墓山古墳のミニチュア農工具や、京都府城陽市平川車塚古墳の滑石祭器などから、この現象が存続した形跡をみてとることができるのである。したがって、中期中・後葉のなかでこの現象が沈静することは、長く保ってきた葬制が衰えるという意味で、ひとつの大きな変化であったといえよう。

そもそも、同種多量の物品を死者に添える風は、先著ですでに論じたことがあるように、物品に対する霊威観と死者に対する斎忌観とに由来する。(15) つまり、死者を埋置する側の生者の意識が、この風を生み育んだのである。したがって、同種多量化の現象が衰えをみせない中期前・中葉には、物品の粗造化という点で形骸化の色は隠せないけれども、前期を通じて継承されてきた葬制上の伝統がなお生きていたことがわかる。そうしてこの伝統に則った副葬品が衰退して、甲冑や馬具のような被葬者の事績や功業を伝える物品が首座を占め、同種多量の風は自然神を祀る祭儀の場で継承されていく。

副葬品にみられた同種多量現象が沈静する中期中・後葉はまた、人物埴輪が流行を始める時期でもあることを、大阪市平野区長原古墳群の埴輪の変遷などから窺い知ることができる。これもまた大きな変化である。すなわち、人物を表現する風は、絵画にせよ造形にせよ、弥生時代に遡れば、九州から関東にまで広くその存在を示す例が、銅鐸などの青銅製品や土器面上の絵画として、また土製や木製の造形として、見いだされている。ところが、弥生時代後期に入るとともに、畿内でその風が衰退し、他の地方もやがて畿内と同じ方向をとり、人物表現のほとんど絶えた状態が、古墳時代前期を被っている。古墳時代前期というと、三角縁神獣鏡などで人物表現に接する機会は、弥生時代の比ではなかったはずであり、たしかに仿製鏡の一部には人物らしい表現がみられる。しかし、その表現ぶりはいかにも拙劣である。社会的な要請がもしあったとしたら、技倆は熟達し、土偶や木偶のような独立した造形を復活させたにちがいない。(16)

**図 57**　熊本県江田船山古墳出土刀の銀象嵌文様

そうして、福岡市早良区重留拝塚古墳出土の前期後葉に遡る可能性がある盾持人を既存中の最古例として、中期に入ると、大阪府羽曳野市白鳥墓山古墳の盾持人や同府長原四五号墳の武人埴輪の例が知られる。しかし、中期後葉に降らないこれらの例は、類例が乏しい点でも、手の表現がなくて造形が頭部のみにとどまる点でも、巫女に代表される中期後葉の人物埴輪とは、一線を画している。

中期後葉の開始とともに、物品を飾る図柄に新種が加わり始めることもまた、特筆される。その最古とまではいえないかもしれないが、出現期の例を、千葉県木更津市祇園大塚山古墳の眉庇付冑にみることができる。すなわち、出土須恵器がON四六型式にあたるという同古墳の眉庇付冑の図柄は、受鉢に表した花文を頂点にして、帯金に各種の動物をめぐらせている。黄海道南浦市江西区徳興里墓などの例からみて、この図柄の構成は、天極を象徴する蓮の花の下で、邪を避けて利益をもたらす仙獣が遊ぶ中国風の神仙世界に連なる。(17) また、身の一方に馬と花を、もう一方に鳥と魚を象嵌した熊本県船山古墳の有銘鉄刀の図文も、その一例である（図57）。鳥は嘴の先端が曲がり、頸に紐をつけているので、鵜であることは間違いない。鵜飼いを神事とみていたらしい倭人にとって、この図柄はふさわしかったのであろう。(18) 馬はたてがみを強調した裸馬であるから、天馬とみてよかろう。そうして花は、高句麗古墳の壁画などに例がある蓮華で、仏教文様に由来する。天馬と蓮華はもちろん、大陸・半島系の図柄である。

祇園大塚山古墳の眉庇付冑に表現された神仙世界について付言しておくと、倭に神仙思想が伝わり、墳墓にその演出が加わるようになったのは、前期後葉に遡る。墳丘をめぐる周濠が唐突ともいえるかたちで出現し、濠を飾る水鳥のうえに、猪や馬がやがて墳丘に加わり、奥つ城はいっそう神仙世界の様相を帯びるようになるのである。したがって、奥つ城のこの神仙世界が、水を隔てた彼方として演出されたのに対して、祇園大塚山古墳の眉庇付冑の図柄の世界は、垂直観に基づいていたといえるのではなかろうか。

その差異はさておくとしても、奥つ城の外容に神仙思想による演出がいっそう加わった中期前・中葉には、なお副葬品の点で伝統的な葬送観に基づいた品目の選択が続いており、しかし、後葉に至ってこの葬送観が後退したという変化を、畿内古墳文化の推移の様態から推知することができる。その点で、人物埴輪の出現がこの変化と時を同じくすることは、示唆的である。人物埴輪が出現した背景をめぐって北朝で流行した陶俑の影響を指摘する説があるが(19)、その当否はともかく、人物表現に対する忌避の念が弛緩しなければ、おそらく盾持人の域にとどまり、巫女の登場には至らなかったことは、この時の一致が示している。副葬品で同種多量を指向する伝統的な葬送観の延長上には、人物埴輪の創造も、ほどなく行われる横穴式石室の受容も、畿内においてはありえなかったのである。

これに対して関東は、同種多量化が滑石製品によって中期中葉に高揚し、退潮をみせながらもなおその副葬が存続している点で、注意を引く。畿内ならばもうすでにその現象が後退してしまった段階の副葬品である横矧板鋲留短甲や長頸鏃に、二一点の滑石刀子が伴っていた群馬県太田市鳥山町鶴山古墳の例や、横穴式石室から大量の滑石小玉とともに各種の工具類などを模した滑石製品が出土した同県安中市簗瀬二子塚古墳の例は、この存続ぶりをよく示している。しかし、上野に限られるにせよ、滑石製品にとどまるにせよ、関東が同種多量現象を長くとどめていることについて、その保守性ばかりを強調するのは避けた方がよい。盾形周濠の付設は、上野においてさえ、畿内と隔たらない時期に始まり、後期の開始をまたずに動物や人物の埴輪を樹立して、神仙観で墳丘を演出するようになるからである。なおこの風は、前方後円墳の終焉近くまで関東では続き、とりわけ上野で固執されていたことが、二重周濠をそなえた群馬県高崎市綿貫町観音山古墳などの例から推測される。後期における畿内との相違点として、つけ加えておきたい。

他方、九州の場合、滑石製品の副葬は大量の小玉と若干の勾玉などにとどまり、関東や畿内に多い工具類の模造品は見あたらない。また、盾形周濠の付設は、佐賀県佐賀郡大和町船塚古墳や宮崎県西都市三宅女狭穂塚古墳をおそらく嚆矢とするので、中期中葉に出現し、後期に入ってかろうじて流行の気配をみせる。さらに、墳丘を演出するために行う埴輪の樹立については、四肢の造形を欠く福岡県拝塚古墳の盾持人のような例はさておき、まぎれもない人物埴輪の出現が畿内と時をほぼ同じくすることは、福岡県浮羽郡吉井町塚堂古墳や同県筑後市西牟田瑞王寺古墳の出土例が示している。しかし、各種の埴輪でとり巻かれ盛大に飾られた墳丘の例は、中期においてさえ乏しく、この点に畿内との差異が見いだされる。盾形周濠の付設が流行をみせなかったこととあわせて考えるならば、奥つ城を神仙世界として演出しようとする指向が、畿内や関東に較べて、弱かったようである。これは、横穴式石室の流行が早かったこととも相関する、奥つ城観の相違によるのであろう。

以上、畿内に添えて関東と九州をとりあげ、それぞれの葬送観の対比を試みたが、この結果を単純化していうと、畿内では中期後葉に至ってその伝統の変更が鮮明になり、これに対して、九州では在来のそれを踏襲し、関東でもまた一新というところまでは至らなかったことになるであろう。後期に入って畿内で横穴式石室が流行することについて、この流行を生んだ葬送観の変化を、畏怖から慰撫へという表現でかつて説明したが(20)、中期後葉に既存の伝統を払拭していなければ、この変化は達成されていなかったにちがいない。また前章で、墓制上の地域色が顕在化したことを例をあげて示し、既存の墓制の展開としてこれを説明したが、九州や関東でそれぞれの固有の葬送観に革新が加わっていないことは、この点に連なるのである。

## (二)　生活と集落

**土器様式の変化**　古墳時代中期における土師器の編年研究は、畿内ではようやく、大阪府藤井寺市船橋町船橋遺跡の結果に依存していた域を抜けて、充実の度を加えつつある。そうしてその成果によれば、ON四六型式期が様式変遷上の画期になるという[21]。すなわち、球形胴の甕、複合口縁の壺、坩、器台、外反する無段の高坏を主要器種として構成される布留式土器に、新しく、大型の有段高坏、小型の埦形高坏、坏が供膳具として加わり、さらに、甑、甕、鍋の韓式系煮沸土器が参入する（図58）。そうして、甕が長胴化し、布留式の伝統的な高坏や坏や器台などが衰滅に向かうとともに、ON四六型式期に至って、韓式系煮沸土器が、技法や形態の点で土師器と同化し、新たな土器様式が定立する。つまり、古墳時代前期から続いてきた布留式が、ここに至って終焉したわけである。

なお、須恵器の把手付埦に触発されて出現した埦坏類に関連して、弥生時代後期に流行する小型鉢を個人用食器とみる見解が想起される[22]。しかし、庄内式はともかく布留式に入ると、様式構成の主要な一画から外れる。この点で、弥生時代後期の小型鉢を個人用食器とみることを避けるべきか、あるいは、個人用食器の使用が一時流行したが、やがて衰退した、という説明で満足することになる。いずれにせよ、古墳時代中期に埦坏類が流行し始めたことを、個人用食器の参入として、煮沸土器の一新とともにあらためて評価したいと思う。

さて、このような変化は、九州北部を除く畿外各地でもまた中期後葉には定着したことが、それぞれの土器様式の転換ぶりから知られる。カマドとこれに伴う新しい煮沸方法が、個人用食器の参入とあいまって、各地で定着していったことを、これは示しているのであろう。この傾向は、新しい煮沸方法にはじめて接した東日本でとりわけ著しい。もっとも、流布にあたって、個人用食器の参入の方が、煮沸土器の一新よりもいくぶんにせよ早いことは、土器編年の行きとどいた関東では通例であり、これは畿内とも変化の軌跡を同じくしている[23]。また、福岡市早良区西新西新町遺跡など一部ですでに知られている、古墳時代開始前後にまで遡るカマドの散発的な例はさておき、煮沸土器の一新とカマドの採用とは、集落によって新古の微妙なずれを伴っている場合があり、必ずしも理想的な一致を示していないことも、集落資料に恵まれた関東については指摘しうる。さらにまた、日本海沿岸などでカマドを付設した竪穴住居の比率が低いようであり、これは移動可能な土器カマドがその用を代替していたことを推測させる。

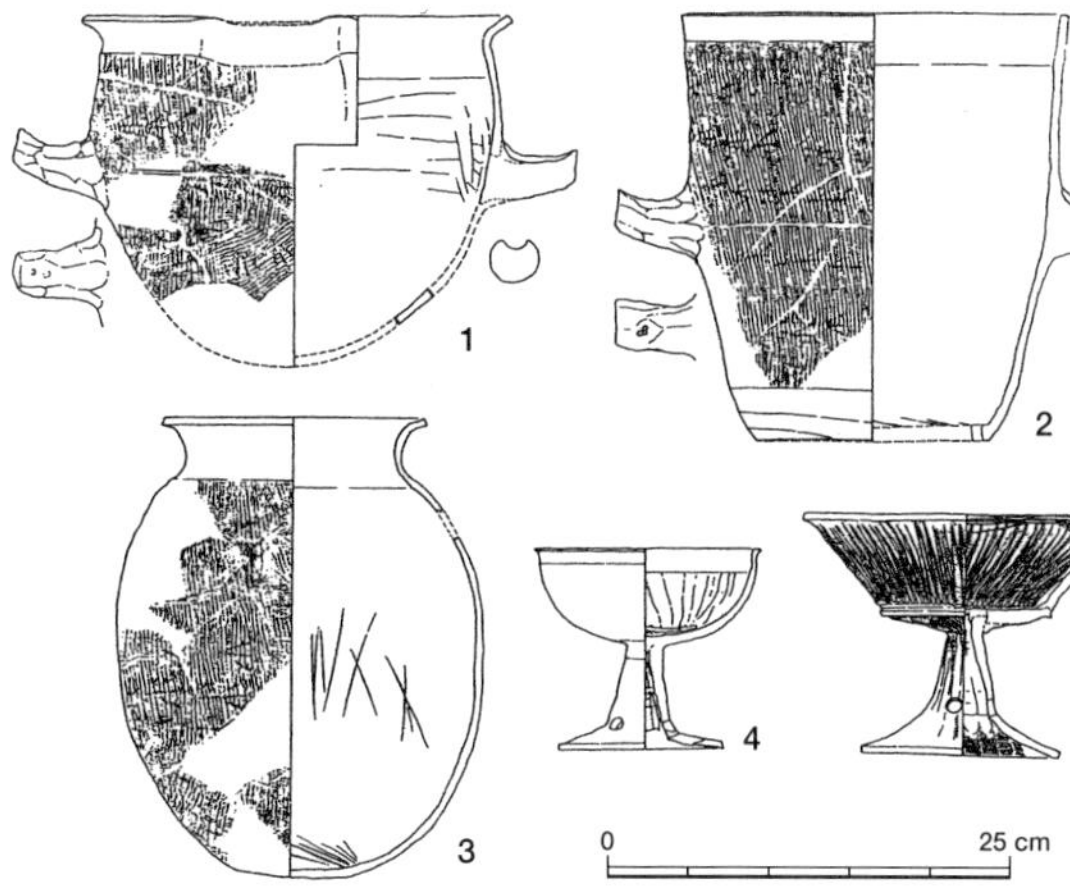

**図 58**　新入土師器の各種（大阪府長原遺跡）

ちなみに、半島系の大型甑が登場する前に、底部に一孔を穿った鉢形の小型品がみられる。畿内では弥生時代後期に様式の一部を構成しており、布留式の成立をまたずにこれは衰滅し、他方、中部や関東では、古墳時代に存続し、新来の大型品と併存していた形跡がある。しかし、この小型甑がはたして、穀物を蒸して食するための、日常に欠かせない煮沸用具であったのかどうか、この点には疑いを容れる余地がある。日常用とするには、容量が乏しく、流行期が畿内では短いからであり、中部や関東での出土量が寡少にすぎるからである。そこで、小型甑の用途を、たとえばハレの日に使うような、酒造用品とみて、大方の叱正を乞うことにしたい[24]。

それはさておいて、中期後葉に定着をみた煮沸土器と供膳具の変化の波は、九州から東北端にまで及んでおり[25]、したがって、当時の古墳文化圏のほとんどを覆ったことになる。古墳時代開始時の各地の土器様式が、しだいに個性を失い、同化の方向に向かっていったことを、たとえばS字口縁甕の分布の縮小ぶりからも見てとることができるが、この新たな波は、その同化傾向の延長上にあり、しかも、同じ煮沸方法と供膳形態をかつてないほど広い地域が共有するに至った点で、画期的であったといえよう。

しかし、古墳時代開始時ほどの鮮やかさはみられないけれども、各地の土器様式がまったく個性を失ってしまったということではない。畿内の高坏が、有段の大型品と小型の埦形品との二種から構成されることは、すでに述べたが、埦形品は須恵器生産の開始とともに出現し、有段品はやや遅れて河内で誕生した可能性が高い。こうして中期後葉に出揃った二種は畿外で模倣の対象となり、管見によると西方では、岡山市津寺遺跡や島根県八束郡東出雲町夫敷遺跡や同県八束郡宍道町竹ノ崎遺跡などで、東方では、愛知県知多市八幡法海寺遺跡や同県岡崎市柱町神明遺跡や石川県小松市松生町念仏林南遺跡などで、それぞれの系譜に連なる例が確認される。九州の同期に流布した有稜の高坏は異系であり、山口市黒川西遺跡の出土品がこの九州系に属するところからすると、畿内二種の系譜は瀬戸内中西部を西限とし、また東限については、遠江の同期の高坏が三河に連ならない異系品である点から、東海西部にとどまることが知られる（図59）。

壺甕類については、丸底と平底とが著しい差異としてあげられる。すなわち、畿内および周辺と西方各地では、法量の大小にかかわらず丸底であり、東方の北陸西部や東海西部では、東海西部の方が平底の占める比率が高いという違いがあるものの、おしなべて丸底と平底とが混在している。そうしてさらに東方では、小型品に丸底の例が混ざることはあっても、平底が卓越している。畿内および周辺と西方では、前期にすでに丸底化していたのに対して、尾張ないし遠江で台付甕が流布し、壺も平底をとどめるなど、東方がその対極にあったことを想起するならば、丸底化が中期に入って少しは東方へ及んだことになる。それでもなお、その程度が著しくなかったことは、伝統の根強さを物語っている。

ところで、朝鮮半島のとりわけ南西部の影響が強いとされる大型甑は、倭で定着するにあたって地域ごとで変容をみせている。把手や孔に注目すると、東海東端およびそれ以東で、把手を欠き単孔である点が、地域色としてあげられる。半島との隔たりがこのような変異を生んだとも解されるが、壺甕類で平底の伝統をとどめた地域でもあるので、隔たりの大きさだけが原因ではなかろう。茨城県那珂郡那珂町森戸遺跡第七〇号住居址（鍛冶工房址）出土の把手付品（図60）のような、原型に近い例が、こうした地域で散見される点で、情報は伝わっていたが広がらなかった、とみるべきであろう。同遺跡の別の鍛冶工房址から出土している羽口が、東国の同期では数少ない専用品であるところからすると、原型に近い甑を保有した集落には、それを可能にする特別な事情のあったことが想像される。

以上、高坏、壺甕類、甑をとりあげて、それぞれ形態に現れた分布上の差異を概観した。その結果、瀬戸内東部ないし伊勢湾東部にとどまる高坏二種よりも、丸底の壺甕類や把手付甑の方が東西ともに分布の広いことが知られた。そうして、壺甕類に平底をとどめ、甑に把手を欠く点で、東海東端およびそれ以東に地域色がきわだっている点にも言及した。また、日本海沿岸などで、カマドを付設した竪穴住居の比率が低く、移動可能な土器カマドの使用が推測される点も、地域色のひとつに加えられよう。同じ煮沸方法と供膳形態が、九州から本州北端にまで定着するに至った斉一化状況のもとで、このような地域色が存在する点について、語るべき問題は少なくない。

そこで、定着度と北進がとりわけ著しい東日本に問題を絞ると、畿内から東行するにつれて、土器様式が不均一性を伴いながらも漸次的な変化をみせており、東海はその中間地帯にあたることが注意される。東海というと、伊勢湾域で育まれたS字口縁甕の流行によって代表されるように、土器様式にかつて強い個性を有していた地域であるが、それをほとんど失って中期後葉には中間地帯に転じてしまったところに、東日本における土器様式上の地域変動の画期が求められる。また、東日本で定着と北進が著しい点については、同型鏡群の一部や鈴付鋳銅品をとりあげ示した

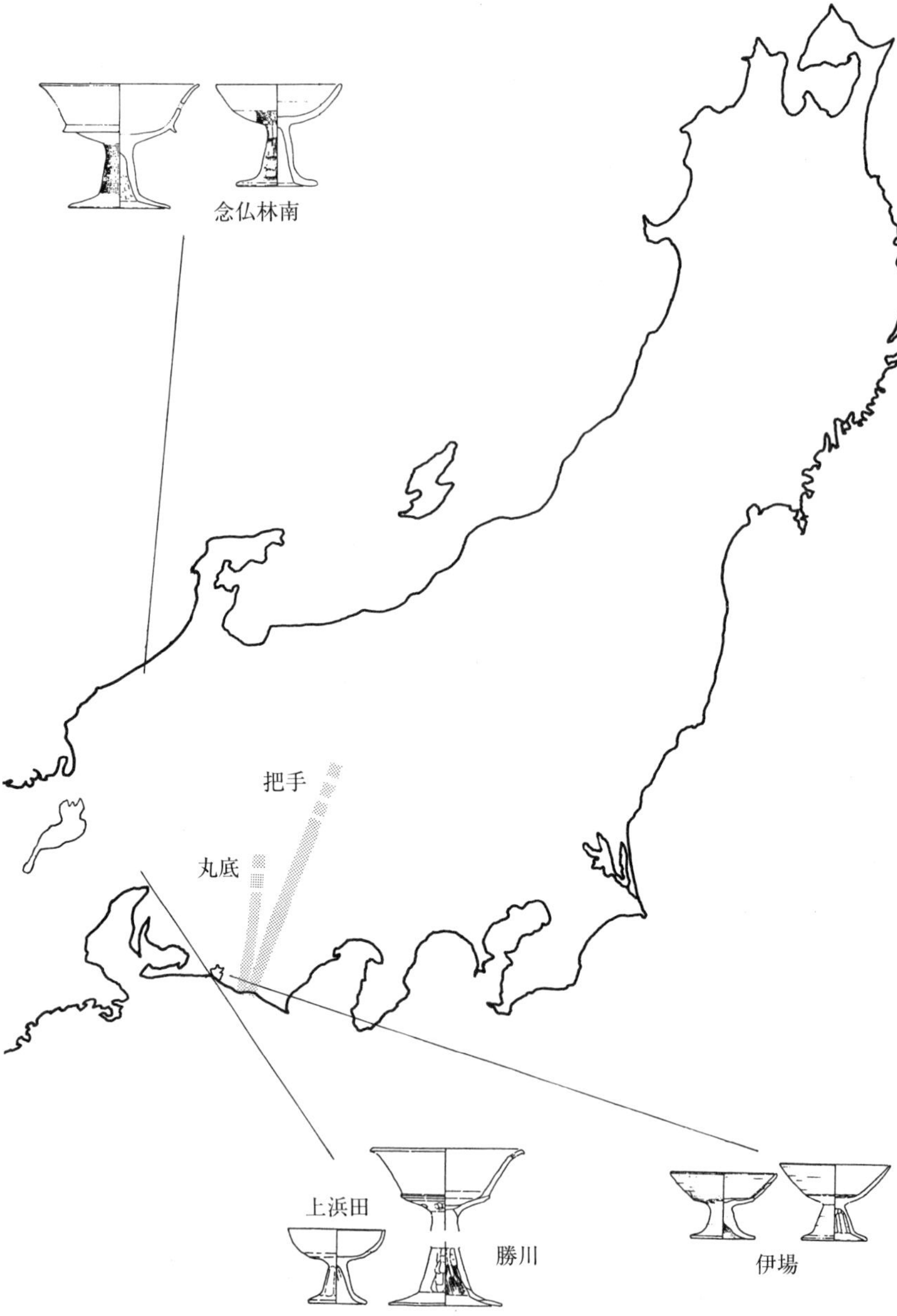


**図 59**　土師器の地域色

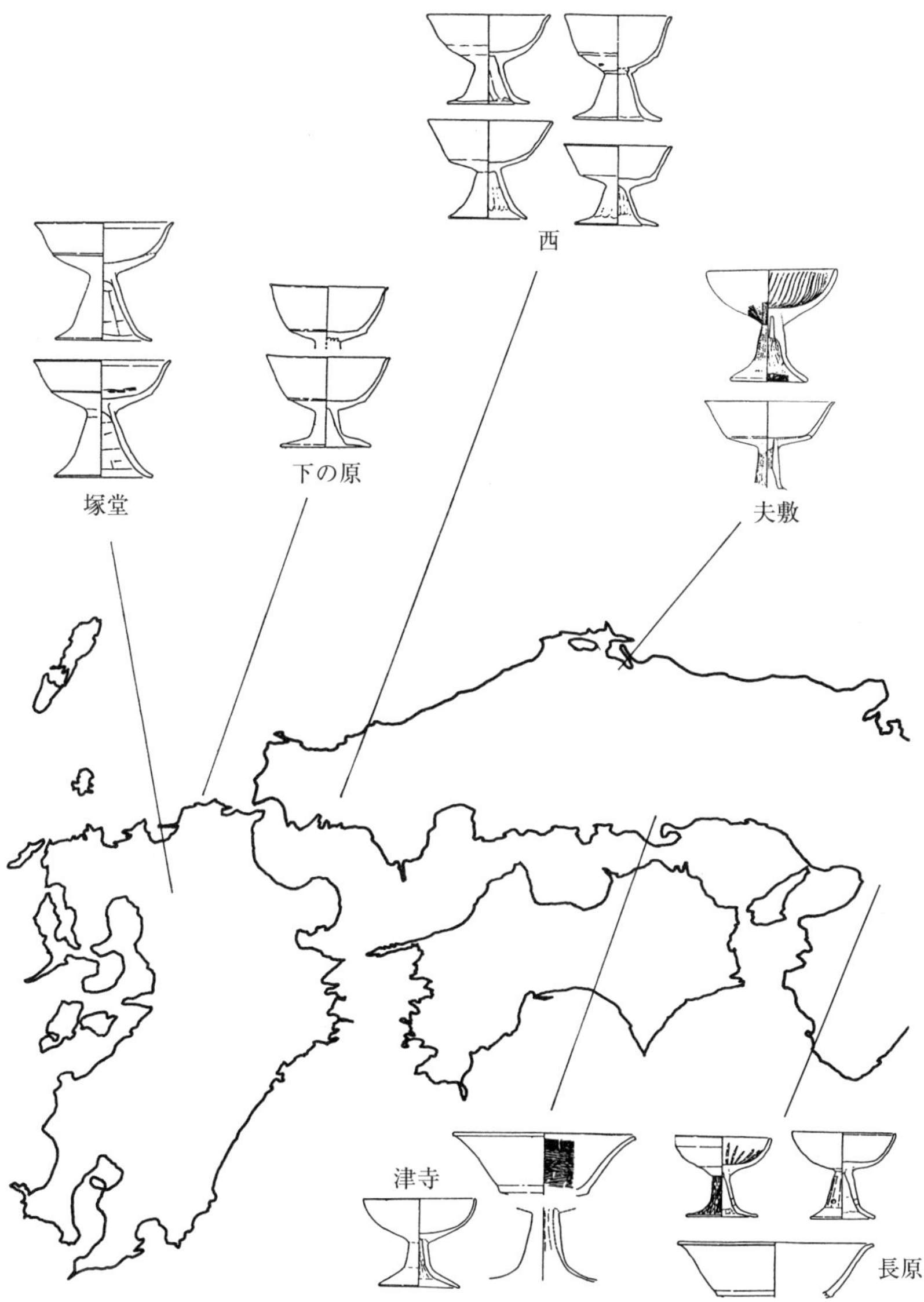
西
塚堂
下の原
夫敷
津寺
長原

図 60　茨城県森戸遺跡の鍛冶工房址（第 70 号住）と出土品

文化伝播の東指向と関連づけられるであろう。

**集落の隆替**　集落資料の充実した関東でその動態を概観すると、相模における截然とした変化が注意される[26]。すなわち、相模の古墳時代集落は、中期の開始前後に、ほとんどが途絶するらしい。人間活動がいったん中断した観のあるこの鮮やかな変化について、津波や地震や火山活動による災害の発生した可能性が自然科学の方面からも指摘されているので[27]、それは当を得ているのかもしれないが、問題は相模だけにとどまらないようである。

東京湾を隔てた上総をみると、千葉県木更津市小浜マミヤク遺跡が中期前・中葉に廃絶した形跡をとどめていることは、第三章で述べたが、さらに、前期末ないし中期前半に集落規模が縮小して中期後半から拡大することが、上総での傾向であるともいう[28]。また、内陸の上野では、集落の住居数が中期に減少し、後期に向かって大きく増加に転じる傾向があり、北部や西部においてとりわけこれが著しいらしい[29]。群馬県群馬郡群馬町三ツ寺遺跡の位置する榛名山南麓で、同遺跡の時期に近い中期後葉から、集落の住居数が急激に増加することも[30]、これを裏付けている。さらに、宮城県域で古墳時代集落の推移を辿った結果によれば、前期末には県域全体に集落が分布し、しかしその後は、中央部に限られる状況が続き、ON四六型式期にふたたび県域全体を覆うようになり、規模も拡大する傾向がみとめられるということである[31]（図61）。

以上、管見に触れた関東と東北の集落動向の資料を点綴したところ、中期前・中葉に集落の数や規模が関東全域で縮減したとまではいえないにせよ、中期中葉を境に、拡大に転じたことは、確言してもさしつかえないようである。これは長野県飯田盆地の集落動向とも一致する[32]。そこで、相模方面を自然災害が襲って大きな被害をもたらし、関東全域や東北にまで余波の及んだことがあったかどうかは仮説の域にとどめて、中期後葉には集落形成がこれらの地域で興隆に向かった点を強調しておこう。そうして、煮沸方法や供膳形態の斉一化に両地域が連なり、豪族居館と呼ばれている施設が関東でふたたび増加した時期でもあったことを想起するならば、この画期はさらにきわだつものにな

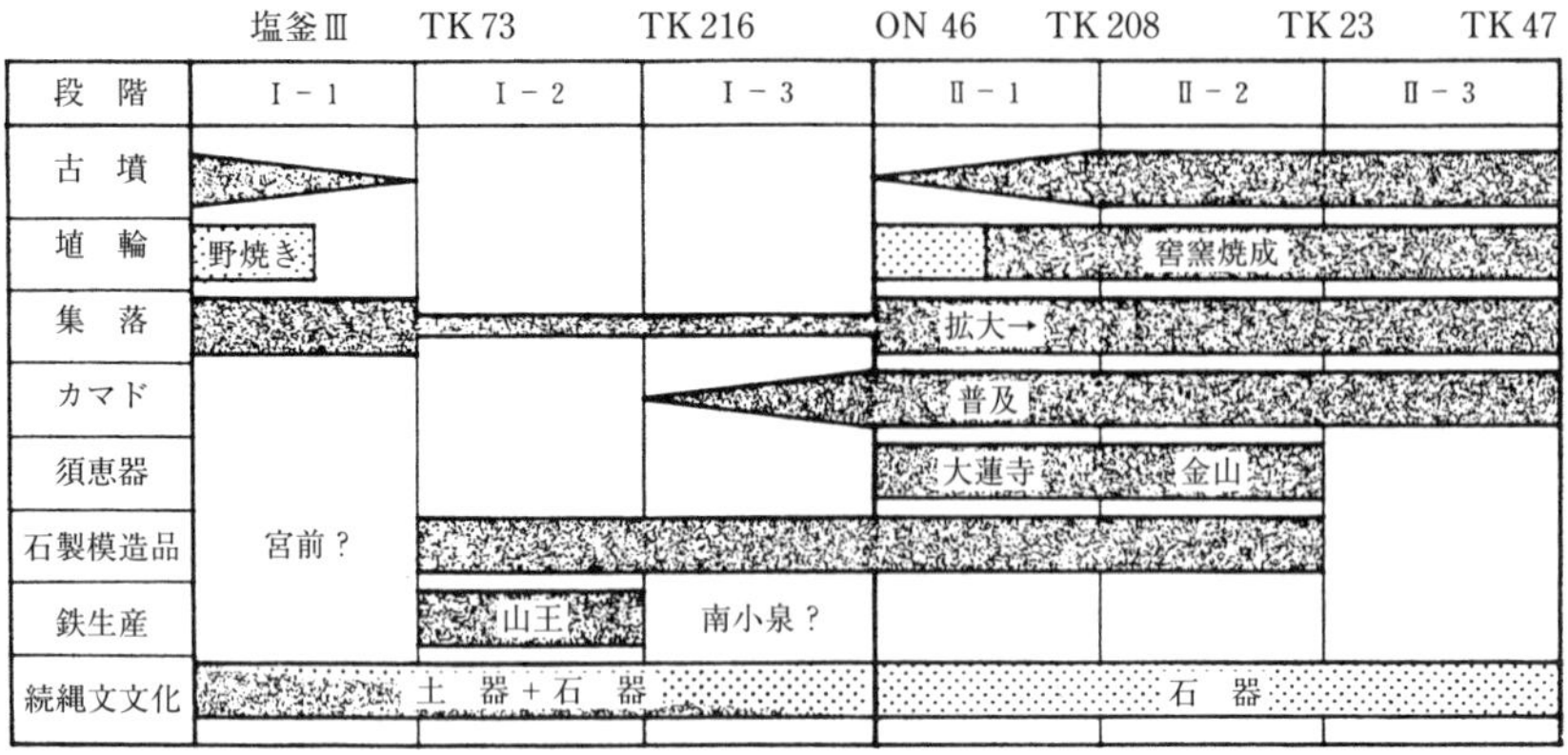


**図 61**　宮城県域における変化の諸相

るであろう。

　それでは畿内およびそれよりも西方の諸地域において、中期に集落はどのような動態をみせているのであろうか。大阪湾に面する上町台地で集落の変遷を追った結果によると、中期中・後葉に新しい集落が激増しており[33]、また、百舌鳥古墳群が営まれた南方の堺市域でも、この時期に増加する動きをみてとることができるようである[34]。他方、岡山市津寺遺跡では、弥生時代以来の長期にわたる存続期間のなかで、前期に隆盛を示した集落が中期前・中葉に衰微し、後葉に至って再興の色をのぞかせている。また、総社市域の三須作山古墳近傍で集落変遷を通観すると、前期後葉ないし中期中葉にその痕跡が乏しくなり、中期中・後葉に増加する様子を示している[35]。造墓活動の後退と前後して集落が増加している堺市域と同じ動きといえるかもしれない。さらに、出雲で中期後葉に玉作り集落が急増していることは、間接的にせよ、この時期における一般集落の動向を窺わせる[36]。これに対して九州北部では、中期のなかで大きな変動はみとめられないようである。

　例示した資料だけでは心もとないので予察の域にとどまるが、関東と東北で抽出された中期集落の動態は、畿内およびそれより西方と呼応していた可能性が高い。そうして、埦類が早期に様式の一部に参入したことによって他地域と区別される九州北部が、中期集落の変動においても個性を発揮したことが確言しうるならば、高坏形態の独自性とあわせて、地域色が抽出されることになるであろう。

**注**

（1）川西宏幸『古墳時代の比較考古学』（平成一一年）。
（2）石田茂輔「景行天皇陵出土の須恵𤭯」（『書陵部紀要』第二二号　昭和四五年）。
（3）宮内庁書陵部『埴輪』Ⅲ（平成一二年）。
（4）古川登「長浜市越前塚古墳の再検討」（『滋賀考古』第二一号　平成一一年）。
（5）小島俊次「大和桜井市外山出土の子持勾玉」（『古代学研究』第三五号　昭和三八年）。千賀久「桜井茶臼山古墳西側出土の子持勾玉」（『青陵』第三三号　昭和五二年）。五色塚古墳出土の子持勾玉については、本書付章の主要遺跡文献一覧参照。
（6）佐々木幹雄「子持勾玉私考」（滝口宏編『古代探叢』Ⅱ　昭和六〇年）。
（7）佐々木幹雄「三輪山出土の須恵器」（『古代』第六六号　昭和五四年）。佐々木幹雄「三輪山祭祀の歴史的背景」（滝口宏先生古稀記念考古学論集編集委員会編『古代探叢』昭和五五年）。
（8）文字の起源をめぐる論説については、川西宏幸「都市の起源」（後藤直・茂木雅博編『東アジアと日本の考古学』第五巻　集落と都市　平成一五年）参照。
（9）森下章司「火竟銘仿製鏡の年代と初期の文字資料」（『京都考古』第七三号　平成五年）。
（10）その画期的意義について、古谷毅「倭人の文字認識と言語表記」（『歴史評論』第六〇九号　平成一三年）も論述している。
（11）岸俊男「古代刀剣銘と稲荷山鉄剣銘」（『橿原考古学研究所論集』第六　昭和五九年）。
（12）川西宏幸「同型鏡の諸問題―画文帯環状乳仏獣鏡」（『古文化談叢』第三一集　平成五年）、本書に補訂載録。
（13）丸山眞男「武士のエートスとその展開」（『丸山眞男講義録』第五冊　日本政治思想史一九六五　平成一一年）。

(14)「臣、下愚なりと雖も、忝なくも先緒を胤《つ》ぎ」(和田清・石原道博編訳『魏志倭人伝・後漢書倭伝、宋書倭国伝・隋書倭国伝』岩波文庫　昭和二六年)。なお、西嶋定生『日本歴史の国際環境』(昭和六〇年)が、船山古墳刀銘や稲荷山古墳剣銘にある「天下」をとりあげて、中国思想から天下思想を借用して自国の領域に適用したと解し、中国を中心とする大「天下」からの離脱の契機がワカタケル期に熟成していたと説いている。しかしこれには反論がある。東京国立博物館編『江田船山古墳出土国宝銀象嵌銘大刀』(平成五年)。

(15) 川西宏幸『古墳時代の比較考古学』(平成一一年)第二章第二節。

(16) 注15第二章第一節。

(17) 注15に同じ。

(18) 鵜や鵜飼いに関する記載は、少なからず記紀にみえ、また埴輪として造形されている。古代中国の場合、鵜飼いの場面を写した画像磚が一部にみられるけれども、生業の場面であって神事とはいえない。鵜飼いは中国から伝わったのであろうが、彼我の間に相違がある。かみつけの里博物館「鳥の考古学」展図録(平成一一年)。顧森『中国漢画図典』(一九九七年)。

(19) 塩谷修「盾持人物埴輪の特質とその意義」(三浦正人ほか編『日本考古学の基礎研究』茨城大学人文学部考古学研究報告　第四冊　平成一三年)。北朝の陶俑ではなお五世紀に遡り、しかも倭に影響を与えうるような古い例が見いだされていない。この点では、自生説の方が説得力があるかにみえる。清水真一「盾持人物埴輪考」(『古代学評論』第四号　平成七年)。市元塁「北朝鎮墓俑の甲冑」(『古代武器研究』第二号　平成一三年)。

(20) 注15に同じ。

(21) 大阪市文化財協会編『大阪市平野区長原遺跡発掘調査報告』IX(平成一四年)。

(22) 佐原真「土器の用途と製作」(大塚初重ほか編『日本考古学を学ぶ』二　昭和五四年)。

(23) 東国土器研究会編『東国土器研究』第五号　特集東国における古墳時代中期の土器様相と諸問題(平成一一年)。

(24) この見解が、岡田圭「据え置かれた甑形土器の用途について」(『筑波大学先史学・考古学研究』第一四号　平成一五年）として、公表されている。
（25）青森県八戸市田向冷水遺跡の発掘によって、本州北端にまで達していたことが知られた。
（26）平塚市立博物館「相武国の古墳」展図録（平成一三年）。
（27）上本進二「古墳時代前期〜中期の相模を襲った地震と災害」（『神奈川考古』第二八号　平成四年）。
（28）小沢洋「上総における古墳時代中期土器編年と古墳・集落の諸相」（『君津郡市文化財センター研究紀要』Ⅷ　平成一〇年）。
（29）若林正人「鏑川流域における集落展開の様相」（群馬県埋蔵文化財調査事業団『研究紀要』九　平成四年）。
（30）坂口一「五世紀代における集落の拡大現象」（『古代文化』第四二巻第二号　平成二年）。
（31）高橋誠明「宮城県における古墳時代中期の土器様相」（注23に同じ）。
（32）山下誠一「飯田盆地における古墳時代前・中期集落の動向」（『飯田市美術博物館研究紀要』第一三号　平成一五年）。
（33）積山洋「上町台地の北と南」（大阪市文化財協会編『大阪市文化財論集』平成六年）。
（34）樋口吉文「百舌鳥古墳群領域の集落遺跡の動向について」（藤井克己氏追悼論文集刊行会編『藤井克己氏追悼論文集』平成九年）。
（35）物部茂樹ほか「井手天原遺跡」（『岡山県埋蔵文化財発掘調査報告』一五六　平成一三年）。
（36）米田克彦「出雲における古墳時代の玉生産」（『島根県考古学会誌』第一五号　平成一〇年）。

# 第六章　ワカタケル期の歴史的意義

## (一)　墓制論からの脱却

古墳時代は多様な外貌をいまに伝えている。そのそれぞれの外貌を、研究者達はたとえば文化とみ、政治といい、社会と説いて類別している。しかし、このような類別は、現代風の通念を投影した、便宜的な見方であることを、知らなければばならない。それぞれが分かちがたく相関している様態こそが、時代の実相にほかならないからである。

前掲の諸章を費して、墓制、生産、伝播体系、思念、生活をとりあげ、それぞれの変化の様相を論述した。そうして、これらの変化が、開始や高揚に若干の遅速はあっても、中期後葉にはあいならんで進行し実現していたことを示した。それでは、多岐にわたるこれらの変化が、中期後葉という時期において、どのように相関していたのであろうか。また、このような多岐にわたる変化を促した要因は、いったいどこにあったのか。

## (二)　対外関係論として

**東アジアの国際情勢**　第二部ではここまで一貫して、考古学上の時期区分を使って叙述を進めてきたが、叙述した結果を東アジア史の脈絡のなかに投げいれようとすれば、あらかじめ、この時期区分に暦年代を与えておく必要がある。そこで、同型鏡の輸入は、元嘉一五年（四三八）かさもなければ同二八年（四五一）の朝献時であった可能性が高い、とした第一部第六章での指摘を踏まえ、さらに、同型鏡の副葬が始まるON四六型式期は同時に、変化が多岐にわたって現れはじめる時期にあたっていた、第二部のこれまでの結果を加えると、ON四六型式期を中期後葉の始まりに求め、それを五世紀中葉のうちに含めておくのが、穏当であろうと思う。この年代観は、文献史学の方面でさまざまに推測を重ねている雄略即位の暦年代のいずれについても、その成立を妨げるものではなく、白井克也の日韓交差編年案とも整合することを、ことわっておこう(1)。

さて、五世紀中葉というと、中国では、南北両朝間でその勢威が大きく変転した時期にあたる。すなわち、三〇年に及ぶ元嘉の治を現出した、南朝宋の文帝（四二四〜四五三）の末期に、北魏の太武帝の軍が大挙山東方面に南進して、これを契機に国勢が著しく傾き、ついに四七九年、最後の順帝が武将蕭道成に譲位をして劉宋が滅びた。しかし、その道成が樹てた斉も、南朝の勢威を回復することなく、内乱のなかで五〇二年に滅びたことを、正史が伝えている。

他方、北朝においては、北魏の太武帝が北燕と北涼をあいついで倒し、四三九年に華北を統一した。その後、短命だった文帝ならびに献帝のもとで漢化を進めて内政の充実をはかり、四七一年に即位した孝文帝も祖母馮太后の執政下に内政を整え、親政移行後の四九四年には、漢民族の故地である洛陽への遷都を断行した。つまり、五世紀中葉における南朝の勢威の低下と前後して、北朝は隆盛に向かったのである。なお、六世紀に入ると、積極的な漢化策への不満が爆発し、北魏は衰滅して東西に分裂し、南朝は斉を継承した梁の武帝（五〇二〜五四九）のもとで、安定を保ったので、北朝の優勢は五世紀後半を頂点とする。

そこで半島情勢に眼を向けると、長寿王（四一三〜四九一）治下、四二七年に丸都城から旧楽浪郡治の平壌へ国都を移した高句麗は、四四〇年を最後に絶えていた北魏への朝献を四六二年に再開し、これ以降、北魏への朝献の方が頻繁になったことを、「高句麗本紀」が書きのこしている。これは大陸における勢力地図の変動をうけてのことであろう。そうして、五世紀初頭以降休止していた南進を再開して、自律の気運をみせていた新羅に軍を進め、また百済に向かっては、四五五年と四七五年に侵攻した。これに対して百済は、四七二年、混迷の劉宋よりも北魏を頼んで遣使奉表を行って、高句麗討伐を要請したけれども、これは実現するはずもなかった。けっきょく百済は、四七五年の侵攻で国都漢城を陥され、南の熊津への遷都を余儀なくされたのである。これをうけて倭王武は、四七八年、宋に遣使して上表文で「句麗無道」と訴えたが、しかし、王朝終焉の混乱の渦中にあった宋には、高句麗を抑える勢威も余力もなかったであろう。

倭王の宿望がかなって済が南朝から「大将軍」号をうけた四五一年は、北魏太武帝による南進の翌年であり、また武の軍号が「大将軍」に進んだ四七八年は、王朝終焉の前年にあたっている。一見すると倭王の宿望が実現したようにみえるけれども、劉宋の苦境と倭への期待とが進号の背景にあったにちがいない。この点から推測すると、同型鏡の輸入は、倭に対する期待が高まった四五一年の方が、安定のなかにあった四三八年よりもふさわしいように思われる。

ところで、倭もまた半島南部をしばしば侵攻したことを、文献史料が伝えている。その対象はもっぱら新羅であり、「新羅本紀」によれば、侵攻がとりわけ頻繁であった、訥祇王一五年（四三一）から炤知王八年（四八六）までの間で、一〇度を数える。「新羅本紀」の記述通りであったかどうかはともかく、倭が新羅に対してしきりにこの時期に軍を進めたことは、新羅における鉄鏃の変化からみても頷けるところがある。「新羅本紀」はまた、四〇〇年前後にも倭からの侵攻が著しかったことを書き残しており、倭系遺物の出土などをあげてこれにも考古学上の傍証を与えることができる。四〇〇年前後が五世紀後半とならんで、高句麗の南進の目立つ時期であることを考えると、高句麗の南進期に倭も、倭の渡海期に高句麗も侵攻していたことになる。

新羅への軍事権を南朝によってみとめられていた五世紀後半の倭にとって、北朝の強勢化を背景にして南進を企てる高句麗への対抗は、冊封体制に連なっていない新羅をめぐる、南北両朝の代理戦争でもあった。したがって、南朝の冊封体制下になかった四〇〇年前後との差異を、この点に見いだすことができるであろう。ただ考古学の立場からいうならば、ともに金属素材などを確保する実利上の目的が大きかった、と主張したいところである。

もっとも、高句麗の四〇〇年前後の南進は、新羅に対しては軍事権を掌握して影響力を行使したにとどまり、他方、北進をはかる百済とは干戈を交え、「広開土王碑」の語るところによれば、新羅から伽耶にまで倭賊を追ってこれを撃攘したという。ところが、五世紀後半の南下のさいには、百済だけにとどまらず新羅とも攻防のあったことを「高句麗本紀」が記し、新羅が百済を救援したことを「新羅本紀」が書きとどめ、さらに、倭が新羅の救援に赴いたことを『日本書紀』が伝えている。北魏の勢威を背景にして南下をはかる高句麗に対して、ときに結束して抗戦しようとした新羅や百済や倭の五世紀後半の深刻な状況を、文献史料から読みとることができるようである。

五世紀中葉はまた、伽耶諸国の勢力図に変動がみられた時期でもある。すなわち、洛東江下流西岸を占めた金官伽耶にかわって、同江中流西岸の高霊に中心をおく大伽耶の有力になったことが、済の除正（四五一）に加羅が加わったことや、加羅王荷知が南斉成立時（四七九）に朝献したこと伝える文献史料からも、また、倭系遺物や高霊タイプ陶質土器の分布状況などの考古学上の事象からも推定されている。(2)そうして、金官伽耶中心の時期を前期伽耶、大伽耶に主座が移った時期を後期伽耶と呼んで、その転換を五世紀中葉に求めているのである。(3)内陸の大伽耶が有力になった原因について、百済や倭との交渉を主導して力を得たことが指摘されているが、(4)北朝の抬頭と南朝の勢威の低下、そして高句麗の南進によって動いた、五世紀中葉の東アジア情勢と関連づけたいところである。

**半島への軍事動員**　倭の大型古墳は、畿内の直径六〇キロメートルの範囲に、大半が分布している。このような異常ともいえる密集ぶりを示す畿内で、とりわけて大型化が進むのは中期前・中葉であり、この現象は畿外の一部とも呼応していた。ところが、中期後葉に入ると、畿内での大型古墳の営造は河内にほぼ限られるようになり、かつその規模も縮小の傾向をみせていた。この結果、全長一五〇メートル前後を最大とする、兵庫県篠山市東本庄車塚古墳や群馬県藤岡市上落合七輿山古墳のような畿外の同期の古墳との間で、規模の較差が縮小するのである。前期後葉にも畿内の大型古墳の規模が縮小することを指摘したが、営造数は増加していた。これに対して中期後葉の場合、規模とともに営造数も減少していたことになる。

前期後葉や中期後半というと、倭が朝鮮半島へ軍を進めた時期にあたっていた。したがって、半島への軍事活動の活発化が、大型古墳の営造動向に反映している可能性は大きい。その意味で、大型古墳の規模が両期ともに縮小していることは頷けるし、両期の間の差異は、軍事活動上の違いとしてこれを説明することができるであろう。この違いをきわだたせていうなら、軍事活動が各地の有力勢力の連合体制下で実施された前期後葉に対し、中期後葉では、河内に奥つ城を残した勢力のもと、集権的体制で行われたことが想像される。

半島を侵攻した倭軍の規模について「新羅本紀」が記すところによると、訥祇王二八年（四四四）の「囲金城」では新羅側が数千騎で対抗し、慈悲王二年（四五九）のさいには兵船百余艘で来襲し、同五年（四六二）の「破活開城」時には倭人一千人を捕えたという。ちなみに、奈勿王九年（三六四）の「倭兵大至」時には草人形の擬兵数千と実兵一千で対抗し、同三八年（三九三）の「囲金城」時には騎二百と歩卒一千で戦い、そうして実聖王四年（四〇五）の「攻明活城」では倭人三百余りを殺して退けたという。これらの侵攻記事の兵員数が、はたして実数を示しているのかどうか、おそらく問題はあるのであろうが、それでも、四〇〇年前後よりも五世紀中葉の方が、侵攻規模が大きい結果になっている。その実数を記事からおしはかるなら、最大でも一万ほどであろう。

『日本書紀』によると、崇峻四年（五九一）に二万余、推古八年（六〇〇）に万余、同一〇年（六〇二）に二万五千、同三一年（六二三）に数万の倭軍が、それぞれ、渡海かまたは渡海のために準備されたという。長寿王六三年（四七五）に百済を侵攻して漢城を陥落させた高句麗軍は、三万を数えたというから、倭の動員数も六〇〇年前後に至って、高句麗なみになってきたことがわかる。高句麗との動員数の較差は、人口の多寡に由来するのではなく、おそらく政治体制の整備度に起因することが、国内城のような広大な城市をすでに四世紀に営んでいることからも察せられる。これに対して、高句麗に及ばないまでも倭の動員数が四世紀以降増加した形跡を文献史料に残していることは、史料の信頼度を高めるとともに、その増加の原因が人口の増大だけにとどまらず、体制の整備が進んだことを窺わせる。

しかしそうではあっても、奈良時代の人口を五六〇万と推算した澤田吾一の説に依拠して(5)、六〇〇年前後の人口を四五〇万と仮定した場合、渡海のために動員した倭軍の数は、人口の一％に達していたかどうかさえ疑わしい。この点で、継体二一年（五二七）に任那復興を掲げて近江毛野臣が率いた倭軍六万という数字は、にわかには信じがたい異例の多さであったといえようし、人口も少なく体制整備も六〇〇年前後に較べると遅れていた五世紀中葉に、倭の動員数が一万に達しなかったとしても、頷けるところがある。

そこで、この軍事動員という重要事について考古学の方面から応えることができるとすれば、軍事に直接関わるという意味では甲冑であり、その分布状況であろう。すなわち、中期中・後葉の交が刻まれた五世紀中葉は、畿内を中心にして器物の充足をはかってきた伝統的な方策に重大な変更が加わり、畿外拡散へ転じた画期であった。そうして、横矧板鋲留短甲の数が大きく増加し、分布が九州で著しく高進し、関東でもまた高進の傾向がみられ、これが変更の重要なひとつであったことは、画期の内容が軍事上の動員の広域化であったことを示唆している。また、かつて論述したが(6)、横矧板鋲留短甲において出土古墳に占める前方後円墳の比率が低下していることは、中小首長層がいっそう参画するようになった変化を物語っている。他方、眉庇付や衝角付の鋲留冑は、革綴式に較べると畿外拡散の傾向を示していたが、それでもなお、畿内の占める比率が他地方を凌いでいた。このことは、甲と冑をあわせそなえた、軍事編制で上位を占めたとみられる武人が、畿内に多かったことを想像させるのである。

ところで、物品の畿外拡散が進行した五世紀後半は、岩手県胆沢郡胆沢町角塚古墳の存在によって知られるように、前方後円墳の営造が、岩手県域南部の北上川中流域まで北上した時期である。前方後円墳の北上というと、四世紀後葉もまたその時期にあたることが、全長一一〇メートルの宮城県仙台市若林区遠見塚古墳や全長一六八メートルの同県名取市植松雷神山古墳の存在によって知られる。仙台平野の一画に達し、全長一〇〇メートルを優に超えるものまで営まれていたわけである。したがって、五世紀中・後葉が、四世紀後葉ないし五世紀初頭とならんで半島情勢が高句麗の南下などによって緊迫し、倭が軍を送ったらしい形跡を残している時期であることを考えると、さらに、斉明朝ないし天智朝に蝦夷や粛慎へ遠征を行い、同時に半島へも大軍を送っている『日本書紀』の記事を想起すると、畿内政権による、半島と北方への進出が併行したことを「両面作戦」という表現で強調した三品彰英の説は、考古学上の結果によっても大いにこれを追認することができるであろう(7)。

また、関東で集落内の鍛冶が五世紀中・後葉に興隆した形跡を残していたことが、この北方進出に関連して注意を引く。関東のこの時期の鍛冶を既存の「村方鍛冶」という範疇に含めるのが妥当でないことは、第三章で言及しておいたが、これは、六世紀に衰微した点や、渡り工人の存在を想像させるほど操業が短い点について、充分に説明ができないからでもある。その意味で、律令期の軍防令が定めた兵士の戎具が、武器だけにとどまらず、斧や鎌や刀子などの農工具を含んでいること参考にするならば(8)、半島軍の動員地として、また北方進出の後背地として、関東がいっそう重要な意義を帯びるに至った五世紀中・後葉の動向は、鍛冶興隆の素因を示唆しているように思われる。

さらに注意を引くのは、埦坏類の個人用食器に用いる供膳具が広がり、ほどなくカマドを使う煮沸法が流布した点である。カマドの使用が流布した原因についてはすでに論議があり、これらのなかに、甑で糒などを作りそれを携行食にして畿内へ赴き、大型古墳の営造に従事した、という説がある[9]。カマドが流布する五世紀中・後葉には、畿内での大型古墳の営造が峠を越えている点で、この説には無理があるのだが、しかし、携行食という着眼は大いに評価したい。軍事動員という面からいうと、携行食は不可欠であるからである。また、供膳のような食事の方法を統一することも、広域にまたがる軍事編制のうえでは、不可欠とまではいえないにせよ、望ましいことではあったであろう。

もっとも、軍事動員上の要請だけが、カマドを流布させた素因ではなかったにちがいない。日保ちのよい糒のような食品は、調理の時間を軽減し、移動時や就労時の食料の確保を容易にするとともに、糒用にふさわしい糯米が陸田で育てやすいことも、とりわけ東国においては流布を促したであろう[10]。つまり、軍用食として開発された罐詰の普及がそうであったように、糒は移動や就労の難を軽減した、というわけである。カマドによる煮沸法が本州北端にまで及んでいたことについて、鉄器や馬匹とならんで糒が、この北方進出に貢献したことも想像されてよい。

## (三)　対内関係論として

**同族の措定**　五世紀中葉を境にして、埋葬施設の地域色がいっそう鮮明になることを九州について述べ、同地方ほど鮮明ではないが同じ傾向が他地方でもみとめられることを示し、さらに出雲では墳形に地域色が発現することも添えておいた。また、鍛冶や窯業や製塩などの生産をとりあげ、それぞれに地域による偏差をみせつつ高揚する五世紀中・後葉の状況のなかで、用具や技法に、あるいは生産体制に、地域色が表出していることも示した。そうして、これらの地域色のなかで、埴輪生産体制の地域色がもっともきわだっていたことは、この生産が造墓にかかわる点で、注意を引くのである。

他方、思念上の変化として、すでに鎮もりたもうたはずの古い奥つ城への関心が高まること、刀剣に出自や事績を鏤刻する風が発現することに注目し、過去を尋ねて現在を認識する歴史意識が育まれたことを説いた。また、同種多量の滑石製品を副葬する風が衰滅し、武器・武具類ややがて加わる馬具が副葬品目の主座を占めるようになった変化をとりあげて、斎忌観や霊威観に彩られた伝統的な品目を添える風が後景に退き、被葬者の事績や功業にちなむ品目に力点が移ったことを推測した。これは人物埴輪の出現と通底する。

五世紀中葉を境にして顕現するこれらの変化を勘合するならば、同族としての帰属や結合が、制度的であったかどうかはさておき、よりいっそう強く自覚されるようになったといえるであろう。すなわち、墓制という他界の体裁を同じくし、造墓上の物品を同種にととのえようとする指向や、出自を意識して自らの事績を書きとどめる歴史意識の高揚は、埼玉県埼玉稲荷山剣銘が東国的心性を強く映している異例さを考慮したとしても、同族としての自覚が強固になったことを示している、と考えられるからである。

この風が高まりをみせた五世紀中・後葉というと、文献史料が示す多くの渡来人の記事を援用するまでもなく、窯業や鍛冶や金工などの新技術の分野に渡来人の関与したことが、考古学上の動かしがたい事実として指摘できる。主として製品の伝来にとどまった前代とは、この点で一線が設けられるのである。そうして、千葉県木更津市祇園大塚山古墳の眉庇付冑や熊本県玉名郡菊水町船山古墳の鉄刀を飾った大陸・半島系図文の出現から察せられるように、工人以外にも知識層の渡来したことが想像されてよい。

また、軍事上の動員や編制を行うにあたって、中小首長層が数多く参画したことは先に述べたが、参画するさいにはそれぞれが自らの帰属を闡明にすることが求められたであろう。広域にわたって動員し編制して戦闘に投じようとする畿内政権の側からすると、それぞれの帰属を闡明にすることは、組織化を進めて軍事活動の円滑化をはかるうえで、欠かせなかったにちがいない。これもまた、国内体制の整備が進んでいた半島からの渡来人に学んだ可能性がある。

つまり、軍事上の動員や編制面の要請により、渡来人の増加という社会的変化により、同族の措定を必要とする情勢が、五世紀中・後葉に生まれた、というわけである。

**墓制の動向**　五世紀中・後葉はまた、畿外で大型古墳の営造が若干の時間差を示しながら途絶し、畿内においてもその営造が規模の面でも数のうえでも激減して、河内での存続がきわだつようになった時期でもあった。墳墓を大型化し、そこに葬り葬られることを望ましいと考えた前期以来の長い伝統に、転機が訪れたのである。そもそも墳墓の大型化をめざす指向は、畿内のなかで育まれた、斎忌観に基づく共同体的心性に根ざしている(11)。したがって、このような転機が到来したことは、古墳という墓制が共同体的心性から脱却する方向へ転舵した、終焉に向かう大きな一歩でもある。もとより社会政治的観点からこれを評価するならば、大型古墳を営みうるような有力者層が畿内外で後退し、中小首長層が広汎に抬頭し、河内に大型古墳を残した勢力が列島的中核に位置した政権の姿を想像することができるであろう。しかし、このような評価だけでは充分ではないことを強調しておきたい。被葬者の来歴や功業を物語る物品が副葬品の主座を占めるようになったことと、この変化は呼応しており、同族の措定もまたここに結びつくからである。

畿内の五世紀にはまた、大型古墳の陪冢と群集墳との間で、墳形の推移の仕方に相関がみとめられた。この相関をやや単純化していうと、陪冢の主座を方墳が占め、独立墳としても方墳が大型化した五世紀前・中葉を過ぎると、陪冢の中心が円墳系に移り、方墳による群集墳の形成が盛んになる。そうして、五・六世紀の交をさかいにして陪冢の付設が衰微すると、円墳による群集墳形成が隆盛に転じ、方墳型群集墳の形成が退潮をみせる。中期にみとめられた、陪冢と群集墳とのこのような相関の存在は、方墳と円墳との差異が、墳形上の単なる違いというだけにとどまらないことを示唆しているのではないか。

そもそも方墳の成立については、二つの淵源が考えられる。そのひとつは、方形周溝墓や方形台状墓と呼んでいる

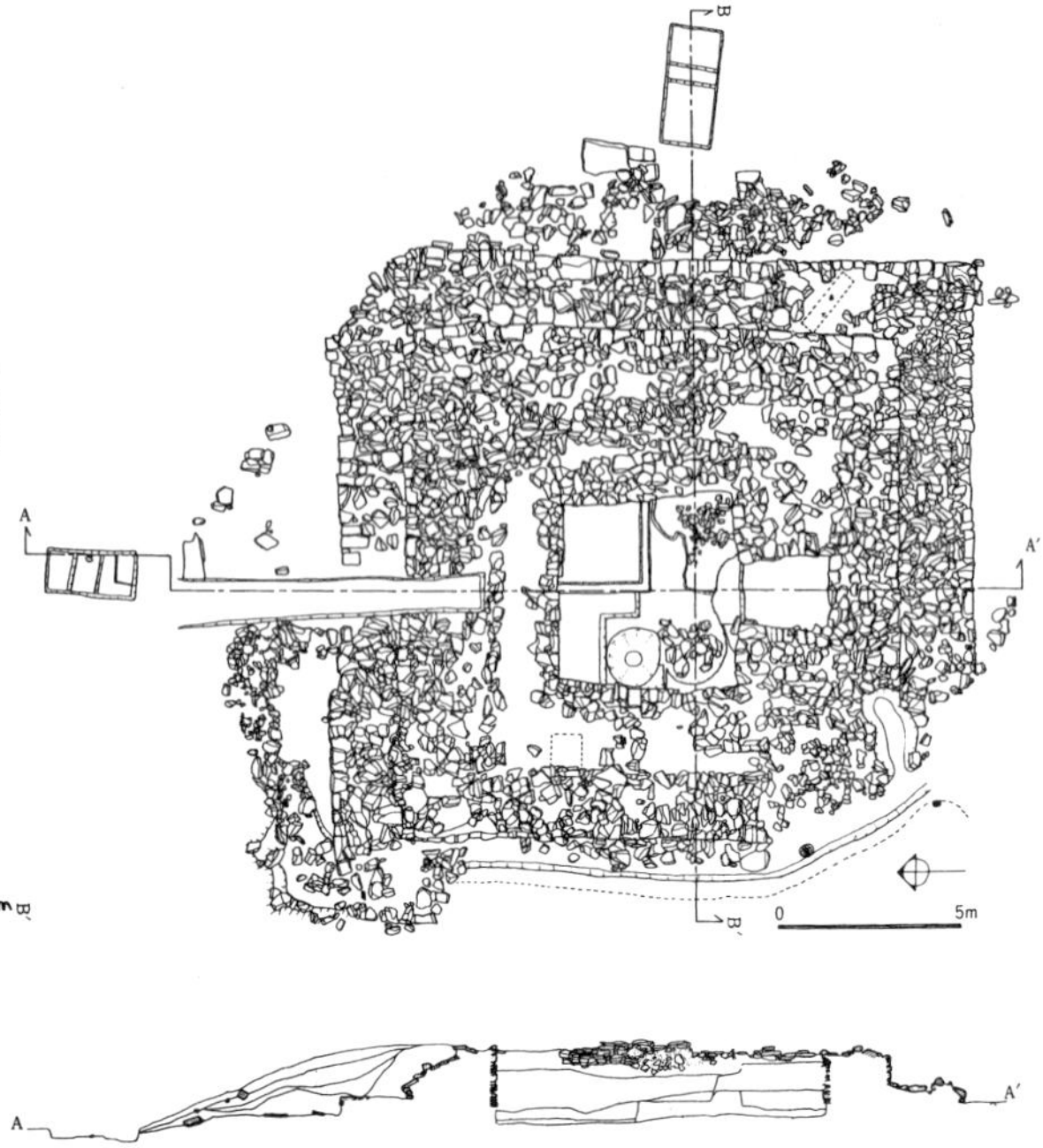


**図62**　京畿道石村洞4号墓

弥生時代の墓制である。そうしてもうひとつは、半島系の墓制であり、弥生時代以来の墓制の系譜で出現を説明することが難しい大阪府柏原市国分茶臼塚古墳のような前期の例は、高句麗や楽浪の影響が説かれている京畿道京城特別市城東区石村洞三～五号墓のような方形の基壇式積石墓に連なる、とみるのがふさわしい（図62）。

ところが、前期に遡る方墳の例を畿内で検索してみると、大阪府域の茶臼塚や藤井寺市藤井寺岡古墳にせよ、京都府域の八幡市美濃山ヒル塚古墳や城陽市寺田尼塚古墳にせよ、規模の大きい例はいずれも、前期のなかでも新しい時期にあたる。また、前期に遡る大型古墳が多い大和では、同期の大型方墳が見いだされていない。これらの点で、畿内における方墳の成立については、半島系の墓制の風を容れたことを推定する方が、弥生時代からの伝統のみで説明するよりも、あるいは、方墳が流行した出雲からの伝播を推測するよりも、妥当性が高いことは、みとめてもさしつかえないであろう。この意味で、中期に入ってすぐさま大型古墳の陪冢として方墳の採用に踏みきったのが河内であることは、茶臼塚古墳や岡古墳の存在を考えるならば、頷けるところがある。

なお、埴輪編年のIII期すなわち五世紀前・中葉に、畿内を中心として主にその周辺地域に大型方墳が営まれたことを第二章で述べたが、この規模を同期の円墳と比較してみると、たとえば大和の場合、それぞれの同形墳中で最大の規模を有する、方墳の橿原市鳥屋桝山古墳（一辺八五メートル）と、帆立貝形墳の北葛城郡河合町乙女山古墳（全長一三〇メートル　後円径九四メートル）との間に、はなはだしい差を見いだすことはできない。さらに、滋賀県蒲生郡蒲生町天乞山古墳や山梨県東八代郡八代町竜塚古墳のように、それぞれの所在地で同期の円墳を凌ぐ規模をそなえた例さえ知られているし、七世紀を除いて方墳がほとんど営まれなかった、九州のような地域があることも注意を引く。したがって、円墳と方墳との違いを、被葬者間の身分や階層上の較差によって説明するのは、時期による変転や地域による差異を無視した暴論であることを、古墳時代研究者のひとりとして指摘しておこう。

それはさておき、方墳が陪冢の主座を占め、独立墳としても大型化がきわまった五世紀前・中葉は、南朝への朝献をくりかえし、漢城期の百済と好を通じていた時期であった。墳墓の平面形を方形にととのえる風は、本来、天円地方に則った中国固有の制であるが、南朝では墳丘を営む葬制が衰退していたらしいから、朝献使がその光景に接する機会はなかったであろう。したがって、倭の有力者が関心を示し模倣の対象にしたとすれば、それは、基壇式積石塚と呼んでいる百済の墓制であった、というわけである。また、広開土王の陵墓であることが明らかになった遼寧省輯安県太王陵や長寿王陵とされる将軍塚には、方形の陪冢が伴っていた形跡があり、高句麗の大墓には、漢代の皇帝陵のように陪冢を付設する風が、存在していたようである。この点で、高句麗への対抗上、陪冢に方墳を採用して主墳の威容を誇示する演出をしたことは、ありえない想像ではない。

高句麗への対抗というと、五世紀中・後葉もまた、緊迫の度を加えた時期であった。鍛冶などの生産の規模を拡充し、東北へ進出するなどして、高句麗へ対抗するべく国内体制の整備を進めていた畿内政権の当時の動向から察すると、また、南朝の弱体化に伴う外交上の行きづまりからみると、畿内政権が自律の方向に転じたことは察せられるし、上表文を奉呈した四七八年を最後に朝献を絶ったらしいことが推測される中国の正史の記述も、これを裏がきしている。このような情勢のもとで、半島に連なる墓制を重視する理由が、失われていったのであろう。あるいは、百済でも五世紀後半に基壇式積石塚が衰退するというから、(12)百済の墓制の変化を汲んだことも考えられる。いずれともあれ、方墳が陪冢の主座を降り、独立墳の規模も相対的に縮小して、円墳系の存在がきわだつようになる、五世紀中葉における墓制の変化の要因は、国際関係の変動と関連づけて説明した方がよい。

したがってまた、興隆期を迎えた群集墳の形成に方墳が大いに採用された要因についても、半島関係の活動に数多くの人員が携り、さらには、半島から百済系の人びとが渡来し、出自や事績を墓制で表現する必要があった、とみておこう。これは、墓制における地域色の顕在化と軌を同じくする。なお、方墳型群集墳を方形台状墓からの系譜にのせる説があってよい。方形台状墓が流行した美作で方墳型群集墳が興隆し、その流行をみせなかった九州で方墳の存在さえ稀薄であることから知られるように、弥生時代以来の墓制の、地域的伝統の有無が、方墳の採否を決定づける場合があった。つまり、方墳の採用に踏みきった理由として、それが半島系の墓制であるというだけにとどまらなかったことを、方形台状墓の伝統が濃い地域については考慮しなければならないであろう。同族の措定という点で、その伝統が重要な意味をもったからである。

さて、群集墳の墳形はやがて円が主流になり、独立墳としての方墳の営造も、出雲を残してほぼ衰滅し、それとともに、陪冢付設の風が止み、帆立貝形墳の営造も急速に退潮をみせる。これらの変化が準備された五・六世紀の交というと、すでに南朝への朝献が途絶え、半島への出兵も下火になり、しかも、熊津遷都を余儀なくされた百済に対する高句麗の圧迫がなお続いていたことを、文献史料が伝えている。高句麗による圧迫が続いたにもかかわらず半島出兵が下火になっている点について、『日本書紀』の記述のように王位継承に混乱があり、国内体制の弛緩したことも考えられる。あるいは、かりに継承には混乱が伴ったとしても、高句麗へ対抗するべく国内体制の整備は進み、これがやがて訪れる継体紀九年条や同二一年条が記す大規模な出師を可能にしたのかもしれない。

考古学上の資料から大王位継承に伴う混乱の有無を立証することは、そもそも難しい。中期に発現した群集積が退潮に向かい、後期後葉に盛期を迎える群集墳との間に、時間・空間上の断絶のあることが、数多くの例をあげて指摘されており(13)、また他方、五・六世紀の交に隆盛をみせ、その後も継続する奈良県新沢古墳群のような例もある。このような群集墳の隆替状況を手がかりにすると、体制の整備に拍車がかかったとまではいえないけれども、著しい頓挫や停滞があったようにはみえない。

いずれにせよ後期に入ってから、円形指向が強くなり、帆立貝形墳も衰滅に向かうことは、墳形によって出自や帰属を表現する風が後退し、また、陪冢の付設が絶えることは、副葬品専用であれ埋葬用であれ、これらを随伴させて主墳に威容を与える必要がなくなったことを推測させる。これはかつて、奈良県北葛城郡新庄町飯豊陵と石光山古墳群、奈良県橿原市鳥屋町宣化陵と新沢古墳群の例をあげ、後期の大型古墳の近傍で、占地を違えて同期に群集墳の形成が頂点を迎えることの意義について論じ、これを新興勢力の抬頭として評価したところでもあるから(14)、政権の安定したことが察せられる。政権の構成に連なった有力者にとって、墳形による表示や陪冢の付設は、おそらく旧習として映ったのであろう。中期との墓制上の差異を、南朝への朝献を絶って自律の方向に転じた倭の政治上の脈絡のなかで、このように説明しておきたい。

**指向の東西**　南朝との通交を物語る、数多くの同型品を含む大型の中国鏡が、五世紀中葉のなかで出現し、この点で、北方系が多い前代と異なる変化が鑑鏡構成にみえはじめたことを指摘した。また、同型鏡の拡散に、東西指向とならんで、西指向と東指向との別があることを論じ、さらに他の遺品をとりあげ、東西指向が同型鏡のみにとどまらないことを横矧板鋲留短甲や片刃箭式長頸鏃によって示した。さらに、畿内における同型鏡の分布にも触れ、それぞれ、東西指向では河内が、西指向a群では大和が分布の中心を占めており、畿外への指向の違いが畿内での分布傾向の差異と相関していることも説いた。

そこで、畿内での分布傾向の差異について、もう少し論を進めると、東指向をみせる鈴付品のひとつである鈴鏡が出土した古墳の分布は、畿内のなかでは大和に集中しており、河内や和泉にきわめて少なかった点が、まずあげられる（図46参照）。そうして、畿内周辺では播磨や伊勢に偏り、おしなべて分布の密度の低い西日本のなかにあって、伊予が大和と肩を並べる集中をみせていたことも、鈴鏡の場合に問題になるところであろう。つぎに、西指向の例としてあげた垂飾付耳飾では、長・短両型とも、畿内での出土古墳の分布が大和と河内に偏っていた点、西指向の蛇行剣の場合は、出土古墳の分布の偏りが畿内に見いだせず、日向に集中していた点が注意を引く。

すなわち、同型鏡の西指向群だけにとどまらず東指向の鈴鏡もまた、畿内においては大和が出土古墳の分布の中心を占め、また、西指向の垂飾付耳飾の出土古墳の分布が大和と河内に偏り、ここでも大和が加わっている。そうして、畿内で知られるこのような偏在の例が、伊予や日向のように、畿外でもまた抽出されることについて、これは、畿内外の分布の様態が偶然でないことを示唆している。ここで想起されるのは、文献史学の分野において、大伴系が西国に、物部系が東国にそれぞれ多いことが説かれ、大伴系は外廷の軍事力を構成し、物部系は内廷で側近護衛を分担し、のちに外廷的氏族として強大化したと推測されている点である(15)。考古学ではもとよりこのようなところまで言及することはできないが、東・西指向という拡散の相違に加えて、畿内外に分布の偏りが存在することについて、器物の拡散に畿内の特定勢力が関与していた可能性を考える方が、その原因を説明しやすいことは確かであろう。軍事上の動員や編制の実態を考究するうえで、この点は念頭におく必要がある。

**伝播活動の異相**　五世紀中葉を境にして、物品の移動や技術の伝播が、倭のなかでかつて例をみないほど広域に及び、活発の度を加えたことは、すでに例示した。そうして、これらの移動や伝播には、横矧板鋲留短甲や須恵器生産のような、畿内から発する例があり、石棺や横穴式石室のような畿外から畿内へ至った例、さらには、ある種の埴輪技法のような畿外同士の例もあった。物品や技術のこのように多様で活発な移動や伝播として、古墳時代開始前後に現れた土器などの伝播の動態が思いうかぶけれども、活動域の広さはともかく有力者層が主導した点で、一線を画している。

そこで、このような活動を可能にした要因をあげるなら、カマドを使った糒への加工が、それに寄与したであろうし、また、馬匹の利用が大いに貢献したことも、宮城県仙台市若林区荒井藤田新田遺跡のような北方で実用本位の木製鐙が出土している点によって、この一端を窺い知ることができる。しかし要因は、それだけにとどまらない。

畿内から物品が拡散する契機として、畿内へ出向いたさいに受領する参向型と、畿内から各地へ赴いたさいに携える下向型との二類型を想定し、三角縁神獣鏡の分与として復原されている状況は下向型にあたり、同型鏡の拡散は参向型に属するとした。また技術の伝播についても、文献史学の成果を援用していうと、(16)畿内工人が赴く場合や様《ため》しが畿外に送られる場合は下向型に、畿外工人が畿内の技術をもち帰る場合は参向型に、それぞれ含めて扱うことが可能であろう。

この点で、畿外から畿内への伝播が五世紀中葉を境にして著しくなり、同型鏡の拡散の開始と時期を同じくしていたことは、示唆的である。参向型とみた同型鏡の拡散の仕方に誤りがないならば、畿外から畿内への伝播が活発化する現象は、参向型の登場とまではいえないにせよ、その抬頭として理解することはできるであろう。すなわち、埼玉県稲荷山剣銘が「杖刀人首」として、熊本県船山刀銘が「典曹人」としてそれぞれ大王に仕えたことを記しているように、畿外の有力者が畿内へ赴く機会が、前代に較べてはるかに多くなり、それが畿外から畿内への伝播を活発化させる要因になった、と考えようというわけである。

また、伝播上の変動は、さきにも少しとりあげたように、軍事活動とも相関することが考えられてよい。五世紀中葉を境にして、朝鮮半島への軍事活動がはなはだしくなり、これに呼応して、倭国内で軍事上の動員や編制が広域にわたって実行に移されるようになったことは、くりかえし述べてきた。動員や編制というと、これに連なった各地の有力者達が、互いに接する機会が多かったことは、「昔は吾が伴として、肩摩り肘触りつつ、共器にして同食ひき」という磐井の発した近江毛野臣への揚言からも、窺い知ることができるであろうし、半島へ渡れば、新奇な習俗や物品に触れる機会は多かったにちがいない。また、軍事上の動員や編制に伴う国内体制の整備のなかで、群集墳の盛んな形成から知られたように奥つ城を営みうる階層が増大し、地域色の興隆によって察せられたように出自や来歴が求められた。畿外同士の伝播が活発化した背景として、このような情勢の変化があったことを、ひとまず推測しておこう。

そこで、伝播の具体例に眼を向けると、遠距離に及んだ確例として、越前や三河に至った九州型横穴式石室の東行や、畿内にまで達した阿蘇凝灰岩製石棺の移動があげられた。さらに石棺技法の一部は、関東に及んだ可能性がある。これらの遠地への伝播は、横矧板鋲留短甲の分布数の急増が示唆しているように、九州が半島へ向かう軍事活動の策源地として重視され、しかもその動員の範囲が東国にも及んでいたことを、おそらく反映しているのであろう。

また、吉備の円筒埴輪技法が筑後や肥後、さらに若狭に伝わっていることも、かなり遠い伝播の例にあたる。この伝播例は、吉備臣小梨と若狭を本貫地とする膳臣斑鳩とが、難波吉士赤目子とともに新羅救援に赴いたことを伝える雄略紀八年条の記述に、触れるところがあるが、いずれにせよ吉備の勢力が半島経営に関与したらしいことは、岡山県総社市西阿曽随庵古墳出土の鍛冶具などの考古学資料からも察せられるし、同型鏡の神人歌舞画像鏡の分有関係は、吉備と若狭の結びつきを推測させる。さらにまた、筑肥型横穴式石室や宇土半島産の石棺が、吉備でみとめられることや、若狭で九州型横穴式石室が二例知られていることも、九州と吉備と若狭との相関を示す事実といえる(17)。

畿内以東では、尾張産の須恵器が関東に運ばれ、尾張系の円筒埴輪技法が若狭の一部に伝えられているのが、いくぶん遠い例としてあげられる。尾張氏が半島経営に参画した記録を、文献史料にみることはできないが(18)、ただ、半島直伝のかたちで須恵器生産を開始した可能性がある点を強調するならば、また海路によって半島に連なる若狭に尾張の埴輪技法が伝播している点に注意するならば、半島経営に無関係でなかったことを、考古学上からは推測したいところである。あるいは、半島への軍事活動と併行して活発の度を加えた東北進出に関与していたことも、須恵器の流通から導いた仮説としては、考えられてよい。

ちなみに、下野の円筒埴輪技法が磐城の中通り経由で北方に伝播していること、また常陸北部で、鍛冶址が多く、関東では珍しい専用羽口出土例がそのなかにみられること、畿内色の濃いⅣ期の埴輪を有するひたちなか市磯崎町川子塚古墳のような全長八〇メートルの前方後円墳が海岸沿いに出現することは、関東北部の有力者が内陸からも海からも、東北進出に関与したらしいことを推測させる。

## (四)　おわりに

第一部において同型鏡群の行跡を辿り、南朝の劉宋から五世紀中葉に畿内政権のもとに伝来して、六世紀をまたずにその拡散がほぼ終了したと主張した。そうしてその拡散が、畿内へ赴く参向型と名付けた受領形態をとったらしい点で、古墳時代の開始にあたって実行された三角縁神獣鏡の分与と、違っていたことを推測した。また第二部では、同型鏡の拡散開始期は、造墓、生産、伝播体系、思念や生活が変化をみせた時期であったことを、それぞれに章を設けて指摘し、変化の内容を吟味した。

この結果、それぞれの変化は、独立して個別に進行したのではなく、互いに相関して、一つの方向に転舵した構図が、おぼろげながらみえてきたと考える。その方向とは、時代を主導した畿内政権の側からいえば、軍事上の動員や編制を円滑にする国内体制の構築であり、転舵を促した直接の契機とは、東アジアにおける勢力地図の変動であった。文献史学者の一部が、南朝の権威によって国内体制の整備を進めようとしたと説いているが[19]、かりにそうであったとしても、北朝の強勢を背景にして南進を策する高句麗に対する脅威が、体制の整備へと向かわせた素因であったのである。

それでは、五世紀中葉を境にして惹起したこの変化は、倭の国家形成のうえで、どのような位相を占めていたのであろうか。この点について、文献史学の方面では、大王家と畿内氏族との連合体制から軍事的専制王権へ移行したといい[20]、あるいは、三輪神聖王権を中心とする聖俗の二重王制から、河内勢力の急速な抬頭を背景に統一・世襲王権へ変容したとも説かれているが[21]、これらの貴重な論説はさておいて、考古学の立場からこの問題を論じていこう。

まず墓制をとりあげると、高句麗の南進という事態に対処する倭国内の体制は、四世紀後葉の頃と五世紀中・後葉との間で違っており、五世紀中・後葉の方がよりいっそう集権的であったことを、大型古墳の営造の動向によって示しておいた。そこで、群集墳の形成をみると、四世紀後葉の頃に盛期を迎える例が、奈良県桜井市池ノ内古墳群のような畿内の例だけにとどまらず、駿河など畿外の遠隔地でも知られつつある[22]。このような例が今後さらに増加するならば、高句麗の南進に伴う国内体制の変動に関連づけることができるのではなかろうか。その意味で前期後葉に、畿内の大型古墳の占地が大阪湾岸に進出するとともに、畿外における大型古墳の営造が東方に傾斜して仙台平野に達し、しかも、東方の枢要な泊地に前方後円墳が出現することは、碧玉腕飾類が東行し、山梨県東八代郡中道町大丸山古墳の内容に半島色が濃い点とならんで注意を引く[23]。

前期後葉の群集墳の実態については、なお解明に時間の経過を要するのでさておき、いずれにせよ、畿内外で、大型古墳の営造が衰退ないし衰滅を示すのと前後して、群集墳の形成に拍車がかかったことを、中期後葉の場合については、指摘してさしつかえない。大型古墳を出現せしめた、副葬品の同種多量現象によっても察せられるような共同体的紐帯がその強固さを失い、軍事上の動員や編制に連なる中小首長層が抬頭し、政治的にも思念上もその地位を確立したことが、群集墳の形成に拍車をかけたのであろう。

さらに、資料の上でも研究の面でも充分な蓄積を有している六世紀後葉の群集墳と比較してみると、分布の広さや稠密さの点で、五世紀中・後葉の群集墳は劣っている。また、墳形の面でも、円墳にほぼ統一された六世紀後葉の群集墳と違っており、埋葬施設の形態についても、木棺直葬があり、竪穴式石室や箱式石棺があるなど、横穴式石室が主座を占めた六世紀後葉の群集墳よりも、はるかに多様であることがみてとれる。横穴式石室の形態には差異があり、木棺直葬が一部に存続しているけれども、六世紀後葉の群集墳の方が、はるかに斉一性が高いのである。この斉一性が政治体制の整備や集権化を示しているとみる通説に従ってよければ、相対的に斉一性に欠ける五世紀中・後葉の群集墳の状況には、被葬者達の出自や来歴や地域ごとの事情が表出している、と考えるのが妥当であろう。つまり、五世紀中・後葉には、集権化が進んだといってもなお、後代に較べればいっそう強く出自などに制約されていた姿が想像されるのである。

次に生産の分野では、六世紀中葉を境にして、玉生産や土器製塩が畿内で衰退して、玉生産は出雲で、土器製塩はふたたび備讃瀬戸で高揚し、新しく隆盛をみた製鉄は中国山地が生産の中心を占めることが、判明している。これらの畿外各地の生産は、地元で需要が増大してそれに応えたということでもなく、商業活動として不特定多数の需要を満たしたということでもない。半島経営からの後退を余儀なくされて、おそらく国内体制の整備や生産組織の構築をせまられていたにちがいない時代背景を考慮するならば、これらの生産は、畿内へ運び入れることを求められた、律令体制下の貢進に連なる税形態であったとみた方がよい。

ところが、五世紀中・後葉の場合、窯業や鍛冶や土器製塩や玉作りの生産址をとりあげて示したように、畿内外ともに、これらの非農業生産が高揚した形跡を残していた。すなわち、生産量の多寡や専業度の高低に差はあっても、また畿内の生産規模が図抜けていたけれども、中小首長層の抬頭によって高揚する需要をそれぞれの膝下で賄おうとしていたのである。この意味で、五世紀中・後葉の生産状況は、国家的規模の社会的分業が未成熟であったといえるであろうし、観点をかえると、各地の勢力の自律度が、六世紀後葉に較べると高かったことを、この生産状況が反映している、ということになるであろう。造墓数の増加に伴って既存の墓制の展開したことが地域色を生み、技術や生産体制などの保守性や後進性が増産によって顕在化したこともまた、この自律度の高さを物語っている。

なお、四世紀に遡る古墳時代前期の生産の状況は、不明な部分が多い。ただ、鋳鏡に大和西部勢力がかかわり、他勢力のもとでもそれを行っていた可能性があること、[24]埴輪生産が各勢力のもとで実行されていたことは、畿内にあっても、各勢力のもとで生産が組織されていたことを窺わせる。また、原材が産出する北陸で行われた碧玉腕飾類の生産は、畿内へ製品を運ぶことを前提としている。これを貢進とみるかどうかは意見の分かれるところであろうが、いずれにせよ、五世紀に入ると、原材を移入する専業的で大規模な玉生産が畿内で成立するという方向に推移したことを考えるならば、かりに貢進であるとしても、六世紀後葉の場合とは区別をすべきであろう。

また伝播体系については、五世紀中葉に転機を迎えるまで、畿内を中心に物品の需要を満たしていたことを、三角縁神獣鏡や短甲に例を求めて指摘した。そうして、五世紀中葉を境にして、主要副葬品に畿外分散型が登場したこと、畿外の東西に広く分布を拡大させた東西指向が現れることを、同型鏡などによって提示した。そこで、六世紀代における物品の分布状況を瞥見すると、単龍単鳳環頭大刀は東西指向を示し、挂甲や鈴鏡は関東の分布の比重が高まる点で東指向が強い。そうして六世紀後葉ないし七世紀に入ると、鈴釧や頭椎大刀で代表されるような、東指向がはなはだしく、東北にまで分布の及ぶ物品が現れる。つまり、五世紀中葉を境にして表出する新たな分布傾向は、その後の展開の端緒をなす点で、重要な意義があるといえる。

物品の分布に畿外分散型が生まれ東西指向が現れた点について、これは、東アジアの国際情勢の動揺をうけた、軍事上の動員や編制の変化を示すとみて、動員や編制の対象を広く畿外に求め、その広域化を達成したことによると説いた。そうして、広域化の達成とともに、中小首長層の参画の度合が増したことも述べておいた。すなわち、畿内を中心にして動員や編制を行い、中小首長層の参画の度合も低かった前代までとは、この点に差異が見いだされるわけである。また、六世紀代に流行した挂甲をとりあげて比較すると、出土古墳に占める前方後円墳の割合がふたたび高進し、しかも関東で分布が増大する(25)。したがって、動員や編制に畿外とりわけ関東の有力者が数多く参画したことを推測させる六世紀の構成とも、違っていたことになるであろう。

さらに思念については、五世紀中・後葉に訪れた変化として、歴史意識が醸成されたことを縷述した。また、副葬品の同種多量によって表象された伝統的な葬送観が畿内では退潮をみせて、被葬者の来歴や功業を物語る物品が副葬品の主座を占めるに至ることも説いた。一体として進行したこれらの変化は、共同体的思念のなかに埋没していた首長層が、社会のなかで自己の確認と新たな存在性を獲得したことを想像させる。大陸・半島系の神仙観によって彩られた物品が目立つようになることは、軍事動員や編成に参画したこの当時の首長層の新たな関心のありかを物語っているのである。

六世紀代における横穴式石室の流布は、この延長上にある。そこで、この墓制をとりあげて、六世紀代との思念上の比較を試みると、その採用に踏みきった結果として、墳丘が遺骸埋葬の場としての本来の機能を失って、石室を包む被覆施設となり、いきおい、埴輪などによる墳丘の演出がその意義を失った、という変化もないがしろにはできないが、埋葬施設に入口をつけ、それを南に向けるようになった点に注意したい。頭位を東に向けることを重視していた五世紀代とは異なる、葬送上の新たな方位観が加わったことを、示唆しているからである。なお、九州の横穴式石室の場合、五世紀には西開口が多く、六世紀になると南開口が卓越している。横穴式石室という葬制にともなって新しい方位観が伝わってきたのではなく、その流布が六世紀をまたなければならなかったことを、この事実によっても知ることができるであろう。

六世紀というと、高句麗墳墓の壁面をさかんに四神が飾り、熊津期の百済の墳墓の一部にまでその影響が及んだ時期であった。半島のこのような状況からみると、倭の横穴式石室を南開口へと導いた原因として、四神思想が伝来してそれを充分に理解するのは一世紀後の天武・持統朝のことであったとしても、その影響は考えられてよい(26)。そうして、群集墳を構成する小型墳の石室にも、この方位観が実現されているところからすると、この中国流の思想の影響が、社会の深くにまで及んでいたことが察せられる。四世紀後葉に遡る周濠の付設が、道教の神仙観にちなんだ演出であることを述べ、眉庇付冑などの五世紀中・後葉の物品の図柄にもその影響がみとめられることを説いたが、横穴式石室の流布は、これらとは比較にならないほど広範囲に、中国風の思想が影響を与えたことを物語っているのである。

なお、脚付壷の外囲に小像などを付属させて壷を演出した装飾須恵器が、六世紀代に流布する。地域的変容や習合はあるにせよ、これもまた、壷中に神仙界を想い描く、壷中天という中国風の神仙観に基づいている(27)。そうしてこの思想は、主として有力勢力によって迎えられ、四神思想の影響ほどの広がりはもたなかったことが、装飾須恵器の出土古墳の規模によって察せられる。

要するに、中国風の思想が地域的にも社会的にも広がりをみせるのは、六世紀のことであり、これに較べれば五世紀中・後葉は、思念上の変化がなお一部にとどまっていたとみられる。

また、生活上の変化として、個人用食器の普及とカマドによる煮沸法の流布とを指摘し、軍事動員の広域化をこの誘因としてあげた。さらに集落の数や規模の増大する傾向が、関東や東北だけにとどまらないことを示したが、増大の素因についてはなお一考を要する。集落の数や規模の増大というと、農業生産が拡大し、人口の増加したことが考えられる。あるいは、農業生産を拡大に導いた原因として、農具や農法の改良に加え、労働編成上の組織化や効率化があげられてよい。しかし、集落の増大や農業生産の拡大や人口の増加を実現し、さらに維持していくうえで、鉄器が欠かせない。したがって、関東などで五世紀中・後葉に鉄器生産が高揚した形跡をとどめている原因として、戎具の需要を満たしただけにとどまらず、このような生活面からの要請に応える必要があったことも、考えておかなければならないだろう。

ところが、鉄生産が軌道に乗った六世紀後葉ならともかく、鉄素材の大半を彼地に求めなければならなかったらしい五世紀中・後葉において、この高まる需要を満たそうとすれば、輸入量を増やさざるをえない。また、この頃に鋳銅品生産も復興の気配をみせ、金銀の使用も始まったことをさらに想起するならば、輸入によって賄われる金属素材は、量の点でも種類のうえでも、増大したことが想像される。新羅へ軍事活動を行い、南下する高句麗に強い危機感を抱いた背景、そうして、中小首長層までがその軍事活動に連なるに至った原因の、ことごとくではないにせよその一斑がここにあったと考えられる。このような実生活に直結する危機感が、中小首長層の参画を促したというわけである。

なお、人口の増加という点について付言しておくと、集落の増大を人口の増加と読みかえることは単純に過ぎる。たとえば、律令期の常陸は、澤田吾一の推算によれば(28)、旧国別で最大の人口を擁しており、八・九世紀の竪穴住居址がおびただしい数にのぼる考古学上の知見からみても、この結果は頷ける。広大な可耕地に恵まれない常陸の場合、農業生産による人口の自然増には限りがあるので、これは人口の集中とみるべきであろう。つまり、人口地図の変動である。ところが、五世紀中・後葉における集落の増大は、関東だけにとどまらず、広範な地域に及んでいる可能性がある。もしそうだとすれば、移住による人口の集中というだけでは説明しがたい。そこで、ひとつの想像であるが、考古学上にほとんど痕跡をとどめていない遊動者が各地にいて、これが定着するに至った、とみてはどうであろうか。

以上、変革期といわれる五世紀中・後葉がみせたその内容について、さまざまなサブシステムがまさしく相関しながら変動し、軍事上の要請や編制が媒体としてこの相関を促したことが知られたかと思う。この相関は、たしかに、東アジアにおける国際情勢の変化を受けて働きだしたのではあるが、他方、倭の内的情況が準備されていなければ、発起したとしても広がりをもつことは難しかったであろうし、内的情況がととのっていたとしても、国際情勢の変化がなければ起動することはなかったであろう。さらには、畿内政権が領導したとしても、政権側からの一方的な働きかけだけで、これほどの幅広い変化が現出することはありえない。時代を動かした素因として、国際関係と内的情況のいずれを重視すべきかという議論があるけれども(29)、五世紀中・後葉の変動は、はたしてどちらということになるのであろうか。

また、五世紀中・後葉の変動について、前後の時代との比較も心がけながら論述を重ねてきた。有力勢力による連合体制下にあった四世紀代よりも国家としての組織化が進んだ点で、ここに倭国の成立を説く見解があってよいし、国家の成立は六世紀後半あるいは律令期をまたなければならなかったといわれれば、はるかに体制の整備が進んでいる点で、この意見にも異存はない。あるいは、畿内有力氏族が衰微した桓武・嵯峨朝期の体制こそが古代国家の完整した姿であるということなら、それも一案かと思うし、広域にわたる政治秩序が形成された古墳時代の開始をもって、国家の成立とみることもできるであろう。ともかく、エンゲルスに依拠するにせよ、クレッセンを踏襲するにせよ、このような国家の線引きは、定義を重視しこの方面に多大の蓄積を擁する研究者や、単純化したモデルの提示をめざす人士に委ねたい。

五世紀中・後葉が国家の古代的完整に向かって急角度に転回した時代であったことを、考古学の方面から確認し、その実相を描くことができれば、本論の主旨としては足りる。ただ、描いた時代相は、文献史学の成果とおのずから違っているし、考古学で断片的に指摘されてきた単純な画期説とも、相関を重視した点で異なっている。巨象を撫でる群盲の一人として、識者の叱正を乞う次第である。

## 注

（1）雄略の即位と逝去の暦年代について、『日本書紀』に依拠した四五七～四七九年説と、『古事記』に依拠した四六七～四八九年説とがあり、また笠井倭人が別の方法で算出した四六四～四九六年説などがある。笠井倭人「上代紀年に関する新研究」（『史林』第三六巻第四号　昭和二八年）。白井克也「馬具と短甲による日韓交差編年」（『土曜考古』第二七号　平成一五年）。

（2）定森秀夫「日本出土の〝高霊タイプ〟系陶質土器(1)」（『京都文化博物館研究紀要』第二集　平成元年）。高久健二「韓国の倭系遺物」（第五回歴博国際シンポジウム事務局編『古代東アジアにおける倭と加耶の交流』平成一四年）。

（3）李永植「加耶諸国の対外関係史の視点・論点」（注2第五回歴博国際シンポジウム事務局編）。

（4）朴天秀「大伽耶と倭」（注2第五回歴博国際シンポジウム事務局編）。

（5）澤田吾一『奈良朝時代民政経済の数的研究』（昭和二年）。なお、鎌田元一『律令公民制の研究』（平成一三年）は、八世紀前半の国家掌握人口を約四四〇～四五〇万人としており、澤田による推定人口は奈良末ないし平安初期とみるべきであるという。

（6）川西宏幸「中期畿内政権論」（『考古学雑誌』第六九巻第二号　昭和五八年）、川西宏幸『古墳時代政治史序説』（昭和六三年）補訂載録。

（7）三品彰英『日本書紀朝鮮関係記事考證』下巻（平成一四年）。

（8）律令研究會編『譯註日本律令』十　令義解譯註篇二（平成元年）。関川尚功「畿内中期古墳出土の鉄製農工具について」（横田健一先生古稀記念会編『文化史論叢』（上）　昭和六二年）。

（9）笹森紀己子「かまど出現の背景」（『古代』第七二号　昭和五七年）。

（10）外山政子「『炉』から『カマド』へ」（味の素食の文化センター『助成研究の報告』2　平成四年）。

（11）川西宏幸『古墳時代の比較考古学』（平成一一年）。

（12）朴淳發（木下亘・山本孝文訳）『百済国家形成過程の研究』（平成一五年）。

(13)　佐田茂「群集墳の断続」(『古代学評論』第三号　平成五年)。
(14)　川西宏幸「後期畿内政権論」(『考古学雑誌』第七一巻第二号　昭和六一年)、川西宏幸『古墳時代政治史序説』(昭和六三年)に補訂載録。
(15)　直木孝次郎『日本古代兵制史の研究』(昭和四三年)。
(16)　櫛木謙周『日本古代労働力編成の研究』(平成八年)。
(17)　柳沢一男「岩戸山古墳と磐井の反乱」(宇治市教育委員会編『継体王朝の謎』平成七年)。
(18)　新井喜久夫「古代の尾張氏について」上下(『信濃』第二一巻第一・第二号　昭和四四年)。
(19)　長山泰孝「前期大和政権」(『日本歴史』第四三二号　昭和五九年)、長山泰孝『古代国家と王権』(平成四年)に載録。
(20)　井上光貞「雄略朝における王権と東アジア」(井上光貞ほか編『東アジア世界における日本古代史講座』第四巻　朝鮮三国と倭国　昭和五五年)。
(21)　本位田菊士『日本古代国家形成過程の研究』(昭和五三年)。
(22)　村田淳「古式群集墳の成立とその性格」(『静岡県考古学研究』三四　平成一四年)。
(23)　川西宏幸「長柄・桜山の時代」(伊丹徹編『シンポジウム前期古墳を考える』逗子市・葉山町教育委員会　平成一四年)。
(24)　川西宏幸「前期畿内政権論」(『史林』第六四巻第五号　昭和五六年)、川西宏幸『古墳時代政治史序説』(昭和六三年)に補訂載録。林正憲「古墳時代前期における倭鏡の製作」(『考古学雑誌』第八五巻第四号　平成一二年)。
(25)　注14に同じ。
(26)　注11に同じ。
(27)　注11に同じ。
(28)　注5澤田、鎌田。常陸の人口は、澤田によれば二一万六九〇〇、鎌田によれば延暦年間頃で二二万四〇〇〇～二四万四〇〇〇という。

(29)　鬼頭清明『日本古代国家の形成と東アジア』(昭和五一年)。

# 付章　主要遺跡文献一覧（県別、五十音順、地籍は平成一五年末現在）

## 日本

**佐賀県**（肥前）

（1）島田塚古墳（唐津市鏡）
　後藤守一「九州北部に於ける古墳の二三」（『考古学雑誌』第一二巻第四号　大正一〇年）。岡崎敬・木村豪章「島田塚」（唐津湾周辺遺跡調査委員会編『末盧国』昭和五七年）。

（2）谷口古墳（東松浦郡浜玉町谷口）
　梅原末治「肥前玉島村谷口の古墳」（『佐賀県文化財調査報告書』第二輯　昭和二八年）。亀井明徳・永井昌文「谷口古墳」（前掲1唐津湾周辺遺跡調査委員会編）。

（3）土生遺跡（神崎郡神崎町尾崎）
　八尋実編『尾崎土生遺跡』（『神崎町文化財調査報告書』第六五集　平成一一年）。

（4）船塚古墳（佐賀郡大和町久留間）
　蒲原宏行ほか「佐賀県」（第三回九州前方後円墳研究会実行委員会編『九州の埴輪その変遷と地域性』平成一二年）。

**熊本県**（肥後）

（1）院塚古墳（玉名郡岱明町開田）
　乙益重隆ほか『院塚古墳調査報告』（『熊本県文化財調査報告』第六集　昭和四〇年）。

（2）金屋塚古墳（山鹿市石）
　隈昭志「金屋塚の沿革」（『チブサン』第一四号　昭和四四年）。高木恭二「熊本県」（第三回九州前方後円墳研究会実行委員会編『九州の埴輪その変遷と地域性』平成一二年）。

（3）船山古墳（玉名郡菊水町江田）
　梅原末治「玉名郡江田船山古墳調査報告」（『熊本県史蹟名勝天然記念物調査報告』第一冊　大正一一年）。西田道世・佐藤伸二『船山』（『菊水町教育委員会文化財調査報告書』第一集　昭和五一年）。江田船山古墳編集委員会編『江田船山古墳』（昭和五五年）。中原幸博編『江田船山古墳』（『熊本県文化財調査報告』第八三集　昭和六一年）。

**福岡県**（豊前・筑前・筑後）

（1）一町間遺跡（宗像市野坂）
原俊一ほか『宗像市埋蔵文化財発掘調査報告書―一九八四年度―』（『宗像市文化財調査報告書』第九集　昭和六〇年）。

（2）居屋敷窯址（京都郡豊津町居屋敷）
副島邦弘ほか『居屋敷遺跡』（『一般国道一〇号線椎田道路関係埋蔵文化財調査報告書』第六集　平成八年）。

（3）牛ガ熊遺跡（糟屋郡須恵町植木）
中間研志『牛ガ熊遺跡』（『須恵町文化財調査報告書』第六集　平成五年）。

（4）浦山古墳（北九州市小倉南区南方）
上村佳典『南方浦山古墳』（『北九州市埋蔵文化財調査報告書』第五八集　平成六年）。

（5）王塚古墳（嘉穂郡桂川町寿命）
梅原末治・小林行雄『筑前国嘉穂郡王塚装飾古墳』（『京都帝国大学文学部考古学研究室報告』第一五冊　昭和一五年）。

（6）拝塚古墳（福岡市早良区重留）
井沢洋一ほか『入部』Ⅰ（『福岡市埋蔵文化財調査報告書』第二三五集　平成二年）。

（7）欠塚古墳（筑後市前津）
佐田茂編『欠塚古墳』（『筑後市文化財調査報告書』第八集　平成五年）。

（8）隈・西小田窯址（筑紫野市隈）
渡邊和子「隈・西小田地区遺跡群の初期須恵器窯跡について」（筑紫野市史編さん委員会編『筑紫野市史』資料編（上）考古資料　平成一三年）。

（9）小隈窯址（朝倉郡三輪町山隈）
佐藤正義編『小隈窯址郡』Ⅰ（『夜須町文化財調査報告書』第一二集　昭和六三年）。中村勝「朝倉古窯跡群の一姿相」（『九州考古学』第六六号　平成三年）。平田定幸「朝倉の初期須恵器窯跡」（柳田康雄編『甘木市史資料』考古編　昭和五九年）。

（10）瑞王寺古墳（筑後市西牟田）
川述昭人『瑞王寺古墳』（『筑後市文化財調査報告書』第三集　昭和五九年）。

（11）鋤崎古墳（福岡市西区今宿）
杉山富雄編『鋤崎古墳』（『福岡市埋蔵文化財調査報告

書』第七三〇集　平成一四年）。
(12)　七夕池古墳（糟屋郡志免町田富）
上野精志『七夕池遺跡群発掘調査概報』（『志免町文化財調査報告書』第一集　昭和四九年）。橋口達也・佐々木隆彦編『国指定史跡七夕池古墳』（『志免町文化財調査報告書』第一二集　平成一三年）。
(13)　茶臼塚古墳（甘木市小田）
柳田康雄編『小田茶臼塚古墳』（『甘木市文化財調査報告』第四集　昭和五四年）。
(14)　塚堂古墳（浮羽郡吉井町徳丸）
田中幸夫「筑後千年村徳丸古墳前方部石室に於ける埋葬の状と遺物の二三」（『考古学雑誌』第二五巻第一号　昭和一〇年）。宮崎勇蔵「筑後国浮羽郡千年村徳丸塚堂古墳」（『福岡県史蹟名勝天然紀念物調査報告』第一〇輯　昭和一〇年）。馬田弘稔編『塚堂遺跡』Ⅰ（『浮羽バイパス関係埋蔵文化財調査報告』第一集　昭和五八年）。
(15)　当正寺古墳（甘木市堤）
松尾宏編『堤当正寺古墳』（『甘木市文化財調査報告書』第四九集　平成一二年）。
(16)　長野A遺跡（北九州市小倉南区長野）
山口信義・佐藤浩二編『長野A遺跡』２（『北九州市埋蔵文化財調査報告書』第五四集　昭和六二年）。
(17)　西島遺跡（小郡市三沢）
宮田浩之「西島遺跡一・二区」（小郡市史編集委員会編『小郡市史』第四巻　資料編　原始古代　平成一三年）。
(18)　西新町遺跡（福岡市早良区西新）
池崎譲二ほか編『西新町遺跡』（『福岡市埋蔵文化財調査報告書』第七九集　昭和五七年）。
(19)　真方一号墳（前原市東）
角浩行『今宿バイパス関係埋蔵文化財調査報告』Ⅱ（『前原市文化財調査報告書』第四二集　平成四年）。
(20)　三雲遺跡（前原市三雲）
小池哲史編『三雲遺跡』Ⅳ（『福岡県文化財調査報告書』第六五集　昭和五八年）。国立歴史民俗博物館「文字のある風景」展図録（平成一四年）。
(21)　八並窯址（朝倉郡夜須町三並）
前掲9平田。
(22)　山隈窯址（朝倉郡三輪町山隈）
九州大学考古学研究室「山隈窯跡群の調査」（『九州考古学』第六五号　平成二年）。

**大分県**（豊前・豊後）
(1)　鑑堂古墳（豊後高田市草地）

入江英親「鑑堂古墳出土の劉氏作画像鏡」（『大分県文化財調査報告』第一輯　昭和二八年）。

**宮崎県**（日向）

（1）鐙古墳（児湯郡新富町三納代）
面高哲郎・松原富美彦「鐙遺跡」（『新富町文化財調査報告書』第二集　昭和五八年）。

（2）生目三号墳（宮崎市跡江）
宮崎県史編さん委員会原始・古代部会編『宮崎県史叢書―宮崎県前方後円墳集成―』（平成九年）。

（3）菓子野二号地下式横穴（都城市菓子野町鈴川）
石川恒太郎「都城市菓子野地下式横穴調査報告」（『都城市文化財調査報告書』第三集　昭和五八年）。

（4）児屋根塚古墳（西都市穂北）
蓑方政幾「茶臼原古墳群」（宮崎県史編さん委員会原始古代部会編『宮崎県史』資料編　考古二　平成五年）。

（5）日守二三号地下式横穴（西諸県郡高原町後川）
大學康宏「日守地下式横穴墓群」（『高原町埋蔵文化財発掘調査報告書』第四集　平成一一年）。

（6）女狭穂塚古墳（西都市三宅）
福尾正彦「女狭穂塚陵墓参考地出土の埴輪」（『書陵部紀要』第三六号　昭和六〇年）。

**鹿児島県**（薩摩・大隅）

（1）灰塚三号地下式横穴（伊佐郡菱刈町前目）
弥栄久志「前目灰塚」（『菱刈町埋蔵文化財発掘調査報告書』四　昭和六一年）。

**山口県**（長門・周防）

（1）塔ノ尾古墳（防府市桑山）
桑原邦彦「山口県防府市桑山塔ノ尾古墳」（『古文化談叢』第二〇集上　昭和六三年）。

（2）西遺跡（山口市黒川）
石川克彦・菅波正人『西遺跡』（『山口市埋蔵文化財調査報告』第二一集　昭和六一年）。

**広島県**（安芸・備後）

（1）大成遺跡（庄原市三日市町）
道上康仁編『大成遺跡』（『広島県埋蔵文化財調査センター調査報告書』第八二集　平成元年）。

（2）高塚古墳（三次市西酒屋町）
青山透編『酒屋高塚古墳』（広島県教育委員会　昭和五八年）。

**岡山県**（備中・備前・美作）

（1）奥ヶ谷窯址（総社市福井）
柴田英樹「奥ヶ谷窯跡」（『岡山県埋蔵文化財発掘調査報告』一二一　平成九年）。

（2）金蔵山古墳（岡山市沢田）
西谷真治・鎌木義昌『金蔵山古墳』（『倉敷考古館研究報告』第一冊　昭和三四年）。

（3）正崎二号墳（赤磐郡山陽町正崎）
則武忠直・国安敏樹『岡山県山陽町埋蔵文化財発掘調査概報　正崎二・四号墳』（平成元年）。

（4）随庵古墳（総社市西阿曽）
鎌木義昌ほか『総社市随庵古墳』（総社市教育委員会　昭和四〇年）。

（5）千足古墳（岡山市新庄下）
梅原末治「備中千足の装飾古墳」（『近畿地方古墳墓の調査』三　日本古文化研究所報告　第九　昭和一三年）。

（6）月の輪古墳（久米郡柵原町飯岡）
近藤義郎編『月の輪古墳』（昭和三五年）。

（7）築山古墳（邑久郡長船町西須恵）
梅原末治「岡山県下の古墳調査記録㈡」（『瀬戸内海研究』第九・一〇合併号　昭和三二年）。亀田修一「築山古墳」（長船町史編纂委員会編『長船町史』史料編(上)考古古代中世　平成一〇年）。

（8）造山古墳（岡山市新庄下）
和田千吉「備中都窪郡新庄下古墳」（『考古学雑誌』第九巻第一一号　大正八年）。梅原末治「造山古墳遺存の石棺」（前掲5）、西川宏「造山古墳」（岡山県史編纂委員会編『岡山県史』第一八巻　考古資料　昭和六一年）。

（9）作山古墳（総社市三須）
葛原克人「作山古墳」（前掲8岡山県史編纂委員会編）。

（10）津寺遺跡（岡山市津寺）
高畑知功・中野雅美編『津寺遺跡』五（『岡山県埋蔵文化財発掘調査報告』一二七　平成一〇年）。

（11）原尾島遺跡（岡山市藤原光町）
宇垣匡雅編『原尾島遺跡（藤原光町三丁目地区）』（『岡山県埋蔵文化財発掘調査報告』一三九　平成一一年）。

（12）薬師遺跡（総社市窪木）
島崎東ほか『窪木薬師遺跡』（『岡山県埋蔵文化財発掘調査報告』八六　平成五年）。

（13）両宮山古墳（赤磐郡山陽町穂崎）
河本清「両宮山古墳周堤確認調査報告」（『岡山県埋蔵文化財報告』一〇　昭和五五年）。

**愛媛県**（伊予）

（1） 天山一号墳（松山市天山町）
長井数秋ほか『天山・櫻谷遺跡発掘報告書』（『松山市文化財報告書』II 昭和四八年）。

（2） 樹ノ本古墳（越智郡朝倉村朝倉）
井出耕二「越智郡朝倉村樹の本古墳出土の蓋形埴輪」（『遺跡』第二四号 昭和五八年）。

（3） 出作遺跡（伊予郡松前町出作）
谷若倫郎編『出作遺跡』I（松前町教育委員会 平成五年）。

（4） 南組窯址（伊予市市場）
三吉秀充「伊予出土の陶質土器と市場南組窯系須恵器をめぐって」（愛媛大学考古学研究室編『陶質土器の受容と初期須恵器の生産』平成一四年）。

**香川県**（讃岐）

（1） 三郎池西岸窯址（高松市三谷町）
香川県編『香川県史』第一三巻 資料編 考古（昭和六二年）。

（2） 丸山古墳（観音寺市室本町）
松本豊胤ほか編『新編香川叢書』考古篇（香川県教育委員会 昭和五八年）。香川考古学研究会編『香川考古』第三号 特集香川の中期古墳（平成六年）。

（3） 盛土山古墳（仲多度郡多度津町奥白方）
前掲2。

**島根県**（石見・出雲）

（1） 大塚荒神古墳（松江市古曽志町）
山本清『山陰古墳文化の研究』（昭和四六年）。

（2） 大成古墳（安来市荒島町）
渡辺貞幸・金山尚志編『島根県安来市大成古墳第四・五次発掘調査報告書』（『安来市埋蔵文化財調査報告書』第二七集 平成一一年）。

（3） 岡田山一号墳（松江市大草町）
松本岩雄編『出雲岡田山古墳』（島根県教育委員会 昭和六二年）。

（4） 金崎一号墳（松江市西川津町）
岡崎雄二郎『史跡金崎古墳群』（松江市教育委員会 昭和五三年）。

（5） 五反田三号墳（安来市門生町）
丹羽野裕・池淵俊一編『門生黒谷I遺跡・門生黒谷II遺跡・門生黒谷III遺跡』（『一般国道九号（安来道路）建設予定地内埋蔵文化財発掘調査報告書』一四 平成一〇年）。

(6)　小屋谷三号墳（八束郡八雲村日吉）
宮本徳昭『御崎谷遺跡　小屋谷古墳群』（八雲村教育委員会　昭和五六年）。
(7)　竹ノ崎遺跡（八束郡宍道町佐々布）
林健亮・原田敏照編『上野遺跡・竹ノ崎遺跡』（『中国横断自動車道尾道松江線建設予定地内埋蔵文化財発掘調査報告書』九　平成一三年）。
(8)　丹花庵古墳（松江市古曽志町）
前掲1。
(9)　造山一号墳（安来市荒島町）
森貞成「出雲国能義郡荒島村出土の遺物について」（『考古学雑誌』第二九巻第一二号　昭和一四年）。出雲考古学研究会編『荒島墳墓群』（『古代の出雲を考える』四　昭和六〇年）。
(10)　廟所古墳（松江市西尾町）
島根県古代文化センター・島根県埋蔵文化財調査センター編『出雲東部における古墳の調査』（平成一六年）。
(11)　福富Ⅰ遺跡（松江市乃木福富町）
柳浦俊一編「福富Ⅰ遺跡」（『一般国道九号（松江道路西地区）建設予定地内埋蔵文化財発掘調査報告書』二　平成九年）。
(12)　夫敷遺跡（八束郡東出雲町出雲郷）
広江耕史ほか『夫敷遺跡』（『国道九号線バイパス建設予定地内埋蔵文化財発掘調査報告書』Ⅵ　平成元年）。
(13)　二子塚古墳（松江市山代町）
渡辺貞幸「松江市山代二子塚古墳をめぐる諸問題」（『山陰文化研究紀要』第二三号　昭和五八年）。鳥谷芳雄・丹羽野裕編『風土記の丘地内遺跡発掘調査報告―山代二子塚古墳』（島根県教育委員会　平成四年）。
(14)　松本一号墳（飯石郡三刀屋町給下）
山本清『松本古墳調査報告』（島根県教育委員会　昭和三八年）。出雲考古学研究会編『松本古墳群』（『古代の出雲を考える』七　平成三年）。

**鳥取県**（伯耆）

(1)　中西尾六号墳（西伯郡淀江町中西尾）
梅原末治『因伯二国に於ける古墳の調査』（『鳥取県史蹟勝地調査報告』第二冊　大正一三年）。

**兵庫県**（丹波・播磨・摂津・淡路）

(1)　雨流遺跡（三原郡西淡町志知）
長谷川眞編『雨流遺跡』（『兵庫県文化財調査報告』第七九冊　平成二年）。
(2)　大塚古墳（姫路市奥山）

梅原末治・武藤誠「奥山古墳（飾磨郡）」（『兵庫県史蹟名勝天然紀念物調査報告』第一一輯　昭和一〇年）。

（3）大塚山古墳（尼崎市南清水）

梅原末治「園田大塚山古墳と其の遺物」（『兵庫県史蹟名勝天然紀念物調査報告』第一五輯　昭和一六年）。村川行弘『尼崎市史』第一一巻（昭和五五年）。

（4）車塚古墳（篠山市東本庄）

末永雅雄『日本上代の甲冑』（昭和九年）。

（5）郡家遺跡（神戸市東灘区御影町）

新修神戸市史編集委員会編『新修神戸市史』歴史編Ⅰ（平成元年）。

（6）五色塚古墳（神戸市垂水区五色山）

赤松啓介・喜谷美宣「五色塚古墳」（『月刊文化財』第六九号　昭和四四年）。喜谷美宣『史跡五色塚古墳環境整備事業中間報告』五（昭和四五年）。神戸市教育委員会編『史跡五色塚古墳復元・整備事業概要』（昭和五〇年）。

（7）住吉宮町遺跡（神戸市東灘区住吉宮町・住吉本町）

安田滋編『住吉宮町遺跡第二四次・第三二次発掘調査報告書』（神戸市教育委員会　平成一三年）。

（8）出合遺跡（神戸市西区玉津町）

亀田修一「陶製無文当て具小考」（横山浩一先生退官記念事業会編『生産と流通の考古学』平成元年）。田中清美「播磨出合遺跡と瓦質土器」（『韓式土器研究』Ⅶ　平成一三年）。

（9）西岡本遺跡（神戸市東灘区西岡本）

神戸市教育委員会文化財課編『神戸考古百選』（平成一一年）。

（10）万籟山古墳（宝塚市切畑）

梅原末治「摂津万籟山古墳」（『近畿地方古墳墓の調査』二　日本古文化研究所報告　第四　昭和一二年）。直宮憲一『摂津万籟山古墳』（『宝塚市文化財調査報告書』第七集　昭和五〇年）。

（11）東求女塚古墳（神戸市東灘区住吉宮町）

梅原末治「武庫郡住吉町呉田の求女塚」（『兵庫県史蹟名勝天然紀念物調査報告書』第二輯　大正一四年）。

（12）宮山古墳（姫路市四郷町）

松本正信・加藤史郎『宮山古墳発掘調査概報』（『姫路市文化財調査報告』Ⅰ　昭和四五年）。松本正信・加藤史郎『宮山古墳第二次発掘調査概報』（『姫路市文化財調査報告』Ⅳ　昭和四八年）。

（13）山の越古墳（姫路市御国野町）

梅原末治「飾磨郡御国野村小山古墳」（前掲10）。

（14）吉田南遺跡（神戸市西区玉津町）

吉田・片山遺跡発掘調査団『吉田南遺跡現地説明会資料』（昭和五四年）。花田勝広『古代の鉄生産と渡来人』（平成一四年）。

**大阪府**（摂津・河内・和泉）

（1）アリ山古墳（藤井寺市野中）
藤直幹ほか『河内における古墳の調査』（『大阪大学文学部国史研究室研究報告』第一冊　昭和三九年）。

（2）一須賀窯址群（南河内郡河南町東山）
上野勝巳「一須賀古墳群分布調査」（『古代学研究』第四六号　昭和四一年）。大阪府教育委員会『一須賀古墳群発掘調査概要』Ⅰ（『大阪府文化財調査概要』一九七三―九　昭和四九年）。堀江門也・中村浩「一須賀古窯跡出土遺物について」（『陶邑』Ⅲ　大阪府文化財調査報告書　第三〇輯　昭和五三年）。

（3）今城塚古墳（高槻市郡家新町）
梅原末治「摂津の古墳墓」（『考古学雑誌』第四巻第八号　大正三年）。末永雅雄『古墳の航空大観』（昭和四九年）。森田克行「継体天皇陵」（『歴史読本特別増刊事典シリーズ』一九　平成五年）。

（4）允恭陵（藤井寺市国府）
一瀬和夫ほか『允恭陵古墳外堤の調査』（大阪府教育委員会　昭和五六年）。天野末喜「市野山古墳の調査八九―二区」（『石川流域遺跡群発掘調査報告』Ⅴ　藤井寺市文化財調査報告　第六集　平成二年）。

（5）宇度墓古墳（泉南郡岬町淡輪）
梅原末治「泉南郡淡輪村古墳」（『大阪府史蹟名勝天然紀念物調査報告』第三輯　昭和七年）。川西宏幸「淡輪の首長と埴輪生産」（『大阪文化誌』第二巻第四号　昭和五二年）、『古墳時代政治史序説』（昭和六三年）に補訂載録。土生田純之「宇度墓整備工事区域の調査」（『書陵部紀要』第三六号　昭和六〇年）。藤永正明・岸本道昭『泉南郡岬町所在淡輪遺跡発掘調査概要』Ⅳ（昭和五七年）。土生田純之「宇度墓出土の埴輪」（『書陵部紀要』第三八号　昭和六二年）。

（6）応神陵（羽曳野市誉田）
梅原末治『大阪府下に於ける主要な古墳墓』第三（『大阪府史蹟名勝天然紀念物調査報告』第五輯　昭和九年）。前掲3末永。福尾正彦「恵我藻伏岡陵整備工事箇所の調査」（『書陵部紀要』第三五号　昭和五九年）。吉田珠己「誉田御廟山古墳」（羽曳野市史編纂委員会編『羽曳野市史』第三巻　史料編一　平成六年）。

（7）大県遺跡（柏原市大県）
花田勝広『大県・大県南遺跡』（『柏原市文化財概報』

一九八三―III　昭和五九年）。花田勝広『古代の鉄生産と渡来人』（平成一四年）。北野重編『大県遺跡群分析調査報告書』（『柏原市文化財概報』二〇〇二―III　平成一五年）。

（8）大竹遺跡群（八尾市大竹）

原田修ほか「高安の遺跡と遺物」（『大阪文化誌』第二巻第二号　昭和五一年）。江浦洋編『池島・福万寺遺跡発掘調査概要』（大阪文化財センター　平成三年）。

（9）大塚古墳（豊中市中桜塚）

柳本照男編『摂津豊中大塚古墳』（『豊中市文化財調査報告』第二〇集　昭和六二年）。

（10）大庭寺遺跡（堺市大庭寺）

岡戸哲紀編『陶邑・大庭寺遺跡』IV・V（大阪府教育委員会・大阪府文化財調査研究センター　平成七・八年）。

（11）岡古墳（藤井寺市岡）

上村和弘・天野末喜「岡古墳」（『石川流域遺跡群発掘調査概要』I　藤井寺市埋蔵文化財調査概要　第一集　昭和五五年）。藤井寺市史編さん委員会編『藤井寺市史』第三巻　史料編一（昭和六一年）。

（12）御旅山古墳（羽曳野市壺井）

大阪府教育委員会編『南河内・石川流域における古墳の調査』（『大阪府文化財調査報告』第二二輯　昭和四五年）。

（13）海北塚古墳（茨木市福井）

梅原末治「塚原の群集墳と福井の海北塚」（『考古学雑誌』第八巻第二号　大正六年）。梅原末治「摂津福井の海北塚」（『近畿地方古墳墓の調査』二　日本古文化研究所報告　第四　昭和一二年）。

（14）唐櫃山古墳（藤井寺市国府）

北野耕平「唐櫃山古墳の調査」（大阪府教育委員会『大阪府の文化財』昭和三七年）。北野耕平『河内野中古墳の研究』（『大阪大学文学部国史研究室研究報告』第二冊　昭和五一年）。一瀬和夫ほか『大阪府藤井寺市唐櫃山古墳発掘調査概要』（大阪府教育委員会　昭和五七年）。前掲11藤井寺市史編さん委員会編。

（15）寛弘寺古墳群（南河内郡河南町寛弘寺）

山本彰編『寛弘寺古墳群発掘調査概要』I―IV（大阪府教育委員会　昭和五八―六一年）。上林史郎「寛弘寺古墳群の変遷とその意義」（大阪府文化財調査研究センター編『大阪府埋蔵文化財研究会（第三七回）資料』平成一〇年）。

（16）経塚古墳（堺市浜寺南町）

小野山節「古墳の世紀と陶邑」（『堺市史』続編一　昭

和四五年)。吉田恵二「埴輪生産の復原」(『考古学研究』第一九巻第三号　昭和四八年)。

(17)　黒姫山古墳（南河内郡美原町黒山）
末永雅雄・森浩一『黒姫山古墳の研究』(『大阪府文化財調査報告書』第一輯　昭和二八年)。

(18)　継体陵（茨木市太田）
前掲3末永。笠野毅「継体天皇陵外構柵設置区域の調査」(『書陵部紀要』第三〇号　昭和五四年)。前掲3森田。

(19)　小島東遺跡（泉南郡岬町多奈川小島）
広瀬和雄・松村隆文『岬町遺跡群発掘調査概要』(『大阪府文化財調査概要』一九七七年度　昭和五三年)。

(20)　御廟山古墳（堺市百舌鳥本町）
前掲3末永。内本勝彦「御廟山古墳（周濠部）発掘調査概要報告」(『堺市文化財調査概要報告』第四四冊　平成六年)。

(21)　西陵古墳（泉南郡岬町淡輪）
前掲5梅原、川西。広瀬和雄・松村隆文『西陵古墳発掘調査報告書』(『岬町文化財調査報告書』第二集　昭和五三年)。

(22)　心合寺山古墳（八尾市大竹）
八尾市教育委員会文化財課『史跡心合寺山古墳第七次発掘調査現地説明会資料』(平成一一年)、『史跡心合寺山古墳第七次発掘調査出土遺物展示会資料』(平成一一年)。渞斎「八尾市心合寺山古墳の第七次調査（墳丘部分)」(大阪府文化財調査研究センター編『大阪府埋蔵文化財研究会（第四二回）資料』平成一三年)。

(23)　七観古墳（堺市旭ケ丘中町）
末永雅雄「七観古墳とその遺物」(『考古学雑誌』第二三巻第五号　昭和八年)。樋口隆康ほか「和泉国七観古墳調査報告」(『古代学研究』第二七号　昭和三六年)。

(24)　浄元寺山古墳（藤井寺市青山）
川村和子・上田睦「浄元寺山古墳の調査（ＪＧＡ86—1区)」(山田幸弘ほか編『西墓山古墳』藤井寺市文化財報告　第一六集　平成九年)。

(25)　城山古墳（藤井寺市津堂）
坪井正五郎「河内小山村城山古墳の調査」(『人類学雑誌』第二八巻第七号　明治四五年)。梅原末治「河内国小山城山古墳調査報告」(『人類学雑誌』第三五巻第八〜第一〇号　第三六巻第四〜第七号　大正九・一〇年)。藤井利章「津堂城山古墳の研究」(『藤井寺市史紀要』第三集　昭和五七年)。前掲11藤井寺市史編さん委員会編。

(26)　新池遺跡（高槻市土室町）
森田克行編『新池』(『高槻市文化財調査報告書』第一

七冊 平成五年）。

(27) 吹田三二号窯址（吹田市朝日ケ丘町）
藤原学・佐藤竜馬「吹田三二号須恵器窯跡の発掘調査」（吹田市教育委員会編『昭和六〇年度埋蔵文化財緊急発掘調査概報』昭和六一年）。

(28) 総持寺古墳群（茨木市総持寺）
大阪府文化財調査研究センター編『大阪府埋蔵文化財研究会（第四三回）資料』（平成一三年）。

(29) 高井田山古墳（柏原市高井田）
安村俊史・桑野一幸編『高井田山古墳』（『柏原市文化財概報』一九九五―II 平成八年）。

(30) 高月古墳（堺市浜寺船尾町）
森浩一「和泉国高月古墳調査報告」（『古代学研究』第五号 昭和二六年）。

(31) 茶臼塚古墳（柏原市国分）
安村俊史「松岳山古墳」（『柏原市埋蔵文化財発掘調査概報』一九八四年度 昭和六〇年）。竹下賢「松岳山古墳群」（『柏原市埋蔵文化財発掘調査概報』一九八五年度 昭和六一年）。

(32) 仲哀陵（藤井寺市岡）
石田茂輔「仲哀天皇陵前藤井寺部事務所改築敷地の調査」（『書陵部紀要』第二六号 昭和五〇年）。笠野毅「仲哀天皇陵外構柵設置区域の事前調査」（『書陵部紀要』第二八号 昭和五二年）。岩崎二郎「仲哀陵古墳発掘調査概要」（『大阪府文化財調査概要』一九八三年度 昭和五九年）。佐藤利秀「恵我長野西陵墳丘崩壊部露出遺構の調査及び崩壊部応急保護工事箇所の調査」（『書陵部紀要』第三六号 昭和六〇年）。上田睦「大阪府藤井寺市岡ミサンザイ古墳（仲哀陵）」（『古代学研究』第一三八号 平成九年）。

(33) 塔塚古墳（堺市浜寺元町）
森浩一・田中英夫「大阪府堺市塔塚調査報告」（日本考古学協会『第二五回総会研究発表要旨』昭和三五年）。森浩一「古墳文化と古代国家の誕生」（大阪府史編集専門委員会編『大阪府史』第一巻 古代篇I 昭和五三年）。

(34) 仲津媛陵（藤井寺市沢田）
前掲3末永。佐久間貴士「第一八調査区」（『土師里遺跡発掘調査概要』II 大阪府教育委員会 昭和五五年）。一瀬和夫「八〇―八区」（『土師里遺跡発掘調査概要』III 大阪府教育委員会 昭和五六年）。笠野毅「仲津山陵人止柵設置工事箇所の調査」（『書陵部紀要』第三二号 昭和五六年）。岩崎二郎「八一―一〇区」（『土師里遺跡発掘調査概要』IV 大阪府教育委員会 昭和五七年）。同

「八四—一区」（『土師里遺跡発掘調査概要』Ⅶ　大阪府文化財調査概要一九八四年度　昭和六〇年）。上田睦「仲津山古墳の調査」（『石川流域遺跡群発掘調査報告』Ⅷ　藤井寺市文化財調査報告　第九集　平成五年）。

(35)　長原古墳群（大阪市平野区長吉）
前掲28。

(36)　長持山古墳（藤井寺市沢田）
前掲6梅原。小林行雄「長持山古墳の調査」（前掲14大阪府教育委員会）。一瀬和夫ほか『允恭陵古墳外周溝・長持山古墳の調査』（大阪府教育委員会　昭和五五年）。

(37)　鍋塚古墳（藤井寺市沢田）
藤井寺市教育委員会事務局編『古市古墳群』（昭和六一年）。前掲11藤井寺市史編さん委員会編。

(38)　ニサンザイ古墳（堺市百舌鳥西之町）
堺市教育委員会『百舌鳥古墳群の調査』Ⅰ　図版編（昭和五三年）。

(39)　西墓山古墳（藤井寺市岡）
前掲24山田幸弘ほか編。

(40)　仁徳陵（堺市大仙町）
前掲3末永。戸原純一「仁徳天皇陵前百舌鳥部事務所改築地区の調査」（『書陵部紀要』第二五号　昭和四九年）。土生田純之「百舌鳥耳原中陵第三堀堆積汚泥浚渫工事区域の調査」（『書陵部紀要』第三三号　昭和五七年）。陵墓調査室「仁徳天皇百舌鳥耳原中陵の墳丘外形調査及び出土品」（『書陵部紀要』第五二号　平成一三年）。

(41)　野中古墳（藤井寺市野中）
前掲14北野（昭和五一年）。

(42)　墓谷二・三号墳（高槻市南平台）
田代克己「弁天山D3号墳」（『弁天山古墳群の調査』大阪府文化財調査報告　第一七輯　昭和四二年）。原口正三『高槻市史』第六巻　考古篇（昭和四八年）。

(43)　墓山古墳（羽曳野市白鳥）
北野耕平「墓山古墳」（前掲6羽曳野市史編纂委員会編）。堀江門也ほか「墓山古墳外堤内斜面の調査」（前掲24山田ほか編）。

(44)　白鳥陵（羽曳野市軽里）
福尾正彦「白鳥陵墳丘裾崩壊箇所の調査」（『書陵部紀要』第三三号　昭和五七年）。土生田純之「白鳥陵整備工事区域の調査」（『書陵部紀要』第三四号　昭和五八年）。吉澤則男「前の山古墳」（前掲6羽曳野市史編纂委員会編）。

(45)　東山古墳（藤井寺市野中）

前掲1。前掲6羽曳野市史編纂委員会編。

（46）平塚古墳（羽曳野市島泉）

武村英治「丸山・平塚古墳」（前掲6羽曳野市史編纂委員会編）。

（47）藤の森古墳（藤井寺市野中）

西谷正『藤の森・蕃上山二古墳の調査』（大阪府教育委員会　昭和四〇年）。

（48）船橋遺跡（藤井寺市船橋町）

田辺昭三ほか『船橋』II（昭和三七年）。

（49）摩湯山古墳（岸和田市摩湯町）

前掲6梅原。森浩一「大阪府岸和田市摩湯町出土の古墳遺物」（『古代学研究』第二六号　昭和三五年）。前掲33森。

（50）峯ケ塚古墳（羽曳野市軽里）

吉澤則男・下山恵子『史跡古市古墳群峯ケ塚古墳後円部発掘調査報告書』（『羽曳野市埋蔵文化財調査報告書』四八　平成一四年）。

（51）向墓山古墳（羽曳野市誉田）

高野学・伊藤聖浩「向墓山古墳」（吉澤則男編『羽曳野市内遺跡調査報告書』平成元年度　羽曳野市埋蔵文化財調査報告書　二〇　平成二年）。

（52）持ノ木古墳（岸和田市池尻町）

虎間英喜「久米田古墳群出土の初期須恵器」（『韓式土器研究』IV　平成五年）。

（53）履中陵（堺市石津町）

前掲3末永。笠野毅「百舌鳥耳原南陵外堤護岸基礎補修工事の落水による濠内表面調査」（『書陵部紀要』第三四号　昭和五八年）。笠野毅「百舌鳥耳原南陵一般拝所排水管改修工事箇所の調査」（同上）。

**奈良県**（大和）

（1）飯豊陵（北葛城郡新庄町北花内）

河上邦彦「新庄町飯豊陵外庭の調査」（『奈良県古墳発掘調査集報』II　奈良県文化財調査報告書　第三〇集　昭和五三年）。土生田純之「埴口丘陵外堤護岸工事区域の調査」（『書陵部紀要』第三三号　昭和五六年）。

（2）池ノ内古墳群（桜井市池ノ内）

久野邦雄ほか『磐余・池ノ内古墳群』（『奈良県史跡名勝天然記念物調査報告』第二八冊　昭和四八年）。

（3）市庭古墳（奈良市佐紀町）

奈良国立文化財研究所編『平城宮発掘調査報告』VII（『奈良国立文化財研究所学報』第二六冊　昭和五一年）。

（4）磐之媛陵（奈良市佐紀町）

末永雅雄『古墳の航空大観』（昭和四九年）。小栗明彦

「磐之媛古墳内堤発掘調査概報」（『奈良県遺跡調査概報』一九九二年度　平成五年）。

(5)　ウワナベ古墳（奈良市法華寺町）
奈良国立文化財研究所編『平城宮発掘調査報告』VI（『奈良国立文化財研究所学報』第二三冊　昭和四九年）。伊藤勇輔「ウワナベ古墳外堤」（『奈良県古墳発掘調査集報』I　奈良県文化財調査報告書　第二八集　昭和五一年）。

(6)　大塚山古墳（北葛城郡河合町穴闇）
伊達宗泰「北葛城郡河合村大塚山古墳群」（『奈良県史跡名勝天然紀念物調査抄報』第一二輯　昭和三四年）。泉武・河上邦彦「河合大塚山古墳採集の埴輪」（河上邦彦・前園実知雄編『佐味田坊塚古墳』奈良県文化財調査報告書　第二三集　昭和五〇年）。関川尚功「北葛城郡河合町河合大塚山古墳・丸山古墳隣接地の発掘調査概要」（『奈良県遺跡調査概報』一九七九年度　昭和五六年）。

(7)　大墓（宮山）古墳（御所市室）
上田三平「宮山古墳」（文部省『史蹟調査報告』第三　奈良県に於ける指定史蹟　第一冊　昭和二年）。秋山日出雄ほか『室大墓』（『奈良県史跡名勝天然記念物調査報告』第一八冊　昭和三四年）。木許守編『室宮山古墳範囲確認調査報告』（『御所市文化財調査報告書』第二〇集　平成八年）。

(8)　乙女山古墳（北葛城郡河合町佐味田）
木下亘『史跡乙女山古墳』（『河合町文化財調査報告』第二集　昭和六三年）。

(9)　唐古遺跡（磯城郡田原本町唐古）
末永雅雄ほか『大和唐古弥生式遺跡の研究』（『京都帝国大学文学部考古学研究報告』第一六冊　昭和一八年）。大和弥生文化の会編『大和の弥生遺跡』基礎資料I（平成七年）。

(10)　鑵子塚古墳（御所市柏原）
楠元哲夫・関川尚功「御所市掖上鑵子塚前方部周濠発掘調査概報」（『奈良県遺跡調査概報』一九七七年度　昭和五三年）。南葛城地域の古墳文化研究会『御所市柏原掖上鑵子塚古墳測量調査報告』（昭和六一年）。木許守編『掖上鑵子塚古墳第一次発掘調査報告』（『御所市文化財調査報告書』第一四集　平成四年）。

(11)　北原古墳（宇陀郡大宇陀町野依）
楠元哲夫・朴美子編『宇陀北原古墳』（『大宇陀町文化財調査報告書』第一集　昭和六一年）。

(12)　景行陵（天理市渋谷町）
前掲4末永。笠野毅「景行天皇山辺道上陵の出土器」

(『書陵部紀要』第二六号　昭和五〇年)。笠野毅「景行天皇陵渡土堤改修区域の調査」(『書陵部紀要』第三〇号　昭和五三年)。千賀久「渋谷向山古墳」(千賀久編『磯城・磐余の前方後円墳』奈良県史跡名勝天然記念物調査報告　第四二冊　昭和五六年)。木下亘「渋谷向山古墳(景行天皇山辺道上陵)」(清水真一ほか編『大和前方後円墳集成』平成一三年)。

(13)　コナベ古墳(奈良市法華寺町)
赤塚二郎ほか「コナベ古墳前方部南外堤」(『奈良市埋蔵文化財調査報告書』昭和五四年度　昭和五五年)。

(14)　島の山古墳(磯城郡川西町唐院)
佐藤小吉「島根山古墳」(『奈良県史蹟名勝天然記念物調査報告』第七冊　大正九年)。梅原末治「大和磯城郡島根山古墳に就いて」(『歴史と地理』第一〇巻第二号　大正一一年)。前掲4末永。泉森皎編『島の山古墳』(川西町教育委員会　平成四年)。河上邦彦ほか編『島の山古墳調査概報』(平成九年)。

(15)　神功陵(奈良市山陵町)
前掲4末永。西崎卓哉「五社神古墳(神功皇后狭城盾列池上陵)」(前掲12清水ほか編)。

(16)　垂仁陵(奈良市宝来町)
前掲4末永。鐘方正樹「宝来山古墳(垂仁天皇菅原伏見東陵)」(前掲12清水ほか編)。

(17)　崇神陵(天理市柳本町)
前掲4末永。石田茂輔「崇神天皇陵の外堤護岸地区の調査」(『書陵部紀要』第二七号　昭和五〇年)。戸原純一・笠野毅「崇神天皇陵外堤及び墳丘護岸区域の事前調査」(『書陵部紀要』第二八号　昭和五二年)。

(18)　巣山古墳(北葛城郡広陵町三吉)
上田三平「巣山古墳」(文部省『史蹟調査報告』第三奈良県に於ける指定史蹟　第一冊　昭和二年)。井上義光「巣山古墳」(前掲12清水ほか編)。

(19)　成務陵(奈良市山陵町)
前掲4末永。福尾正彦「狭城盾列後陵整備工事区域の事前調査」(『書陵部紀要』第四八号　平成九年)。

(20)　石光山古墳群(御所市元町)
白石太一郎ほか『葛城・石光山古墳群』(『奈良県史跡名勝天然記念物調査報告』第三一冊　昭和五一年)。

(21)　宣化陵(橿原市鳥屋町)
笠野毅「宣化天皇陵外堤止水壁設置区域の事前調査」(『書陵部紀要』第二九号　昭和五三年)。笠野毅「昭和四十五年度身狭桃花鳥坂上陵整備工事に伴う事前調査」(『書陵部紀要』第四一号　平成二年)。

(22)　曽我遺跡(橿原市曽我町)

関川尚功・佐藤良二編『橿原市曽我遺跡発掘調査概報』Ⅰ（『奈良県遺跡調査概報』一九八二年度　昭和五八年）。

(23)　茶臼山古墳（桜井市外山）
上田宏範・中村春寿『桜井茶臼山古墳』（『奈良県史跡名勝天然記念物調査報告』第一九冊　昭和三六年）。

(24)　築山古墳（大和高田市築山）
笠野毅・井上喜久男「磐園陵墓参考地外堤隣接市道の護岸設置区域の調査」（『書陵部紀要』第三〇号　昭和五四年）。陵墓調査室「磐園陵墓参考地墳塋裾護岸工事区域の調査」（『書陵部紀要』第五二号　平成一三年）。

(25)　つじの山古墳（五条市近内町）
久野邦雄ほか「つじの山古墳」（『奈良県古墳発掘調査集報』Ⅰ　奈良県文化財調査報告書　第二八集　昭和五一年）。坂靖『近内古墳群』（『奈良県文化財調査報告書』第六二集　平成三年）。

(26)　寺口忍海古墳群（北葛城郡新庄町寺口）
千賀久・吉村幾温編『寺口忍海古墳群』（『新庄町文化財調査報告書』第一冊　昭和六三年）。

(27)　名柄遺跡（御所市名柄）
藤田和尊「奈良県御所市名柄遺跡」（『日本考古学年報』第四二号　一九八九年度版　平成三年）。

(28)　南郷遺跡（御所市南郷）
坂靖編『南郷遺跡群』Ⅰ（『奈良県史跡名勝天然記念物調査報告』第六九冊　平成八年）。

(29)　新沢古墳群（橿原市一町・川西町・鳥屋町）
橿原考古学研究所編『新沢千塚古墳群』（『奈良県史跡名勝天然記念物調査報告』第三九冊　昭和五六年）。森浩一ほか『新沢一二六号墳』（昭和五二年）。

(30)　新木山古墳（北葛城郡広陵町三吉）
井上義光「新木山古墳外堤」（『広陵町埋蔵文化財調査概報』一　昭和六三年）。井上義光「新木山古墳」（前掲12清水ほか編）。

(31)　ネコ塚古墳（御所市室）
関川尚功「室大墓古墳外堤部」（『奈良県遺跡調査概報』一九八八年度　第二分冊　平成元年）。

(32)　箸墓古墳（桜井市箸中）
笠井新也「箸墓古墳の考古学的考察」（『考古学雑誌』第三三巻第三号　昭和一八年）。前掲4末永。笠野毅「大市墓の出土品」（『書陵部紀要』第二七号　昭和五一年）。白石太一郎ほか「箸墓古墳の再検討」（『国立歴史民俗博物館研究報告』第三集　昭和五九年）。寺沢薫「箸墓古墳発掘調査概報」（『奈良県遺跡調査概報』一九九四年度　平成七年）。徳田誠二・清喜裕二「倭迹々日百襲姫命大市墓被害木処理事業（復旧）箇所の調査」（『書陵部紀要』第五一号 平成一二年）。

（33） 日葉酢媛陵（奈良市山陵町）

石田茂輔「日葉酢媛御陵の資料について」（『書陵部紀要』第一九号 昭和四二年）。福尾正彦・徳田誠志「狭木之寺間陵整備工事区域の調査」、笠野毅「狭木之寺間陵の墳丘外形調査」、徳田誠二「書陵部所蔵の石製品」II（『書陵部紀要』第四三号 平成四年）。

（34） 平林古墳（北葛城郡當麻町兵家）

小島俊次・北野耕平「北葛城郡當麻村平林古墳」（『奈良県文化財調査報告（埋蔵文化財編）』第三集 昭和三五年）。坂靖ほか『平林古墳』（『當麻町文化財調査報告』第三集 平成六年）。

（35） 藤ノ木古墳（生駒郡斑鳩町法隆寺）

奈良県立橿原考古学研究所編『斑鳩藤ノ木古墳第一次調査報告書』（平成二年）、奈良県立橿原考古学研究所編『斑鳩藤ノ木古墳第二・三次調査報告書』（平成七年）。

（36） 布留遺跡（天理市布留・三島・豊井・豊田・杣之内・守目堂町）

布留遺跡範囲確認調査委員会編『布留遺跡範囲確認調査報告書』（昭和五四年）。置田雅昭「古墳時代手工業の一例」（国分直一博士古稀記念論集編纂委員会編『日本民族文化とその周辺』考古篇 昭和五五年）。

（37） 星塚古墳（天理市二階堂上ノ庄町）

小島俊次「奈良県天理市上之庄 星塚古墳」（『奈良県史跡名勝天然記念物調査抄報』第七輯 昭和三〇年）。泉武・山田圭子『星塚・小路遺跡の調査』（『天理市埋蔵文化財調査報告』第四集 平成二年）。

（38） 桝山古墳（橿原市鳥屋町）

前掲21笠野（平成二年）。

（39） メスリ山古墳（桜井市高田）

伊達宗泰ほか『メスリ山古墳』（『奈良県史跡名勝天然記念物調査報告』第三五冊 昭和五二年）。

（40） 屋敷山古墳（北葛城郡新庄町新庄）

菅谷文則ほか『新庄屋敷山古墳』（新庄町 昭和五〇年）。

**京都府**（丹後・丹波・山城）

（1） 尼塚古墳（城陽市寺田）

山田良三「尼塚古墳発掘調査報告」（『立命館大学』第二八九号 昭和四四年）。堤圭三郎「尼塚古墳」（城陽市史編さん委員会編『城陽市史』第三巻 平成一一年）。

（2） 奥大石二号墳（綾部市上杉町）

小池寛「奥大石古墳群」（『京都府遺跡調査概報』第三

七冊　平成二年）。

（3）梶塚古墳（城陽市平川）

西谷真治「梶塚古墳発掘調査概要」（『埋蔵文化財発掘調査概報』一九六五　京都府教育委員会　昭和四〇年）。堤圭三郎・小泉裕司「梶塚古墳」（前掲1城陽市史編さん委員会編）。

（4）車塚古墳（城陽市平川）

梅原末治『久津川古墳研究』（大正九年）。樋口隆康・小泉裕司「久津川車塚古墳」（前掲1城陽市史編さん委員会編）。

（5）穀塚古墳（京都市西京区山田葉室町）

梅原末治「松尾村穀塚」（『京都府史蹟勝地調査会報告』第二冊　大正九年）。貝塚茂樹ほか編『史料京都の歴史』第二巻　考古（昭和五八年）。

（6）金比羅山古墳（宇治市広野町）

吉本堯俊「金比羅山古墳発掘調査概報」（前掲3京都府教育委員会）。

（7）下大谷二号墳（城陽市久世）

近藤義行「下大谷二号墳発掘調査概報」（『城陽市埋蔵文化財調査報告書』第六集　昭和五二年）。

（8）神明山古墳（竹野郡丹後町宮）

大野延太郎「丹後発見の蠟石製諸品」（『東京人類学会雑誌』第一五巻第一七六号　明治三三年）。梅原末治「神明山古墳」（『京都府史蹟勝地調査会報告』第一冊　大正八年）。梅原末治「神明山古墳出土品」（『京都府史蹟名勝天然紀念物調査報告』第一四冊　昭和八年）。小沢和義「神明山古墳実測調査報告」（『同志社考古』第七号　昭和四四年）。

（9）銚子山古墳（竹野郡網野町網野）

梅原末治「銚子山古墳」（前掲8『京都府史蹟勝地調査会報告』）。松岡光昭「銚子山古墳」（前掲8『同志社考古』）。

（10）西山塚古墳（相楽郡木津町市坂）

伊賀高弘「西山塚古墳」（『京都府遺跡調査概報』第五六冊　平成六年）。

（11）幡枝古墳（京都市左京区岩倉幡枝町）

榧本杜人「仿製鏡の火鏡銘について」（『考古学雑誌』第五六巻第三号　昭和四六年）。高橋美久二「京都市左京区幡枝古墳とその出土品」（『京都考古』第四四号　昭和六二年）。

（12）聖塚古墳（綾部市多田町）

中村孝行『聖塚・菖蒲塚試掘調査概報』（綾部市教育委員会　昭和五九年）。

（13）ヒル塚古墳（八幡市美濃山）

桝井豊成編『ヒル塚古墳発掘調査概報』（八幡市教育委員会　平成二年）。

（14）妙見一号墳（福知山市大門）

常盤井智行編『丹波の古墳』Ⅰ（山城考古学研究会　昭和五八年）。

**和歌山県**（紀伊）

（1）寺内六三号墳（和歌山市森小手穂）

薗田香融ほか『和歌山市における古墳文化』（『関西大学文学部考古学研究』第四冊　昭和四六年）。

（2）西庄遺跡（和歌山市西庄）

冨加見泰彦『西庄遺跡発掘調査報告』Ⅰ・Ⅱ（和歌山県文化財センター　平成七・一一年）。冨加見泰彦「西庄遺跡の生業」（第四六回埋蔵文化財研究集会実行委員会編『渡来人の受容と展開』平成一一年）。

（3）椒浜古墳（有田市初島町）

末永雅雄『日本上代の甲冑』昭和九年。羯磨正信ほか「和歌山県有田市椒古墳」（『日本考古学年報』一六　昭和四三年）。

**滋賀県**（近江）

（1）天乞山古墳（蒲生郡蒲生町木村）

北川浩「木村古墳群の現状について」（『滋賀考古』第六号　平成三年）。田中浩「県下最大の方墳・天乞山古墳の調査」（『滋賀考古』第一〇号　平成五年）。

（2）岩畑遺跡（栗東市高野）

平井寿一「岩畑遺跡」（『栗東町埋蔵文化財発掘調査一九九二年度年報』平成五年）。佐伯英樹「岩畑遺跡」（『栗東町埋蔵文化財発掘調査一九九六年度年報』平成九年）。

（3）北山古墳（東浅井郡虎姫町中野）

『滋賀県埋文ニュース』第二〇五号（平成九年）。

（4）越前塚古墳（長浜市加納町）

宮成良佐編『越前塚遺跡発掘調査報告書』（長浜市教育委員会　昭和六三年）。

（5）吉身北・南遺跡（守山市吉身）

山崎秀二ほか『吉身南遺跡発掘調査報告書』（『守山市文化財調査報告書』第六冊　昭和五五年）。岩崎茂『吉身北遺跡発掘調査報告書』（『守山市文化財調査報告書』第二四冊　昭和六一年）。大岡由記子『吉身北遺跡の調査（第一六次調査）』（『守山市文化財調査報告書』第六六冊　平成一〇年）。

**三重県**（伊賀・伊勢・志摩）

（1）明合古墳（安芸郡安濃町田端上野）
安濃町史編纂委員会編『安濃町史』資料編（平成六年）。

（2）おじょか古墳（志摩郡阿児町志島）
小玉道明ほか『志摩・おじょか古墳発掘調査概要』（阿児町教育委員会　昭和四三年）。

（3）落合古墳群（伊勢市津村町）
伊藤裕偉編『近畿自動車道（勢和～伊勢）埋蔵文化財発掘調査報告』第七分冊（『三重県埋蔵文化財調査報告』一〇一―七　平成四年）。

（4）冑塚古墳（名張市新田）
森浩一「三重県わき塚古墳の調査」（『古代学研究』第六六号　昭和四八年）。

（5）権現山二号墳（多気郡多気町土羽）
下村登良男「中期の古墳」（多気町史編纂委員会編『多気町史』通史　平成四年）。

（6）大城遺跡（安芸郡安濃町内多）
田中秀和『大城遺跡発掘調査報告書』（安濃町教育委員会・安濃町遺跡調査会　平成一〇年）。

（7）筒野古墳（一志郡嬉野町一志）
後藤守一「伊勢一志郡豊地村の二古墳」（『考古学雑誌』第一四巻第三号　大正一二年）。

（8）西野三号墳（一志郡嬉野町天花寺）
伊勢野久好編『天花寺山』（『一志町埋蔵文化財調査報告』一二、『嬉野町埋蔵文化財調査報告』七　平成三年）。

（9）御墓山古墳（上野市佐那具）
山本雅靖「御墓山古墳の検討」（『考古学論集』第一冊　昭和六〇年）。

（10）八重田古墳群（松阪市八重田町）
松阪市史編さん委員会編『松阪市史』第二巻　資料篇　考古（昭和五三年）。

**岐阜県**（美濃）

（1）遊塚古墳（大垣市赤坂町）
楢崎彰一「古墳時代」（『岐阜県史』通史編　原始　昭和四七年）。

（2）大塚古墳（大垣市昼飯町）
阪口英毅ほか編『史跡昼飯大塚古墳』（『大垣市埋蔵文化財調査報告書』第一二集　平成一五年）。

（3）南屋敷西古墳（揖斐郡大野町野）
大熊厚志・徳田誠志『史跡野古墳群調査概報』Ⅰ（大野町教育委員会　昭和五八年）。

**愛知県**（尾張・三河）

（1）経ケ峰一号墳（岡崎市丸山町）
斎藤嘉彦編『経ケ峰一号墳』（岡崎市教育委員会 昭和五六年）。

（2）神明遺跡（岡崎市柱町）
荒井信貴・川崎みどり「神明遺跡」（『新編岡崎市史』史料 考古下16 平成元年）。

（3）東山一一一号窯址（名古屋市昭和区伊藤町）
斎藤孝正「猿投窯成立期の様相」（『名古屋大学文学部論集』LXXXVI 史学二九 昭和五八年）。斎藤孝正「東海地方」（楢崎彰一監修『日本陶磁の源流』昭和五九年）。

（4）法海寺遺跡（知多市八幡）
渡辺誠編『法海寺遺跡』II（『知多市文化財資料』第三一集 平成五年）。

**静岡県**（遠江・駿河）

（1）石ノ形古墳（袋井市国本）
白澤崇・北山峰生編『石ノ形古墳』（袋井市教育委員会 平成一一年）。

（2）宇洞ケ谷横穴（掛川市下俣）
向坂鋼二ほか『掛川市宇洞ケ谷横穴墳発掘調査報告』（『静岡県文化財調査報告書』第一〇集 昭和四六年）。

（3）川合遺跡（静岡市川合）
大石泉『川合遺跡』遺物編三（『静岡県埋蔵文化財調査研究所調査報告』第八四集 平成八年）。

（4）五ケ山B2号墳（磐田郡浅羽町浅名）
鈴木一有編『五ケ山B2号墳』（浅羽町教育委員会 平成一一年）。

（5）下藪田遺跡（藤枝市下藪田）
鈴木隆夫・池田将男『静岡県藤枝市下藪田遺跡発掘調査報告書』（藤枝市教育委員会 昭和五八年）。

（6）堂山古墳（磐田市東貝塚）
原秀三郎編『遠江堂山古墳』（磐田市教育委員会 平成七年）。

（7）山ノ花遺跡（浜松市恒武町）
浜松市立博物館編『山ノ花遺跡』図版編（平成一〇年）。

**福井県**（若狭・越前）

（1）小山谷古墳（福井市小山谷町）
斎藤優『足羽山の古墳』（昭和三五年）。

（2）泰遠寺古墳（吉田郡松岡町芝原）
中司照世編『泰遠寺古墳』（『松岡町文化財調査報告

書』第一集　昭和五九年)。

(3)　西塚古墳(遠敷郡上中町脇袋)
上田三平「若狭遠敷郡瓜生村西塚古墳」(『考古学雑誌』第七巻第四号　大正五年)。上田三平『若狭及び越前に於ける古代遺跡』(『福井県史蹟勝地調査報告』第一冊　大正九年)。斎藤優『若狭上中町の古墳』(昭和四五年)。上中町教育委員会編『若狭上中町の文化財』(昭和五〇年)。

(4)　二本松山古墳(吉田郡松岡町吉野堺)
斎藤優『改訂松岡古墳群』(昭和五四年)。古川登『松岡古墳群の埴輪』(『松岡町文化財調査概要』昭和五七年)。

(5)　向山一号墳(遠敷郡上中町堤)
福井県立若狭歴史民俗資料館「躍動する若狭の王者たち」展図録(平成三年)。

**石川県**(能登)

(1)　念仏林南遺跡(小松市松生町)
望月精司・堅田誠ほか『念仏林南遺跡』(小松市教育委員会　平成七年)。

**長野県**(信濃)

(1)　将軍塚古墳(千曲市森)
森将軍塚古墳発掘調査団編『史跡森将軍塚古墳』(更埴市教育委員会　平成四年)。

(2)　親王塚古墳(小県郡東部町和)
常木晃ほか「千曲川上流域における古墳の実測調査」(『信濃』第三六巻第一一号　昭和五九年)。

(3)　フネ古墳(諏訪市豊田)
藤森栄一・宮城光昭「諏訪上社フネ古墳」(『考古学集刊』第三巻第一号　昭和四〇年)。

(4)　鎧塚古墳(須坂市八町)
永峯光一・亀井正道「長野県須坂市鎧塚古墳の調査」(『考古学雑誌』第四五巻第一号　昭和三四年)。小林宇壱編『長野県史跡『八丁鎧塚』』(須坂市教育委員会　平成一二年)。

**山梨県**(甲斐)

(1)　岩清水古墳群(東八代郡中道町下曽根)
坂本美夫・石神孝子「岩清水遺跡」(『年報』一一　山梨県埋蔵文化財センター　平成七年)。石神孝子「甲斐における古墳時代中期の墓制について」(『山梨県埋蔵文化財センター研究紀要』一四　平成一〇年)。

（2）大塚古墳（西八代郡三珠町大塚）

仁科義男「東八代郡豊富村及び大塚村古墳群の調査」（『山梨県史蹟名勝天然紀念物調査報告』第八輯　昭和九年）。橋本博文「甲斐の円筒埴輪」（『丘陵』第八号　昭和五五年）。

（3）大丸山古墳（東八代郡中道町下向山）

仁科義男「大丸山古墳」（『山梨県史蹟名勝天然紀念物調査報告』第五輯　昭和六年）。中道町史編纂委員会編『中道町史』上巻（昭和五〇年）。坂本美夫「山梨県・曽根丘陵周辺地域の前期古墳等について」（『甲斐考古』別冊第二号　昭和五三年）。山梨県編『山梨県史』資料編一　原始・古代一・二（平成一〇・一一年）。

（4）かんかん塚（茶塚）古墳（東八代郡中道町下曽根）

小林広和・里村晃一編『甲斐茶塚古墳』（『風土記の丘埋蔵文化財調査報告書』第一集　昭和五四年）。

（5）狐塚古墳（西八代郡三珠町大塚）

前掲3山梨県編。

（6）銚子塚古墳（東八代郡中道町下曽根）

上田三平「銚子塚古墳附丸山塚古墳」（文部省『史蹟調査報告』第五輯　昭和五年）。前掲3中道町史編纂委員会編。前掲2橋本。前掲3山梨県編。

（7）東山古墳群（東八代郡中道町下向山）

末木健ほか『東山南(B)遺跡』（『山梨県埋蔵文化財センター調査報告』第六四集　平成三年）。小林広和ほか『東山南(A)遺跡』（『山梨県埋蔵文化財センター調査報告』第七六集　平成五年）。

（8）丸山塚古墳（東八代郡中道町下曽根）

前掲6上田。前掲2橋本。前掲3山梨県編。

（9）竜塚古墳（東八代郡八代町米倉）

前掲3山梨県編。伊藤修二編『山梨県東八代郡八代町竜塚古墳』（『八代町埋蔵文化財調査報告書』第一八集　平成一六年）。

**神奈川県**（武蔵）

（1）矢崎山遺跡（横浜市都筑区荏田東）

横浜市港北ニュータウン埋蔵文化財調査団編『古代のよこはま』（昭和六一年）。

**東京都**（武蔵）

（1）御岳山古墳（世田谷区等々力）

笠井新也「武蔵国玉川村古墳出土の七鈴鏡」（『考古学雑誌』第三〇巻第四号　昭和一五年）。世田谷区史編さん室編『世田谷区史料』第八集　考古編（昭和五〇年）。田中新史「御嶽山古墳出土の短甲」（『考古学雑誌』第六

四巻第一号　昭和五三年)。

**埼玉県**(武蔵)

(1) 稲荷山古墳(行田市埼玉)
埼玉県立さきたま資料館編『埼玉稲荷山古墳』(昭和五五年)。

(2) 御伊勢原遺跡(川越市笠幡)
埼玉県埋蔵文化財調査事業団調査研究第四課編『御伊勢原』II(『埼玉県埋蔵文化財調査事業団報告書』第七九集　平成元年)。

(3) 御蔵山中遺跡(さいたま市見沼区御蔵)
山形洋一ほか『御蔵山中遺跡』(『大宮市遺跡調査会報告』第二六集　平成元年)。

**群馬県**(上野)

(1) 稲荷山古墳(藤岡市白石)
後藤守一・相川龍雄『多野郡平井村白石稲荷山古墳』(『群馬県史蹟名勝天然紀念物調査報告』第三輯　昭和一一年)。

(2) 観音塚古墳(高崎市八幡町)
尾崎喜左雄・保坂三郎『上野国八幡観音塚古墳調査報告書』(『群馬県埋蔵文化財調査報告書』第一集　昭和三八年)。

(3) 観音山古墳(高崎市綿貫町)
群馬県教育委員会編『上野綿貫町観音山古墳発掘調査概報』昭和四二年度(昭和四三年)。徳江秀夫編『綿貫観音山古墳』I　墳丘・埴輪編(『群馬県埋蔵文化財調査事業団発掘調査報告書』第二四二集　平成一〇年)。徳江秀夫編『綿貫観音山古墳』II　石室・遺物編(『群馬県埋蔵文化財調査事業団発掘調査報告書』第二五五集　平成一一年)。

(4) 甘楽条里遺跡(甘楽郡甘楽町福島)
小安和順『甘楽条里遺跡』(甘楽町教育委員会　平成元年)。

(5) 浅間山古墳(高崎市倉賀野町)
田島桂男「浅間山古墳」(群馬県史編さん委員会編『群馬県史』資料編三　原始古代三　古墳　昭和五六年)。

(6) 鶴山古墳(太田市鳥山町)
石川正之助・右島和夫「鶴山古墳出土遺物の基礎調査」I(『群馬県立歴史博物館調査報告書』第二号　昭和六一年)。右島和夫「鶴山古墳出土遺物の基礎調査」II〜V(『群馬県立歴史博物館調査報告書』第三〜六号　昭和六二年〜平成二年)。

（7） 天神山古墳（太田市内ケ島町）
梅沢重昭『史跡天神山古墳外掘部発掘調査報告書』（昭和四五年）。白石太一郎ほか「群馬県お富士山古墳所在の長持形石棺」（『国立歴史民俗博物館研究報告』第三集 昭和五九年）。

（8） 中原古墳（太田市高林南町）
橋本博文「中原古墳（沢野村第七二号墳）」（太田市編『太田市史』通史編 原始古代 平成八年）。

（9） 七輿山古墳（藤岡市上落合）
梅原重昭「七輿山古墳」（前掲5群馬県史編さん委員会編）。

（10） 原前一号墳（邑楽郡大泉町古海）
石関伸一ほか『古海原前古墳群発掘調査概報』（大泉町教育委員会 昭和六一年）。

（11） 二子塚古墳（安中市簗瀬）
原田道雄「関東地方の初期横穴式石室古墳」（『駿台史学』第三〇号 昭和四七年）。尾崎喜左雄「簗瀬二子塚古墳」（前掲5群馬県史編さん委員会）。

（12） 三ツ寺遺跡（群馬郡群馬町三ツ寺）
群馬県埋蔵文化財調査事業団編『三ツ寺I遺跡』（『上越新幹線関係埋蔵文化財発掘調査報告書』第八集 昭和六三年）。

（13） 薬師塚古墳（群馬郡群馬町保渡田）
右島和夫「保渡田三古墳について」（前掲12

**栃木県**（下野）

（1） 海道間遺跡（小山市喜沢）
野口静男・町田行雄『喜沢海道間遺跡発掘調査報告書』（小山市教育委員会 昭和六一年）。

（2） 那須国造碑（那須郡湯津上村）
栃木県史編さん委員会編『栃木県史』通史編2 古代二（昭和五五年）。

（3） 西裏遺跡（小山市田間）
斎藤弘編『西裏遺跡』（『栃木県埋蔵文化財調査報告』第一八〇集 平成八年）。

（4） 星の宮神社古墳（下都賀郡石橋町細谷）
大金宣亮・大橋泰夫『星の宮神社古墳・米山古墳』（『栃木県埋蔵文化財報告書』第七六集 昭和六一年）。

**茨城県**（常陸）

（1） 青柳一号墳（西茨城郡岩瀬町青柳）
茂木雅博「箱式石棺の再検討」（『博古研究』第一七号 平成一一年）。

（2） 葦間山古墳（下館市徳持）

茨城県史編さん原始古代史部会編『茨城県史料』考古資料編　古墳時代（昭和四九年）。

（3）川子塚古墳（ひたちなか市磯崎町）
群馬県考古学談話会・千曲川水系古代文化研究所編『埴輪の変遷』（昭和六〇年）。

（4）幸田遺跡（稲敷郡東町結佐）
間宮政光『幸田遺跡　幸田台遺跡』（幸田台遺跡発掘調査会・東村教育委員会　平成七年）。

（5）下高井遺跡（ひたちなか市三反田）
茨城県教育財団編『三反田下高井遺跡』（『茨城県教育財団文化財調査報告』第一二八集　平成一〇年）。

（6）善長寺遺跡（結城市小田林）
和田雄次「善長寺遺跡」（『茨城県教育財団文化財調査報告』第五一集　平成元年）。

（7）舟塚山古墳（石岡市北根本）
山内昭二ほか『舟塚山古墳周濠調査報告書』（昭和四七年）。前掲2茨城県史編さん原始古代史部会編。車塚正彦「常陸舟塚山古墳の埴輪」（『古代』第五九・六〇合併号　昭和五一年）。

（8）森戸遺跡（那珂郡那珂町額田）
西野則史編「森戸遺跡」（『茨城県教育財団文化財調査報告』第五五集　平成二年）。

**千葉県**（上総・下総）

（1）稲荷台一号墳（市原市山田）
田中新史編『王賜銘鉄剣概報』（昭和六三年）。

（2）大塚山古墳（木更津市祇園）
村井嵓雄「千葉県木更津市大塚山古墳出土遺物の研究」（『MUSEUM』第一八九号　昭和四一年）。白井久美子「祇園大塚山古墳の埴輪と須恵器」（『古代』第八三号　昭和六二年）。

（3）鎌取遺跡（千葉市鎌取町）
上守秀明・出口雅人編『鎌取遺跡』（『千葉県文化財センター調査報告』第二二二集　平成五年）。

（4）禅昌寺山古墳（佐原市大川戸）
杉山晋作ほか「佐原市・禅昌寺山古墳の遺物」（『古代』第八三号　昭和六二年）。

（5）二子塚古墳（市原市姉崎）
大場磐雄・亀井正道「上総国姉ケ崎二子塚発掘調査概報」（『考古学雑誌』第三七巻第三号　昭和二六年）。

（6）マミヤク遺跡（木更津市小浜）
小沢洋編「小浜遺跡群II　マミヤク遺跡」（『君津郡市文化財センター発掘調査報告書』第四四集　平成元年）。

**福島県**（岩代）

（1）天王壇古墳（安達郡本宮町南ノ内）
大河内光夫・山崎義夫『天王壇古墳』（『本宮町文化財調査報告書』第八集　昭和五九年）。

**宮城県**（陸前）

（1）大蓮寺窯址（仙台市宮城野区東仙台）
渡辺泰伸『仙台市大蓮寺窯跡発掘調査報告』（『陸奥国官窯跡群』II　古窯跡研究会　昭和五一年）。

（2）遠見塚古墳（仙台市若林区遠見塚）
結城慎一・山口宏『史跡遠見塚古墳保存修理事業報告書』（仙台市教育委員会　昭和六二年）。

（3）藤田新田遺跡（仙台市若林区荒井）
後藤秀一・村田晃一編『藤田新田遺跡』（『宮城県文化財調査報告書』第一六三集　平成六年）。岩見和泰「仙台市藤田新田遺跡出土の木製鐙」（『古代武器研究』第三号　平成一四年）。

（4）南小泉遺跡（仙台市若林区遠見塚）
五十嵐康洋編『南小泉遺跡第二五次調査報告書』（仙台市教育委員会　平成七年）。

（5）雷神山古墳（名取市植松）
恵美昌之・丹羽茂『史跡雷神山古墳―昭和五二年度発掘調査概報』（『名取市文化財調査報告書』第五集　昭和五三年）。

**岩手県**（陸中）

（1）角塚古墳（胆沢郡胆沢町南都田）
林謙作ほか『角塚古墳調査報告』（胆沢町教育委員会　昭和五一年）。

## 朝鮮

（1）月城路가二九号墳（慶尚北道慶州市皇吾洞）
宋義政ほか『慶州市月城路古墳群』（国立慶州博物館・慶北大学校博物館・慶州市　一九九〇年）。

（2）皇南大塚南墳（慶尚北道慶州市皇南洞）
慶州文化財研究所編『皇南大塚（南墳）発掘調査報告書』（一九九四年）。

（3）石村洞三〜五号墓（京畿洞京城特別市城東区）
石村洞発掘調査団編『石村洞発掘調査報告』（一九八七年）。武末純一「百済初期の古墳」（鏡山猛先生古稀記念論文集刊行会編『古文化論攷』昭和五五年）、『土器からみた日韓交渉』（平成三年）に載録。

（4）池山洞三二号墓（慶尚北道高霊郡池山洞）

金鍾徹『高霊池山洞古墳群』（『啓明大学校博物館遺蹟調査報告』第一輯　一九八一年）。

（5）天馬塚（慶尚北道慶州市皇南洞）
金元龍ほか『天馬塚発掘調査報告書』（一九七五年）。

（6）徳興里墓（黄海道南浦市江西区）
朴晋煜編（高寛敏訳）『徳興里高句麗壁画古墳』（昭和六一年）。

（7）良洞里四四一号墓（慶尚南道金海市酒村面）
東義大学校博物館編『金海良洞里古墳文化』（『東義大学校博物館学術叢書』七　二〇〇〇年）。

## 中国

（1）安寧四号墓（広西省融安県）
広西壮族自治区文物工作隊「広西融安安寧南朝墓発掘簡報」（『考古』一九八四―七　一九八四年）。

（2）沙崗子二号墓（遼寧省大連市）
許明綱・呉青云「遼寧大連沙崗子発現二座東漢墓」（『考古』一九九一―二　一九九一年）。

（3）将軍塚（遼寧省輯安県）
池内宏『通溝』上巻（昭和一三年）。

（4）辛祥墓（山西省太原市）
代尊徳「太原北魏辛祥墓」（『考古学集刊』一　一九八一年）。

# あとがき

筆者には三つの仕事があった。四〇歳代のときである。そのひとつは、昭和五六年から始まったエジプト・アコリス遺跡の調査研究であった。これは *Akoris 1981~1992*（一九九五）として、ひとまずかたちにすることができた。「めざすは唐古」と自分に言いきかせながら、寝食を忘れた一二年間であった。思いがけず海外で高い評価をいただいた。現地のテヘネ村の人びとや異能の天才達の尽力が大きい。いまもなお彼等に囲まれて調査を続けている。

もうひとつは、比較考古学であった。これは『古墳時代の比較考古学』（平成一一年）として、上梓した。四〇歳になったときに、自分の研究を"How"から"Why"へ転舵しようと決めた。さいわい、シリアやエジプトや日本で調査研究に携っていた蓄積が少しあったので、これらに中国を加えて、比較という視点から、あらためて「日本」という存在を吟味しようと企てたのである。その後イタリアでの仕事が入って比較の幅が広がり、数多くの"Why"が生まれた。それらの多くはなお解決がつかず、私の菲才ぶりを嘲笑している。それでもかろうじて一端をかたちにすることができた。学生時代から関ってきた茶の湯の世界での談論に示唆をうけたこと、さらに、B・トリッガーの著作に勇気づけられたことによる。

残るひとつは、同型鏡の研究であり、ワカタケル期論であった。稲荷山古墳の鉄剣銘の話題が新聞や通俗誌を賑わせていた頃、当時ご健在であった恩師小林行雄先生のもとには、コメントなどを求めるマスコミからの依頼がなかったはずがない。しかし、依頼に積極的に応じた形跡は見あたらない。その真意はわからないが、先生のご気性から想像すると、騒ぎたてる研究者やマスコミの浮薄さを苦々しく感じておられたのではないか。あるいは、騒動の渦中にいた考古学者達の歴史意識の低さに絶望さえしておられたかもしれない。

先生が甲冑とりわけ横矧板鋲留短甲に強い関心を示され、さかんにその調査に出歩かれるようになったのは、この頃からであったと記憶している。ワタカケル期の歴史的意義を、ご自身の手で語ろうともくろんでおられたようにも思われる。逝去後に遺品の整理をしていたとき、観察なさった甲冑のメモがたくさん出てきた。身近にいたから予想はしていたが、粛然とした気持に打たれたことを、いまも覚えている。私が同型鏡の研究にとりくむようになったのは、このような無言の教えに負うところが大きい。

もうひとつの出会いは、Hoffman, M., *Egypt before the Pharaohs*（1977）であった。ホフマンはエジプトにおける国家形成を論じるにあたって、人口・集落に始まり、水利、農耕生産、戦乱、交易、葬送、王権観、気候変動など、じつにさまざまな角度から、分析を加えている。政治史を多角的にとりあげようとして畿内政権論を書いた私にとって、我が意を得たりという著作であった。C・レンフリューのサブシステム論に触発されたということであるが、エジプトで仕事をしてきたせいか、ホフマンの論述の方が私には現実感があった。しかしホフマンにもまた、自分の研究を完整させ、サブシステム相互の相関性を論じて国家形成の道程を描く時間は、残されていなかった。四〇歳代の若さで病没したからである。

本書に盛りこんだワタカケル期論の骨子は、すでに一〇年ほどまえに出来あがっていた。茨城大学の茂木雅博氏にお願いして学生相手にその話をさせていただいたのは、平成五年の早春であったから、筑波大学に着任する一年前にあたる。また平成一〇年度の考古学特講を、これに費したこともあった。それでもなお脱稿に至らなかった。『古墳時代の比較考古学』（平成一一年）や、トリッガーの翻訳『初期文明の比較考古学』（平成一三年）の方を優先したせいでもあるが、私にとってはなお細部に不安をかかえていたことによる。不安が解消されたということではないが、まがりなりにも脱稿にこぎつけることができた。いまは亡き小林行雄先生とM・ホフマンが、背中を押してくれたものと思う。

なお、第一部基礎篇には、既発表の論文が含まれている。これらに補訂を加え、新稿を添えて再構成した。第二部論攷篇はことごとく新稿である。初出一覧を以下に記しておく。

第一章　序説　新稿
第二章　画文帯神獣鏡
画文帯環状乳神獣鏡A　新稿
画文帯環状乳神獣鏡B　新稿
画文帯環状乳神獣鏡C　新稿
画文帯周列式神獣鏡　新稿
画文帯重列式神獣鏡A　新稿
画文帯重列式神獣鏡B　新稿
画文帯重列式神獣鏡C　「同型鏡の諸問題—画文帯重列式神獣鏡—」（『古文化談叢』第二七集　平成四年）。
第三章　画文帯仏獣鏡　「同型鏡の諸問題—画文帯環状乳仏獣鏡」（『古文化談叢』第三一集　平成五年）。
第四章　画像鏡　「同型鏡の諸問題—画像鏡・細線獣帯鏡—」（『古文化談叢』第二九集　平成五年）。
第五章　獣文鏡
細線獣文鏡　第四章の文献に同じ。
半肉刻獣文鏡A　新稿
半肉刻獣文鏡B　新稿

第六章　同型鏡考　「同型鏡考」（『筑波大学先史学考古学研究』第一一号　平成一二年）。

本書が成るにあたって、同成社社長山脇洋亮氏、編集にあたられた加治恵氏らの尽力が大きい。地味な出版物も厭わない侠気には、いつもながら頭が下がる。同型鏡関係の資料を提供いただいた多くの方がたや諸機関への万謝にあわせ加えて、謝意を表するしだいである。

平成一六年弥生

川西宏幸

# 索　　引

## ア　行

## カ 行

## サ　行

## タ　行

## ナ　行



## ハ　行

## マ　行



## ヤ　行

同型鏡《どうけいきょう》とワカタケル

—古墳時代国家論の再構築—

■著者略歴■

川西宏幸（かわにし　ひろゆき）

1947 年　徳島県に生まれる

1976 年　京都大学文学研究科博士課程（考古学専攻）修了

財団法人・古代学協会を経て

現　在　筑波大学・歴史・人類学系教授　文学博士

著　書　『古墳時代政治史序説』塙書房、1988 年

『古墳時代の比較考古学』同成社、1999 年

『初期文明の比較考古学』（翻訳）同成社、2001 年

2004 年 11 月 5 日発行

著 者　川　西　宏　幸

発行者　山　脇　洋　亮

印 刷　三 美 印 刷 ㈱

発行所　東京都千代田区飯田橋 4-4-8 東京中央ビル内　㈱ 同 成 社

TEL 03-3239-1467　振替 00140-0-20618



ISBN 4-88621-300-6 C3021